Heibonsha Library

The Nuer

平凡社ライブラリー

THE NUER

by

E. E. Evans-Pritchard

Originally published in English 1940.
Oxford
At the Clarendon Press

Heibonsha Library

The Nuer

E. E. エヴァンズ＝プリチャード著
向井元子訳

本著作は一九七八年六月、岩波書店より刊行され、一九九七年十月に平凡社ライブラリーで刊行された書籍の新版です。

目次

写真一覧

写真7、9、13、18、23はSudan Notes and Recordsより。写真23、27はC・G・セリグマン、B・Z・セリグマンのPagan Tribes of the Nilotic Sudan（George Routledge & Sons, Ltd.）より。写真6はCustom is King（Messrs. Hutchinson & co.）より。写真14はエジプト政府自然環境部提供。

地図と図表一覧

図1、3、7、8、10、12はオクスフォードのピット・リバーズ博物館蔵の標本模写より。図2、4、5、6、9、13、14はケンブリッジ大学付属考古学人類学博物館蔵の模写より。

●口絵――ホームステッドと家畜囲いの一部（東ガージョク部族）

ナッセルのアメリカン・ミッションのスタッフの方々に捧ぐ

ああ、エチオピヤの川々のかなたなる
ぶんぶんと羽音のする国、
この国は葦の船を水にうかべ、
ナイル川によって使者をつかわす。
とく走る使者よ、行け。
川々の分かれる国の、たけ高く、膚のなめらかな民、
遠近に恐れられる民、
力強く、戦いに勝つ民へ行け。

(旧約聖書、イザヤ書第一八章一―二。日本文は日本聖書協会訳による)

まえがき

私のヌアー族調査はアングロ＝エジプト・スーダン政府の要請にもとづき、主として同政府の財政的援助のもとに行われた。同政府はまた調査結果を刊行するために多大な援助を与えてくれた。調査の一部はリヴァヒューム調査基金研究員として行ったものである。スーダン政府とリヴァヒューム調査基金委員会に対して心から感謝の意を表したい。

C・G・セリグマン教授夫妻には過去一五年間にわたって親しく御交誼をいただいた。夫妻の支援と励ましがなかったなら本書は書かれていなかったかもしれない。セリグマン夫妻御自身はヌアー族の調査は行っていないが、他のナイル系諸民族、殊にシリュク族とディンカ族についての夫妻の輝かしい業績は、この地域における、以後のすべての調査研究の礎となった（*Pagan Tribes of the Nilotic Sudan*, by C. G. and B. Z. Seligman, 1932）。

私を厚遇し、助力を与えてくれたスーダンのハルツームやヌアーランドに住む次の諸氏に深甚な感謝の気持を伝えたい。まず、当時の総督であられたジョン・マフィ卿、内務長官のハロルド・マクマイクル卿、ヒレルソン御夫妻、上ナイル州の歴代の知事であられたC・A・ウィリス、A・G・ポーソン、M・W・パー、E・G・コリトンの各氏、そして、ヌアー地区のコミッショナーをいずれも一時期務められたP・コリアト氏、A・H・A・オルバン大尉、H・A・ロミリィ大尉、J・F・ティアニィ氏、故L・F・ヘイマー氏、B・J・チャタトン氏、B・A・ルイス氏、F・D・コーフィールド氏。わけても親友でもあり、よき学友でもあるF・D・コーフィールド氏は、私の仕事に深い関心を寄せられ、数々の貴重な写真を提供して下さった。ここに改めてお礼を申し述べる。

また、ナッセルのアメリカン・ミッション、ヨアニャンのヴェローナ修道会、レルのチャーチ・ミッショナリ・ソサイェティのスタッフの方々にもお礼を申し述べたい。とくにアメリカン・ミッションのスタッフの方々、わけてもB・スール女史からは宿舎と時間と知識を存分に提供していただいた。私は本書を、私の個人的な感謝のしるしとしてだけではなく、ヌアー人に対する献身的な奉仕活動への賛辞として、アメリカン・ミッションのスタッフの方々に捧げたい。

私を親切にもてなし友人として温かく受けいれてくれたヌアーの多くの人々に対して、私は心底からお礼申し上げる。一人一人の名前をあげていくよりもむしろ、私は、この勇敢にして心やさしい民族全体に対して敬意を表したい。

私の友人や同僚は本書を読んで貴重な批判や助言を与えて下さった。前述のセリグマン教授、人類学徒なら誰の目にも明らかだと思うが、私の研究の理論的側面に多大な影響を与えたA・R・ラドクリフ＝ブラウン教授、そして、M・フォーテス博士とH・M・グラックマン博士である。とりわけフォーテス博士には一方ならぬ恩義がある。社会人類学についての私の目的や方法は、数年間同僚として交わした氏との会話から発展してきたものであるが、こうした場合、得たものや与えたものを具体的に述べることは難しいため、この場をお借りして、私は氏との議論から大きな刺激をうけたことを記して私の無限の感謝の気持を表わしたい。

セリグマン教授は校正刷を読んで、私の'horticulture'，'horticultural'の使い方がおかしいことを指摘して下さった。私は慣用的な用法から逸脱するつもりはまったくなかったが、出版事情の困難な昨今、本書の全般にわたってそれらを'agriculture'，'agricultural'に置き換える必然性はないと判断した。そのため、'agriculture'，'agricultural'の方を好む読者は各自そのように読み換えていただきたい〔horticulture は「園耕」、agriculture は「農耕」の訳語をふつう用いるが、本訳書では horticulture に「農耕」の訳語を用いた〕。

本書で述べられている事柄に関する大部分はすでにいくつかの雑誌、おもに『スーダン・ノーツ・アンド・リコーズ』(*Sudan Notes and Records*) 誌および *Africa* 誌に発表されたものである。私はこれらの雑誌の編集者並びに *Custom is King* の編集者に再録の許可をいただいたことを感謝している。また、両雑誌の編集者および発行者、ジョージ・ラウトリッジ・アンド・サンズ社、ハッチンソン社に対し写真版の使用をお認めいただいたことにも謝意を表したい。

友人の何人かが写真、概略図、図表を貸して下さった。私は、写真や図表のリストにそれぞれの出所を記したが、ここにそれらの人々の名をあげて感謝の気持を伝えたい。F・D・コーフィールド氏、エジプト政府の自然環境部長であられたH・E・ハースト氏、B・A・ルイス氏、ナッセルのアメリカン・ミッションのC・L・アームストロング氏、故L・F・ヘイマー氏、E・S・クリスピン博士、ユズバシ・タリブ・イスマイル氏。

本書の出版にあたってはW・R・キー氏が煩雑な事務作業を引き受けて下さった。記して感謝の意を表したい。

一九四〇年一月

E・E・エヴァンズ＝プリチャード

●ヌアー族の居住地域（斜線部分）を示す概略図

序章

1

一八四〇年、ヴェルネ、アルノー、ティボーの三人が苦難に満ちた探検をした年より、マハディ・ムハマド・アハメドの反乱が成功し、探検隊のスーダン入国ができなくなった一八八一年までのあいだに、数人の旅行者たちがヌアーランドを横断する三本の大河、すなわち、バハル・エル・ジェベル川（バハル・エル・ゼラフ川も含む）、バハル・エル・ガザル川、ソバト川を利用してヌアーランドの奥地へと足を踏み入れている。しかしながら、彼らはヌアー人とあまり接触していないし、ヌアー人についての彼らの記録も表面的で、なかにはつくり話もあるため、私は彼らの記録を利用することはあまりなかった。もっとも正確でかつ虚飾の少ない記録は、ヌアーランドの辺境で数年を過ごしたサヴォア人の象狩りジュル・ポンセの書いたものである[*1]。

その後のヌアーに関する情報源は、一八九九年のスーダン再征服の年に創刊されて以来現在まで続いている『スーダン・インテリジェンス・リポーツ』であるが、その民族学的な価値は近年低下している。再征服後の最初の二〇年間には、軍人の手になるいくつかの報告[*2]があり、それらには興味深い事実や、しばしば鋭い観察が随所に見られる。一九一八年から刊行されはじめた

『スーダン・ノーツ・アンド・リコーズ』誌は、アングロ＝エジプト・スーダン〔現在のスーダン共和国〕に住む諸民族の慣習についての観察を記録する場を新たに提供することとなり、何人かの役人がヌアーについての論稿を寄せている。このうち二人の役人は任務遂行中に殺害された。C・H・スティガンド少佐は、一九一九年、アリアブ・ディンカ人に殺され、V・H・ファーガソン大佐は、一九二七年にヌアーのうちのヌオン部族の男に殺害された。また、同誌では、H・C・ジャクソンがヌアーについての初めての総合的な記述を試みている。幾多の障害にもめげず、彼がそうした総合的な方法で記録を残したことは高く評価される[*3]。

私が調査を開始したあと、アメリカン・ミッションのレイ・ハフマン女史による著書と、ヴェローナ修道会のJ・P・クラツォララ神父によるいくつかの論文が発表された[*4]。各種の雑誌に寄稿した私自身の諸論文は、圧縮した形で本書および続編に収録したが、読者に完全な文献目録を提供する意味でここでそれらを挙げておくことにする。これらの論文に書かれている細部は本書では省略した部分が多い[*5]。

ブリュン＝ロレやマルノーがヌアー語の語彙集を編纂しているが、語彙は少ない。スティガンド少佐やハフマン女史による語彙集の方がもっと詳しい。文法書ではヴェスターマン教授の書いたものと、クラツォララ神父の手によるものがある。ヴェスターマン教授の論文には民族学的な資料もいくらか含まれている[*6]。

2

本書では、ナイル系の一民族の生業形態および彼らの政治制度について述べたい。家族の生活について集めた資料は第二巻〔*Kinship and Marriage among the Nuer*, 1951〕で発表する予定である。

ヌアー族、[*7]自称ナス（単数ラン）の人口は約二〇万人、広々としたサバンナや沼地に住んでおり、その居住地域はナイル川がその支流のソバト川やバハル・エル・ガザル川と合流する地点から南のナイル川の両岸と、これら二支流の流域に広がっている。写真にみられるように、彼らは長身で四肢が長く、細面である。文化的にはディンカ族と同系統で、ともにナイル系グループの下位区分をなしており、さらにこのナイル系グループは、その特徴や領域がまだ明確に規定されていない東アフリカ文化圏の一部を構成するグループである。ナイル系グループのもう一つの下位集団はシリュクおよびシリュク語系の言語を話す諸民族である（ルオ、アニュアク、ランゴ等）。これらシリュク語系の諸民族は、シリュクとよりも彼ら相互のあいだで類似している点が多いようであるが、これら諸民族についてはほとんど知られていない。試みに次ページのような分類を挙げておく。

ヌアーとディンカは、身体的に非常に似かよっており、また言語のうえでも習慣のうえでも類似点が多いので、両民族が共通の起源をもつことは疑いのないところだが、その分枝の歴史はまだ不明である。問題は複雑で、たとえば、ナイル川の西側に住むアトウォット部族は、ディンカの習慣[*8]を多く受け入れているヌアーの一部族らしいのだが、他方、ヌアーランドに住むジカニィ諸部族はディンカ起源だと言われている。しかもヌアーとディンカとのあいだにはずっと交流が

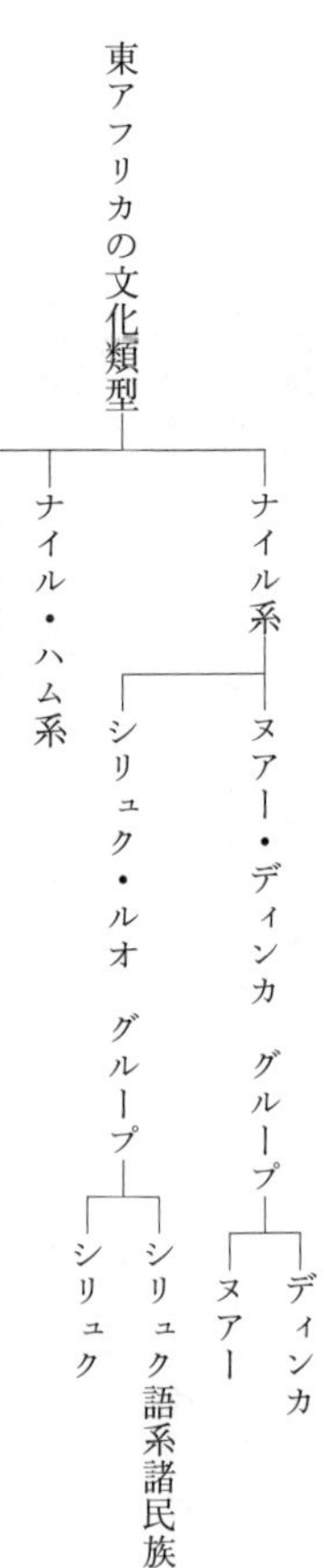

あり、その結果、混血と文化的借用が頻繁に行われてきた。両民族ともにお互いが共通の起源をもつことを認識している。

将来、シリュク語系諸民族についてわれわれがもっと知るようになれば、ナイル系文化とその社会構造を特徴づけているものを明確に規定することもできよう。しかし現在の段階ではそうした分類はきわめてむずかしいので、本書ではそのような試みは見送って、ヌアーに関する記述のみに限定し、他のナイル系諸民族と明らかに比較可能な諸事項があってもそれらを無視することにした。

政治制度が本書の主要テーマであるが、政治制度は、環境や生業形態を考慮せずに理解することはできない。そのため、私は本書の前半をヌアー人が生活している土地と、生活必需品の入手の方法について記述することにあてたい。そうすれば、ヌアーの政治体系が生態学的環境に合致したものであることがお分かりいただけるであろう。

本書の後半において主として扱う集団は、民族、部族とその諸分節、クランとその諸リニィジ、年齢組である。それぞれの集団は規定の仕方によってはそれ自体が一つの分節体系であるとともに、それぞれがより大きな分節体系の一部でもあって、したがって、ある集団の成員の地位は、仲間どうしあるいは外部のものに対して集団の成員として接するかぎり区別されることはない。これらのことは本書のなかで次第に明らかになるであろう。まず最初に、地域体系つまり政治体系内部の地域諸分節間の相互関係について述べ、そのあと、他の諸体系が政治体系といかにかかわりあっているかについて検討していきたい。政治構造という語をいかなる意味で用いているかという問題は議論が進むにつれて次第に明らかになることであるが、ここでは次のように最初の定義をしておきたい。つまり、政治構造とは、空間的に限定された土地に住み、自らの同一性と排他性を認識している人々の集団のあいだの地域体系内の諸関係を指している。集団の諸成員が恒常的に接触を保っているのは、これら共同体のうちでも最小の共同体においてだけである。われわれは、このような政治集団をもう一つ別の種類の地域集団、つまり、家族、世帯、合同家族といった共住集団とは区別している。共住集団は、分節体系ではなく、またその一部を構成するものでもなく、さらにその成員の地位は、お互いどうしに関しても、また対外部の人間に関しても区別がある。共住集団の社会的絆は本質的に親族次元のものであり、そこでは共同生活が常で

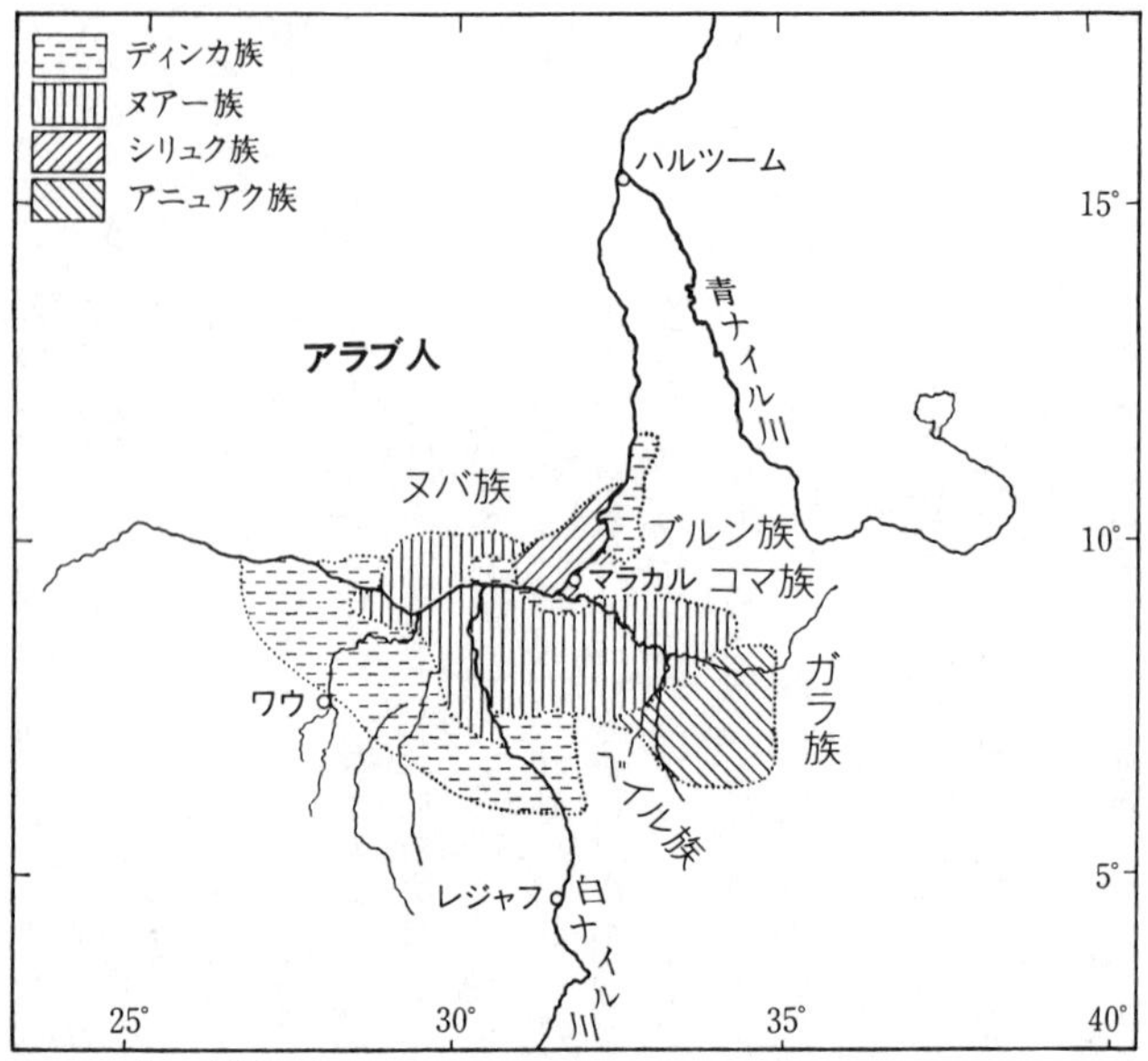
ディンカ族
ヌアー族
シリュク族
アニュアク族
ハルツーム
15°
青ナイル川
アラブ人
ヌバ族
ブルン族
10°
マラカル
コマ族
ガラ族
ワウ
ベイル族
5°
レジャフ
白ナイル川
25°
30°
35°
40°
●ヌアー族と近隣諸民族

ある。

ヌアーの政治体系には、彼らが接触をもつすべての諸民族が含まれる。ここでいう「民族」とは、同じ言語を話し、言語以外の面でも文化を共有し、そして自らを同様の属性をもつ他の集団から区別している人々の総称である。ヌアー、シリュク、アニュアクのように、まとまった居住地を占有している民族もあれば、ディンカのように、居住地が分散している民族もある。シリュクのように、政治的に中央集権化している民族については、「国家」という言葉を使うこともできる。一方、ヌアーやディンカのように、共通の組織とか中央政府といったものをもたない民族の場合には、政治的な意味では部族の寄り集まりであるが、ときどきゆるやかな部族連合を形成することがある。ヌアーは、昔からナイル川以西の原住地にいる諸部族と、東側に移住していった諸部族を区別しているので、われわれもそれにならって、西ヌアー、東ヌアーと呼ぶことにする。本書では記述上の便宜のため、東ヌアーをさらに、ゼラフ川近くに住む諸部族と、ソバト川の南北に住む諸部族に区分している。

ヌアー民族における最大の政治分節は部族である。部族は地域共同体として明確な自己認識を抱くことの他に外部との戦闘に際しては結束する義務があり、帰属成員の損害に対しては賠償請求の権利を認めている最大の集団である。部族はさらに多数の地域分節に分かれているが、これら地域分節は単なる地理的な区分ではない。というのは、どの分節の成員も自分たちが他とははっきり区別される共同体を構成していると考えており、実際にそのように行動することが多々あるからである。われわれは最大の部族分節を「一次セクション」と呼び、一次セクションの諸分節を「二次セクション」、二次セクションの諸分節を「三次セクション」と呼ぶことにする。三次セクションは多数の村から構成されており、村はヌアーランドにおける最小の政治単位である。村は共住集団よりなり、共住集団は集落（ハムレット）、ホームステッド、小屋を占めている。

次に報復闘争の制度について述べ、そこにおける豹皮首長の役割を政治体系との関連で論じていきたい。「首長（チーフ）」という語は誤解を招きやすい呼び方かもしれないが、英語には他に適切な訳語がないので意味が曖昧なまま用いられている。豹皮首長は政治的権威をもたない聖なる人物である。現実にヌアーは政府をもたず、その政治状況は秩序ある無政府状態とでも言えるものである。同様に、もし法というものを、それを執行するだけの強権をもった独立した公平な権威によって下される判決であると解釈するならば、ヌアーは法をもたない。この点に関しては変化の兆がみえており、政治体系について述べた章の最後の部分で、天空の神が憑依しているという予言者の出現に触れる際に言及する。われわれは予言者たちのなかに政治的発展の端緒を見ることができると考えている。われわれの意見では、儀礼的な専門職のうち、政治的な重要性をもつのは豹皮首長と予言者だけである。

政治構造を検討したあと、リニィジ体系について述べ、両者の関係を論じる。ヌアーのリニィジは父系制（アグナティック）をとっている。つまり、出自を辿る際、男の系譜だけを辿って共通の祖先に至る人々で構成される。クランは諸リニィジが集まってつくる最大の集団であり、外婚の規則によって規定されるが、いくつかのクランのあいだに父系の関係が認められていることもある。つまりクランは諸リニィジに分節しており、諸リニィジは共通の祖先より出た分枝である。われわれは、クランのすぐ下位にある最大の分節を「最大リニィジ」、最大リニィジの諸分節を「大リニィジ」、大リニィジの諸分節を「小リニィジ」、小リニィジの諸分節を「最小リニィジ」と呼ぶことにする。リニィジを尋ねられたときに彼らがその答として挙げるのはふつう最小リニィジである。リニィジとはこのように死者・生者にかかわりなく、系譜的に親族の関係を辿りうる最大の父系集団であり、クランとは諸リニィジを統合した外婚単位である。リニィジ集団は次の二点において政治集団とは区別される。一つは、その成員間の相互関係の基盤が出自にあって、居住にはないということである。これは、ヌアーのリニィジが分散しており、排他的な地域共同体をなしていないためである。もう一つは、リニィジとしての諸価値は政治的な諸価値とは異なった状況で作動するということである。

リニィジ体系を地域体系との関連で論じたあと、年齢組体系について簡単に述べる。成人男子は年齢に基づいて序列化されたいくつかの集団に組み分けられており、われわれはこれら諸集団を「年齢組」と呼んでいる。男は成人式を経てそれぞれの年齢組の成員となり、生涯その年齢組の成員であり続ける。年齢組は循環型をなしておらず、直進体系であって、年少組はだんだんに年長組になり、最終的に最年長組となったあとは成員たちが全員死亡して記憶のなかにだけ残ることになる。年齢組の名前は繰り返し用いられることはない。重要な年齢階梯は少年階梯と成人男子階梯の二階梯しかない。そのため、少年が一度ある年齢組に組み入れられると、彼は終生同じ階梯にいることになる。東アフリカの他の諸地域に見られるような戦士とか長老といった階梯は存在しない。年齢組は自らの社会的な独自性を認識してはいるが、共同的な機能はもっていない。一つの年齢組の成員がごく限られた狭い地域において共同で行動することはあるが、全成員が自分たちだけで何かの活動に携わるということはない。それにもかかわらず、年齢組体系は部族ごとに組織されており、どの部族も他部族とは別個の年齢による序列がある。ただ隣接する諸部族がお互いの年齢組を調整しあうということはよくあることである。

ヌアー社会には他のすべての社会同様、性による区別がある。しかし、性差による区別は、本書の主題をなす構造的諸関係にとっては、ごく限られた、消極的な意味しかもたない。性差による区別は政治的というよりもむしろ日常の生活の分野において重要性をもつので、本書ではほとんどとりあげなかった。ヌアー社会は階層化されているとは言い難い。部族の内部では優越クランの成員と、諸他のクランの成員、そしてその部族に組み入れられたディンカ人とのあいだには多少の地位の差はあるが、東部辺境地域を除いて、この差は地位というよりもむしろカテゴリー的な区別といった方が適切である。

以上が本書の大要と、本書にもっとも頻繁に登場する諸集団を表わす用語のもつ意味である。本書が進行するなかでそれらの意味をさらに明確化していきたいと思う。本書の目的は二つある。一つはヌアー人の生活を摘出することであり、もう一つは彼らの社会構造の諸原理のいくつかを抽出することである。彼らの生活についてはできるだけ簡略に記述することに努めた。学生にとっても行政官にとっても分厚い本よりも簡略な本の方がより価値があると思ったからであり、そのため、資料の多くを省いて当面のテーマに直接関係があるものだけに絞って記述した。

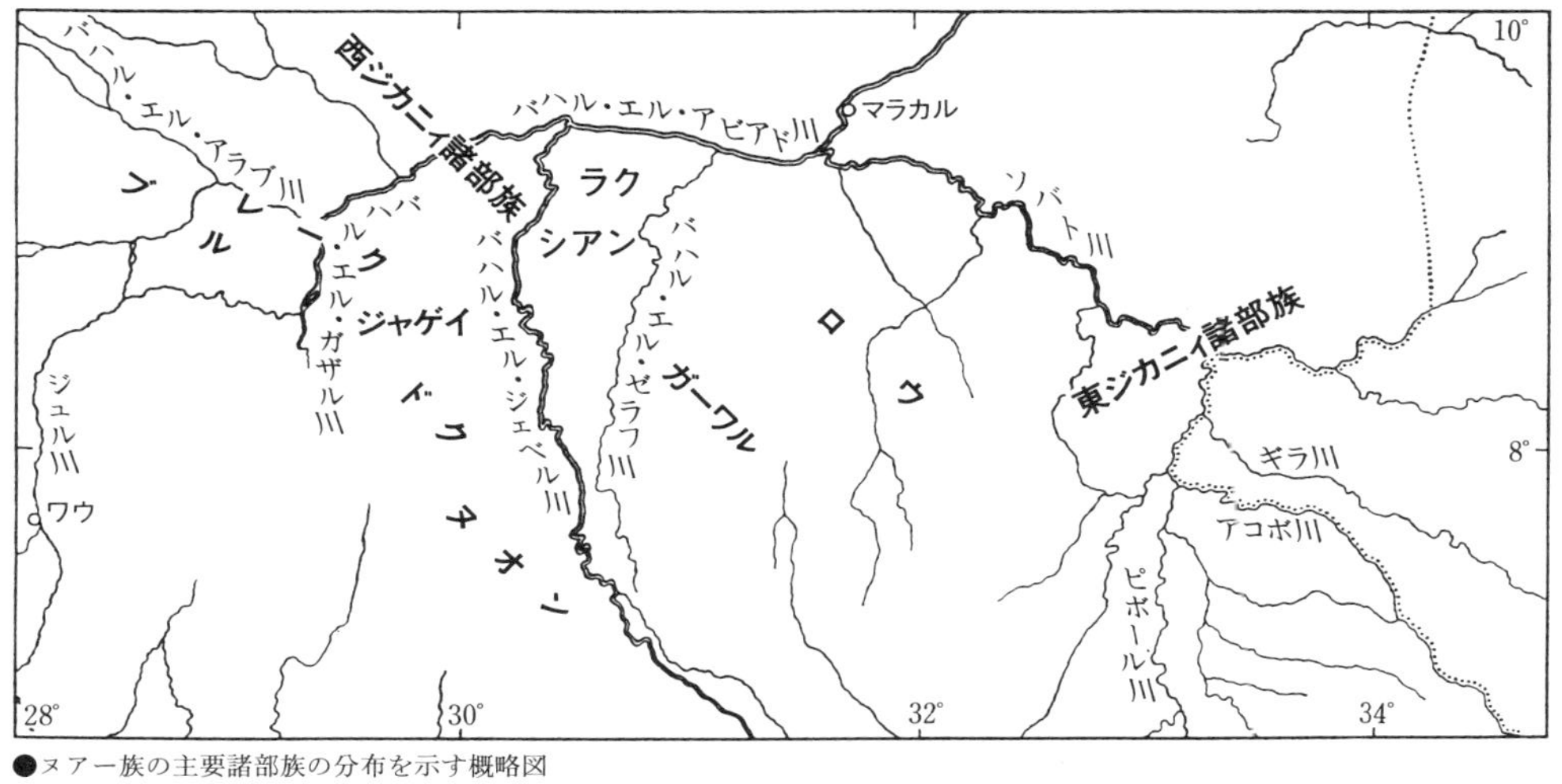

●ヌアー族の主要諸部族の分布を示す概略図

3

アングロ－エジプト・スーダン政府がヌアー族の調査を私に依頼してきたとき、私はためらい、調査に不安を感じながらそれを承諾した。新しい仕事にとりかかる前にアザンデ族の調査を完了しておきたかったし、ヌアーの調査がきわめて困難であることも十分に承知していたからである。彼らの住んでいる土地も、彼らの性格も容易に人を近づけぬものがあり、以前、私が垣間見た感じでは、彼らと友好的な関係を築くことができそうにもないことは確実のように思われた。

私は現在までずっと、そして今もそう考えているのであるが、私が調査したような状況のもとではヌアーについての社会学的調査を十全に行うことは不可能である。読者諸君は私の調査結果を批判する立場にある。が、その際、あまり手厳しすぎないようお願いしたいものである。私の調査内容のところどころに不十分で不揃いの部分があるとしても、調査は次のような不利な状況のもとで行われたことを読者に知ってもらいたい。まずヌアーの社会組織は単純で、文化も簡素だということ、それに、私の述べていることは、ほとんど直接観察に基づいたものであって、特定の何人かのインフォーマントから聞き出した内容豊富なノートによって観察結果を補足したものではないことなどである。実際、私にはインフォーマントと呼べるような存在の人物は誰もいなかった。ほとんどの読者とはちがって私はヌアー人をよく知っており、したがって、読者よりも、自分の成果を厳しく評価しなければならないのであるが、私に言えることは、本書に不備な点が多くあっても、とにもかくにもこれが出来上がったことに自分ながら驚いているということである。人が己れの成果を評価するときには、それを成し遂げるまでにどれほどの障害を乗り越え、また苦難に耐えたかということを基準にすべきである。この基準に従えば、私は自分の調査結果にいささかも恥じるところはない。

いかなる状況のもとで私が調査を行ったかを簡単に述べることは読者には関心のあることかもしれない。そうすれば、読者諸君は、どの部分が正確な観察に基づいており、どの部分が根拠薄弱らしいか自分で判断する手がかりをもつことになろう。

私は一九三〇年の初頭にヌアーランドに着いた。嵐のため、マルセイユで荷物が私の手許に届かず、しかも私の落度ではない手違いで、食糧はマラカルから送られてこず、おまけにアザンデ人の私の召使いたちは私に合流するようにという指示を受け取っていなかった。私はテントと、僅かばかりの装備、マラカルで購入した少量の食糧を携え、それに当地であわただしく採用したアトウォット人とベランダ人の二人の召使いを伴ってヌアーランド（レーク地方）へと出発した。

バハル・エル・ガザル川沿いにあるヨアニャン[*9]に上陸したとき、そこのカトリック宣教師たちはとても親切にしてくれた。約束していた荷運び人夫たちのやってくるのを私は川沿いで九日間待った。一〇日たっても四人しか到着していなかったので、土地の女性を雇ってくれたアラブ人商人の協力がなかったならば私はいつまでもそこで足留めされていたかもしれなかった。

翌朝、私は近くのパクールという村に向けて出発した。ところが私の荷運び人夫たちは、少数の人家が近くにある、木のまったく生えていない平原の真只中に私のテントと食糧を放り出し、半マイル程先にある木陰まで運んで行くことを頑として拒んだ。翌日は、テント張りと、ヌアー語とアラビア語を少々話せるアトウォット人の召使いを通じて私の居場所を木陰と水のある場所まで移すようヌアー人たちを説得することに一日を費やしたが、結局失敗に終った。幸い、その後ずっとヌアーランドにおける私の友人となったニアルという青年が私の味方になってくれ、彼が一二日かかって自分の親族一同を説得した結果、ようやく彼らの住む森のはずれまで荷物を運んでもらうことができた。

私の召使いたちは、南スーダンのほとんどの原住民同様、ヌアーを極度に恐れており、この頃になるともうすっかり脅えてしまっていて、数日心配で眠れぬ夜を過ごしたあと、結局、次のマラカル行きの蒸気船を待つため、川岸の方へ逃げ出してしまった。そのため、私はニアルとただ二人とり残されてしまった。この間、この地に住むヌアー人は誰一人として手を貸してくれるものはなく、ただタバコが欲しいときにだけやってきてはそれが断わられると不快な顔をして帰っていった。やっと到着したアザンデ人の召使いたちと自分とのためにと思って狩りをし、獲物を撃つと、ヌアーたちはそれを叢林のなかにもっていって食べてしまった。私が抗議すると、彼らは、動物は自分たちの土地で殺されたものであるから自分たちに権利があるのだと応酬してきた。

初期のこの段階における最大の悩みは、ヌアーの人々と自在に会話ができないことであった。私は通訳はつれていなかった。ヌアー人にもアラビア語の話せるものはいなかった。ヌアー語についての詳しい文法書もなかったし、三冊の簡単なヌアー＝英語語彙集を除いては、辞書もなかった。このため、私の一回目の調査行の全期間と二回目の調査のほとんどの期間が、現地語で調査をするに必要な語学的知識を習得するのに費やされてしまった。通訳や適切な自習書なしで非常に難しい言語を学ぼうとした経験のある人には、それがいかに大変な作業であるかお分かりいただけるであろう。

レーク地方をあとにして、私はニアルと二人のアザンデ人の召使いをつれてロウ地方に行った。私はムオト湖のほとりに滞在しようと思って車でそこまで行ったが、彼らが毎年周期的に集まる時期にはまだ早すぎて、そこは完全に無人の地であった。やっと何人かのヌアー人を見つけて、彼らがこの近くのどのあたりにキャンプしているかを尋ねてもまったくとりあってくれず、居場所をつきとめるのに大変苦労した。やっとの思いで一ヵ所見つけ、われわれもそこにテントを張り、彼らがムオト湖に引き揚げていくとき、彼らについてムオト湖畔に居を移した。

ムオト湖における日々は楽しく、収穫もあった。私は大勢のヌアーの青年と友達になることができた。彼らは熱心にヌアー語を教えてくれ、私がよそ者ではあっても、邪魔者とは思っていないことを態度で示してくれた。毎日何時間も私は若者たちと湖で釣を楽しんだり、テントの中で話しこんだりして過ごした。私は自信が蘇ってくるのを感じ始め、政治情勢さえもっと良かったならば、ムオト湖畔にもっと留っていたかった。ある日の夜明け頃、政府の軍隊がわれわれのキャンプを包囲した。彼らは、最近起こった暴動の指導者であった二人の予言者を探したが見つからず、その代り人質をとって、もし予言者を引き渡さなければさらに多くの人質をとることになるだろうと警告して引き揚げていった。このような事件が度重なれば、私は自分が微妙な立場に立たされることになると思ったため、その後すぐアザンデの土地の私の居所に戻った。ヌアー人のあいだで私が調査に従事したのは僅か三ヵ月半であった。

ヌアー人を相手に調査をすることは、いついかなるときでも困難なことではあるが、私が訪れた時期には彼らはとくに敵対的であった。彼らは最近政府軍に敗れたばかりであり、彼らを最終的に屈伏させるために政府軍がとった戦術が彼らに強い反政府感情をうえつけていたからである。彼らは私によく言ったものである。「あんた方はわれわれを襲撃した。にもかかわらず、われわれがディンカを襲撃するのはいけないというではないか。」「あんた方はわれわれを鉄砲で打ち負かしたが、われわれには槍しかなかった。鉄砲さえあれば逆にわれわれの方があんた方を全滅させていただろう」云々。私がキャンプに入ったとき、私はよそ者であったばかりでなく、敵でさえあった。彼らはあからさまに私の前で嫌悪感を表わし、挨拶を返すどころか、こちらが話しかけても背を向けるような状態であった。

一九三〇年の調査行を終えたとき、彼らの言葉は少々理解できるようになっていたものの、慣習についてはほとんど記録がとれていなかった。そこで一九三一年の乾季に再度挑戦すべくヌアーランドに戻ってきた。最初の二週間はナッセルのアメリカン・ミッションに滞在し、そこでアメリカ人やヌアー人の職員の協力を得て、ニャンディン川沿いのキャンプを訪れたのであるが、これは不運な選択であった。ここのヌアー人は私が今までに会ったどこのヌアー人よりも敵対的であり、生活環境もかつて経験したどこよりも劣悪であった。水は乏しく不潔で、牛は牛疫で次々と死んでいた。そしてキャンプにはハエが群がっていた。ヌアー人は私の食糧や装備を運んでくれようとはせず、私には足の具合が悪いのも含めてロバが二頭しかいなかったので、移動することもかなわなかった。そのうち、私はトラックを入手したのでようやく窮地から脱したものの、それまでに気の滅入るほどの非協力的態度を味わった。キャンプ地に私を入れさせまいとするありとあらゆる妨害がなされ、訪れてくる人もめったにいなかったので、私は完全に孤立した状態に置かれた。調査をしようとする私の試みは執拗に邪魔された。

ヌアーは調査を妨害する達人である。彼らと生活を始めて何週間か経つまでは、もっとも単純な事実を聞き出したり、もっともたわいのない慣習を知ろうとするあらゆる試みが完全な徒労に終る。ザンデランドではほんの数日で手に入れることができた情報を、ヌアーランドでは入手するのに何週間もかかった。ある期間が経つと彼らはようやく私のテントを訪れ、私のタバコを吸い、冗談を言ったり短い会話をするまでになったが、それでも彼らは私を風よけ（写真18ａ）の中に招いたり、あるいは重要な事柄について私と論じようとはしなかった。習慣についての質問をはぐらかす彼らの手腕は、民族学者たちの好奇心に悩まされている原住民たちに推薦したいくらいである。次に挙げた一例は、ニャンディン川沿いで交したヌアー方式の会話の初めの部分である。質問の趣旨には多少曖昧なところもあるが、協力する気がありさえすれば、すぐにも明らかになるような事柄である。

私――君は誰？

チュオル――人間だ。

私――君の名前は？

チュオル――私の名前が知りたいのか。

私――そうだ。

チュオル――私の名前が知りたいのか。

私——そうだ。君は私のテントを訪ねてくれた。だから、私は君が誰なのか知りたいのだ。あんたの名前は何というのか。
チュオル——わかった。私の名前はチュオルだ。
私——私の名はプリチャードだ。
チュオル——オヤジさんの名前は何というのか。
私——父の名前もプリチャードだ。
チュオル——そんなはずはない。オヤジさんと同じ名前をもつはずがないではないか。
私——これは私のリニィジの名前なのだ。君のリニィジの名前は？
チュオル——私のリニィジの名前が知りたいのか。
私——そうだ。
チュオル——それを聞いてどうするのか。自分の国にもって帰るのか。
私——別にどうするつもりはない。君たちのキャンプに住んでいるから知りたいだけだ。
チュオル——わかった。われわれはロウだ。
私——部族の名前を尋ねたのではないよ。部族の名前ならもう知っている。リニィジの名前を知りたいのだ。
チュオル——どうしてリニィジの名前が知りたいのか。
私——もういいよ。
チュオル——それならどうして聞いたのか。タバコをくれ。
どんなに気の長い民族学者でもこのたぐいの抵抗に会うと頭にくること請け合いである。まったく気が変になってしまいそうである。実際、何週間かヌアー人とだけつき合っていると、駄洒落が許されるなら、確実に「ヌアー症 Nuerosis」〔neurosis――精神神経症をもじったもの〕の徴候を示しはじめると言っていい。

実質的にはほとんど調査が捗らないままに、私はニャンディン川からソバト川沿いのヤクワッチのキャンプに移り、風よけの並んでいる場所から二、三ヤードのところに自分のテントを張った。アメリカン・ミッションで過ごした短期間を除いて、私は雨季の始まるまでの約三ヵ月以上をそこで過ごした。いつものように初めの頃は大変苦労したが、そのうちに自分も共同体の一員であると思うようになり、また、そのように彼らにも受け容れられるようになった。ことに私が牛を二、三頭手に入れてからはその感を強く抱くようになった。ヤクワッチにキャンプしていたヌアーたちが奥地の村に帰っていったとき、私は彼らについていく手段が見つからず、やむなくもう一度レーク地方へいくつもりでいたところ、マラリヤの激しい発作に襲われてマラカルの病院に入院することとなり、レーク地方のかわりにイギリスに送還されてしまった。この第二期の調査には五ヵ月半を費やした。

その後エジプトで任務についているあいだに、私は本書の骨子となったいくつかの小論文を『スーダン・ノーツ・アンド・リコーズ』誌に発表した。ヌアー再調査の機会はおそらくあるまいと思ったからである。ところが、一九三五年になって、リヴァヒューム調査基金から、エチオピアのガラ族の集中的な調査をするという条件で二年間の調査費が与えられた。外交上の諸問題が絡んで本格的な調査にとりかかるのが遅れたため、私はスーダンとエジプトの国境近くで東アニュアク族の概観的な調査をしながら、二ヵ月半ほど過ごした。やっとエチオピアに入ったとき、イタリヤ軍の侵略がさし迫ってきたため、やむなくガラ族の調査を放棄せざるをえなくなり、その後の七週間をヌアーの地に滞在してヌアー族の調査を続行する機会に恵まれ、昔のノートを補充したり、新しい資料を集めることができた。その間、私はピボール川沿いのヌアーの一部族を訪れたり、ナッセルのミッションやヤクワッチに住む友人たちと旧交を温めたりすることができたし、またニャンディン川の河口周辺に住む東ジカニィ部族の土地で一ヵ月を過ごす機会にも恵まれた。

一九三六年、ケニヤに住むナイル系ルオ族の概観調査をしたあと、残された七週間をヌアーランドで過ごした。この時には、私はナイル川の西側地域、とくにレーク部族のカルルアル・セクションで過ごした。こうして、ヌアー人のあいだで過ごした期間は計約一年になったが、私は一年という期間が、一民族の社会学的な調査をするのに十分であるとは思っていない。敵対的な状況にある、気むずかしい民族を調査する場合にはなおさらのことである。しかし残念ながら一九三五年、一九三六年の二度の調査では、私は二回とも重病を患い、調査予定を切り上げざるをえなかった。

常時つきまとう肉体的な不快感や、調査初期における彼らの猜疑心と執拗な妨害に悩まされ、通訳もつかず適切な文法書や辞書もなく、また、インフォーマントも得られないことに加えて、調査が進むにつれて別の問題が生じた。ヌアーの人々と親しくなり、言葉にも不自由しなくなってきた頃、私のテントには早朝から夜ふけまで、男・女・子供たちの訪問客がひっきりなしにやってきた。誰か一人と何かの慣習について話していると、別の人間があいだに入ってきて、自分の身の上に起こったことを長々としゃべるかと思うと、お互いに冗談を言いあったり茶化したりして邪魔をするのであった。男たちは朝の乳搾りの時間にきて昼頃までいた。昼頃になると、乳搾りを終えたばかりの少女たちがやってきて私の気をひこうとした。既婚の女たちはあまり来なかったが、少年たちは大人たちが叱って追い払わなければいつも私のテントの日除けの下にたむろしていた。こうして次々とやってくる訪問客は絶え間なく冗談を言ったり合の手を入れたりするのでヌアー語上達のためには良い機会ではあったが、私の神経は非常な緊張を強いられることになった。ヌアーのキャンプに滞在するかぎり、彼らの習慣に従わねばならないことは言うまでもないことだが、それにしても彼らは強引で疲れをしらぬ訪問者たちであった。何よりも困ったのは自分のすべての行動が人前に晒されているということであった。人前で、あるいはキャンプから丸見えのところで、もっとも私的な行為をすることに慣れるには、といっても完全に無神経になったわけではないが、ずいぶん時間がかかった。私のテントはいつも小屋や風よけの立ち並んでいる中央にあったし、私はつねに大勢の人々の面前で調査を行わねばならなかったので、内緒の話をするといった機会はほとんどなく、また、伝承(テキスト)を口述し、それについて細かく補足・解説できるようなインフォーマントを養成することもまったくできなかった。こうしたマイナスは私がヌアーの人々ときわめて親密につき合わざるをえなかったことで埋め合わされている。決まったインフォーマントを通じて調査するという比較的容易で手軽な方法がとれなかったため、私はヌアーの日常生活を直接観察し、それに参加する方法に頼ることになった。テントの入口からはキャンプや村の中で起こっていることがひと目で見渡すことができ、私はいつもヌアー人たちといっしょであった。情報は、私の会ったヌアー人の一人一人から収集したので断片的なものとなり、精選され訓練されたインフォーマントから得られるいわばまとまったものではなかった。このように私はヌアー人と肌を合わせて暮らさなければならなかったため、もっと詳しく記述することのできるアザンデ人についてよりも、彼らの方を身近に知っている。アザンデ人は私が彼らの一員として生活することを許してくれなかったが、逆に、ヌアーは彼らの一員として住むのでなければ私を受け容れてくれなかった。アザンデ人は私を共同体には入れてくれなかったが、ヌアーは共同体の成員になることを私に強いた。アザンデ人は私を優越者として扱い、ヌアー人は私を対等者として遇した。

あまり欲張らないことにする。私はヌアーの主要な諸価値は理解したと信じているし、彼らの社会構造の実像も描くことができる。しかし、本書は精密な社会学的な調査というよりも、ある特定地域の民族学に寄与するためのものであると私は考えているし、事実、そのような意図のもとに書かれたので、そうした観点から読まれることに私は満足である。私が観察しなかったことや調査しなかったことは多く残されているので、他の人々がヌアーやその近隣諸民族を調査する余地は十分にある。私はそのような調査が行われ、いつの日かナイル系諸民族の社会体系について、より完全な記録が得られることを望みたい。

第一章　牛に生きる人々

1

ヌアーのように、物質文化が非常に単純な民族においては、環境に依存する割合が高くなる。彼らは一般に考えられているよりはモロコシやトウモロコシを多く栽培しているが、しかし、本質的には牧畜民である。土壌や地表水の状態、それに牛の保有頭数等の違いによって、部族ごとの耕作量に多少の差は見られるが、彼らは皆一様に牛の頭数の少ないことが耕作を強いられる原因であると考えている。彼らは心底から牧畜民であり、彼らが喜んでする仕事は牛の世話だけである。彼らは日常必需品のほとんどを牛に頼っているだけでなく、彼らの世界観そのものが牧畜民のそれである。牛は彼らにとってもっとも貴重な財産であり、牛を守り、また牛を近隣の諸民族から略奪してくるためには喜んで自分の生命を懸ける。彼らの社会的行動のほとんどが牛をめぐるものであることから、ヌアー人の行動を理解したいと望んでいる人への最適のアドバイスは、cherchez la vache（牛を探せ）である。[*10]

近隣諸民族に対するヌアー人の行動や接触の仕方は、牛への愛着や牛を入手したいという願望と深くかかわっている。それゆえ、アニュアク族のようにあまり牛をもっていない民族に対してとがその動機となっていた。一方、ディンカ諸部族への襲撃は、牛の略奪と牧草地の主導権を握ることは非常に軽蔑的であり、ヌアーでは、それぞれの部族や部族セクションが固有の牧草地と水場を所有しており、政治的な分裂はこれら天然資源の分布と深くかかわっている。そして、その所有権は一般にクランとかリニィジによって表わされる。部族内セクション間の争いは牛がその火種となっていることがしばしばあり、その結果生じる生命、四肢の損傷に対する補償は牛で行われる。豹皮首長や予言者は、牛が争点となっている争いでは仲裁者となり、また、雄牛〔雄牛といった場合にはすべて去勢牛を指す。去勢されていない雄牛については、種牛の訳語を用いた〕や雄羊を供えることが要求される儀礼においては祭司の役目を果す。儀礼に関するいまひとつの専門家は「牛の男（ウット・ゴク）」である。年齢組や年齢階梯について話しているときでも、おのずと人と牛とのかかわりあいを述べていることに気づく。つまり、少年から大人への移行は、それに伴う成人式における人の牛との関係の変化に対応していることに如実に示されるからである。

小地域集団は牛の放牧や、家屋、家畜の防禦を共同で行う。彼らの団結は乾季に、共有の家畜囲いを設け、そのまわりに環状に風よけを作って住むときにもっとも顕著に表われているが、雨季の頃の孤立した状況においてもそれは認められる。一家族あるいは一世帯だけでは牛を保護し放牧することが不可能であり、地域諸集団がまとまっていく事実はこの事実を踏まえて考えねばならない。

地域共同体の成員を結びつけている親族の網の目は、外婚のルールを実施していく過程でできあがったものであるが、これもよく牛を用いて表現される。結婚という結合は、牛を支払うこと

●写真１――家畜囲いの中に立つ少女（東ガージョク部族）

で成立するが、その儀礼の諸段階はそれぞれ牛の受け渡しや屠りで区切られる。結婚した相手や生まれた子供の法的地位も牛に対する権利や義務で定義される。

牛を所有しているのは家族である。家長が生きているあいだは、彼が家畜についての全権を掌握しているが、妻たちも雌牛を利用することができるし、また息子たちも何頭かの雄牛を与えられている。息子たちが結婚適齢期に達すると、家畜の群れの中から何頭かの雌牛を与えられ、それを花嫁代償として年齢順に結婚する。一人が結婚すると、その次の息子の順が回ってきても牛の群れが以前の規模に戻るまで彼は結婚を待たねばならない。家長の死亡後も牛は依然として家族の生活の中心的存在であり続ける。ヌアー人は、少なくとも息子たちが全員結婚してしまうまで牛が分散するのを極度に嫌う。牛は全員が平等の権利を有する共有の財産だからである。息子たちは結婚すると、妻、子供たちといっしょに隣接するホームステッドに住む。乾季の初め頃、このような合同家族が共有の家畜囲いのまわりに環状に風よけ小屋を掛けて住んでいるのが見られる。また年の後半に設けられる大きなキャンプにおいては、列を作っている風よけの中で合同家族が明確な一区画をなしていることがわかる。兄弟間の牛を媒体とした絆は、それぞれが結婚し、子供をもったあとも継続する。なぜなら、これら兄弟のいずれの娘が結婚しても、彼らは彼女の結婚によってもたらされる花嫁代償の牛の大部分を分け前として受け取る権利を有するからである。彼女の祖父母も、母方オジも、父方母方のオバも、そしてさらにもっと遠縁の親類もその一部の分け前にあずかる。親族は一般にこれら牛の受け渡しに準拠して定義づけられているのであるが、それは家畜囲いから家畜囲いへの牛の移動が系譜上のつながりに対応する結婚時にもっともよく現われてくる。また供犠した牛の肉を父系や非父系の親類のあいだで分配するときのその分け方にもその絆は強調される。

ヌアー人の生活や思考上における牛の重要性は人名にもよく現われている。男たちはお気に入りの雄牛の形や色からとった雄牛名で呼ばれるし、女たちは雄牛や自分が乳搾りをする雌牛の名前をとって自分の名前とする。子供たちでさえも雄牛の名でお互いを呼び合いながら牧草地で仲間と遊ぶ。子供たちの用いる雄牛名はたいてい自分や自分の母親が搾乳している雌牛の雄仔牛からとる。男は出生のときに雄牛名か雌牛名をもらうことがしばしばある。子孫に継承される名前も出生時の名前ではなく雄牛名ということもよくある。というわけで、ヌアー人の系図は家畜囲いのなかの財産目録のような観を呈することになる。自分と自分のお気に入りの雄牛が同一の名前をもっているということは、当然牛に接する態度にも影響を及ぼすこととなり、ヨーロッパ人にはこの習慣がヌアー人の牧畜民的思考法のもっとも顕著な証拠と映るのである。

ヌアー人にとって、牛は何よりも貴重な財産であり、基本的な食糧供給源であると同時にもっとも重要な社会的資産でもあるから、儀礼において牛が最高の役割を果していることも容易に理解される。人が死霊（ゴースト）や精霊（スピリット）と接触を保つことができるのは自分の牛を通してである。だからもし家畜囲いの中のそれぞれの雌牛の経歴を知ることができたならば、それは牛の所有者の親族姻戚関係だけでなく、同時に霊的なつながりの全分野についてまで情報を得たことになる。雌牛は所有者のリニィジの精霊、その妻のリニィジの精霊、そしていずれかの時点で個人に憑依したことのある精霊のために奉納される。雌牛以外の家畜は死霊のために奉納される。雄牛や雌牛の背筋にそって灰をこすりつけることによって、人はその牛と関係のある死霊や精霊と交流し、助けを求めることができるのである。死霊や精霊と接するためのもう一つの手段は供犠することであり、ヌアーの儀式は雄羊や雄山羊、雄牛を犠牲にして初めて完結するのである。

ヌアーの諸制度や慣習をごく簡単に概観するだけでも彼らの社会的行動のほとんどが直接牛とかかわっていることがわかる。彼らの文化をさらに深く研究すれば、この牛への主たる関心がいたるところ、たとえば民話にまでも及んでいることがわかるであろう。彼らはつねに自分の家畜のことについて話している。私は若者と話していて、家畜と女の話以外に話題はないものかとしばしば絶望的になったものであるが、女の話でさえも最終的には牛へと話題は移ってしまっていた。本当にどのような話題から入っても、また、いかなる観点から話題をとり上げようとも、話題の中心はすぐに雌牛、雄牛、若い雌牛、若い去勢牛、雄羊、雌羊、雄山羊、雌山羊、仔牛、仔羊、仔山羊へと移ってしまうのであった。このような強迫観念（と外部の者には思われるのであるが）は、牛のもつ経済的価値の大きさによるだけではなく、牛が多方面にわたる社会的関係の連鎖になっているという事実によるものであることはすでに述べたとおりである。ヌアー人はすべての社会的な過程や関係を牛によって表現する傾向がある。彼らの社会的な慣用語は牛についての慣用語である。

したがって、ヌアー人と共に生活し、彼らの社会生活を理解しようとすれば、牛と、牛の生活に関する語彙をまず最初に修得しなければならない。結婚の交渉、儀礼の場、法的争いの場などでなされる複雑な議論は、牛の色、年齢、性別等の牛についての難解な用語を理解してはじめてその全容を追うことができるのである。

農業や漁業もヌアーの経済生活にとって重要ではあるが、しかし牧畜は、牛のもつ栄養上の価値のためのみならず、それ以外にも多岐にわたる牛の社会的価値のゆえに、それらにはるかに優先する。私は、この価値が具体的に現われた場面を二、三挙げてきたが、ヌアー文化において牛の占めている役割を網羅するわけにはいかなかった。というのは、すでに挙げたいくつかを含めて、牛は多方面にわたる社会的過程で重要なのであるが、それらは限定された本書の枠外にはみ出てしまうからである。私がこのようなことを前もって概括的に述べたのは、読者に次のことを理解していただきたかったからである。つまり、ヌアー人が牧畜に専心するのは、単なる食糧供給という枠を越えた広範囲の関心にもとづいたものであること、そしてなぜ牛がそれほどまでに彼らの生活の中で主要な価値を占めているか、ということを読者に十分知ってほしいと思ったためである。われわれは後ほど、この牛のもつ価値が環境上の諸条件といかにかかわっているか、さらにこれら二つを同時にとりあげてみると、それらがどの程度までヌアーの政治構造を説明する手がかりとなりうるかを検討してみたい。

2

今世紀以前には、ヌアーはおそらく現在よりもはるかに多くの牛を飼っていたものと推定される。したがって、モロコシの栽培も現在ほどではなかったであろう。度重なる牛疫の流行でヌアーの牛の頭数は減少の一途を辿り、それは現在も続いている。私の目撃した牛疫の威力も凄まじいものであったが、過去のそれはもっと壊滅的であっただろうと想像される。しかし戦闘好きのヌアーは、疫病による損失を昔はディンカを襲撃することでつねに補うことができた。彼らは口を揃えて、一世代前には牛の群れは今よりずっと大きく、花嫁代償や流血の賠償として支払われる牛の頭数は四〇頭が普通であり、場合によっては五〇頭から六〇頭ということもあったが、現在では花嫁の親族はせいぜい二〇頭から三〇頭ぐらいしか期待できない、という。私の得た一般的な印象では、現在ヌアーはシリュクよりもはるかに牛に恵まれてはいるが、ディンカのなかの豊かな部族ほどには牛を所有していない。

きわめて小地域についてさえ牛の統計をとることは困難であったし、またそのような試みをすればヌアー人の反感をかうことは必至であったろう。私の調査しえた少数の例をもとにしての推定では、牛舎一戸当りの家畜数は牛一〇頭、山羊、羊各五頭が平均のようであった。普通サイズの牛舎には一ダースもの成牛を入れるともう一杯である。そして一戸の牛舎に依存する人間の数は約八人であるから、牛の頭数は人口をそれほど上まわることはないであろう。家畜の中では雌牛が圧倒的に多数で、約三分の二を占めている。本書に出てくる写真にはヌアーの牛が写っているのがたくさんある。ヌアーの人々の言うところによれば、背中に大きなコブのあるのはベイル産で、角が長いのはディンカ産の牛の特徴だそうである。

部族によって牛の保有数には差がある。ロウ地方は牛の飼育にはとくに環境的に恵まれていると考えられており、その群れの規模の大きいことで有名である。東ジカニィ地方はかつて牛が多かったが、疫病で打撃を受け、そのため人々はやむなく農耕に力を入れるようになった。しかし、現在徐々に立ちなおりつつある。牛はどの地方においてもだいたい平均して分布している。牛をまったく所有しないという人もまずいないし、またとくに裕福な人もいない。牛は、蓄積が可能な富の一形態ではあるが、牛舎に入りきらないほどたくさんの牛を所有することは絶対にない。というのは、牛の群れがある規模にまで達すると、彼かあるいは彼の家族の誰かが結婚するからである。こうして牛の群れは二、三頭にまで減ってしまい、次の二、三年はその減損を埋めるのに費やされることになる。どの世帯もこのようにして、比較的乏しい時期と比較的豊かな時期とを繰り返していく。結婚と疫病が牛が増えるのを妨げており、そのため富の不均衡が人々の民主的な感情を損なうといったようなことはない。

ヌアーの政治制度を検討するとき、われわれは次のことを念頭に置かねばならない。つまり、彼らはごく最近まで、現在よりももっと牧畜一辺倒であり、遊牧民的であったと想像されること、そして牛が次第に減少しているという事実が、彼らの執拗な攻撃性をある程度説明しているかもしれない、ということである。

3

牛はあらゆる方面で利用価値があるが、とくにその乳が利用される。牛の出す乳とモロコシ（*Sorghum vulgare*）が彼らヌアーの主食である。地域によっては、とくにロウ地方などでは、モロコシの貯えが一年中もつことは稀にしかなく、モロコシが食べ尽くされてしまうと、乳と魚で生きてゆかねばならない。そのような時期には家族全員が一頭の雌牛の出す乳に頼って生命をつないでいる場合すらある。全地域を通じて、モロコシの収穫は不安定であり、程度の差こそあれ厳しい飢饉に見舞われることもめずらしくはない。その間、人々は魚、野生植物の根茎、果実、種子などを採取して生活するが、何といっても頼りにするのが自分の所有する雌牛の乳である。モロコシが十分にあるときでも、彼らはモロコシだけを食べることはしない。なぜなら乳や乳漿（ホエー）や液状チーズといっしょに食べないと、モロコシは腹にもたれるし、美味でもなく、とくに子供にとっては消化が悪いと考えるからである。子供にとっては乳は不可欠であり、乳がなければ子供は健康で幸せには育たないと彼らは信じているため、乳が不足したようなときには、大人は自分のを減らしても子供の欲求はつねに優先して満たしてやる。ヌアーの描く最高に幸せな状態とは、家族が数頭の泌乳期の雌牛をもっていて、子供たちの栄養が満ち足り、チーズに加工したり、親類縁者を援助し、客をもてなすだけの余剰の乳がある状態のことである。ヌアーの世帯ではふつう幼い子供たちのための乳はいつも確保することができる。というのは、もし泌乳期間中の雌牛が手許にいないような場合には、親族が乳を出す雌牛を貸してくれたり、あるいは搾った乳を分けてくれるからである。このような親族としての義務は全員の認めるところであり、気前よくはたされている。なぜなら、子供の欲求については両親だけでなく、近所や親類の者全員が責任をもつべきものという認識があるからである。しかし牛疫の流行後とか、あるいはそれほどひどくはないが集団内の青年が二、三人続いて結婚した後などでは集落全体、ときとしては村全体が食糧難の時期を過ごさねばならないこともある。そしてときには村の牛全部が偶然同時期に乳を出さなくなるようなこともあり、それが原因で食糧に不足する場合もある。

ヌアーは乳量によって雌牛を評価するから、この点に関して、それぞれの雌牛の価値をよく知っている。乳量の多い雌牛の仔牛は、乳量の少ない雌牛の仔牛よりも高く評価される。ヌアーにとっては、雌牛は単に雌牛というだけではなく、良い雌牛か悪い雌牛かに区別される。だから、雌牛を貸しているような場合、それを返して貰うときには自分の評価と合わない雌牛は受け取らない。家畜キャンプに行って、群れの中でどの雌牛が最高に良いか、あるいはどの雌牛が最低かと尋ねると、直ちに答が返ってくるであろう。雌牛の評価に際しては、雄牛の場合とちがって審美的な特徴、とくに太り加減、色、角の形等は問題にならず、もっぱら、乳の出の良し悪しを見分けるための基準となるような特徴、つまり、広くゆったりとした背、突出した腰骨、太い乳腺、しわがいっぱいの乳房等が目安となる。雌牛の年齢を推定するためには、臀部のいずれかの側を尾の方向に流れているしわの深さや、歯数とその鋭さ、歩様の確かさ、角に見られる環状線の本数などにとくに注意する。ヌアーの雌牛は、普通の乳牛によく見られる、骨ばっていて肉付きが薄い、という特徴を具えている。

乳搾りは一日に二回行われ、それは女、少女、成人式を終えていない少年の仕事である。男たちは旅路にあったり、戦闘で遠征していたりして、女、子供が側にいない場合を除いては乳を搾ることを禁じられている。乳を搾るときには、雌牛の脇にかがんで、膝の上に瓶状の口をしたひょうたんを落ちないようにうまくのせ、乳首を一つずつもってその中に搾りこむ（写真2と3参照）。指は親指と人差し指を用いるが、他の指は閉じているので、乳首はある程度手全体に押しつけられる格好になる。それは引く、搾る、の同時運動である。ひょうたんは膝の

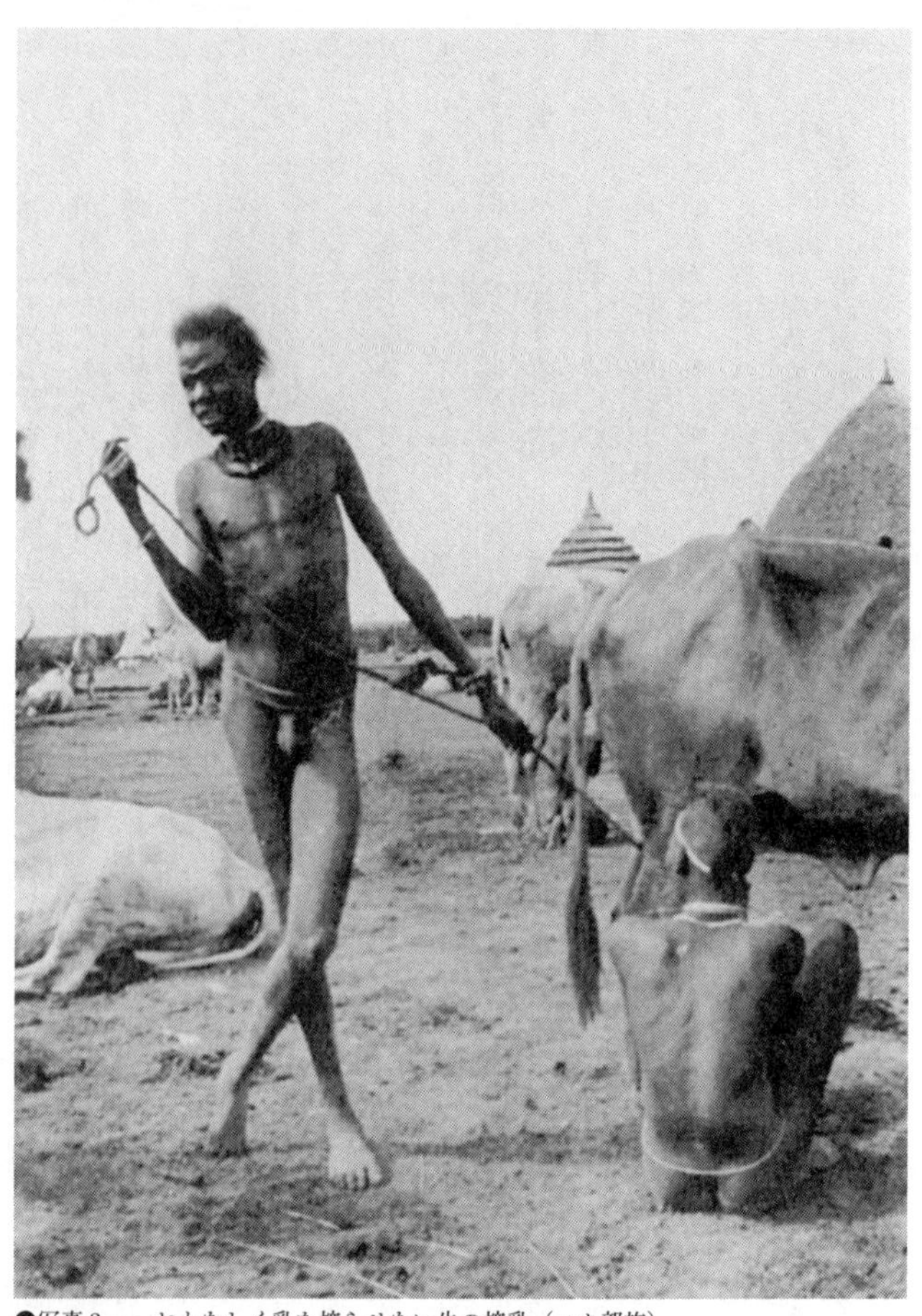

●写真2——おとなしく乳を搾らせない牛の搾乳（ロウ部族）

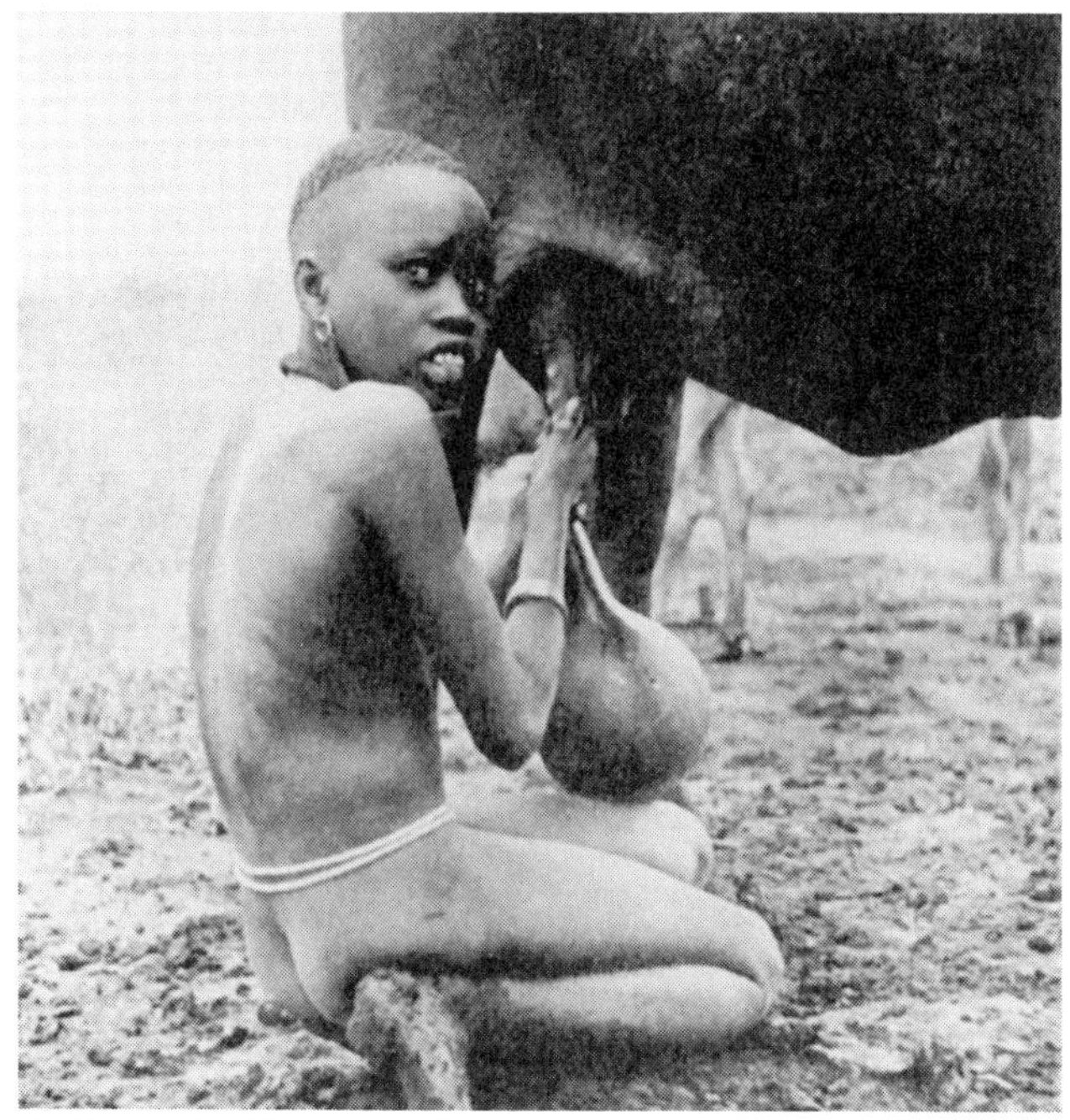

●写真3——乳を搾る少女（ロウ部族）

上に手で押えつけて、動かないように固定されている。もっと口径の広いひょうたんや壺を用いるときには、それを両膝の間に挟んで、一度に二つの乳首を同時に搾る。ときには二人の少女が一頭の雌牛の両側から搾っているのを見かけることもある。もし牛がおとなしく乳を搾らせないような場合には、男が口の中に手を入れて鼻づらを摑まえて動けないようにするが、蹴ったりするようなときには、後足に輪縄をかけて二本の足を縛っておく方法がとられる（写真2）。搾乳中の態度がいつも悪い牛には鼻輪を入れることもある、ということである。

搾乳の順序は次の通りである。まず仔牛を放つ。すると放された仔牛は繋綱をつけたまま母牛のところに飛びついて行って猛烈な勢いで乳房に吸いつく。こうして乳が出始める。彼らは、最初に仔牛に乳房を吸わせないと、母牛は乳を出してくれないと信じている。仔牛が死んでしまったような場合を除いて、人の手で乳房を撫でてやるようなことはしない。これは母牛のためによくないことだと言われているからである。仔牛がしばらく乳を吸うと、頑固に抵抗する仔牛を無理矢理乳房から引き離して、母牛と一緒の杭に繋りつけておく。仔牛はそこで母牛の前脚に体を擦り寄せて舐めてもらう。それから少女は一番乳（wic）と呼ばれる乳を搾る。乳房が柔らかくなって空になると再び仔牛が放たれ、もう一度前回の過程を繰り返す。これを二番乳（tip indit, the greater tip の意）と言う。普通は二回の搾乳で終るが、泌乳量の非常に多い雌牛で、しかも泌乳のピーク時にあるようなときには、三番乳（tip intot, the lesser tip の意）を採ることもある。搾乳が終ると、少女は自分の膝やひょうたんを牛の尾できれいに拭いてから再び仔牛を放ち、残乳を飲ませる。一番乳は二番乳よりも、二番乳は三番乳よりも搾乳に要する時間も長いし、量も多い。そして、朝の方が夕方よりも乳量が多い。

何度か量ってみた結果、ヌアーの雌牛が平均約七ヵ月続く泌乳期間中に出す乳量は、一日平均四パイントから五パイント〔一パイントは約〇・五七リットル〕であることがわかった。しかしこれはあくまでも人間が搾乳した乳量であることに注意しなければならない。搾乳前、搾乳途中、搾乳後に仔牛が飲む分量はこの中には含まれていない。さらにヌアーも言うように、雌牛によっては仔牛のために乳を別に残しておく、ということも考えられる。というのも、搾乳後、仔牛は母牛が蹴ったり動いたりして授乳を拒絶するまで数分間も乳房に吸いついているからである。ときには小さな男の子が仔牛を追い払って自分で搾り、手についた乳を舐めたり、あるいは仔牛といっしょに母牛の乳房に吸いついたりしていることもあるが、原則的には、残乳に対する優先権をもつのは仔牛である。したがって、一頭の雌牛の出す一日の全乳量は七パイントから九パイントと推定され、味もイギリスの乳牛の乳よりも濃いように感じられる。泌乳量が少ないことは驚くことではない。ヌアーの牛は人工飼料を与えられるわけではなく、また水分を多く含んだ牧草にも恵まれず、厳しい環境に耐えて生きているからである。しかも、イギリスの牧夫は乳だけとっていればいいのに対して、ヌアー人の牧夫は乳と同時に仔牛をも残らず生存させたいと願っていることをとくに強調しておかねばならない。ここでは、人間のそれよりも仔牛の欲求がまず優先する。家畜の群れの維持を図ろうとすれば、それは、第一に考慮されねばならない事柄なのである。

乳はさまざまの方法で消費される。生乳はとくに子供が愛飲し、またモロコシのポリッジに混ぜあわされる。大人が生乳を飲むのは飲料水がもっとも貴重になった、食糧の乏しい乾季だけである。生乳を放置しておくと暑さのため短時間で酸っぱくどろどろになるが、彼らはこのような状態になった乳を非常に好む。ヌアーの人々はこの酸乳を来客用につねに用意しておこうと心がけている。彼らは毎日搾る乳の一部をチーズ加工用にとっておくが、泌乳中の雌牛が何頭かいるような場合には、一頭をチーズ加工専用にすることもある。攪乳用の乳は飲用乳とは別のひょうたんに搾りこまれる。それから攪乳ひょうたん（図1）に移し替えられて数時間放置される。攪乳ひょうたんはよほど悪臭のしないかぎり洗わないから、前回の攪乳で残った酸乳が乳を固まらせる。放置した後、女や少女が足を前方に投げ出して地面に坐り、ひょうたんを頭上に持ち上げてはそれを勢いよく振り降し、膝の上で数回ゆすって、また、同じ動作を繰り返す。これは、単純ではあるが忍耐を要する攪乳法である。凝乳ができ始めると、それをうまく固まらせるためと、ホエーの量を増やす目的で、水を少量加える。均質にするために雄牛の尿を加えることもある。凝乳ができると、女はコップ型をしたひょうたんにそれを注ぎ込み、むらさき貝の殻ですくって、小屋の中に吊されているもう一つのひょうたん容器に入れる。鮮乳と混ぜたホエーは女、子供の飲み物である。凝乳は毎日補充され、腐敗を防ぐためときおり牛の尿を入れてかき混ぜる。数週間補充を続けて、最後に短時間火にかけて沸騰させると、凝乳は濃い黄色の固形チーズになる。短時間沸騰させた後、液体をひょうたんに入れ表面の脂肪をとり除く。この脂肪はポリッジの風味付けに用いられる。チーズは丸型のひょうたんに入れられて小屋の屋根から網で吊り下げられるのであるが、このひょうたんは、堅い外皮の一部をあらかじめ切り取り、それを糸で縫い合わせて滑り蓋の役目をするように作られている（図2）。これに牛の糞を塗りつけて密閉すれば数ヵ月は保存できる。このように乳はチーズの形で保存することが可能である。チーズはポリッジといっしょに食べたり、身体に塗ったりするために用いられる。

山羊や羊も朝いっしょに搾乳されるが、これらの家畜の乳は大して重要視されておらず、子供が飲むだけで、乳製品に加工されることもない。この場合も女が搾り、仔山羊や仔羊が乳房に残った乳を吸いつくす。仔山羊や仔羊たちは一日中母親にくっついて牧草を食んでいるので夕方の搾乳は行われない。しかし昼間見張り番の牧童が空腹感を癒すため、山羊や羊の乳を搾り、手についた乳を舐めている光景も見受けられる。

搾乳と乳製加工についてのこれまでの記述からいくつか強調しなければならない点が浮かび上

●図1・上——攪乳用ひょうたん
●図2・下——チーズ保存用のひょうたん

がる。⑴現在の牛の頭数およびその分布から見るかぎり、ヌアーが望んでいるような、そしておそらく過去にはそうであったような、完全に牧畜依存の生活は不可能である。どんなに多目に見積っても、牛舎当りの一日の乳量は平均一二パイントが限度であり、これを一人当りに換算すると一・五パイントということになる。したがって混合経済が不可欠のものとなる。⑵しかも、牛疫や、花嫁代償のための牛の譲渡によって、一家の財産に増減があるうえに、主食のもつ生物的な特質、つまり、雌牛が乳を出すのは出産後の一定期間だけであり、乳量も一定していない、という制約のために増減の幅はさらに大きくなる。このように、乳に関するかぎり家族はつねに十分な供給を確保することが可能とは言いきれないため、家族が自給自足の単位とはなりえない。それゆえ、乳が基本的な食糧とされている以上、経済単位は単一の家族集団を越えたものにならざるをえない。⑶乳製食品の不足を補うための穀物食品の必要性とともに環境的な諸条件が、ヌアーが完全な遊牧生活を送ることを不可能にしているが、彼らは、少なくともある期間は乳製食品を頼りに遊動生活を送ることが可能であり、歴史の示すように、また最近の、政府の対ヌアー作戦にもみられたように、このことがヌアーに可動性と機敏性を与えている。毎日再生産される乳は貯蔵も輸送をも必要としないが、その一方で、水と牧草に直接依存しなければならないという制約があり、移動生活は必要不可欠のものとなる。このような生活形態が農民の勤勉さとはまた異なった遊牧民の特性である勇気、好戦性、飢えと労苦の蔑視等の諸特性を生み出している。

4

ヌアーは煮たり焼いたりして食べる食肉源としての牛にも大いに関心がある。彼らは屠殺が目的で家畜を飼育するわけではないが、山羊や雄牛はしばしば儀礼のために供犠される。犠牲を供えねばならぬ死霊や精霊はたくさんいるし、供犠の期限はとっくの昔に過ぎていることが常なので、人々は自分たちの望むときに宴を張る口実には事欠かない。葬式にはまだ妊娠能力のある雌牛を供犠することもあるが、それ以外の場合は不妊になった雌牛だけが供犠される。供犠のときには、儀礼の宗教的な意味内容よりも祝祭的雰囲気が人々の関心の的になる。ときとして、たとえば結婚式のときには、儀式をとり行う人と犠牲の肉を食べる人が別々のこともあるが、たいていは全員が参加して一緒に食べる。このような場では、彼らは肉を食べたいという欲求を臆面もなくさらけ出す。そして、なかには正当な理由もないのに肉が食べたいばかりに供犠する人もいる、とは彼ら自身の認めるところである。年によっては雨季の頃、雄牛を屠殺し、肉を飽食する目的で若者たちがどこかのホームステッドに集まる習慣があるが、このような例外的な場合を除いて、食糧にするという目的だけで雄牛を屠ってはならない。もしそのようなことをすれば雄牛が呪詛するとさえ信じられており、よほどの飢饉の年でないかぎり、食肉目的の屠殺は行われない。牛の頭数の多いことで知られるロウ部族は食肉が目的で屠殺するという悪評があり、ロウ部族自身も気にしている。しかしながら一般的に言って、食べるだけが目的で牛を屠る習慣はヌアーの地のいずこにおいても見られず、山羊や羊でさえもこのような目的で屠られることは絶対にない。あまり重要ではない儀礼のときには、それほど貴重視されていない山羊や羊が供犠される。

自然死した牛はいかなる場合にも食用になる。たとえ若者のお気に入りの雄牛が死んだような場合でも、彼はその肉を食べるように説得され、もし彼がそれを拒否すれば、その非礼に対する報復として彼の槍が、いつの日か、彼の手や足を傷つけるだろうと言われている。ヌアーの人々は肉を食べることが大好きである。彼らは、雌牛が死ぬと「目や心は悲しむが、歯と腹は喜ぶ」と言い、また「そのような贈物に対して、心は別にしても、腹は神に感謝する」という表現をする。

雄牛は供犠され、食べられるのだが、雄牛が重要視されるのはこうした目的のためだけではなく、雄牛を所有すること自体が与える威信と見栄のためでもある。雄牛の場合、色や角の形も大切ではあるが、もっとも基本的には大きさと太り具合が重視され、とくに腰骨は見えてはならないとされている。ヌアーの人々は、雄牛が歩くたびにゆらゆらと揺れるぐらい大きな背中のコブを愛でる。そしてこの特徴を目立たせるために生後まもなくコブに施術する。

東アフリカの他の牧畜民同様、ヌアーも牛の首から採血し、こうして採った牛の血が乾季のキャンプ地における補足的な食糧となっている。乾季のキャンプ地では夕方になると少なくとも一頭の牛が採血されているのを見かける。雄牛よりも雌牛の方が料理用に採血されることが多い。バルと呼ばれるこの採血作業は次のような手順で行われる。まず最初に綱を牛の首の回りにきつく巻きつけて血管を浮き上がらせる。そうしておいてから、あまり深くささらないようにするため、紐や草で刃先を巻いた小刀で、巻いた綱よりも頭部寄りの血管を刺す。血が迸り出て大型のひょうたんが一杯になると綱を緩める。そうすると出血が止まる。傷口には牛糞を塗りつけておく。雌牛の首をよく見ると一列に小さな瘢痕があることに気付くだろう。採血後、牛はほんの僅かふらついてよたよたと歩くが、それを除けば血を採られたからといって別段具合が悪くなったようには見えない。かえって落着きがでて牛の状態は良くなるとさえ彼らは言う。採った血はある程度固まるまで女が火を通し、ポリッジに肉の風味をつけるのに用いたり、あるいは、男たちが料理する場合には、堅い塊りになるまで放置して熾火で焙ってから薄く切って食べる。

ヌアーは雌牛の血を主食とはみなしておらず、彼らの料理法においても血はそれほど重要な役割を果していない。実際、彼らは焙った血を賞味するが、彼らが採血するのは食糧を得るためではなく、牛の健康のためだと言っている。採血は悪い病気の血を取り除くことによって、雌牛の病いを治す目的で行われる。それにまた、ヌアーの言うところによれば、採血の翌日、雌牛は以前よりもさらに元気になってよく草を食むので、結果的に雌牛を太らせることになるのだそうである。さらに彼らの意見によると、採血は雌牛の発情をおさえるそうである。雌牛はあまり度々交尾すると次第に妊娠能力を失い、不妊になってしまうが、ときどき採血するこ

●図3——皮の殻竿

●図4――雄牛の首につける鈴と首輪

とによって、一度だけの交尾で妊娠する、と彼らは言う。雨季の頃には治療の目的で採血することが多いが、この時期には人々は飽食しているので採った血は牛番の男の子や犬に与える。仔牛についても太らせる目的でその鼻に傷をつけて血をしたたり落とさせることがある。私は、ヌアーの男たちが俊敏さや力を身につけるため、自分の脚や腰部に切り傷をつけているのを見たことがある。

ここで私たちは次の二点を重要な問題点としてあげることができるだろう。

(1) ヌアーは食用にする目的で家畜を殺すことはしないが、死んだ家畜はみな食用にする。それによって肉を食べたいという欲求を満たすことができ、彼らの生活習慣にほとんど馴染んでいない狩猟に無理に出かける必要もなくなる。

⑵　牛疫が流行しているときを除いて、肉を食べる機会は普通儀礼のときであり、儀礼におけるこの祝祭的性格が人々の生活にとって非常に大切なものとなっている。

5

乳、肉、血の他に牛は家庭内の日常生活必需品を数多く提供してくれる。ヌアーの所有物がいかに僅かであるかを考えれば、牛のもつ原材料としての重要性がよく理解される。牛の身体や排泄物は次のように利用される。

皮はベッド、盆、燃料入れ（写真4）、繋綱やその他の使用目的のための綱、殻竿（図3）、雄牛の首輪（図4）、太鼓の張皮等に用いられる。またパイプや槍、盾、嗅ぎタバコ入れなどを作るときにも利用される。種牛の陰嚢は、タバコやスプーンその他の小物入れのための袋にされる（図5）。尾の毛は女の子が踊りのときにつける飾り物や、若者のお気に入りの雄牛の角飾りになる（写真5）。骨は腕輪、打棒、すり棒、削り道具に加工される。角は削ってスプーン（図6）にしたり、銛を作る材料にもなる。

糞は燃料として用いられる他、壁、床を塗ったり、キャンプ地で作る藁小屋の外側を塗るのに使用される。また簡単な細工の上塗りや傷口保護のための絆創膏の役割も果す。糞を燃やした後の灰は、男が身体に塗りつけたり、髪を染めたり整髪したり、口を清めたり歯を磨いたり、寝具や皮袋の手入れ、その他諸々の儀礼的目的のために使われる。尿は攪乳やチーズ加工のときに混入したり、ひょうたん容器の手入れ、皮鞣し、それに洗顔、手洗い用として広く用いられる。

山羊や羊の皮は既婚女性の腰布（写真6a）や敷物として使われたり、タバコやモロコシを保存するための袋に加工されたり、細く切って若者がダンスをする際足首に巻く紐として用いられる。山羊や羊の糞尿は利用されない。

アラブのベドウィンはラクダに「寄生」していると言われるが、それと同様に、ヌアーは牛に寄生していると言えるであろう。これまでにリストアップした範囲ではそれほど幅広い用途を網羅しているとは見えないかもしれないが、もともとヌアーの物質文化そのものが非常に単純であ

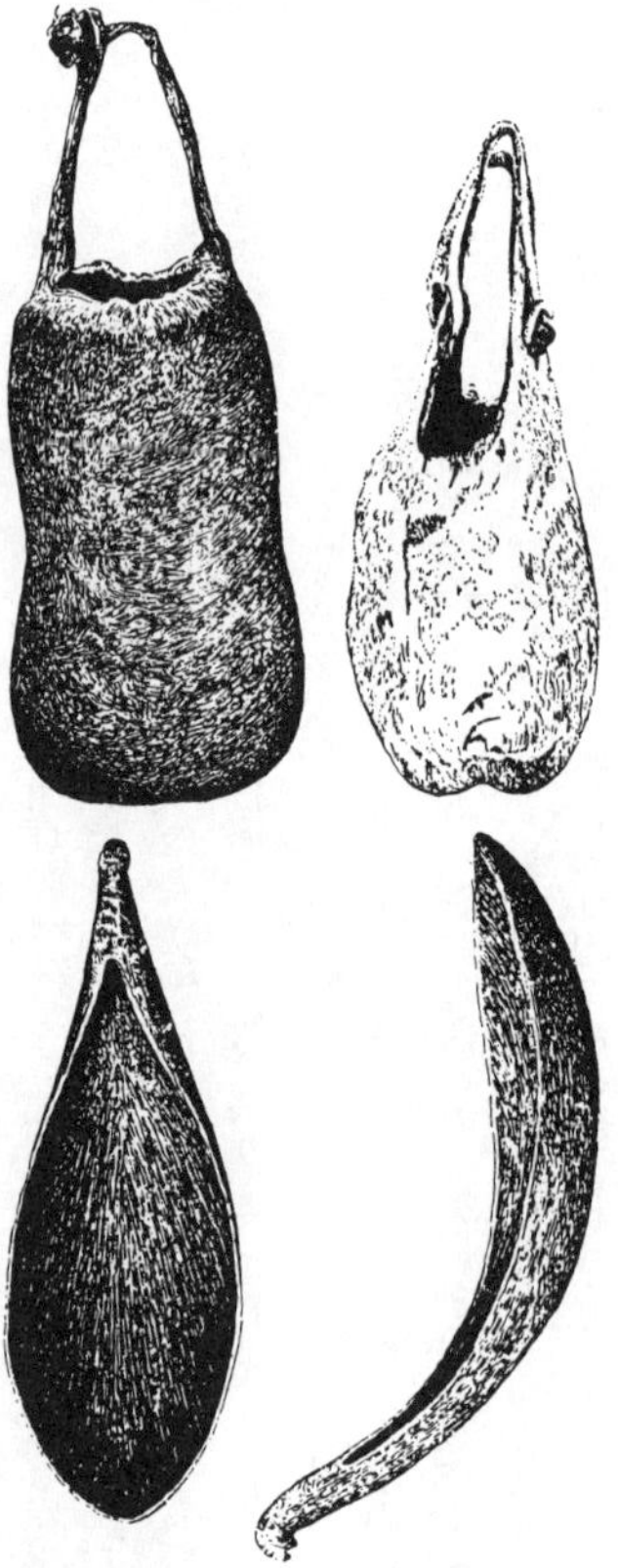

●図5・上——種牛とキリンの陰嚢から作られた袋
●図6・下——バッファローの角で作ったスプーン

●写真4――燃料用に牛糞を集める少年（ロウ部族）

●写真５——角に房をつけた雄牛（ロウ地方）

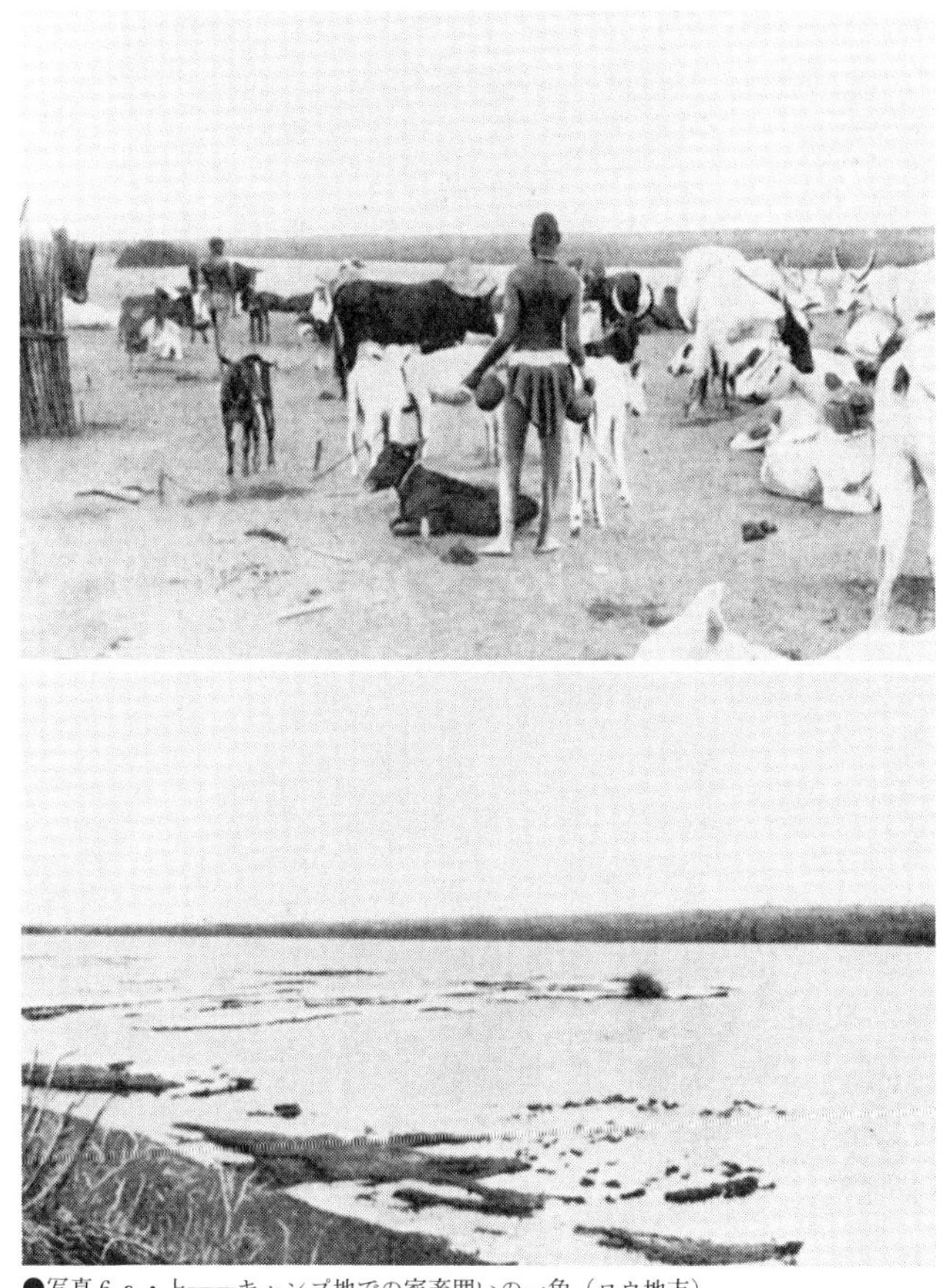

●写真６ａ・上——キャンプ地での家畜囲いの一角（ロウ地方）
●写真６ｂ・下——乾季のソバト川（ロウ地方）

るため、これらの物だけでも彼らの生活技術の大部分を示しており、彼らの生活が大きく依存している品目を含んでいるのである。たとえば、すべての牛舎や風よけで昼夜を問わずどんどん火をたくための燃料は言うに及ばず、料理用のための薪さえも十分に確保できない土地において、燃料としての牛糞の役割は計りしれないほど大きい。

牛のもつ社会的な利用価値とは別に、ヌアーは二つの基本的な食糧、つまり乳と肉の供給源として直接牛に依存していることを見てきた。今や牛の経済的価値はもっと広範囲にわたるものであることがわかる。第一節で簡単に言及した牛の一般的な社会的価値をも考慮に入れると、この段階においてすでに単一の対象が極度に強調されているのをわれわれは指摘することができるのである。それは他のすべての関心事を支配し、素朴さ、単純さ、保守性などといった牧畜民特有の諸特性とも合致するのである。

6

後節で、水、牧草、危険な動物や害虫からの保護、といった牛飼育の条件がどのように満たされているか、また、それらが人間の日常行動や社会関係をいかに左右し、制限しているかを述べるつもりだが、ここではこれらの大きな課題はひとまずおいて、牛に完全に依存し、牛をこれほどまでに高く評価するヌアー人が、一体有能な牧畜民であるのか否かを問うてみよう。彼らが自らの知識を総動員して家畜の世話をしていることは言うまでもないことだが、問題は、それで十分かどうかであろう。このことは、ヌアーの牧畜のやりかたが混合農業における一般的な牧畜の方法からはずれている点にとくにめだつので、その不一致の原因を調べてみた。次に述べるのは、ヌアーの牧畜が抱えているいくつかの明白な問題点、および彼らの牧畜についての一般的観察の結果である。

(1)　雌牛は日中は家畜囲いまで連れ戻されることはないから、仔牛は長時間にわたって栄養補給をうけることなく過ごさねばならない。しかしながら、スーダン畜産部長のH・B・ウィリアムズ大尉の語るところによれば、ヌアーの雄牛は、スーダンの他地方の雄牛と比較しても決して遜色がないという評価があり、したがって、仔牛の時期における発育はそれほどひどく妨げられていないと考えられる。雨季には朝の搾乳が九時か一〇時より早いことはめったになく、夕方の搾乳は五時頃であるが、乾季になると、雌牛たちは、午前八時にはもう牧草地に連れ出され、夕方も五時半頃にならないと帰ってこない。このため、雌牛は約一〇時間にわたって仔牛に授乳できないことになる。しかし、このように授乳間隔が長くなることにはやむをえない事情がある。というのは、乾季になると、牧草地はえてして遠隔地になりがちだし、それに良質の牧草も得難くなるため、牛は雨季の頃よりも長時間採食せねばならなくなる。雨季には、東アフリカの諸民族の多くがしているように、早朝、牧草地に連れ出し、正午頃、仔牛に授乳させたり反芻させたりするため連れ戻すことも容易である。しかしヌアーの言うところによれば、牛は蒸し暑くて煙の立ちこめた牛舎から連れ出されると、牧草地に行く前に家畜囲いで一服することを好むのだそうである。実際、乾季のキャンプ地において戸外で一晩過ごしたあとの牛の食欲を、牛舎から連れ出されたばかりの牛の無気力さと比較すると、ヌアーの言い分が正当であると思われるのである。彼らは、牛舎の熱気と煙が牛のためによくないことは知っているのだが、蚊はもっと有害だと考える。そして露が蒸発してしまうまで待つのは、それによって牛が消化不良をおこす危険性を避けるためだと言う。雨季には朝遅くまで地面が冷たく、湿っているからである。牛を朝遅くまで家畜囲いに留めておくもう一つの理由は、彼らは雨季にはふつう牛を一ヵ所に集めることをしないため、あまり早くから解き放つと、牛はすぐに満腹して勝手にあちこち歩き出してしまうからである。

⑵　乾季における飲み水の状態が非常に悪いことは、ヨーロッパ人にはただちに気がつくことである。とくに彼自身がそれを飲まねばならないような状況に置かれたときには、なおさらのことである。水溜りはほとんど干上がってしまい、残った僅かばかりの水は不潔でどろどろしていることさえあり、それを人間と家畜が分けあって飲むのである。私は、彼らが乾季の初期にキャンプする小さな水溜りしかないような場所（写真7b）から、最終的な集合地となる川や湖のほとりの地へなぜもっと早く移動しないのかと不思議に思ったが、しかし、私は彼らの判断力を疑っているわけではない。なぜなら、彼らは不潔な水を家畜が好まないことも、また家畜のためによくないことも十分に承知しており、状況の許すかぎり、清潔な水を家畜のために手に入れようと苦労しているからである。キャンプ地を移動させるについては、いくつかの不可欠な条件を考慮せねばならない。つまり、水の状態の他に、牧草、漁撈、野生のナツメヤシ（*Balanites aegyptiaca*）の実の収穫、モロコシの第二期の収穫等の条件がそろって初めてキャンプの移動が行われるのである。

●写真７ａ・上——リッジでの牛の放牧（レーク部族）
●写真７ｂ・下——叢林の水溜りに設けられた乾季の初期キャンプ（ロウ部族）

(3) 東アフリカの他の諸民族とちがって、ヌアーは種牛をあまり多く残さない。もし彼らの牧畜法に誤りがあるとすれば、それは種牛が少なすぎるということであろう。限られた観察をもとにしての推定では、種牛一頭に対して雌牛三〇―四〇頭の割合である。彼らはもっとも泌乳量の多い雌牛の雄仔牛を種牛として残し、よい乳牛を産ませようとする。ほとんど全部の雄仔牛を去勢しなければ、雌牛たちは落ちつきがなくなり、家畜囲いではつねに争いが絶えず、牛舎は騒然となる、と彼らは言うのである。仔牛が去勢されるのは一八ヵ月から二歳頃になったときである。つまり「母牛がもう一頭仔牛を産み、三頭目を妊んでいるときである。」手術のときには仔牛を地面に倒して、槍で陰嚢を切り、睾丸をとり出して切断する。出血はほとんど見られず、仔牛はすぐ元気をとり戻す。供犠の目的では時期を問わずに去勢するが、それ以外の場合は、雨季よりも炎症の起こりにくい乾季を選ぶ。同じ群れに属しているのでなければ種牛どうしの喧嘩は奨励され、それは、リニィジの分裂・移住を引き起こした原因としてしばしば伝承の中で語られている。供犠の際には数多くの若い去勢牛や成牛の雄牛が屠られる。

(4) 雌仔牛は三歳まで種付けされない。ヌアーは雌牛の様子から発情期に入ったことを知る。発情期に入ると雌牛は落ちつきがなくなり、よく鳴き、盛んに尾を振ったり他の雌牛の陰部を嗅いだり、背中に乗っかかろうとするようになる。もし放牧中に交尾が行われたときには――種牛は雌牛の群れといっしょに放たれている――妊娠の最初の徴候は陰部の変化だという。ある時期に種付けされた雌牛がいつ仔牛を産むだろうか、とヌアーに質問すれば、彼らはたちどころに、そして正確に答えてくれるであろう。雌牛は、とくに重い病気にかかっていないかぎり、八頭の仔牛を産むと言う。

私の見たかぎりでは、仔牛の死亡率は非常に低い。ヌアーは仔牛に細心の注意を払う。自分の雌牛が初産をしようとするときには介護するために一晩中起きていたり、あるいは牧草地まで付き添っていく。経産牛の場合には、放っておいて自力で産ませることもあるが、普通は非常事態にそなえて付き添ってやる。とくに叢林で出産が生じるような場合には必ず側に居てやらねばならない。なぜなら、生まれたばかりの仔牛は力が弱くて母牛について行けないため、母牛も動きがとれず、母仔牛ともに群れからはぐれて野獣の餌食になってしまう危険性があるからである。彼らは死産の場合にはとり出してやるし、逆位になっている場合には位置を正す施術をする。後産がおりなかったり、母牛が仔牛を舐めてやらなかったりすると、薬を与える。生まれた仔牛が死んだような場合には、あらゆる手段を講じて母牛に乳を出させる工夫をする。たとえば、死んだ仔牛の頭に藁を詰めて（図7）、それに母牛の尿を塗りつけておいたり、あるいはとくに流産したような場合には、仔牛の身体全体に詰物をして、棒を差し込んで脚を作り、それを母牛の前に置いて仔牛の頭を母牛の乳房におしつける一方、手で優しく乳房を引いたり搾ったりし、さらに少年が後ろに回って膣に息を吹きこむ。

ヌアーの言うところによれば、生後一両日で母牛が死んだような場合には仔牛も死ぬそうである。しかし初乳の後に出る「白い乳」（チャク・ティン・ボル）を一度味わった仔牛は助かるという。彼らは漏斗の形をした小さなひょうたんから手で乳を飲ませてやったり、あるいは泌乳中の他の雌牛のところへ連れていって、その乳を吸わせようと試みたりする。われわれには間違っているように思われるのだが、ヌアーは初乳の最初に出る変色した乳を仔牛が飲むと危険だと信じているため、仔牛が乳房に吸いつく前にこれを搾りとってしまう。もし不注意で仔牛がこれを最初に飲んでしまったときには下剤を与える。乳に血が混じっているときにはもっと危険視する。

はじめの三、四日は、最初に搾り捨てられた初乳を別にすれば、母牛が出す乳は全部仔牛が独占する。そのあと、近くに住む近親者が招待され、人間が飲むために搾られた最初の乳をかけたポリッジが供される。この儀礼では、仔牛の尾先の毛が切り取られて、それに所有者が唾をはきかけ、母牛の背中の上で振る。こうしなければ、人間が乳を盗んだことを怒って、仔牛が病気になるだろうと言われている。しかしながら、そのあとでも彼らは「自分たちはまだ仔牛と乳を分けあっているわけではない」と言っている。というのは、最初の二週間ぐらいは、仔牛が元気に育ち、歯も丈夫になるように、人間はほんの少ししか乳をとらないからである。仔牛がかなり丈夫になると、初めて人間の分け前も多くなり、そこで自分たちは、仔牛と乳を分けあっている（ブス）と言う。仔牛は母牛が再び妊娠して、乳をのませてくれなくなるまで乳を吸う。離乳させるための工夫は別段行われていないが、妊娠しているにもかかわらず母牛が仔牛に授乳したり、放牧地で母牛から仔牛を遠ざけるのに手間取ったりするようなときには、仔牛の鼻づらに茨の輪を付ける（図8）。これは草を食むのには支障はないが、母牛の乳房を吸おうとすれば乳房を刺すことになるので、母牛は仔牛を蹴って乳房を与えなくなる。以上の記述からもわかるように、仔牛から基本的な栄養を奪うことなしに人間にも食糧を供給させる、という牧畜民の課題をヌアーは巧みに処理している。

成牛の群れが牧草地に行った後、生後まもない仔牛たちは、雨季の村では午後遅くまで牛舎に入れられ、乾季のキャンプ地では木陰につながれる。午後になると水を与えられ、少年たちが草を集めてくる。とくにポーン（*Oryza barthii*）と呼ばれる植物は牛を太らせる効果がある。見張り番の少年に連れられて、仔牛が他のもう少し成長した仔牛たちといっしょに牧草地に出るのは、生後三ヵ月ほど経った頃である。仔牛たちは、朝早く母牛たちが向ったのとは反対の方角に連れていかれるため、成牛の群れとは引き離される。成牛の仲間入りができるようになるのは生後一年ぐらいであるが、その頃には母牛は再び妊娠している。

ヌアーが牛に対していかに細心の注意を払っているか、また、彼らの飼育法の知恵とも言うべき事柄については、後でさらに詳述する機会があるだろう。ここでは、私の調査を通じて得られ

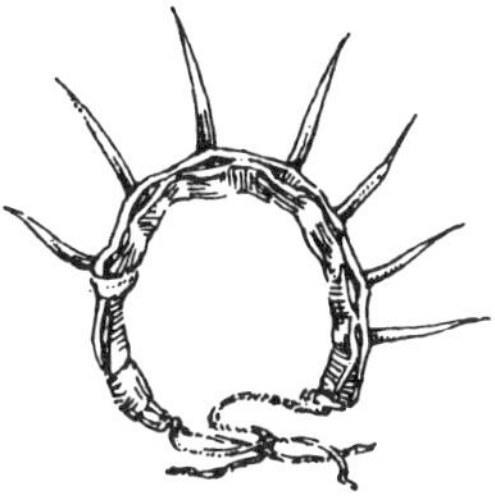

●図7・上――詰物をした仔牛の首
●図8・下――仔牛を離乳させるための首輪

た一般的な結論を説明するために二、三の例を挙げたにすぎない。その結論は次のように要約される。(1)現在の彼らの生態学的諸関係においては、ヌアーの牧畜法は、重要な諸点について何ら改善すべき余地がない。(2)そのため、彼らが現在もっている以上の知識を注ぎこんだとしても、けっして彼らを援助することにはならない。(3)後述するように、彼らの不断の配慮と保護がなければ、牛はこの厳しい環境条件の中で生き延びることはできないであろう。

7

ヌアーが牛の寄生的存在とも言えることはすでに述べたが、他方、牛の側も、全精力を注いで世話をしてくれているヌアーに寄生しているということを、同じように力説しておかねばならない。彼らは牛を快適に過ごさせるために牛舎を建て、焚火をし、家畜囲いの中を掃除する。そして、牛の健康のために村からキャンプ地へ、キャンプ地からキャンプ地へ、キャンプ地から村へと移動する。また牛を守るために野獣と闘い、さらに、美しく見せるために装飾品をつけて飾りたててやる。牛はヌアーの献身的な奉仕のおかげで、のんびりとゆったりした日々を送ることができるのである。まさに両者の関係は共生的であり、牛と人間は相互に助け合うことで己が生命を維持していくことができるのである。このような親密な共生関係においては、牛と人間はもっとも密度の高い一個の共同体を形成する。この親密さに焦点を当てて少し詳しく述べてみよう。

男たちは明け方、自分の牛たちに囲まれて目を覚まし、搾乳が終るまで満足げにそこに坐って牛を眺めている。それから牛の群れを牧草地に連れて行き、草を食んでいるのを眺めたり、水飲み場に追っていったり、牛の詩を作ったり、キャンプ地に連れ戻したりして一日を送る。あるいは、牧草地に行かないときには家畜囲いにいて、乳を飲んだり、牛のための繋綱や牛のための装飾品を作ったり、水を飲ませる、等の仔牛の世話をしたり、家畜囲いの掃除や、燃料のために牛糞を乾かしたりしながら一日を過ごす。彼らは牛の尿で顔や手を洗い――搾乳中に牛が放尿したときには必ずそうするのだが――、牛の乳や血を飲み、牛の糞を燃やしながら牛の皮を敷いて眠る。また彼らは牛糞を燃やした灰を身体に塗りつけ、髪を整え、歯を磨く。そして角で作ったスプーンで食事をする。夕方、牛が帰ってくると、死んだ牛の皮で作った繋綱で牛をそれぞれ杭に繋ぎ、風よけに坐って雌牛のことをあれこれ考えたり、搾乳される牛を見守ったりしながら一時を過ごす。彼らは自分の群れのそれぞれの牛について、そして隣人や親族の牛の群れについても一頭一頭、その色、角の形、性癖、乳首の数、乳量、経歴、祖先と子孫等を熟知している。スール女史によれば、ほとんどのヌアー人は、雌牛についてその母牛、祖母牛の特徴を記憶しているが、なかには五世代も溯った祖先についてまでもその特徴を記憶している人もいるという。雄牛についても、自分の所有している全部の雄牛の習癖をよく知っている。たとえば、どの雄牛が夕方よく鳴くとか、キャンプ地に戻るとき群れの先頭に立ちたがるとか、他の雄牛よりよく首を振るとか、といったことである。雌牛についても、どの雌牛が搾乳中に落ちつきがないかとか、仔牛と面倒を起こしやすいとか、牧草地に行く途中水を飲みたがるとか、非常に詳しい。

若者の場合には、誰か少年に頼んで、自分と同じ名前の、お気に入りの雄牛を連れて朝のキャンプ地を一巡させ、自分は飛び跳ね、歌をうたいながらそのあとについて歩く。夜になると、彼は雄牛の鈴を伴奏に、親族や恋人、雄牛への讃歌を歌いながら牛を見て回る。夕方牧草地から自分の雄牛が帰ってくると、彼は優しく撫でてやり、背中に灰を塗ったり、腹や陰嚢についている茨を取り除いてやったり、肛門にこびりついている糞をとってやったりする。そして、夜半に目覚めるといつでも雄牛の姿が見えるように風よけの前に繋いでおく。ヌアーにとって、自分の雄牛の姿ほど満足感と誇りを与えるものは他にはないからである。牛を誇示することができればできるほど、彼は幸福感を味わう。だから牛を魅力的に見せるため、角には長い房をつけ、首には鈴をつける。牧草地への行き帰り、牛が頭をもたげるたびにその房が揺れるのを見、鈴の音が牧草地に響き渡るのを聞くためである。雄仔牛でさえも、持ち主の少年から木製の数珠や鈴をつけてもらう（図9）。いずれ去勢される運命にある若い雄牛の角は、主人の好みに合った新しい角に生え変るように早い時期に切断される。ンガトと呼ばれるこの手術は、おそらく生後一年目の終り頃に乾季を選んで行われることが多い。雨季にこの手術をすると雄仔牛が死ぬことがあると言われている。手術の際には、牛を横倒しにして押えつけ、槍で斜めに角を切断する。新しい角はその切断面とは直角の方向に生えてくる。この手術は牛には大変苦痛を与えるものらしく、私は、彼ら自身が少年から大人になる成人式のとき受ける試練と、この手術を対比するのをときおり耳にした。

ヌアーの男たちが雄牛について語るとき、日頃の無愛想はどこへやら、腕を上げて、角の格好を作りながら、それがいかに立派な形をしているかを力説する。「俺は素晴らしい雄牛をもっているんだ」と彼は始める。「白い大きな斑が背中にある雄牛で、一方の角は鼻づらまで曲ってい

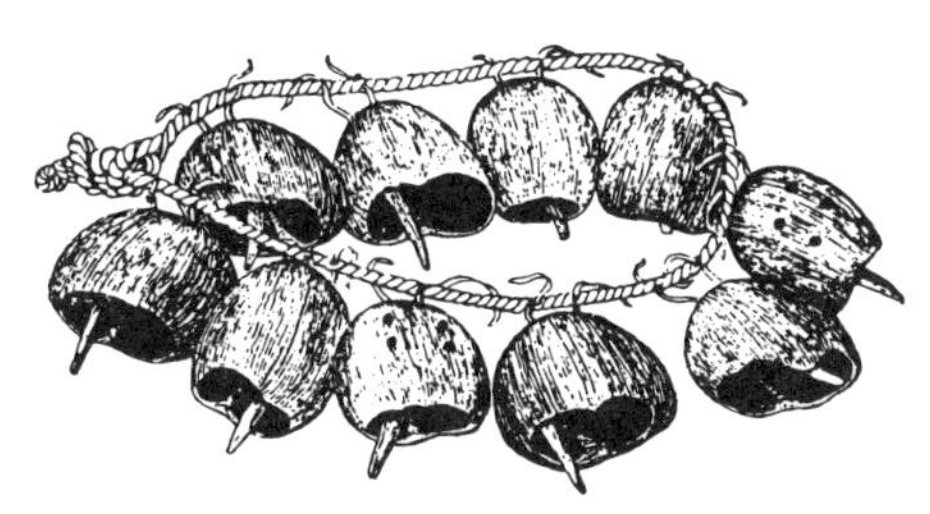

●図9――やしの堅果で作った仔牛の首につける鈴

るんだぞ。」彼は懸命になって、一方の腕を頭上に、他方の腕は肘を曲げて顔前に突き出し、その角がいかに見事であるかを相手にわからせようとする。歌ったり、踊ったりするときも、自分の雄牛の名前を大声で呼び、腕で角の格好を真似て見せる。

牛に対する態度は、社会生活における諸々の状況や、社会的成長の諸段階に応じて変化する。赤ん坊は這うことができるようになるや否や、羊や牛の群れと親密に交わるように仕向けられる。彼らの遊び場は家畜囲いの中であり、家畜の糞の中で転げ回って遊ぶので、身体中、糞にまみれている。彼らには仔牛や山羊、羊は遊び友達であり、それらの家畜を引きずり回しながら戯れている。家畜に対して抱く彼らの感情はおそらく食欲に根ざしているものであろう。なぜなら、雌牛や雌羊や雌山羊は彼らに乳房を提供し、直接飢えを満たしてくれるからである。赤ん坊が家畜の乳を飲め

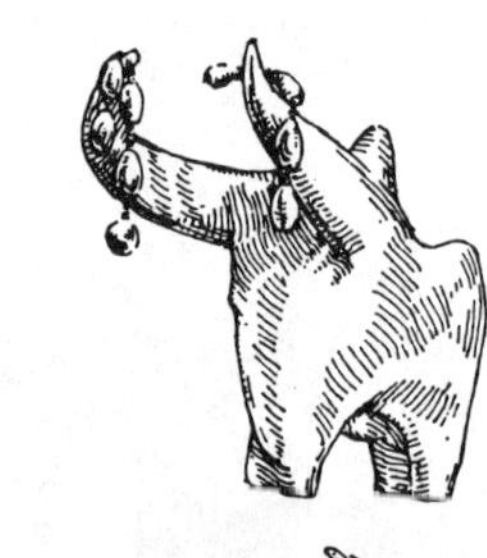

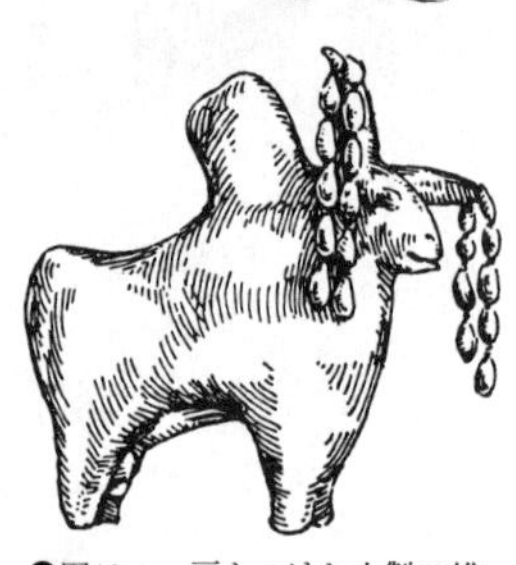

●図10——房をつけた土製の雄牛の像

るようになると、母親は赤ん坊を山羊や羊のところへ連れて行き、動物の乳房から直接温かい乳を飲ませる。

少し年長の子供たちの遊びも男女ともに牛に関するものである。彼らはキャンプ地では砂で、また村では湿った灰や泥で玩具の牛舎を作り、そのおもちゃの牛舎の中に泥をこねて上手に作った雌牛や雄牛（図10）を入れ、それらを群がらせたり、結婚のまねごとをしたりして遊ぶ。はじめて子供にあてがわれる仕事も牛に関するものである。幼児は、母親が山羊や羊の乳を搾っているとき、動かないようにそれらを掴えていたり、あるいは牛の乳を搾っているときは、ひょうたんを運んできたり、仔牛を母牛の乳房から引き離して前方の杭に繋いだりする。ひょうたんに尿を集めて、それで自分の身体を洗うことも覚える。もう少し大きくなり、力も強くなると、牛舎や家畜囲いの中の掃除、搾乳の手伝い、仔牛や山羊、羊を牧草地に連れて行く仕事が待っている。

この時期から、食物や遊びを通じての牛との接触が、労働を通じてのそれへと変化する。また、牛に対する男女の関心が分かれ始めるのもこの頃であり、この傾向は年齢を経るにつれて一層顕著になる。少女や女の仕事は、牛舎や家畜囲いの中に限られており、ほとんどが雌牛の世話であるのに対して、少年は家畜囲いの中での作業もするが、仔牛を牧草地に追って行くのがおもな役目となる。成人式を終えると、成牛を追い、家畜囲いの中ではおもに雄牛の世話だけをする。女は搾乳婦で、男は牧夫である。さらに少女にとっては、雌牛は基本的には乳とチーズの供給源であり、それは結婚して夫の家族のために乳を搾り、チーズを作るようになっても本質的には変らない。ところが少年にとっては、雌牛は、彼自身もそれに対して財産権をもつ、家族の家畜群の一部である。雌牛は、親族の女が婚出することによって家族の家畜群に加わったのであるが、彼もいつかそれを花嫁代償にして結婚するだろう。女は結婚に際して牛と別れるが、男はその所有者として留る。少年が若者になり、成人式も済ませると、牛は単なる食糧や労働の要因以上の存在になる。牛は自分を誇示し、結婚するための手段に変る。牛をたびたび供犠したり、牛に聖的意味を付与したり、儀礼用に用いたりすることができるのは、彼が結婚し、子供をもち、独立した世帯と牛の群れをもち、そして長老となって地位を得たあとである。

ヌアー人と牛とは、完全に利害の一致した一体的な共同体を形成しており、この共同体を維持していくために、両者の生活が調節されている。そして彼らの共生的関係はまさに肌と肌との触れあいとも言うべき密接なものである。牛は従順で、人間の世話や指図をおとなしく受ける。人間と牛を隔てるような高度の文化的障壁は、牛と居住を共にする彼らの家には存在せず、それどころか、真っ裸で牛に混じって暮らす彼らの姿や牛との親密なつきあい方は、古典的な未開人の像を彷彿させる。読者には、私が言葉で説明するよりも、口絵や写真2、3、4を参照してもらった方が、彼らの家畜囲いにおける日常生活の素朴さがよく伝わるであろう。

ヌアーにとって、牛は経済的有用性と社会的価値を伴った最大の関心の対象であるばかりでなく、彼らは牛と可能なかぎりの連帯を保ちながら生活している。しかもその有用性とは関係なく、牛はそれ自体が文化的な究極目的となっており、ただ牛を所有するということ、あるいはまた、牛の側にいるということだけで、人の心は満たされるのである。人の目先の利害も、遠大な野心も、すべて牛に集中する。何にもまして、牛が彼の日常行動を規定し、彼の全神経を支配する。広範囲にわたる社会的、経済的有用性のゆえに、牛がいかに過大視されているかはすでに述べたとおりである。肉体的、心理的、社会的欲求の大部分が、この単一の源泉によって満たされるため、彼らの関心は多方面に分散することを知らず、もっぱらこの単一の対象に集中しがちであり、しかもこの対象は彼ら自身とある種の類似性をもっているため内向的になりやすい。それでは次に言語学的資料を簡単に検討してみたい。そうすることで、私が先に述べた関心の単一化と、人と牛との一体的感覚が異常なまでに進んでいることがもっとよく分かっていただけることと思う。

8

生活のある特定分野における語彙の豊富さは、その民族の関心の方向とその強さを手っ取り早く知る鍵を提供してくれる。私が読者の注意を、ヌアーの牛に関する膨大で多様な語彙に対して喚起するのは、言語本来の重要性からではなく、まさに右のような理由によるものである。他のナイル系牧畜民同様、ヌアー人も牛やその飼育管理、乳製加工の仕事に関する膨大な語句をもっており、その中から一つの範疇を選んで注釈してみたい。それは、主として色にもとづいて牛を表現する用語についてである。[*11] これらの用語は、単にヌアーが実際の牧畜の場や様々の社会的な脈絡のなかで牛を正確に表現することを可能にする言語技術以上の意味をもつ。というのは、それは一方では牛と野生動物との関係を、他方では牛と人間との関係を明確にしているからであり、そしてある儀礼的カテゴリーを提供し、さらにまた、詩の語彙をも非常に豊富なものにしているからである。

ヌアーの牛を命名するにあたっては、その色と配色に注意しなければならない。牛の身体の色が単色でない場合には、配色が命名の際の重要な決め手となる。基本的な色彩語彙として一〇の単語が認められる。白（ボル）、黒（チャル）、茶色（ルアル）、赤褐色（ドル）、黄褐色（ヤン）、ねずみ色（ロウ）、栗色（シアン）、淡茶色（リス）、青やいちご色のまじったあし毛（イル）、褐色（グウィル）である。牛が単色の場合には、これらのうちの一つを用いて表わす。牛は二色またはそれ以上の色が配色されていることがあるが、二色を越えるケースはチュアニィと呼ばれ、非常に稀である。一番多く見られるのが、白ともう一つ他の色が組み合わさっているケースで、この二色の組合わせによる一二の典型的な配色を図11で参照していただきたい。しかし実際にはもっと多くの組合わせ——少なくとも二七——があり、そのうちもっともよく見かけるのが縦縞あるいは横縞を基本にしたものの変形である。

牛を表現するときには、配色のあり方と、白と組み合わさっているもう一つの色を指して言うことが多い。というわけで、雄牛は次のように表現される。まず身体全体がねずみ色の雄牛はロウ、次に身体の大部分がねずみ色で顔面が白い雄牛はクウェ・ローカ、同じく背中が白い雄牛はカル・ローカ、同じく胴体に白い斑点があるとビル・ローカ、肩が白いとロル・ローカ、腹が白いとレン・ローカという具合である。また、ねずみ色が横縞に入っている雄牛はニャン・ローカ、地が白でそこに大きなねずみ色の斑点が入っている場合にはリアル・ローカ、斑点が中程度の大きさの場合にはクワッチ・ローカ、臀部がねずみ色の場合にはジョク・ローカとなる。白とねずみ色の組合わせ方の違いを表現するだけでも少なくとも一ダースの異なった語彙があり、同様に白と他のそれぞれの色との組合わせによっても同数の語彙が作り出されるわけである。このようにして作られる広範囲にわたる変形の例を次に示してみると、たとえば、肩と前脚の部分が白い雄牛（ロル）はどんな色についても見られるから、その色の違いによってロル・チャラ、ロル・ヤン、ロル・シアン、ロル・イリといった具合になる。さらに二つの異なった型の模様が組み合わさったような場合には、この組合わせ自体が指示語となり、その中に含まれる色については言及しない。たとえば、肩と前脚が白い雄牛（ロル）が顔も白ければクウェ・ロアルとなり、同様に肩と前脚が白い雄牛に黒の斑点があればロル・クワッチ、小さな斑点があればロル・チュオル、茶色の斑点があればロル・パーラ、背中も白ければカル・ロアル、その牛が顔が白くて耳が黒い場合にはクル・ロアルとなる。ロルの配色を含む語は少なくとも二五はあり、同様に他の配色についても、色と模様の組合わせによって非常に多様な

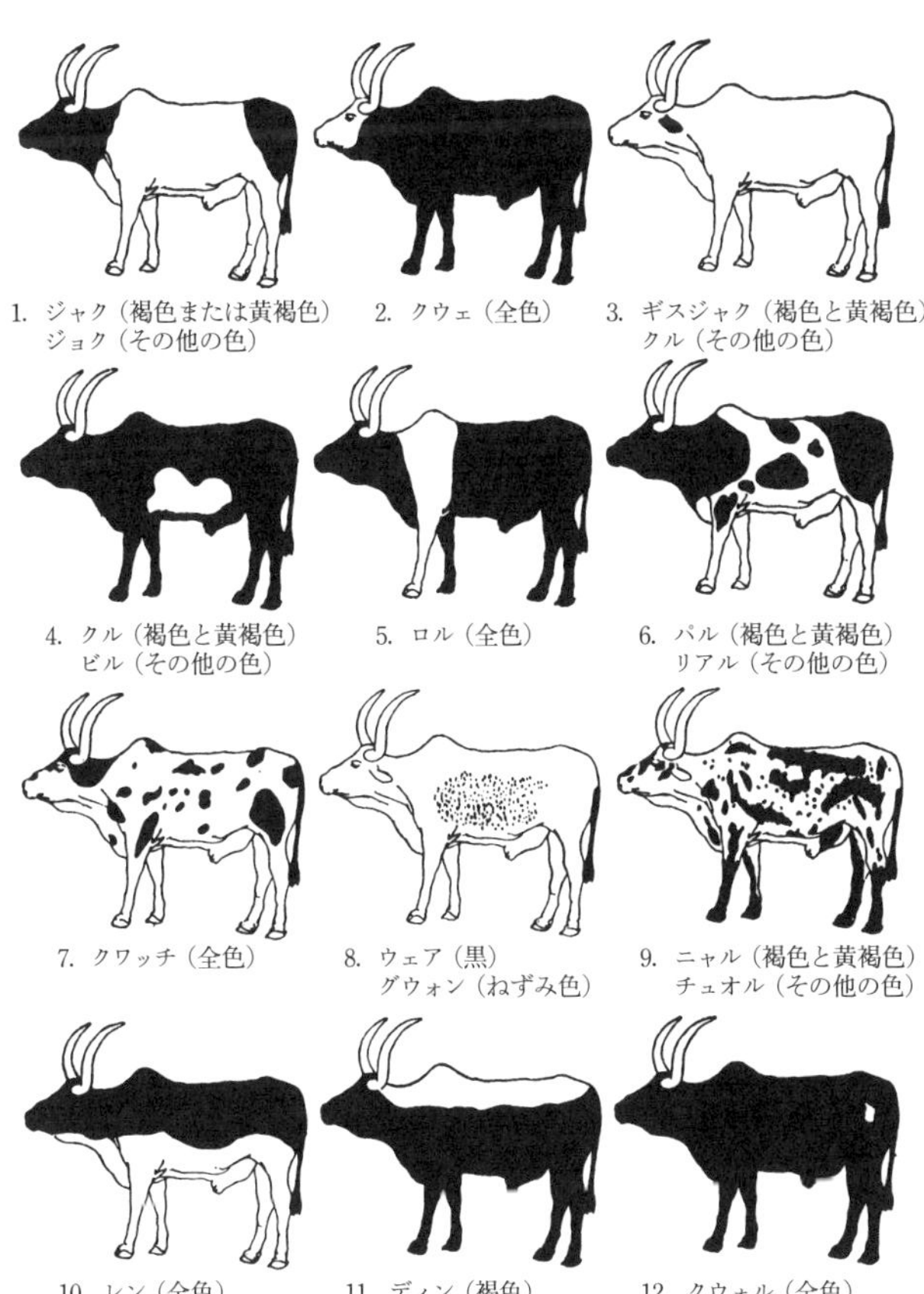
1. ジャク（褐色または黄褐色）
ジョク（その他の色）
2. クウェ（全色）
3. ギスジャク（褐色と黄褐色）
クル（その他の色）
4. クル（褐色と黄褐色）
ビル（その他の色）
5. ロル（全色）
6. パル（褐色と黄褐色）
リアル（その他の色）
7. クワッチ（全色）
8. ウェア（黒）
グウォン（ねずみ色）
9. ニャル（褐色と黄褐色）
チュオル（その他の色）
10. レン（全色）
11. ディン（褐色）
カル（その他の色）
12. クウォル（全色）

●図11――牛の配色の図解

語が生じることになる。

私はいずれ別の箇所でもっと詳細に、色彩用語の原理を分析し、その命名法の一般法則を抽出するつもりなので、[*12] ここではすでに挙げた少数の例から、数百におよぶ色の組合わせがある、という事実を指摘するに留めておこう。

ある種の色または配色は、哺乳類、鳥、爬虫類、魚と結びついており、その結びつきがしばしば二次的な指示用語として、あるいは儀礼用語として用いられる。たとえば、ロウ（ねずみ色）はノガンであり、ニャン（縞模様）はワニ、リス（淡茶色）はチョウゲンボウ、シアン（栗色）はティアン〔大型レイヨウの一種でトピとも呼ばれる〕、ドワイ（茶色に白の縞模様）は雌のシタツンガ〔大型レイヨウの一種でクドゥに近い〕、クウェ（白い顔）はウミワシ、クワッチ（まだら）はヒョウ、チュオル（斑入り）はハゲタカ、グウォン（まだら）はホロホロチョウ、ニャル（茶色のまだら）はニシキヘビである。これらの同一単語を使うものの他に、色からくる連想が命名をさらに複雑なものにしている。たとえば、黒の雄牛はルアル・ミム（炭）とかウォン・チャル（黒い雲）とか呼ばれる。茶色の雄牛はリエム・ドル（赤い血）とかリル・ドル（赤い樹上性コブラ）と呼ばれ、また、青のあし毛の雄牛はアオサギから名前を借りてバニィ・イエと呼ばれ、ねずみ色の雄牛は森の薄闇を連想させるからドゥク・ロウと呼ばれる。このような連想名はヌアーの牛用語をさらに豊富なものにしている。

色や配色、それに色彩連想からくるこうした膨大な語彙の他に、雄牛は、角の形によっても表現される。雄牛の角は人為的に整形が行われるので、いくつかの連想名の他に、少なくとも六つはどの牛にも共通に用いられる基本的呼び方がある。角の形を指す語は、色や配色を示す用語の多くと合成することができるので、組合わせの数を著しく増やすことになる。たとえば、頭上で二本の角がほとんど接する位に彎曲した角をもつ淡茶色の雌牛は、ドゥオト・リエスと呼ばれ、胴体に大きなリアルの模様のある角の短い雌牛はチョット・リアル、角の一本が顔前を横切るように細工された縞模様の雄牛は、グット・ニャンと表現される。牛、山羊、羊の耳もいろいろの形に切り取られていて、この整形された耳の形で呼んでもいいが、とくに羊、山羊については、耳の形で呼ぶ呼び方が一般的である。羊や山羊は、牛とは非常に違った色合いをしているが、牛に用いるのと同じ用語が他の家畜の配色を表現するときにも応用される。というのは、これらの用語は色調を正確に表わしているのではなく、典型的な配色を表わしているから、実際には、これらの典型的な配色のどれかに近い、ということで事足りるのである。

さらに性別や年齢を表わす接頭辞をつけることによって組合わせの範囲はぐんと広がる。たとえば、トゥット——種牛、ヤン——雌牛、サク——雄牛、ナッチ——（三歳未満の）未経産牛、ルアス——雄仔牛、ドウ——雌仔牛、コル——まだ草を食み始めていない仔牛、といった具合である。そこで次のような呼び名がつくことになる——トゥット・マ・カル・ローカ、ドウ・マ・リアル、サク・マ・チュアニィ。事実、牛のそれぞれを指す呼び方を可能なかぎり数えあげると、数千に達するであろう。このように膨大で複雑な分岐のシステムは、牛の社会的な重要性を如実に物語っていると言えるだろう。

すでに述べたように、男は皆自分の所有している雄牛のうちの一頭の呼び名をとって自分の名前の一つとし、この雄牛名が年齢組の仲間のあいだで挨拶言葉として好んで用いられる。普通は、成人式のとき、父から贈られた雄牛の名前をとって自分の最初の雄牛名とするが、あとになって自分の群れの中に気に入った雄牛がいると、それからとって加えてもいい。男たちはこれら雄牛名で互いに挨拶を交し、踊りのときなどには、雄牛名をさらに素敵な文句で飾りたてて仲間を誉めそやすのである。雄牛を従えてキャンプ地を誇らしげに一巡するときにも、自分の雄牛名を高らかに口ずさみ、詩句の中にも盛り込み、また槍で人や動物や魚を突き刺すときの掛け声とする。

男は自分の所有している雄牛とそのまま同じ呼び名で呼ばれることもあるが――たとえば、ビ(ル)リアル、クワチュオル、ウェルクワッチ等――、普通はその一部を落して、その代りに新しい語を接頭辞として付ける。この新しい語は雄牛のつけている装飾物や雄牛の特徴であることが多く、雄牛自体の名前にはなっていない。ルス――大きな鈴(図4)、ギエル――小さな鈴、ルエ――長い房、ドゥオル――短い房(写真5)、ワク――雄牛の鈴の音、ラン――雄牛の首や繋綱についている真鍮の輪(写真1の前方の牛に見られる)、ロット――雄牛の鳴き声、チワイ――太り加減、ボイ――輝くような白さ、等である。だから、自分のお気に入りの雄牛が斑模様(リアル)だとすると、彼はルスリアル、ギエルリアル、ルエルリアル、ドゥオルリアル、ボイリアル等の呼び名で呼ばれるのである。踊りの際、年齢組の仲間どうしで雄牛名を使ってお互いを呼び合う場合には、普通雄牛名の前にそれに調和するように選ばれた踊り用の名前をつけて呼ぶ。響きのよさということは、これらすべての語の合成において非常に重要視される。雄牛名は非常に数が多く難解であるため、牛の色について述べたとき同様、雄牛名についても私の分厚い記録ノートからごく少数の例を挙げたにすぎず、またその例自体ももっとも簡単なものだけを選び、わかりにくいものは省略した。

牛の名前、とくに雄牛の名前や人の雄牛名は広く詩の中に用いられる。他の牧畜民同様、ヌアーも詩的であり、男も女もほとんどの人々が歌を作り、踊りの場や人々が集まるときに披露したり、あるいは自分の楽しみのために作曲して誰もいない牧草地や、キャンプ地の家畜囲いで牛にかこまれて口ずさんだりしている。若者は嬉しくなると、自分がどこにいようがおかまいなしに、親族の人々や恋人、牛を称える歌を突如歌い始める。次に挙げた二編の歌は、それぞれの歌の最初の一章を私が自由訳したものであるが、最初のは、夕方、一日の仕事を終えた少女たちが集って歌っていたものであり、二番目のものは作詩者自身があるとき喜びに溢れて歌ったものである。

一、風よ、吹きゆく風よ[*13]

風はどこに吹いてゆくのだろう
川にむかって風が吹く
角の短い雌牛が乳房をいっぱいにふくらませて
草地にやってくる[*14]
お腹がいっぱいになるまで、ニャガークよ
その乳をしぼって飲もう
誇り高いニャワル
いつも争ってばかりいるロルニャン[*15]

この地は見知らぬ人々に踏み荒され
飾り物は川に投げこまれた
あの人たちは川岸から水を引いてきた[*16]
黒髪の娘よ
黒髪の娘よ
どうしたらいいのだろう
教えてほしい
黙って空の星を仰ぎみる[*17]

二、

すばらしい白い雄牛は私の母
私たちは姉妹の一族
私たちはニャリアウ・ブルの一族
黒い斑入りの私の白い雄牛のように
かわいい娘に愛を語ったとき
娘たちは私を拒もうとはしなかった
私と友人のクウェジョク・ニャデアンは[*18]
夜ひそかに恋人に会いに出かける
私とキルジョアクと
母の妹の息子のブス・グトジャークは

川のむこうから雄牛をつれてきた
友よ、角を広げた偉大な雄牛よ
群れのなかでいつも雄々しく吠える私の雄牛よ
ブル・マロアの息子の雄牛よ[*19]

われわれは銀河系の如き膨大な語彙を扱っているのであり、それを整理すればある程度の規模の語彙集が編纂できるであろうが、それを示すためにこれ以上牛用語やその用法を付け加える必要はないだろう。ただ強調しておきたいことは、この複雑で膨大な語彙は、技術的な用語でも、専門的な用語でもなく、日常の社会生活の様々の場において、すべての人々によって使用されているということである。私は牛に関する言語学的分野の片鱗のそのまた片鱗を述べたにすぎない。もう少し詳細に述べることもできたが、私はこの分野をせいぜい概観的に、しかも素人的に調査したにすぎないため、今後、より広範囲で専門的な研究が必要とされるであろう。私の目的は、この分野に人々の注目を集め、ヌアーの最大の関心事である牛についての研究がこの方面からいかに進められうるかを提示することにあった。これは、必然的に非常に大きな研究テーマとなるであろう。なぜなら、すでに述べたように、ヌアー人との議論は、彼らの日常生活の中心的存在であり、また社会的、儀礼的関係を表わす媒体となっている牛に言及せずには、日常生活についても、社会的諸関係についても、儀礼的諸行為についても、いや何一つとして進展しないからである。しかもヌアーの牛への関心は、その実用的有用性や社会的機能に限られているものではなく、造形美術や詩にも表われており、それらの中心テーマとなっている。牛を過大視する傾向は、このように言語の面にも見事に表われているが、さらに、話題が何であれ、絶えず牛に言及せざるをえないため、つねに牛に関心が集中し、それがまたヌアーの生活において牛を至高的価値へと高めていくのである。

9

ヌアーがいかに牛に専心しているかを示すもう一つの例証——これが最後である——を挙げてみよう。それは、彼らが牛をめぐって実に簡単に、しかも頻繁に争いをするということである。人間は自分にとって最高に価値あるもののためには、また、その価値あるものの名において、自分の生命を懸けるものである。

今日、牛が政府に対する敵対心や猜疑心のおもな原因となっているが、それは、現在の租税制度のためというよりも、その昔、牛の略奪者以外の何者でもなかったような徴税官の時代や、あるいはそれ以前のエジプト政府の略奪遠征時代の名残である。ディンカとの戦いはこれまでほとんど侵略的なものであり、牛の強奪と牧草地の併合を意図したものであった。さらにヌアー族の内部においても、牛はずっと争いの主原因であった。事実、ディンカへの襲撃が成功した暁には、分捕った牛をめぐって、内部抗争が繰り広げられるのである。しかも、ヌアーの各部族が互いに牛を略奪し合う。レーク部族はジカニィ諸部族やレンギャン部族やその他の西ヌアー諸部族を襲うといったように、部族の境界地域では、どこでも牛の略奪は日常のこととなっている。なぜなら、彼らにとって、他部族から牛を「盗む」（クワル）ことは手柄だと考えられているからである。部族内部でも、そのセクション間で牛をめぐる争いは珍しくないし、また同一セクション内の個人間、さらには同一村内やホームステッドの個人間でも牛をめぐる対立は生じる。ヌアー人は些細なことで争う。とくに牛が問題になっているような場合には、喜んでいつ何時でも闘う。牛に関する事柄では、近親者どうしが争い、家族が分裂することもある。牛の所有権が争点になっているときには、ヌアー人は用心深さや礼儀正しさをかなぐり捨て、勝算を度外視し、危険をも顧みず、権謀術数の権化となる。私の召使いのヌアー人が、あるときいみじくも語ったものである。「金についてなら、ヌアー人に何千、何万ポンド預けても大丈夫信用できるし、それを預けっ放しで何年も留守にして帰ってきても、彼がそれを盗むというようなことはないであろう。しかしこと牛に関しては、それがたった一頭でも話は別だ。」

ヌアーは、人間を滅ぼすもとは牛だという。なぜなら、「他のどんなことよりも牛のために死んだ人が多い」からである。彼らのあいだでは次のような伝説が語り継がれている。あるとき、動物たちは自分たちの住んでいた村を解散して、それぞれが勝手な所に行き、自由に暮らすことにした。そのとき、人間が雌牛の母とバッファローの母を殺害した。バッファローは、繁みに隠れて人間を襲い、そうすることによって母親の無念を晴らすのだ、と言ったが、雌牛は、人間の居住地に留って、借財、花嫁代償、姦通にまつわる際限のない争いを惹き起こし、人間どもに争いと死をもたらすことによって、母親の恨みを晴らしてやる、と言った。こういう次第で、人間と牛との敵対関係は、太古の昔から現在まで延々と続いており、牛は人間に死をもたらすことによって、日々母牛の仇をとっているということである。だからヌアーは自分たちの牛について言う。「牛は人間と共に滅びるであろう」と。なぜなら、人間は牛が原因で全滅し、そのときは人と牛が同時に滅びるからである。

しかし、このことは彼らが絶えず争いながら生活している、という意味ではない。牛に対する権利侵害をすれば、それがいかなるものであっても強力な抵抗に出会うという相互認識があるため、同一集団の成員のあいだではかえって人間関係に慎重さが生じる。しかも牛のもつ大きな制約、つまりその飼育には広大な生活空間が必要とされるという事実は、紛争解決の取決めが広範囲にわたって認識されていること、換言すれば、広大な領域を包含する部族組織、さらには部族領域を越えた範囲に及ぶ何らかの共同体意識が存在するということと表裏の関係にある。

牛の所有権をめぐって争ったり、自分の牛をとり返したり、あるいは蒙った損害の賠償として牛を強奪したりすることと、自分がまったく権利を主張することのできない牛を、強者の力に物を言わせて略奪することとはいささか次元を異にする。同一部族内の争いとはちがって、他部族との戦いはつねに略奪が目的である。したがって、ディンカに対するヌアーの戦いは、その主目的が富の獲得であるという点において、ほとんどの原始的な戦争とは趣を異にしている。なぜなら、牛は長持ちし、自ら再生産する富であるばかりでなく、容易に奪取し輸送することのできる富の一形態だからである。しかも、牛は、侵略者が食糧補給をしなくてもその土地で生活することを可能にする。作物は焼き払い、家屋は破壊することができるが、牛は戦果として没収し、持ち帰ることが可能である。この特質は、牧畜民に平和を保つ技術よりも戦いの技術を愛好する性向をうえつけたが、それと同時に、ヌアーにとっては、自分たちの牛にだけ全面的に依存するのではなく、略奪によって牛の頭数を増やし、牛疫による被害を補塡することができることをも意味していた。事実、略奪によって、彼らはこれまで長いあいだにわたって自分たちの牛を増やし、食糧を補給してきたのである。これは、彼らの性格、経済そして政治構造を形づくってきた一つの条件である。彼らは、戦いにおける伎倆や勇気を最高の徳と見なし、略奪はもっとも利益の大きい、しかももっとも高貴な仕事だと考え、ある程度の政治的な合意や統合については、それらを必要なものと考えている。

ヌアーとディンカとのあいだの戦いを、牛と牧草地の関連でのみ説明するのはあまりにも単純な推論であるのは言うまでもない。敵愾心はたしかに牛に具現化されているし、牛に対する欲望が戦いの特異性や、そこに関係してくる政治組織のいくつかの特徴を説明してはいるが、戦いそのものは構造的プロセスとしてとらえたときにのみ、はじめてその全容が完全に理解されるのであり、後章ではこのような観点から考察していきたい。

それでは次に、牛牧がいかなる状況のもとで行われているか、また特定の環境下において牛牧を行うことが政治構造にどの程度の影響を与えているかを知るために、ヌアーおよび彼らの牛がその一環をなしているところの生態系を簡単に検討したい。

第二章　生態

1

果しなく広がる沼地や広大なサバンナは、一種の厳粛で単調な魅力を備えている。そうした自然のもつ厳しさを好ましいと考えない人にとっては、ヌアーの地はヨーロッパ的な感覚では、好ましい特性をまったく欠いていると言えよう。一年の大半が乾燥しきっているか、泥沼になっているかのいずれかの状態にあるこの土地は、人間にとっても、動物にとっても、きわめて苛酷な環境である。しかし、ヌアーの人々は自分たちが最高に素晴らしい土地に住んでいると信じている。実際、牧畜民にとっては、この土地は多くの好条件を備えていることは認めねばならない。私は、もっと牛牧に適した土地は他にいくらでもあることを、彼らに納得させようとしたが、早々にその試みを放棄してしまった。全白人の居住地だと彼らが考えているハルツームまで行ったものがほとんどなく、しかもそこまで行った少数の人々がその近辺で見たのが砂漠に生えている灌木だったため、彼らは自分たちの土地の方が、白人の土地よりも優れているという確信を一層強く抱いたようであり、そのため、彼らに他地の優れていることを納得させようとする試みはなおのこと無駄であった。

●写真8——10月の典型的なサバンナ（西ヌアーランド）

家畜の飼育に必要な牧草の生育条件は、土壌と水に恵まれていることである。ヌアーの土地は重粘土質で、乾季には太陽熱で深くヒビ割れができ、雨季には泥沼状になる。粘土質の土壌は土中に水分を蓄え、乾季のあいだもある種の植物は枯れないで牛に牧草を提供することができる。しかしながら、洪水のあいだ避難し、そこで農耕を営むことのできる砂地を含んだ高台がなかったならば、人間も牛も生存することは不可能であろう。

地表水は、雨水およびヌアーの地を横断する河川の氾濫した水の両方からきており、牧草の生育には十分すぎるぐらいある。平年だと、雨は四月に降り始める。この頃は、空は一面厚い雲に覆われているが、まだときどきにわか雨が降る程度である。本格的に降り始めるのは、五月の末になってからである。雨季の真只中の七、八月は気温も低く、朝夕は寒さを感じることすらある。太陽はほとんど一日中顔を出さず、絶えず南西の風が吹く。一〇月になると、雨は次第に小降りになり、回数も少なくなって、一一月中頃には完全にあがる。そして、北風が吹き始める。北風は三月までずっとナイルの谷を吹き下ろす。三月、四月は酷暑の時期である。雨量はヌアーランド全体にだいたい平均しており、東のエチオピア高原、あるいは南のビクトリア川流域やナイル＝コンゴ分水嶺沿いのように極端に多くはないが、雨量の与える影響力は、これらの地域に比べてはるかに大きい。なぜなら、ここでは土地が粘土質であるため水を含み、また土地が平坦なことから水捌けが悪く、それらが重なって河川の氾濫が毎年起こるからである。

ヌアー族の生活に多大な影響を与えているおもな河川は三一ページの地図に示されている。これらの川はナイル川そのものでこの地方ではバハル・エル・ジェベルの名で呼ばれており、水源

●写真９――地平線上に牛舎の見える砂地のリッジ（ドク部族）

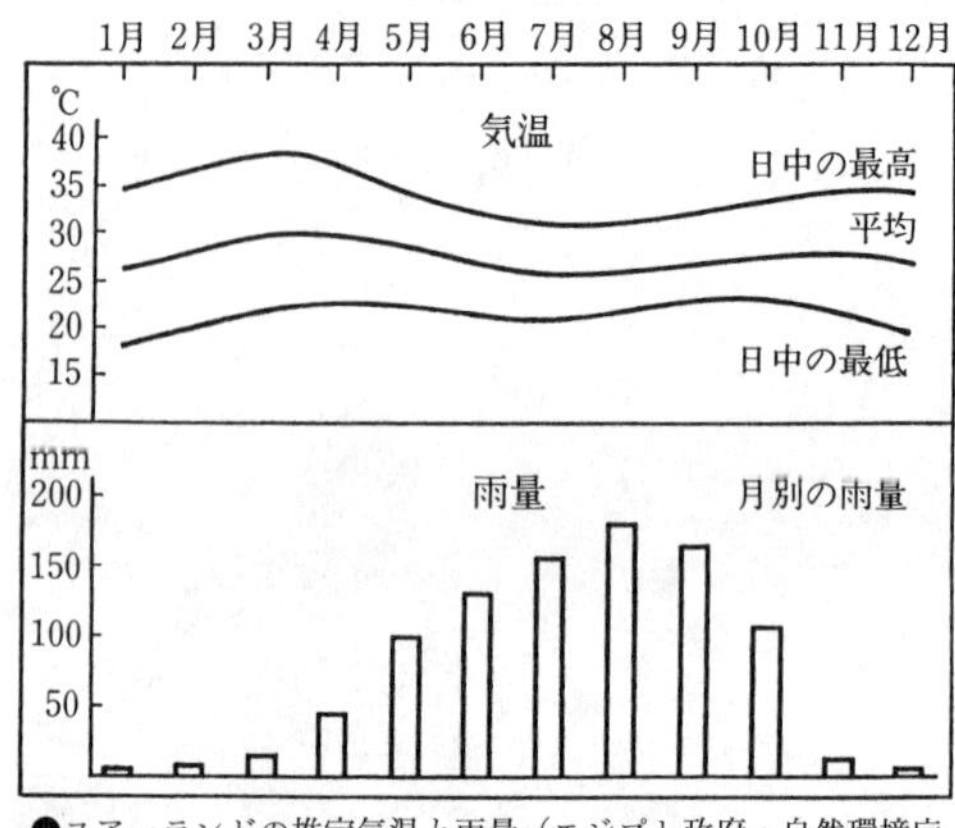

●ヌアーランドの推定気温と雨量（エジプト政府・自然環境庁提供）

は大湖地方の高原にある。その西側の支流であるバハル・エル・ガザルとバハル・エル・アラブには、ナイル＝コンゴ分水嶺からの水が流れこんでいる。下流域がソバト川の名で呼ばれているバロ川は、エチオピア高原に水源をもつ。同じ方角から流れているピボール川は大湖地方の高原の北側斜面やスーダン平原にも一部流れこんでいる。バハル・エル・ゼラフはバハル・エル・ジェベルの別水路である。[*20] これら河川は雨季になると一斉に氾濫し、平坦な土地をたちまちのうちに巨大な沼沢地に変えてしまう。

ヌアーランドは全体がほとんど完全と言えるほど平坦な土地である。雨季には人の腰丈ぐらいの雑草に覆われており、川の近くでは雑草はもっと繁って背丈が高く、背の高いヌアー人の肩に届くほどである。ヌアーランドはスーダンのグラスランド・サバンナの広がりとほぼ一致する。そこここにソーンウッドの叢林が見られることもあるが、大抵は四方八方一本の樹木もなく、見渡すかぎり荒涼とした原野が地平線まで続いている（写真8、10a・b）。小高い川岸を樹木が縁どっていることもあるが、それもけっして内陸部にまでは及んでいない。ソバト川下流域の北側では、グラスランド・サバンナがソーンブッシュ・サバンナに変り、そして東ヌアーランドの南端を越えると、東アフリカの国立公園にみられるようなウ

●写真10a・上——乾季のサバンナ（ロウ地方）
●写真10b・下——二期目のモロコシの播種のために畑を整地しているところ（ロウ地方）

ッドランド・サバンナの繁みに入る。繁みは南に進むにつれて深くなるが、バハル・エル・ジェベル川が近づくにつれて、沼沢地に変る。西ヌアーランドの南境界域は鉄鉱石を含んだ土地に隣接しているが、ここでも同様にウッドランド・サバンナが見られる。通常、川が溢れているときには岸はまったくなくなる。両岸の土地は、主流に沿って平行して分布している多数の大きな沼が連結して水浸しになる。バハル・エル・ジェベル川流域とバハル・エル・ガザル川、バハル・エル・アラブ川流域の大部分の土地では、とくにこの現象が著しく、ジェベル川とガザル川は雨季には事実上地表水でつながってしまう。バハル・エル・ゼラフ川流域はそれほど冠水することはなく、ソバト川下流域はまったく冠水しない。

この広大な土地にはいたるところに窪地があって（写真11b）、あらゆる方向に広がり、相互に交錯しながら主流と連結している。これらの窪地が連続しているところはまるで小川のようであるが、水が流れていることはめったにない。ヌアーランドに雨が降っているあいだは、本流が溢れてこれらの窪地に流れこみ、それが水路網を形成して、雨水をたっぷり吸いこんだ大地の排水を妨げる。このため、雨水はいたるところで深い水溜りとなり、それが次第に広がって、六月中頃までには所々にある高台を除いて、土地全体が水浸しとなる。水は九月頃まで数インチも地面を覆っており、その間、ヌアーランドは草で覆われた巨大な沼地の様相を呈する。わずかな土地の窪みも小川や沼や水溜りとなるが、一方、リッジや小山のあるところは島となって、そこに村がはりついている。雨がやみ始めると同時に川の水位も下がり始める。水位の下がり方のもっとも早いのはソバト川である（一〇五ページの図参照）。すると今度は照りつける太陽がまたたく

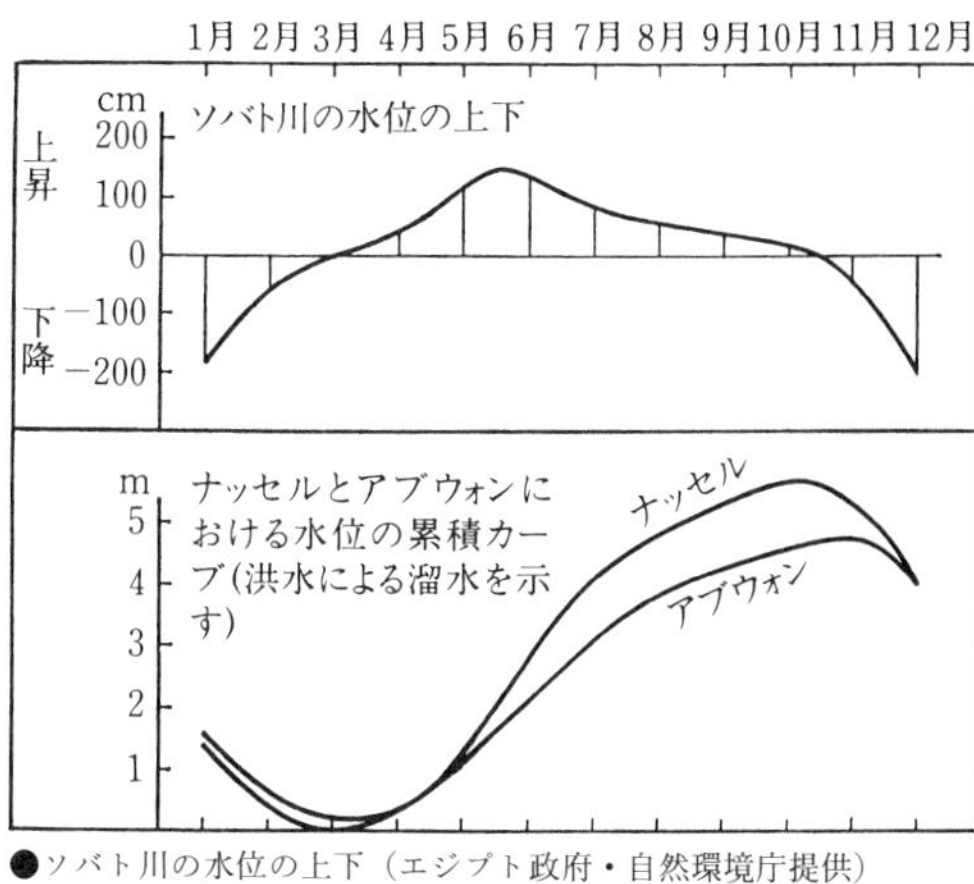

●ソバト川の水位の上下（エジプト政府・自然環境庁提供）

間に地表水を蒸発させ、小川は本流の溢れた水を運ぶ水路ではなく、逆に本流へ注ぐ水路となる。そして、一一月の中頃ともなると雑草は火をつけると燃えるくらい乾燥し、一二月末頃までには大部分の土地が焼き払われてしまって地面には深い亀裂が見られる。このように、雨季と乾季は際立っており、一方から他方への移行は突然おきる。

降雨量の少ないことのほうが川の水位の低いことよりもおそらくより深刻ではあるが、しかし、いずれであってもヌアー人は飢餓に瀕するほど苦しめられる。なぜなら水量が少ないと、野焼き後、草が回復するだけの水分が粘土質の土中に残らないし、また、内陸部の水路の乾き方が早いため、望ましい時期よりも早く湖や川のほとりへ移動しなければならなくなるからである。さらにまた、乾季の終り頃になると、普段の年なら牛のおもな飼料となるはずの沼草も不足するであろう。降雨量の不足は、モロコシにも壊滅的打撃を与える。

さらに北東アフリカ全域の降雨量が少ないときには、ヌアーランドでも同時に降雨量の不足や川の低水位となって現われてくるようである。西ヌアーランドは東ヌアーランドよりも旱魃の被害をうけることは少ない。ナイル川の西側ではつねに村からあまり遠くないところで水が入手できる。これは、バハル・エル・ジェベル川やバハル・エル・ガザル川には年中支流から水が流れこんでいることや、大きな沼や湖が近くにあって、水がほとんど河床に吸いこまれないことがそのおもな理由であろう。また、降雨量の多いことと川の水位が高いことはおそらく並行しており、このような洪水の年には、牛は生命の維持に必要な牧草を得ることが困難になる。

ヌアーランドのおもな特徴は次のとおりである。(1)完全に平坦である。(2)粘土質土壌である。(3)樹木がごくまばらにしか生えていない。(4)雨季には背丈の高い雑草に覆われる。(5)降雨量が多い。(6)毎年氾濫する大きな川が流れている。(7)雨がやみ、川の水位が下がると厳しい旱魃に見舞われる。

これらの諸特徴は相互に交錯し合って、直接ヌアー人の生活を制約したり彼らの社会構造に影響を与える環境系を構成する。それがどのようにかかわりあっているかを解明することは非常に複雑多岐にわたるので、この段階ではその全貌を概括することはしないが、そのかかわりにもっと単純な問いを出してみよう。つまり、ヌアー人は、牧畜民として、漁撈民として、あるいは農耕民として、どの程度環境の支配を受けているのであろうか、ということである。すでに、彼らの主関心が牛にあることを述べたので、まずはじめに、この牛に対する関心が、自然条件とも関連して、一定の生活様式を要求していくさまを見てみよう。

●写真11 a・上――キャンプ（レーク部族）
●写真11 b・下――11月の典型的沼地（西ジカニィ地方）

ここではより一般的な次元の二つの事柄だけをとりあげて検討することにする。⑴ヌアーは、牧畜―農耕の混合経済の生活様式をとっているが、彼らの土地は農耕よりも牧畜の方により適している。そのため、環境的な特殊条件と牛への強い関心がうまく合致していて、農耕へ比重を移すような変化は期待できない。もし、牛疫の流行がなかったならば――牛疫は最近入ってきたものであるが――、牧畜だけに依存する生活も可能であったかもしれないが、後述するように、完全な農耕依存の生活は危険であろう。⑵ごく恵まれた二、三の地域を除いて、一年中同じ場所に生活することは不可能である。洪水になると、人間や家畜は高台へと逃れ、逆に乾季には、高台では水や牧草が得られないため、低地に移動せねばならなくなる。したがって、彼らの生活は必然的に移動、厳密に言うならば、移牧を伴ったものにならざるをえない。季節ごとに住居を移さざるをえないもう一つの理由は、現況では、牛から得られる産物だけでは生活できないということである。乳と肉だけでは不足する分を穀物と魚類で補わねばならない。しかも穀物栽培にもっとも適した土地は、内陸部の、僅かに高くなっている土地の周辺であるのに対して、魚は普通これらの高台より遠く離れた川でしか獲れない。

2

水の過剰もしくは不足は、ヌアーが直面する第一の課題である。雨季には地面を覆う水から家畜を保護することが何より基本的な問題である。なぜなら、長時間水の中に立ち続けると、家畜はたちまち蹄の病気にかかるからである。したがって、村を設置する場所を選ぶときには、人間や家畜が保護されるような地形——つまり、少し高くなっている土地だけが対象となる。住居にはもっとも高くて乾燥した場合が選ばれるので、雨があがると、当然、村の近くの水場は急速に干上がってしまう。そのため、水溜り、湖、沼、沼地、川のある地域への移動が必要となってくる。しかし、ヌアーランドには大河が幾本も通っており、それらの大河が水路網を通じて土地全体を完全に灌漑しているため、非常に遠くまで移動しなければならないことがあるにしても、地表水がまったく得られないということはめったにない。ただ、現在知られているかぎりでは、ロウ、ガーワル、東ジカニィ地方の一部で、毎年乾季のさかりに河床に井戸を掘ることを余儀なくされているようである。ところで二〇年前には、ロウ部族のあいだではこの井戸を掘る習慣はもっと広く行われていたのではないかと思われる。というのは、その頃ロウ部族には縄張りがあったため、今日とちがって、各セクションはどこの水場にでも自由に立ち入るということができなかったからである。井戸は毎年掘り返されねばならない。井戸は、直径二フィートから三フィート、深さ二〇フィートから三〇フィートぐらいの大きさで、掘るには二、三日の重労働が必要である。井戸の水深は約一フィートであるが、たびたび内部の水を入れかえているので水は清潔で新鮮である。そのための足場が井戸の内側に刻まれている。各世帯は固有の井戸をもっている。井戸の周囲には浅い泥の溝が作られていて、牛はそこで一日に三度水が与えられる。牛に飲ませる水を井戸から汲み上げるのはかなり重労働であるため、山羊や羊にそれを汚されないように十分に注意する。山羊や羊には別の溝が用意されている。これらの溝をめぐってときどき喧嘩が起こることもある。

水の問題は、植生の問題とも密接に関連している。彼らは、飲み水だけでなく牧草を求めて季節ごとに移動するわけだが、その両方が得られることがわかっているところに牛を導いていく。牧夫がキャンプ地から牧草地に牛を導いていくとき、彼らはでたらめに平原を横切っていくのではなく、みずみずしい牧草の生えている土地を目標に移動するのである。日々の、そして季節ごとの移動が牧草の分布に支配されているのみならず、ヌアー族全体の膨張の方向も牧草の分布によって支配されていた可能性がある。彼らの言明するところによると、ンゴク・ディンカ部族の土地を侵略しなかったのはその土地の牧草が貧しかったからであり、同様の理由でシリュク王国にも彼らはほとんど関心を示さない。

雨季の初期は牛が太る季節である。この時期、草は芽吹き、長い日照りのあとで生長を再開するからである。こうして牛は心ゆくまでやわらかい草を貪り食うことができる。しかしながら、雨季が進行するにつれて、地面は水浸しとなり、牧草は生長しすぎて、草を食むことはだんだんと難しくなる。水量の多い年には問題は深刻である。この時期には、牛はリッジに生えている背丈の低い草を食べて生きのびる。これは、ヌアーが雨季にリッジに住まねばならないもう一つの理由である。雨があがると、これらのリッジに生えていて、家畜が食んで短くなった雑草はたちまち枯れてしまうし、一方、低地に生えていた背丈の伸びすぎた草は牛の動きを妨げ、もはやどこにおいても良い牧草は得られなくなる。そのためヌアーは草が乾くや否やそれを焼き払ってしまう。それというのも、ある種の草は燃やした後、二、三日もすれば新しい芽を吹き出すからである。この種の草は、おそらく、土中に長い根を張っていて、粘土質の土壌に含まれる水分を吸

●写真12――牛の移動（ロウ地方）

い上げるのと、密集して生えているので焔から茎が守られるため生命力を保っているのであろう。もしこの野焼きの習慣がなかったならば、少なくとも内陸部では、牛は旱魃の年を生きのびることはできなかったであろう。草が焼き払われると、牛は地表水やはびこった雑草に煩わされることなく、自由に動き回って新しく出てきた芽を腹いっぱい食むことができる。水が乏しくなり、牧草も少なくなり始めると、彼らは恒久的な水溜りのある場所に大きなキャンプ地を設営する。そこでは牛は、無数に散在する窪地に繁る沼草を食べてたっぷりと乳を出してくれる。五月になり、再び雨季が到来すると、彼らは村に戻ってくることができる。ヌアーの所有する牛の頭数は少なく、利用できる土地も広大であり、しかも移動生活をしているため、どの地方においても深刻な過剰放牧という現象は見られない。

このように、水量と植生の変化がヌアーに移動を強要し、その方向を決定する。後節で述べるように、漁撈もこれらの移動の際に考慮せねばならない重要な要素である。一一月の末頃から一二月の初め頃にかけて、若者や少女は、通常、村から数マイル離れたキャンプ地に牛を移動させる。その間、大人たちは村に居残って二期目のモロコシを刈りとったり、小屋や牛舎の修理にあたる。普通、小さな子供たちのために、泌乳中の牛が二、三頭村に残される。これら初期のキャンプ(ウェチ・ジオム)は事前に草が焼き払われている水溜りの近くに設けられる。ナツメヤシ(*Balanites aegyptiaca*)がたくさん生えているロウ地方では、ソーンウッドの叢林にキャンプ地を設営するが、大部分の地域、とくにナイル川の西側では漁撈を考慮して川岸にキャンプ地を設ける。村とキャンプ地とのあいだの距離が近い場合には、二期目のモロコシの収穫後、その切り

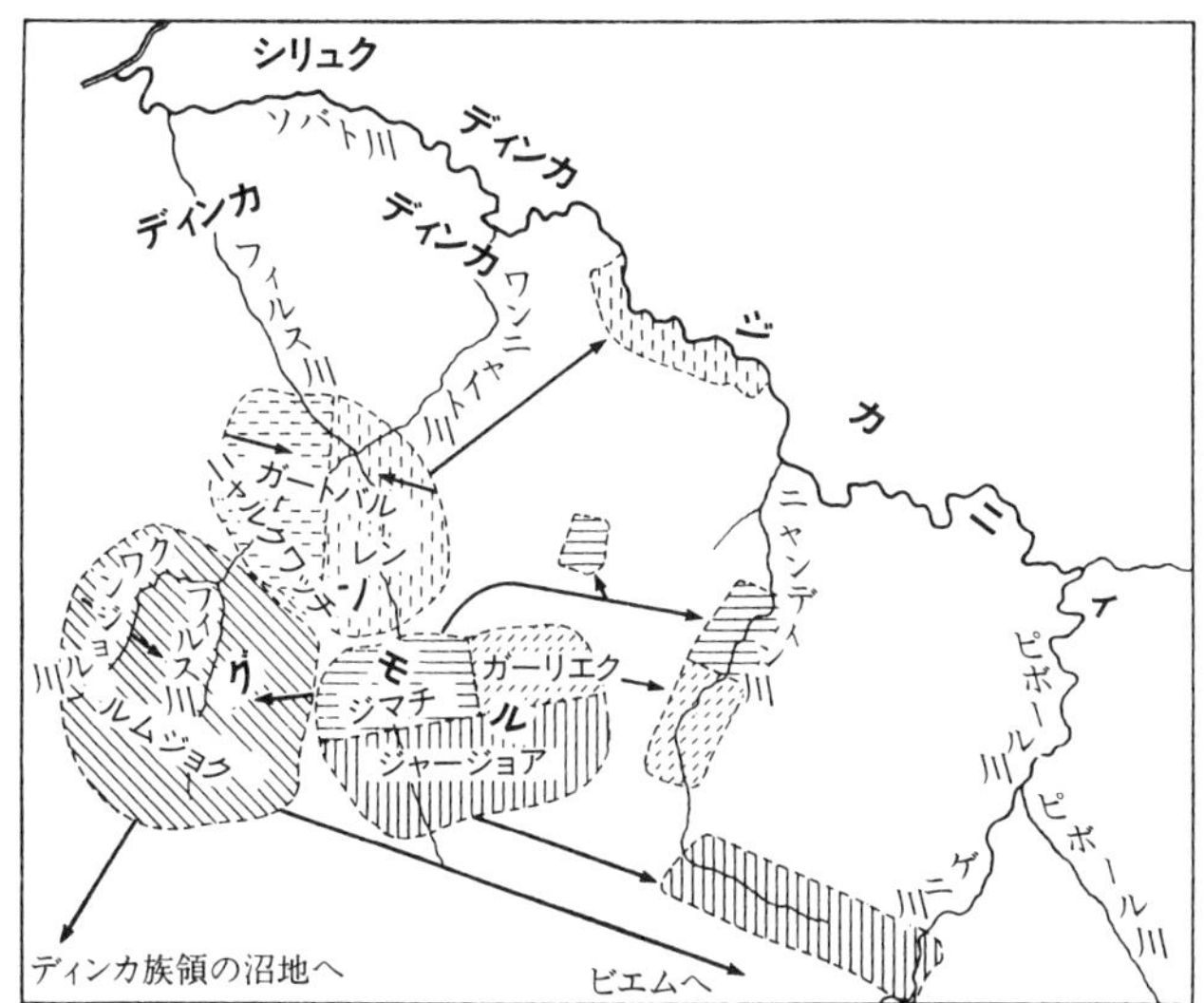

●ロウ部族の各セクションの分布を示す概略図（矢印は村のある地域から乾季のキャンプ地への移動方向を示す）

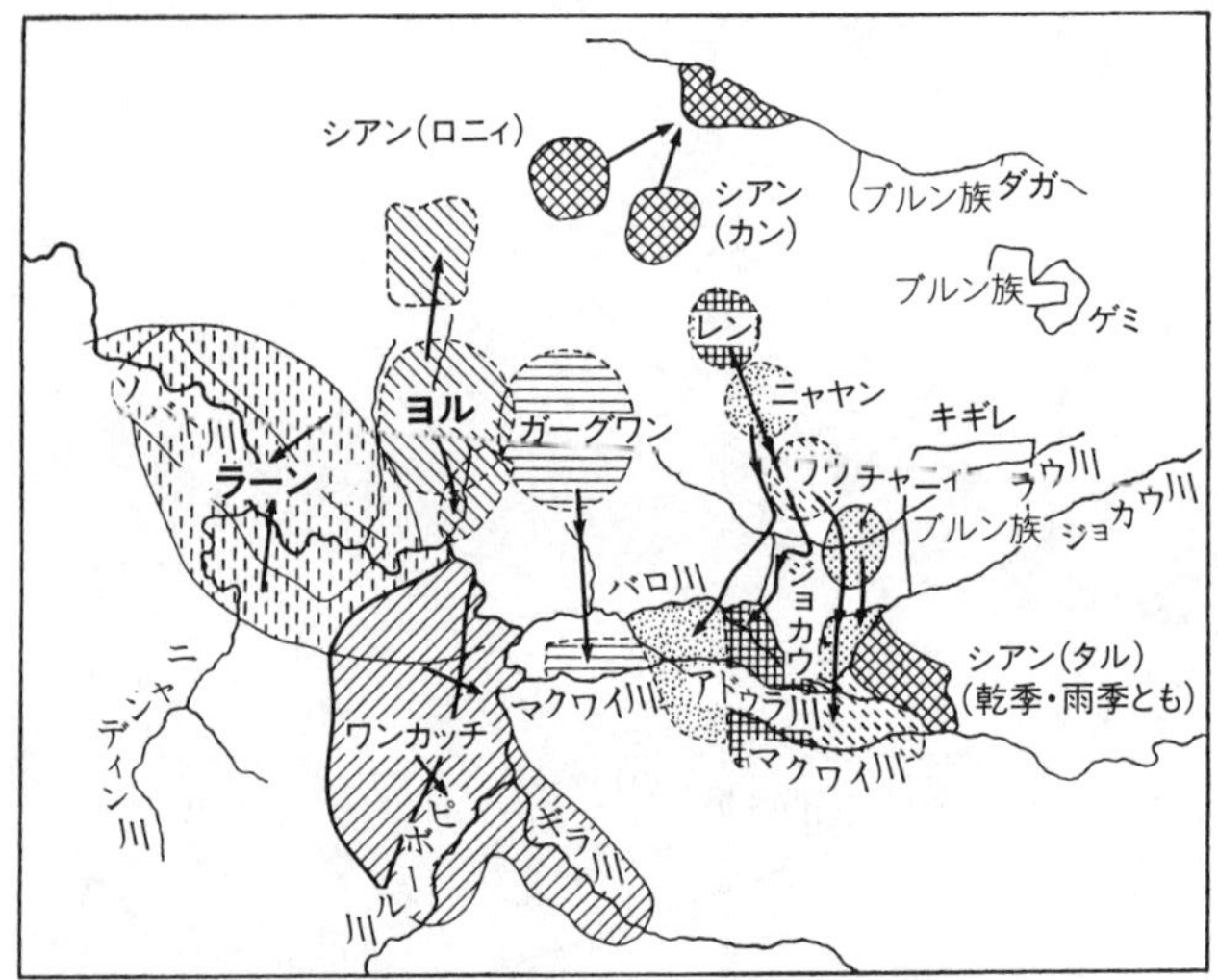

●東ジカニィ諸部族の各セクションの分布を示す概略図（矢印は村のある地域から乾季のキャンプ地への移動方向を示す）（C. L. アームストロング氏作成）

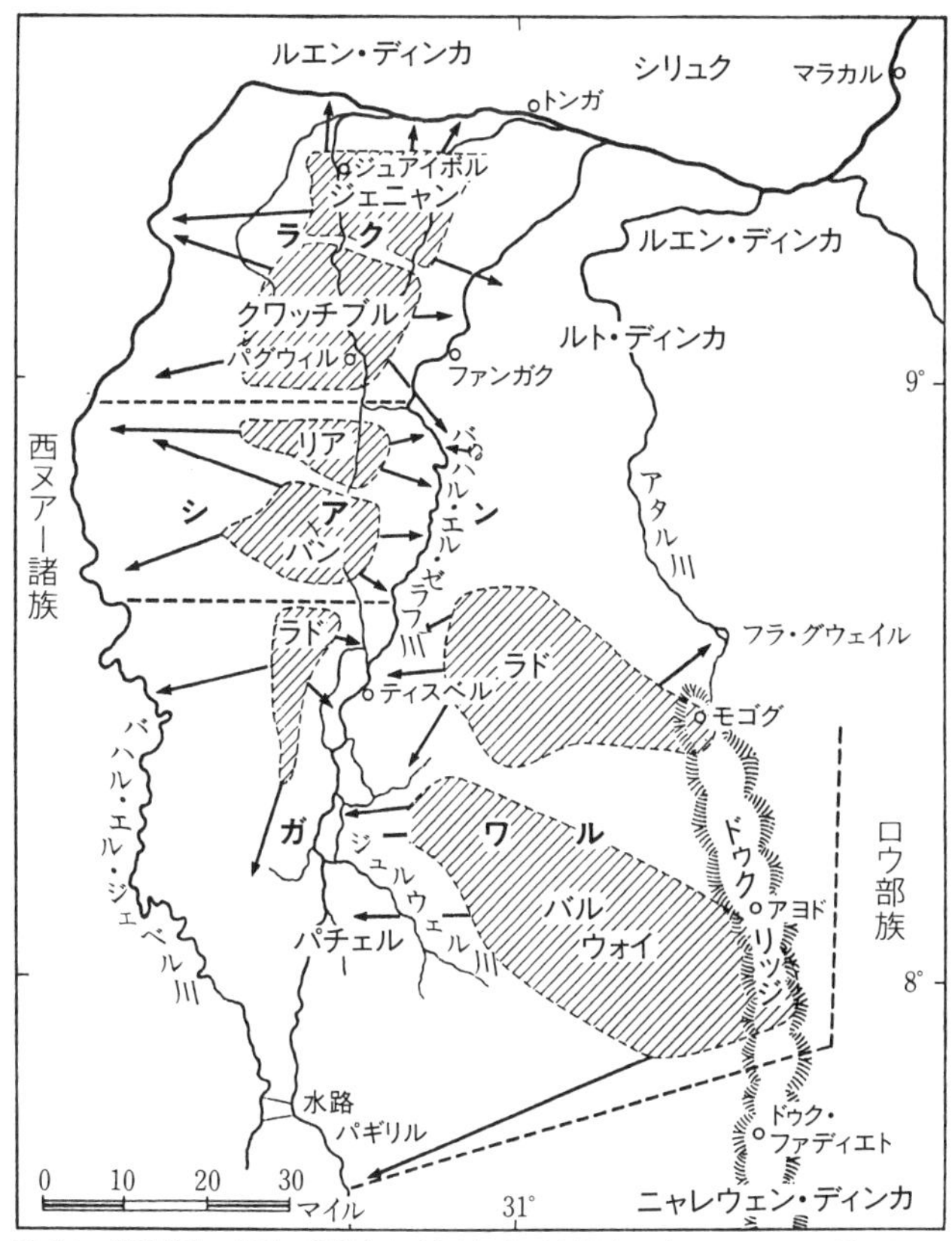

●ゼラフ川諸部族の乾季の移動方向（矢印）を示す概略図（B. A. ルイス氏作成）

株を食べさせるため牛を村へ連れ戻す。水溜りがだんだん干上がり、牧草も食べつくされ、漁獲量も減ってくると、若者たちは新しいキャンプ地に向って移動し、そこで既婚の大人たちと合流する。このようにして、一、二月頃、湖や大きな川のほとりの最終キャンプ地(ウェチ・マイ)に落ち着くまでには数回キャンプ地を移っている。乾季の初期の頃のキャンプは小規模で数人の近親者が寄り集まった程度のものであるが、だんだんと乾燥がひどくなり、水も乏しくなってくると次第にキャンプの規模も大きなものに変っていく。そして最終キャンプ地には数百人が集合してくることもある。

ロウ部族、東ジカニィ諸部族、ゼラフ川諸部族の乾季の移動を概略図で示した。ソバト川流域に住む諸部族のうち、ロウ部族はできるだけ長く内陸部に留っており、比較的雨の多い年などは、乾季のあいだ中、湖と呼んでも差し支えないくらい大きな水溜り、たとえば、ムオト・トット、ムオト・ディット、ファディン、ファドイ、グウォングウォン、ヨレイ、テプジョル、ニェロルに依存しながらずっと内陸部に留っていることもある。しかし、どうしてもそこを移動せざるをえなくなると、グン一次セクションは北方のソバト川流域や、南西方向のトウィク・ディンカ部族の住むバハル・エル・ゼラフ川流域の冠水した平原へ移動していく。また、モル一次セクションは、北東のニャンディン川や、東のゲニ川やピボール川流域へと移動する。昔は、ロウ部族がこれらのキャンプ地に移動すると、よく紛争が起こったものだった。なぜなら、ソバト川流域は、バラク・ディンカ部族の支配下にあったたし、ゲニ川流域やピボール川流域ではアニュアク族やベイルの諸族と衝突したし、また南西へ移動するとディンカの牧草地を侵害したからである。ニャンディン川の下流域でさえも、ロウ部族の支配は及ばず、ガージョク部族の勢力下にあった。そのため、よほどの逼迫した事情がなければ、彼らはこれらの地方には移動しなかったものと思われる。

東ジカニィ諸部族は、ロウ部族ほど移動する必要には迫られていないが、乾燥があまり進行しないうちに川のほとりや沼地に全員が引き揚げてしまう。ガージョク部族の三つの一次セクションは次のように移動する。まずラーン一次セクションはソバト川に集結し、ワンカッチ一次セクションは南東に進んでピボール川やギラ川に至り、ヨル一次セクションはウォカウ川とソバト川の合流地点の近く、または北方のマチャル沼地のふちに沿ってキャンプする。ガーグワン部族はマクワイ川の西端まで移動する。ガージャク部族の一次セクションの移動方向は次のとおりである。すなわち、北部シアン・セクション（カンとロニィ二次セクション）は、ダガ川へ向い、他方、南部シアン・セクション（タル二次セクション）とレン一次セクション、ニャヤン、ワウ、チャニィの諸二次セクションは、バロ川、ジョカウ川、アドゥラ川、マクワイ川へ移動するが、ここは大部分がエチオピア領内にある。

三つのゼラフ川諸部族はルイス氏の略図にあるように、バハル・エル・ジェベル川、バハル・エル・ゼラフ川およびこれら二河川へ注ぐ支流まで後退する。ゼラフ川の左岸に居住しているガーワル部族は、同川近くの高台に村を作ることができるため、乾季にもそこからあまり遠くまで移動しないですむ。

西ヌアー諸部族は、自分たちの村からあまり距離のはなれていない内陸部の支流にキャンプする。レーク部族のカルルアル一次セクションは、最初ローグ川に大部分が集結し、次にチャル川やワンタッチ川沿いに移る。これらの川は全部バハル・エル・ガザル川に連なる支流である。ドク部族は、内陸部の支流の河床にできる水溜りの側にキャンプする。西ジカニィ諸部族は、バハル・エル・ガザル川沿いに広がるジカニィ沼地に移動する。これ以上詳細に西ヌアー諸部族の乾季の移動方向について述べなくても（実際、私にはできもしないのであるが）、東ヌアー諸部族、とくに、ロウ部族などと比べて彼らの移動距離は格段に短いことがお分かりいただけると思う。

それぞれの村やセクションは、毎年ほとんど同じ時期に移動を開始し、同じ水溜りに向う傾向がある。もちろん、時期や場所、それに集結の規模は、その年の気候条件によって多少の変化がみられる。しかし、一般に乾季の主たるキャンプ地は毎年同一場所に設けられる。五月になって雨が降り始めると、播種の準備のため年長者たちは一足先に村に帰り、ついで六月頃、若者や娘が牛をつれて村に戻り合流する。若者たちが村に戻る日は、キャンプ全体が解散する日でもあり、牛はほとんど休むことなく村へ急がされる。逆に村からキャンプ地への移動は、それほど時期が一定しておらず、また突然に行われることもない。後者の場合には、一一月に野焼きをした後、二、三家族の若者たちが寄り集まって、好きなときに好きな場所に小さなキャンプ地を設ける。数日後、同じ村の人たちが参加するかもしれないし、あるいはまた、その人たちは別のキャンプを作るかもしれない。この時期には村にはまだ水が残っていて、牧草もあり、それに畑仕事や家内作業も完了していない。このようにキャンプは一夜にして村に移行するが、村からキャンプへの移行は緩慢である。乾季の真只中には全員がキャンプ地に集結していて、村は放棄され、沈黙の中に沈んでいる。

こうして、一年は、村での生活期間とキャンプ地での生活期間に二分され、さらに、キャンプ地での生活期間は、若者たちが小さなキャンプからキャンプへと移動していく乾季の初期と、恒久的な水溜りのほとりに大きなキャンプ地を設営して全員が集結し、村に戻るまで生活する乾季の後期に分けられる。

3

ヌアーは、洪水や蚊からのがれ、農耕に従事するために村に帰らざるをえず、また、旱魃と植物の枯死からのがれ、漁撈に携わるために村からキャンプ地へ移動せざるをえない。村とキャンプ地との様子をごく簡単に述べてみよう。

部族によっては、他部族よりも立地条件に恵まれているところもある。ロウ部族と東ジカニィ諸部族はこの点に関してとくに幸運である。しかし、西ヌアーランド地方では、居住に適したリッジはたくさんあるが、浸水する部分がずっと広範囲にわたり、私の観察したかぎりでは、レーク部族やドク部族などの諸セクションが住む地域を除いて、ある程度の規模をもつ丘陵地といったものはほとんど存在しない。これら両部族の土地はあいだにはさまれた諸部族の土地よりは恵まれている。

村を設置するときには、居住のための空間だけでなく、牧草地や耕作地のための空間も必要で

●写真13 a ・上——高台のホームステッド（ロウ部族）
●写真13 b ・下——高台のホームステッド（ロウ部族）

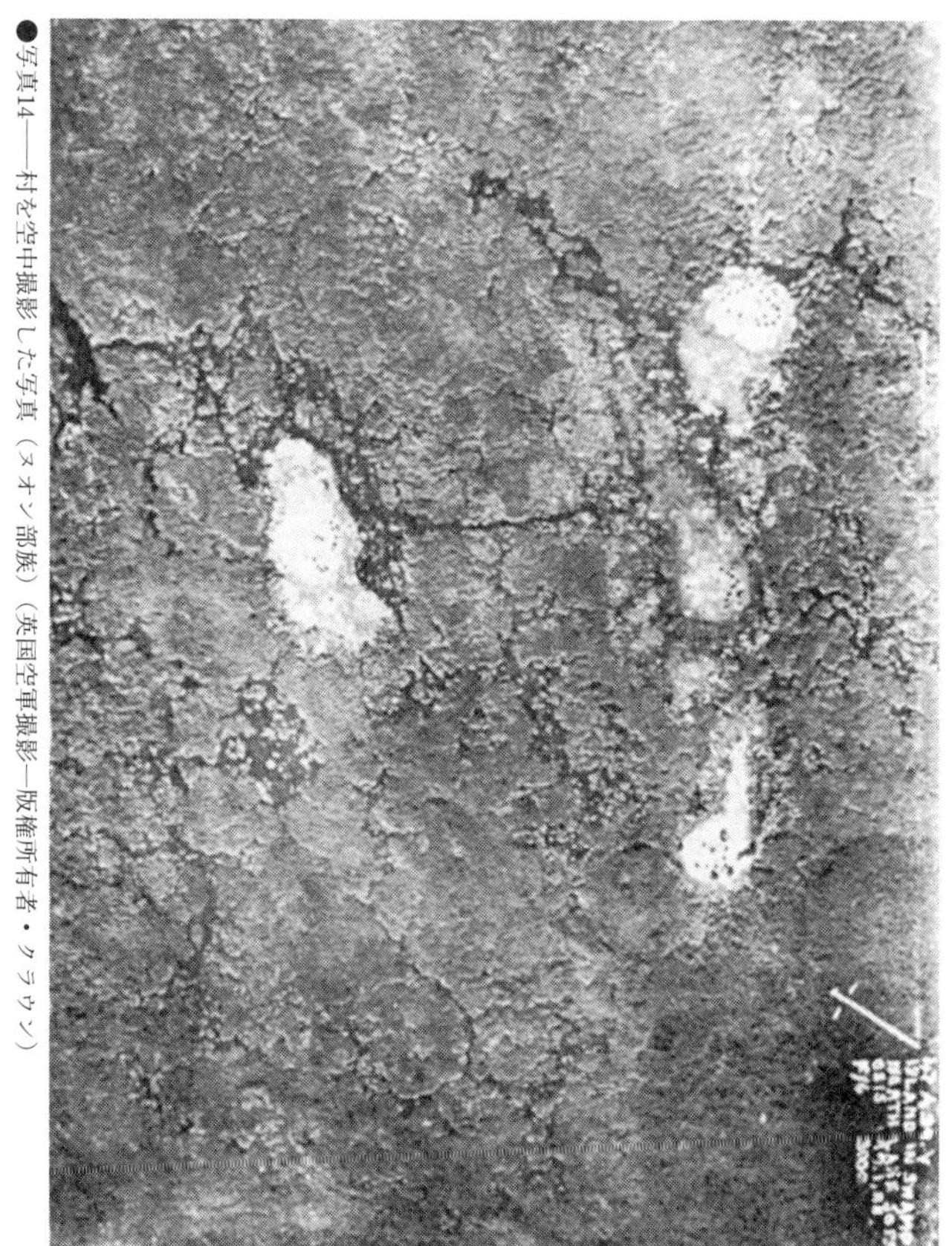

●写真14――村を空中撮影した写真（ヌオン部族）（英国空軍撮影―版権所有者・クラウン）

ある。村の敷地として選ばれるのは、多くの場合、洪水期にも岸の残る川の近くの、表面に岩屑が堆積した丘陵の頂きである(写真13a・b、14)。牛は丘の斜面や近くのソーンウッドの叢林で草を食み、そこには畑もある。通常、ホームステッドは、長さ一マイルか二マイル、幅二、三百ヤードの、砂地のリッジに一列に並んで作られており(写真9)、各ホームステッドのあいだには、かなりの間隔をとることができる。ホームステッド裏手には畑が、そして前方には牧草地が広がっている。先に述べたようなとくに立地条件に恵まれた地域では、丘陵の広がりが数マイルに及ぶことがあり、丘陵と丘陵とをつなぐ狭い窪地を除けば、人々はどこにでも村を作ることができる。こうした地域では、畑地と牧草地に囲まれた、隣家とは隔たったホームステッドの小集団があちらこちらに点在している。ヌアーはこのようなプライバシーを大変好み、本来の村生活への指向はあまり示さない。

村を高台に設けることによって、ヌアーは眼下一面に広がる洪水から自分たちと牛を保護し、溜水に発生する猛烈な蚊の群れからいくらかでも避難することができる。西ヌアーランドでは、とくに水量の多い年には、リッジの裾に低い土堤を築いて、水を防いでいるのを見かける。彼らはつねに地理的にもっとも高い場所に村を作るので、六月以降毎日降る豪雨は斜面を流れ去って、家畜囲いの固くなっている床面はすぐに乾いてしまう。この豪雨がいかに凄まじいものであるか、八月のある日、中程度の雨を私のテントの日除けから撮った写真15を見ていただきたい。そして、村の設けられている場所を除いて、一面が洪水になる様を撮ったのが写真16である。これは、平地よりもいくぶん高いところにあるモロコシ畑を一〇月に撮ったものである。一九三六年の一〇月、西ヌアーランドを旅行した際、この年は比較的雨が少なかったにもかかわらず、無数の深い窪地を越えねばならなかったことを別にしても、一七日間ほとんど連続して数インチの水の中を歩かねばならなかった。ロウ地方、東ジカニィ地方の一部、とくにガージャク地方では、ソーンウッドの叢林に村を作ることもあるが、一般に、ヌアーは近くに叢林があっても、開けた土地に村を作ることを好む。これは、野生の動物や害虫、それに湿気から牛を保護するのに好都合なのと、また当然のことだが木の繁っている土地ではモロコシがうまく育たないという理由による。それに広々とした土地に建物を建てると、白蟻もいないようである。

ヌアーのホームステッドは、牛舎といくつかの小屋からなる。牛舎は、その規模の大きさとできばえのよさから旅行者たちの称賛を浴びてきた。牛舎の形、小屋の外見等は写真でおわかりいただけるであろう。また、その作り方は、コーフィールド氏の撮った写真をみるとよくわかる（写真17）。この写真で説明を要するのは、小屋の屋根を支えるため、数本の丸太が内側に突きたてられているということだけである。牛舎も小屋も、細木と泥を材料にして作るが、あまり叢林のない西ヌアーランド地方では、モロコシの茎を束にして、それを垂木にする。一般に小屋の修繕や新築は、屋根をふくわらが豊富にあって、手伝ってくれた人々にモロコシで作ったビールを振る舞う余裕のある乾季の初期に行われる。雨季には、牛の動きを制限し、ホームステッドを荒したり、作物に被害を与えたりしないように、牛舎から家畜囲いの両側にそって、さらに小屋の周囲にも防柵をめぐらす（写真4）。放牧したり、草や木を利用したりすることは、村の住民全員の共通の権利である。

●写真15——8月の豪雨（ロウ地方）

●写真16——10月のモロコシ畑（レンギャン地方）

●写真17——牛舎を建てているところ（東ジカニィ地方）

家族は村の中で、あるいは村から村へとしばしば住居を移す。小さい村の場合には、人が多く死んだり、牛の発育が悪かったり、村の中で争いがあったり、あるいは、牧草地や耕地が疲弊してきたりすると、村全体が新しい場所へ移動する。一般的に言って、規模の小さいリッジでは、約一〇年で畑地も牧草地も瘠せてきたことがはっきりと見てとれるようになる。小屋や牛舎は五年たてば再築の必要が生じる。

乾季のキャンプ地では、男は風よけで、女は蜂の巣型の小屋で寝るか、もしくは男女とも蜂の巣型の小屋で寝る。これらの簡便な小屋は、水場から二、三ヤード離れたところに、風を背後から受けるように、半円形または一列に作られる。作り方もごく簡単で、風よけを作るときは、根こそぎ引き抜いた草か、ときにはモロコシの茎を細い溝にびっしり差し込むだけである。また、小屋の場合には、先端を結わえて、外側から牛糞をなすりつけておく（写真18 a、11 a、7 b）。風よけの内部は全体が灰で埋まった炉になっていて、男たちは火を囲んでその灰の上に寝る。入口は家畜囲いの方に向いている。もし一ヵ所に二、三日しか留る予定がないときには、わざわざ風よけや小屋を作ることはせず、戸外で眠る。これらの簡便な小屋は二、三時間もあれば作ることができる。

4

ヌアーの移動を決定するもう一つの要因は、おびただしい害虫の存在である。これは牛にとってつねに大変な脅威で、アブやダニは、朝から晩まで牛を悩ませ、もし人間が何らかの対策を講

●写真18 a ・上——風よけ（ロウ地方）
●写真18 b ・下——ニャンディン河床の井戸（ロウ地方）

じてやらなければ、牛は参ってしまうだろう。

雨季には蚊の攻撃が凄まじく、とくに七月から九月にかけては猛威を振い、日が沈むや否や、人も動物も小屋や牛舎に避難しなければならない。小屋の入口の戸を固く閉め、空気穴もふさいで、内部で火を焚く。牛を入れている牛舎の中央では大きな牛糞を燃やし、牛舎中を煙で充満させるので、中にいる牛さえ見えないほどである。若者たちは、焚き火の上方に設けられた台の上で眠る。空気が澄んでくると――戸口を閉めていても煙はわら屋根の隙間から逃げる――彼らは台から下りて牛糞をくべる。こうして、家畜は夜いくばくかの休息を得ることができるのである。しかしまだ村に牛の残っている雨季の終り頃になると、人々が就寝する頃まで牛たちは家畜囲いに放っておかれ、それからライオンから守るために牛舎に入れられる。この時期になると、地表水もなくなり、モロコシも刈りとられ、牧草も食いつくされているため、あまり大きな焚き火をしなくても、それほど蚊に煩わされなくてもすむ。それからしばらくして若者たちがキャンプ地に出払ってしまう頃になると、村に残った人々は、家畜囲いの中に風よけを作って、残された雌牛たちと共に戸外で夜を過ごす。乾季になると、水溜りや沼の近くを除いて蚊はいない。一月から五月にかけては、水の近くでさえも蚊に煩わされることはほとんどなく、家畜は戸外で寝ることができる。そしてその周囲では、男たちが風よけを作って寝ており、傍で燃やす牛糞の煙があたり一面キャンプ地を包みこんでいる。

蚊以外の不愉快な害虫はセルート・アブである。この害虫は季節的に出現するらしく、とくに五月から七月にかけての曇天によく現われるが、他の季節にもときどき出没する。セルート・アブは朝、牛を襲い、そのまま牛にくっついて牧草地まで行く。このアブは刺し方がひどいので、血まみれになった牛をキャンプ地まで追い戻して、牛糞をいぶして手当してやらねばならないこともある。そんな日には、牛は落ち着いて二、三時間も草を食んではいられない。別のサシバエ（*Stomoxys*）という吸血性のハエもいる。このハエは一年中いるが、乾季と、雨季の初期に目立つ。ヌアーランドの一部、とくに東ジカニィ地方で眠り病が見られるのは、直接、吻でトリパノゾーマを動物から動物へと運ぶこのハエのためではないかと思われる。というのは、ツェツェバエの恐ろしさについてヌアーはよく知っているが、東部の辺境を除いて、ツェツェバエはこの地方にはいないからである。他にも牛にとりつく害虫はいるが、しかし、それらの害虫がこの地方で病原菌を運んでいるかどうかはわかっていない。その一つに牛にとりつくダニがいる。ヌアーは、夕方キャンプ地に戻ってくると、牛の身体からこの害虫をとり除いてやる。——ただし、いつもというわけでもないし、丁寧でもない。牛の身体に住みついていると言われるサルクワッチという害虫は、嚙むことは嚙むが血は出ない。ミエクと呼ばれるアブもいる。それに、われわれの言うイエバエによく似た黒いハエもいて、暑い時期にはうるさく家畜につきまとうが、湿気と寒さによってこのハエは死滅するらしい。ときおり、赤い兵隊蟻が牛舎に出ることがあって、牛を牛舎から退けて床面に灰を播き散らさねばならないこともあるが、この蟻はヌアーランドではめずらしい。ヌアーはこれらの害虫に対してほとんど無防備である。ただ、煙がある程度駆除の役割を果していることは確かである。

私の個人的な経験から述べると、この土地では人はつねに虫に悩まされ続けている。とくにハエと蚊はひどい。これらの虫が身体にとりついて、牛たちに非常な苦痛を与えていることは明らかで、こうした絶えざる刺激が牛から元気を失わせ、泌乳量を低下させていることは疑いのないことである。というのは、牛は真の休息の時間というものをもつことがほとんどないからである。このような環境下におかれたヌアーの牛の頑健さと耐久力は驚嘆に値する。

南スーダンでは何種類かのツェツェバエがトリパノゾーマ病原体を牛に媒介しているから、この土地にツェツェバエがいないことは、ヌアーにとって大変幸運なことである。ツェツェバエがいない原因として考えられることは、樹陰をなすような森林がこの地方にないことである。そして、なぜ森林がないかと言えば、それは主として洪水のためであり、また一部には野焼きが原因となっているだろう。エチオピア高原の裾野に広がる森林地帯にツェツェバエ地帯があることは、ヌアーの東方進出を妨げた。なぜなら、彼らがアニュアクの土地を放棄したことの理由の一つに、牛の損失があったことは明らかだからである。ツェツェバエに関するかぎり、現在の居住地におけるヌアーは、南スーダンの他民族より恵まれた環境にあると言えよう。

もう一つ考慮すべき重要なことは、人間や牛に病気をもたらす病原菌が多種類存在しているということである。この問題について詳しく述べることはできないが、牛について言えば、ヌアーの牛は実にいろいろな病気で苦しめられていると言える。普通、ヌアーはそれらの病気に対して何らかの処置を施すが、それが治療上の効果を幾分なりともあげているかどうかは疑問である。伝染病のうちもっとも危険なものは、時折発生して牛に高い死亡率をもたらす牛胸膜肺炎（bovine pleuropneumonia）と、牛疫である。牛疫がスーダンに入ってきたのはここ五〇年たらずのことであり、アラブ人の侵入と共に入ってき、それは、ボイロッチ年齢組の成人式の頃であったという。ヌアーはそれ以前の時代を「牛の全盛の時代」と呼んでいる。いったん牛疫に襲われると、ヌアーはそれに対抗する手段をまったくもたないが、感染した牛を隔離しなければならないということは知っている。今では彼らは心得たもので、牛疫が流行しているときには、乾季に牛をあらかじめ遠く隔たったいくつかのキャンプ地に分散しておき、牛疫が一地方で発生しても、他地方に分散しておいた牛はそれを免れるようにしておく。牛疫に一度かかったことのある牛には免疫があることも知られており、そのため、免疫のある牛は高く評価されるが、仔牛にその免疫が遺伝するものでないことも彼らは知っている。スール女史によれば、ヌアーは、牛が牛疫にかかったことがあるかどうかを、角の先を削りとってその下の色を見るだけでわかると断言するそうである。もし白色であれば、牛には免疫ができているのである。牛疫が流行した年は飢えに脅かされるが、それでも彼らは観念して冷静にそれに立ち向う。

牛疫は、過去においても、そして現在でも牛に壊滅的打撃を与え続けている。牛疫の流行によって生態学的な均衡が破れた結果生じる社会的な変化がいかなるものであったか、またその程度がどのくらいのものであったか、正確に述べることはできない。花嫁代償には牛があてられるから、牛疫の流行後しばらくのあいだ結婚の取りきめにかなりの混乱が生じたことは想像できるが、現在は支払う牛の頭数を減らすことによって安定してきている。ところが結婚の交渉の場合とはちがって、双方に好意が介在しない殺傷の賠償等をめぐる交渉では、新相場についての合意は成立してないようで、流血に対する賠償は今でも昔と同じ頭数が要求され続けている。しかし、ヌアーも、花嫁代償と血償は同率で上下すべきであることは認めている。この問題については正確に述べることはできないが、以前よりも報復闘争の解決に手間どり、結果的にそれが部族間の諸関係に悪影響を与えていることは事実のようである。さらにまた、考えられることは、牛が減ったことにより、全体的な生活水準が低下したのではないかということである。なぜなら、気候的な制約があるため、牛の減少を、農耕へ労働投下することによって十分に補うことができないからである。彼らが以前よりもモロコシを多く栽培するようになったことは確かであるが、それでも総体的な食糧供給量の低下、とりわけ、安定性の低下は彼らを苦しめてきたにちがいない。後述するように、ヌアーは牧畜経済のみで生きられない（少なくとも牛疫が入ってきて以来）のと同様、農耕経済だけでも生きていくことはできない。そのため、どうしても混合経済に依存せざるをえないのであり、一方で他方を補うことができる部分はごく限られている。むしろ、ヌアーは隣接するディンカを広範囲に襲撃することで自分たちの牛の減損をディンカに転嫁しようとした。むろん牛疫が入ってくる以前にもディンカを襲撃したことは知られているが、しかし、牛疫が入ってきて以来、その頻度が増え、そのために異民族との関係が攻撃的になったことはありうることである。親族関係等、他にも変化が生じた分野もあるだろうが、その重要性については、推測の域を出ないので、ここではヌアーの政治・経済生活に生じたかもしれない二、三の現象についてて考察するにとどめておく。

5

第一章でも述べたことであるが、ヌアーは混合経済を採用しなければ生きていくことはできない。というのは家畜だけでは彼らに十分な栄養を与えてくれないからである。また、後述するように、モロコシの収穫量はしばしば貧弱でしかも不安定である。そのため、魚は欠くことのできない食糧の一品目となっており、漁撈は彼らの季節ごとの移動に大きな影響を与えている。

川には食用になるたくさんの種類の魚が住んでおり、乾季におけるヌアーの食事を大いに補足するだけでなく、作物が不作であったり牛疫が流行したりする年を生きのびさせてくれる糧ともなる。キャンプ地の選定には、水や牧草に劣らず魚がとれるか否かが重要な選択要因となる。にもかかわらず、ヌアー人は自らを水に生きる民族とは考えておらず、彼らはおもに漁撈やカバを狩ることで生活しているシリュクのような民族を軽蔑するのだという。しかし、このように優越感を誇示するにもかかわらず、ヌアーは漁をすることが好きだし、魚の豊富に並んだ食事を楽しむ。乾季の盛りにおける漁獲量がどれほど多いかは、バロ川やソバト川のほとりの牛のいない漁撈キャンプ地（カル）において、ごくわずかの穀物と山羊の乳、ときおりとれる野獣以外には、他に食糧もないとき、人々が数週間も魚だけで生きていくことから考えても明らかであろう。このような人々は非常に貧しく、牛をまったくもっていないか、あるいはもっていても雌牛を一頭か二頭だけで、それをも裕福な親族に預けている。というのはよほどのことがないかぎりヌアー族は牛なしで生活することはないので、彼らはアニュアク出身とかバラク・ディンカ部族出身などと言われて蔑まれている。ヌアーの中でも、その部族がおかれている環境によって漁撈に依存する度合いはちがってくる。たとえば、ロウ部族の場合、水路が縦横に通っている東ジカニィ諸部族と比べると、漁獲量は乏しい。部族や部族セクションは自分たちの漁獲水域を用心深く守っている。だから、紛争を起こしたくなければ、大がかりに魚をとるときには、所有者から許可を得なければならない。

ヌアーがこれほど大量に魚をとることができるのは、川の水位の変化と土地の平坦なことが原因となって生じる季節ごとの洪水のおかげである。魚は洪水にのって、ヌアーの単純な技術ではとうていとることのできない本流から、もっととりやすい支流や沼まで運ばれてくる。漁獲にもっとも適した季節は、一一月と一二月である。この頃、川の水位が下がり始め、それと同時に支流や沼からは水がひき始める。そうすると、彼らは適当な場所に堰を設け、下流に逃れようとする魚をヤスで突く。堰から魚をとるのはおもに夜の仕事である。漁をする人の背後から明りがともされ、漁師は堰の上流側に仕掛けられた小枝の列に目を凝らす。小枝が動いて魚のいることがわかると、ヤスで突く。私の友人の故L・F・ヘイマー氏によると（写真20aは彼が明け方撮った写真を複写したものである）、一晩に一つの堰から実に一〇〇匹あまりの漁獲があったことを確認したそうである。水位が下がるにつれて堰の方も下げていく。

乾季が進行するにつれて、無数の魚が出口のない湖や沼へと追い込まれていき、これらも干上がると次第に小さい水溜りへ閉じ込められる。こうなると、各人がさかとげのついたヤスや長い銛を使って魚をとることができる（写真19、20b）。そして、乾季も終り頃になると、魚かぎやザルを用いた狩り出し漁も行われる。漁獲量は乾季を通じて比較的安定しているが、狩り出しの時期に少々増え、そして、川の水位が再び上がり始め、魚が浅瀬に上がってきて、あしや水草のあいだで、ヤスで簡単にとることができるようになる四、五月の雨季の初期に第二ピークを迎える。村に帰った後は、ときたま見かける沼で、ヤスを用いて魚をとることはほとんどしない。というのは、これらの沼は広々とした水域から遠く隔たった内陸部にあり、川は深く、ワニがたくさんいて漁撈には危険なためである。しかも、洪水にのって、魚は分散してしまっており、茂った沼草は魚に格好の隠れ場所を提供している。村が大きな川のほとりに位置しているような場合には、丸木のカヌー（写真21）にのって長い銛を使って魚をとることもあるが、ヌアーは上等のカヌーをほとんどもっていない。この土地には材木もなく、また彼らはカヌーを作る技術ももたないので、ヤシやエジプトイチジクの木を焼いて作った粗末な小舟しかなく、上等なカヌーは、アニュアク人との交易で得たものか、あるいは彼らから盗んだものである。

ヌアーはヤスの使い手としてはすぐれているが、それ以外の点では漁師としてあまり素質のある方ではない。ときたまはね上がったり、水面に浮かび上がった魚をカヌーのへさきから、銛やヤスを用いて目にも止まらぬ早わざで突きさすような場合を除いて、獲物を狙うようなことはせず、魚のいそうな水草やあしの繁みにやみくもにヤスを投げ込むとか、魚のいるのがわかるように小枝や草の葉を立てておく程度である。彼らの神話によれば、かつて魚は全部人間の目に見えていたが、後に、神が人間の目から水中に隠してしまったということである。ヌアーが用いる漁具はおもに、かえりのついたヤスであるが、銛もよく使う。浅瀬でヤスを用いて漁をしているとき、彼らは糸をより合わせて丸くしたものや、大かたつむりの殻を棒にくくりつけたもので水面

●写真19——浅瀬の銛漁（ソバト川）

●写真20 a・上——堰の上からヤスを用いて魚をとっているところ（東ガージョク地方）
●写真20 b・下——ファディオ沼での銛漁（ロウ地方）

●写真21――カヌーを使っての銛漁（ソバト川）

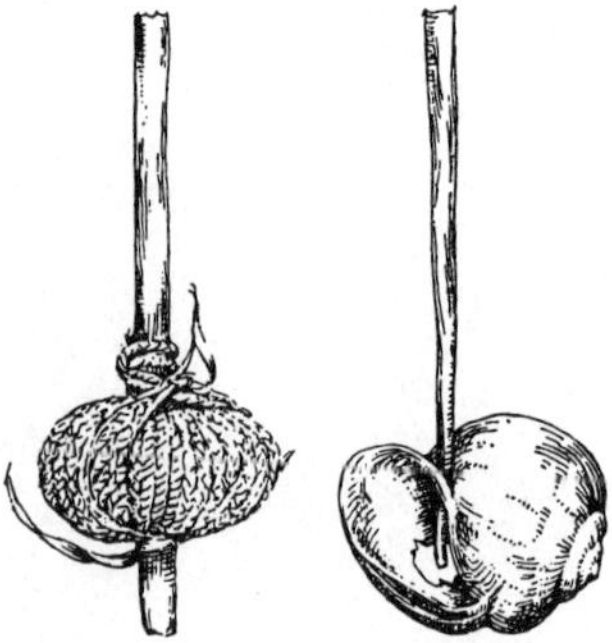

をたたいて魚の注意をひく（図12）。魚は焼いたり、煮たりして食べる。

●図12——魚をひきつけるための道具

6

ヌアーランドには非常に多くの野生の動物が見られるが、ヌアーはこれを食用としてはあまり利用しない。ティアンやコブ〔ウォーターバックに近縁のレイヨウ〕は大きな群れをなし、それ以外のレイヨウ、バッファロー、ゾウ、カバもたくさんいる。ヌアーは、食肉類、猿類、数種の小型齧歯類、およびシマウマを除いて、ほとんどの種類の哺乳類を食べる。シマウマは、ロウ地方の南部で乾季に出没し、毛皮と尻尾をとるために殺す。ライオンは、ナイル川の西側にとくに多く、家畜への脅威となっている。ライオンやヒョウは、とくに乾季の初期によく出没するのだが、家畜囲いや牧草地で家畜が襲われないかぎり、ヌアーがこのような猛獣を殺すことはない。ただし、ヒョウの毛皮は首長が身につけるのに使われる。ガゼルとキリンの場合を除いて、彼らが獲物を求めて狩りに出かけることはめったになく、普通はキャンプ地に近づいてきた動物を追跡する程度である。実際のところ、彼らはそれほど熱心な狩人とは見なしがたいし、それどころか、狩猟を幾分蔑んでいるところがある。彼らは、牛をもたないときにだけ頻繁に狩りに出かけざるをえないと考える。彼らには家畜の肉があり、これが狩猟への関心を奪っている一因と考えられるのだが、その他にも地形的な要因、つまり、開けた平原では槍でうまく動物を仕止めるのが大変むつかしいということも多分に関係があると思われる。

ヌアーはワニとカメを除いて、爬虫類はまったく食べない。また、ダチョウ、ノガン、シャコ、ホロホロチョウ、ガン、カモ、コガモ、その他のミズトリ類にも恵まれているが、大人がこれらの鳥類を食べることは恥ずべきこととされている。深刻な飢餓に見舞われたときを除けば、鳥類を食べるのはおそらく子供と、貧しくて牛をもたない人々だけであり、それにときどき老人も食べるが、彼らは叢林に隠れてこっそりと食べる。彼らは家禽類を一切飼っておらず、鳥類を食べることには格別の嫌悪感を示す。同様に卵も食べない。一般に昆虫も食べないが、一二月、一月頃の野焼きのあと、野生の蜜蜂の蜜を集めて叢林の中で食べたり、持ち帰って、ポリッジと一緒に食べたりする。

たいていの部族は一、二丁ぐらいしか鉄砲をもっていないが、東ガージャク部族だけはまとまった数の鉄砲をもっている。彼らはエチオピアからそれらを入手した。ヌアーは犬と槍を使い、それに自分たちの健脚、忍耐、勇気に頼って猟をする。そのため、生い繁った雑草が追跡をはばむだけでなく、いたるところにある水溜りや雑草が動物に格好の隠れ場を提供する雨季には狩猟は不可能である。乾季の盛りになると、動物も、人間と同じ水溜りや沼、入江等で水を飲まざるをえなくなってくる。彼らはキリンの足跡を追跡する場合を除いて、足跡を頼りに猟をするということはなく、目に見えた範囲で獲物を追うため、乾季になり大地が露出すると、水飲み場に近づいてくる動物を追うこともできるようになる。一人か二人で組み伏せることができるのは、犬が吠えだしてくれるガゼルと、逃げるよりも攻撃にでることのほうを好むバッファローだけである。他の動物、たとえば、ティアン、コブ、バック等は、キャンプ地に近づいたところを大勢の若者たちが逃げ道をふさいで、ようやく倒すことができる。私は、ソバト川のほとりで数頭の動物が岸側をとり囲まれて、あしの茂みに追いつめられ、逃げ道は川を泳ぐだけ、という状況に封じこめられて殺されるのを見たことがある。おそらく他所でも同じだと思うのだが、この地方では、人々は空腹に耐えかねたあげく、雨季の最初の降雨の後キリンの足跡を探しに出かけていく。そして、見つかるまで忍耐強く追跡するのである。これができるのは、まだ動物が水を求めてキャンプ地に近づかなければならない雨季の最初期に限られる。この時期には、キリンの大きな蹄が湿った大地にくい込んで、キリンの動きを鈍らせる。ヌアー、とくにゼラフ川沿いの諸部族は、勇敢なことと、象狩り――大勢でとり囲んで槍を投げる――のうまいことで名を馳せている。

このように、ヌアーの狩猟は、漁撈と同様に非常に単純な性格のものである。棘(とげ)のついた環状

●写真22——キリンの毛で作った首飾りを友人につけている若者（東ガージョク地方）

の罠の使用を除けば、策略をめぐらすということも、道具を用いるということもない。この罠はヌアーランドの大部分の地域において、ディンカ系の移民が用いているものであるが、ヌアーのロウ部族も使っている。しかし、彼らは、それをディンカ人の考案物と見なしており、したがって、軽蔑している。つまり、彼らの考えるところによれば、そのようなものは牛を所有している男の使用には値せず、貧しい人々が、肉を得たり、ときには獲物と交換に牛を得るために——多くの写真で見ることができるが、とくに写真22、23bのヌアーの男が身につけているように、キリンの毛は首飾りとして高く評価される——のみその使用が許されるのである。というわけで、罠を仕掛けるのはごく一部の人々だけであり、他の人々は用いない。罠は、乾季の終り頃から、まだ地表水の区域が限定されており、罠の皮が腐るほど地面が水分をふくんでいない雨季の初期にかけて水飲み場の近くに仕掛けられる。一九三〇年には、ソバト川のほとりでこの棘のついた環状の罠によって多くのキリンが捕えられたが、これは例外的な年であったらしい。ヌアーは落し穴を掘るようなことはめったにせず、わずかにディンカ諸部族との境界地域で行っているだけである。それに、毎年の野焼きのあと焼け残った草原に火をつけて、焔から逃れてくる動物を槍や棒で突いたりたたいたりして殺すということもあまりしない。ソバト川流域では行われていないが、西ヌアーランド（他地域でもやっていると思うのだが）では、乾季になると、カバが夜ごとに草を食みに通う小道で待ち伏せして、銛で射止める習慣がある。しかしこのカバ猟は、ヌアーの習慣とは見なされてはおらず、シリュクや、一部のディンカの習慣だとされている。またヌアーがカバ猟をやっている地域においても、それは牛をあまりもたない男のすることだと言われ

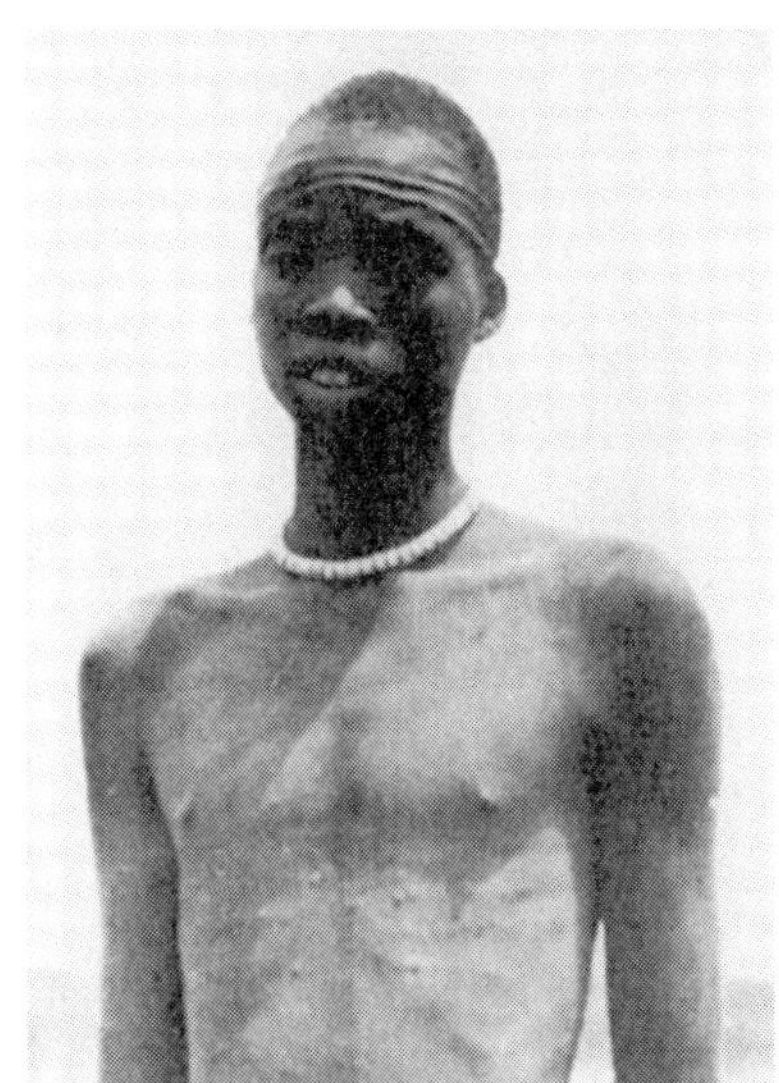

●写真23 a――若者（ゼラフ川諸部族）

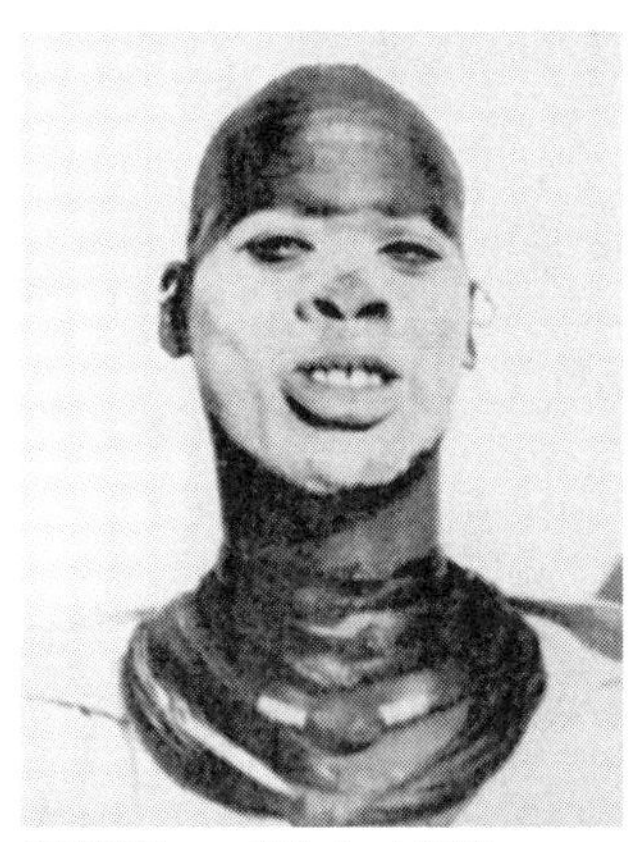

●写真23 b――若者（ロウ地方）

●写真23 c――男（ゼラフ川諸部族）

ている。以上のことから結論として、ヌアーにとって、狩猟は肉の供給源としてはあまり重要な位置を占めておらず、スポーツとしてもたいして評価されていないと言えるだろう。

7

普通の年には、野生の果実、種子、根茎等はヌアー人の食事にはそれほど重要な役割をもっていない。土地自体ほとんど樹木がなく、したがって果実も少ない。ナイル川以西のところどころと、以東ではもっと広範囲に見出される「野生のナツメヤシ」（*Balanites aegyptiaca*）だけが食糧源として大いに役立っている程度である。この果実は、一月から三月にかけて熟し、果芯と、甘く水分の多い果皮も食べることができる。他にも何種類かの果実があるが、それらはおもに子供が食べる。成人式を終えた若者は、果実はほとんど食べない。乾季の初期に水溜りや沼でみられるスイレン（*Nymphaea lotus*）の種子と根は大いに賞味される。「野生のイネ」（*Oryza barthii*）の種子を採取する他、村の敷地内に生えている何種類かの野生の植物もポリッジの薬味として用いる。しかし、飢饉の年には、野生の収穫物が非常に重要になってくる。このような年には「野生のナツメヤシ」は重要な代用食となるし、その他、飢えがそれほど厳しくない年には、乾季の初めに熟してもたいして見向きもされないような果実や、さらに、野生のヤムイモや野生のモロコシや雑草の種子まで広範囲に利用されるようになる。

8

これまでのところで漁撈、狩猟、採集は乾季の仕事であり、この時期に不足しがちな乳製食糧を補っていることがおわかりいただけたと思う。雨季になって、これらの活動からの収穫が得られなくなり、それと同時に牛の泌乳量も低下すると、今度は激しい雨が降って、乾季のあいだには不可能であった農耕に適した条件が整う。そして雨によって生じた前記の食糧の減損を補う。このように、年間を通じての食糧供給源の変化と、四季を通じて生命を維持するに必要な量は、年周期の生態学的な変化によって決まる。雨季に穀物がなければ、ヌアーは危機的状態におちいるであろう。そして、穀物は貯蔵がきくので、乾季の飢えにもある程度備えることができるのである。

気候条件、それに加えて、洪水、土地の平坦さなどが原因して、ヌアーランドでは中央アフリカでみられる食用植物のほとんどを栽培することができない状況にある。それにヌアーランドが根菜作物を欠いているということは、飢饉の年のための保存食という点からみると、とくに不運であると言える。乾季に大規模な灌漑をほどこすことなく、現在栽培している作物以外の作物を栽培できないものかと疑問に思うかもしれないが、それは彼らの牛牧と相容れないのである。彼らの栽培している作物の種類はたいした数ではない。主作物はモロコシで、これは年に二回収穫する。その他、小屋の近くにトウモロコシを植えつけ、唯一の畑野菜である豆類（*Vigna*）をモロコシのあいだに植える。これら三種類の食用植物の他に、小屋の軒下に少しばかりのタバコ、それに家畜囲いの垣にヒョウタンを少々栽培している。モロコシはポリッジとビールの形で消費される。トウモロコシはおもに焼いて食べるが、ポリッジにすることもある。豆類は煮るか、ポリッジといっしょに料理される。タバコは、パイプ用、嗅ぎタバコ、嚙みタバコ等の用途がある。

ヒョウタンはその種類によって、食用にされたり、乳製品を入れる器に加工されたりする。

主作物であるモロコシの栽培についてだけはもう少し詳しく述べておく必要がある。モロコシは一度根づくと、他のほとんどの作物の場合には命とりになるような条件下でも生命を保つ。この地域で野生のモロコシが繁殖しているという事実も注目されることである。トウモロコシも丈夫であり、ちょうど食糧が残り少なくなった頃、あるいはまったく払底してしまった頃、最初に実る収穫物であるため、ヌアーにとっては重要な作物となってはいるが、その量から言うと、バロ川流域の一部を除いて、とるに足りない程度のものである。彼らはおもに種子の色によって多様なモロコシのタイプを判別する。どのタイプが早生か、晩生か、その種類、それらがどの順序で実るか、ポリッジ用の粉としてはどれが良いか、また、噛んで甘い茎はどのタイプのモロコシか等、熟知している。モロコシは水分を多く含む黒粘土質土壌でよく繁茂するが、ヌアーが村を設ける砂地土壌にも十分適応して実る。ただ、このような砂地では旱魃に対する抵抗力が幾分弱く、二期目の収穫が非常に不確実である。東ジカニィ地方は、おそらくヌアーランドでもっともモロコシの収穫量の多い土地である。多くの地域では二期目には冠水してしまうが、私の見たかぎりでは、この地域だけが住民の消費をまかなうに足るモロコシを産出しているようである。私は訪れていないが、ゼラフ・アイランドのラク部族やシアン部族が住んでいる地域も穀物のよく実る土地だと言われている。

抵抗力の強いモロコシでさえも溜水のなかでは生育しないから、畑地は少し高くなっているところに設ける必要がある。ホームステッドをあちらこちらに分散して建てることができるほど広

●写真24——モロコシ畑の少女（ドク部族）

い土地があるようなところでは、畑もその空地につくることができるが、リッジに沿ってホームステッドが一列に並んでいるようなところだと選択の余地は少なくなる。なぜなら、リッジの背は固すぎるし、保水も十分ではなく、そしてそこは牧草地として残しておく必要があるからだ。そのため、畑は小屋や牛舎の裏手の、リッジの一番高い所と冠水した低地とのあいだにつくられる。西ヌアー諸部族のなかで比較的高い所の、なだらかな傾斜のある土地に住んでいる部族のなかには、畑から水が流れ去るのを防ぐため、低い土堤を畑の周囲に築いているのをみかける。逆に、リッジの裾にモロコシを植えつけていて冠水しそうなところでは、深さが数フィート、長さが五〇ヤードを越す排水溝を掘って、余分の水が叢林の方へ流れ出るようにしているところもある。畑は、ホームステッドの裏側に連続して作られており、そこだけで耕地が十分なときには他所を耕すことはしない。しかし土地が足りなければ、村の敷地からはずれたリッジの端を耕す。そこは住居を建てるには湿気が多すぎるが、モロコシ畑としてはそれほど浸水していない場所である。ときには近くの叢林を耕すこともある。

ヌアーの耕地規模では、土地は全員に十分ゆきわたっており、土地保有の問題は生じない。誰かがすでに耕していないかぎり、自分のホームステッドの裏側の土地を耕すのは当然の権利だし、それと同時に、村の外の土地についても他人の畑でない場所は自由に耕すことができる。新参者もつねに何らかの形で村人の誰かとつながっており、親族のあいだで畑地について論議の生じることはない。しかも村の形態からして、人口規模と可耕面積とのあいだにはちょっとした相関関係がある。というのは、耕作に適した土地が限られているということは、住居のための空間も限られているということだからである。

既述したように、モロコシは一度根づくと気候条件の変化に非常に強い抵抗力を示す。問題は根づくまでである。播種後、日照りが短期間続いて、新芽が枯れてしまうことがよくある。これは、ときには、空腹をかかえた彼らが時期尚早に播種することが原因となっているということもあるが、一般には避けることができない性質のものである。なぜなら、あまり播種を遅らせると、黒穂病菌にやられてしまって、着穂や結実がうまくいかないからである。また、豪雨が降って、新芽がねばっこい粘土質土壌にくっついてしまったり、根元から洗い流されたりして、完全にダメになってしまうこともよくある。私の知るかぎりでは、播種後、日照り、または豪雨で作物が何らかの被害を受けなかった年は一度もなかった。傷つきやすい生長の時期を過ぎた頃、象が畑をひどく荒すことがある。私は三年連続して、村の畑の一部が象に荒されたことを知っている。穂が実る頃になると、毎年ハタオリドリがやってきて、収穫の一部をついばむが、収穫の全部をついばむほどの大群でもやってこないかぎり、ヌアーは畑に見張り台を置いて鳥を追い払うようなことはしない。何年かに一度は――どのくらいの頻度かはわからないが――イナゴの大群がやってきて、またたくまに全収穫を台無しにしてしまうことがある。さらに、ホロホロチョウ、カラス、ダチョウ、ある種の小型レイヨウが、モロコシの生育の様々の時期にやってきては被害を与える。ウォーターバックは二期目のモロコシが大好きだ。畑が村から少し離れているときには、これらの略奪からモロコシを守るためにときどき畑の中に小屋を建てることもあるが――めったにないと私は思うが――一般には、住居が近接していることで動物が近づいてこないだろうという希望的観測のもとに、ほとんど意に介さない。そして、その希望的観測どおりにいかなかったときでも、まったく無関心とも思えるほどの冷静さでその結果を受けとめている。

ここにあげた農事暦は、おおよその時期を示したものである。播種や収穫の時期は最初の豪雨によって決まり、その最初の豪雨のくる時期が年によって異なるからである。村もしくは、村からあまり遠くない川岸で乾季を過ごすことのできた人々にとっては、農耕の季節は普通三月の末頃始まるが、大部分の人々は、村に帰ることのできる四月・五月を待って耕作の準備を始める。既婚者たちが村に戻るのは五月の前半頃であり、それから、自分たちのホームステッドの周囲の土地を整地してトウモロコシの種を播く。五月の末もしくは六月になると、若者たちが牛をつれて戻ってくる。そして、前年のモロコシ畑を耕したり、新しい土地を掘りおこしたりする重労働の手助けをする。モロコシとともに雑草も生い茂るので、少なくとも三回、普通は、四回から五回は除草しなければならない。一期目のときに丁寧に除草しておけば、二期目にはそれほど手間どらなくてもすむ。

一期目のモロコシが実っている頃、隣の畝では二期目のモロコシのための整地が行われ、一期目が収穫される直前の八月の末から九月にかけて播種する（写真10b）。そして、二期目のモロコシは、一期目のモロコシの切り株から出てくる新芽と並行して生育する。東ヌアーランドでは、二期目の播種は、一期目の作物のあいだとか、その畑の延長上に行われるが、西ヌアーランドとか、ゼラフ川沿いの一部では、その頃になると地面が水浸しになっているので、あらかじめ造成した盛り土の上に播種する。盛り土の様子が示されている写真16をもう一度よく

農 事 暦

4月	5月	6月	7月	8月	9月	10月	11月	12月	1月
トウモロコシを播く			トウモロコシの収穫						
	一期目のモロコシを播く				一期目のモロコシの収穫				
		豆類を播く				豆類の収穫			
			ジャークモロコシを播く				ジャークモロコシの収穫		
			タバコを播く			タバコの収穫			
					二期目のモロコシを播く			二期目のモロコシの収穫	

注意して御覧いただきたい。この写真は、雨季のヌアーランドの様子や、彼らの農業がかかえている障害を如実に伝えている。二期目にも数回の除草が必要である。そして、翌年の雨季の一期目のモロコシも同じ畑に植えつけるから、丁寧に除草しておけば、それだけ次回の除草が少なくてすむ。ヌアーランドの多くの地方では、二期目も一期目とほとんど同量の収穫があるが、地域によっては、どちらか一方に適しているということもあるようだ。播種した二期目のモロコシは水を多量に必要とし、雨が早く上がったりするとあまり実らないのに対して、一期目の古株から芽を出したモロコシはより乾燥した状態でもっとも収穫があり、晩雨が続くと被害を受けやすいという傾向があるらしい。そのため、いずれか一方が実るということになり、ほどよい気候に恵まれると、両方ともうまく生育する。

ロウ部族や東ジカニィ諸部族の一部では、ジャーク（*Sorghum durra*）と呼ばれる生育のおそいモロコシの品種をディンカからとり入れた。この品種を耕作するために選ばれた土地は、毎年の野焼きの時期ではなく、次の雨季の初めに、新しい雑草が古い雑草に混じって生えた頃に野焼きをする。この品種のモロコシは欠点もあるが、整地、除草の手間が少なくてすみ、大変丈夫であるという理由から一部の地域で人気がある。

ヌアーは、輪作とか――輪作するほどの作物の種類がないからこれは当然であるが――肥料について、まったく知識をもっていない。だが、家畜の糞とか野焼き後の草木の灰などが肥料の役割を果していることは確かである。彼らは、土壌の回復をまつために敷地内の畑地を一年として休ませることをせず、土地が完全に疲弊してしまうまで毎年耕す。そして、まったく使えなくなると、ホームステッドを移動して、数年間新しい村に移り住む。しかしながら、彼らは毎年耕していると土質が低下することは知っており、モロコシの背丈とか、収穫量、それに、やせた土地にだけ生えてくるある種の雑草によって、土地の疲弊度を判断する。同じ畑を毎年連続して五年から一〇年間耕作し、そして何シーズンか休耕させた後、まだかたくて固まっているかどうか、あるいはもうほぐれて柔らかくなり、再び作物をはぐくむ状態になっているかどうか調べてみる。一方、村から離れた茂みの中に畑地があるようなときには、周囲に隣人の畑地がないので、毎年一方の端を新しく開墾してゆき、他方を放置してゆくことも可能である。

ヌアーの畑は大変狭い。その面積を実測するよりも、次の事実を特記するほうが、畑の規模についての概念をより明確に浮かばせる効果があるだろう。ヌアーランドのほとんどの地域では、平年作の場合でも、乾季に穀物の消費を抑え、乳と魚を主食にして暮らしてさえやっと次の収穫まで食いつなぐほどの収穫量しかなく、不作の年だと、数週間にわたってポリッジなしの食事を続けなければならない。また、彼らは穀物倉庫というものを作らず、草と土を混ぜあわせて作った容器を小屋の片隅において、それで穀物の貯蔵を間に合わせているということも注目されることである。しかしながら、モロコシの重要性は、その量よりも全体的な食糧供給において占める位置によって判断することができる。なぜならモロコシは、高い栄養価をもつ補助的な食品というだけではなく、これなしでは生命を維持するのが困難と言えるほどに必須の食品目となっているからである。ヌアー人もこの点はよく認識しており、農耕をけっして軽視してはいないのであるが、全体的にみると、勤勉に農耕を行っているとは言えない。

穀物の占める重要性にもかかわらず、彼らは農耕というものを、つらくて不愉快な作業を伴う責務と考えており、けっして理想的な仕事とはみなしていない。彼らは、牛の頭数が多ければ、それだけ畑を耕さなくてもよい、という確信のもとに行動する傾向がある。彼らは牧畜民であって、農耕民ではない。私が、畑の手入れが悪いことに注意をうながしたり、野生の動物や鳥から畑を保護する手段を講じていないことを指摘しても、彼らはそのことによって動ずる気配はなかった。なぜなら、彼らにとって、牛の世話を怠ることは恥辱であるが、畑仕事の手をぬくことに関しては格別の感情はないからである。なぜもっとモロコシを多く植えつけないのかという私の質問に対して、彼らはよく次のように答えた。

「つまり、それがわれわれの習慣なのだ。われわれには牛がいるから。」

結論として、次の諸点を指摘しておきたい。(1)ヌアーは食糧の一品目程度の穀物は栽培するが、それのみによって生きていけるほど十分には植えつけない。(2)現在の気候条件と技術では、農耕規模を大幅に拡張することは得策ではない。(3)農耕に対する関心よりも牧畜的価値が優先していることは、農耕に不適で牧畜に好適な生態学的諸関係とも合致している。というわけで、牛疫の流行によって、牛牧は以前よりも危険性の高い生業にはなったが、彼らのもつ価値観と生態学的諸関係が相俟って牛牧を偏重する傾向が続いている。

9

単一の食糧源では生命を維持していくのに十分でないこと、また、それぞれの季節におけるおもな食糧生産活動が生態学的な周期によって決定されることなどから、ヌアーにとって混合経済は不可欠のものであることはすでに述べたとおりである。そのため、各食品目は、相互に生態学的に決められた関係を保っており、今ここでそれらの関係を簡単にたどってみよう。

乳製食品、ポリッジおよびビールの形に加工されたモロコシ、少量のトウモロコシ、魚、肉がヌアー人のおもな食品目である。乳製食品は一年を通じて主食となっている。ただし、牧草の不足のために、雨季の終り頃には泌乳量が低下する傾向がある。また彼らの述べるところによると、一期目のモロコシの収穫時の後には多くの雌牛が仔を産む傾向があるので、それに先立つ二、三週間は泌乳をやめるのだという。——もし彼らの言うことが本当ならば、二、三月の酷暑によって雌牛が発情するためではないかと思われる。こうした季節的な傾向や、牛とモロコシがそれぞ

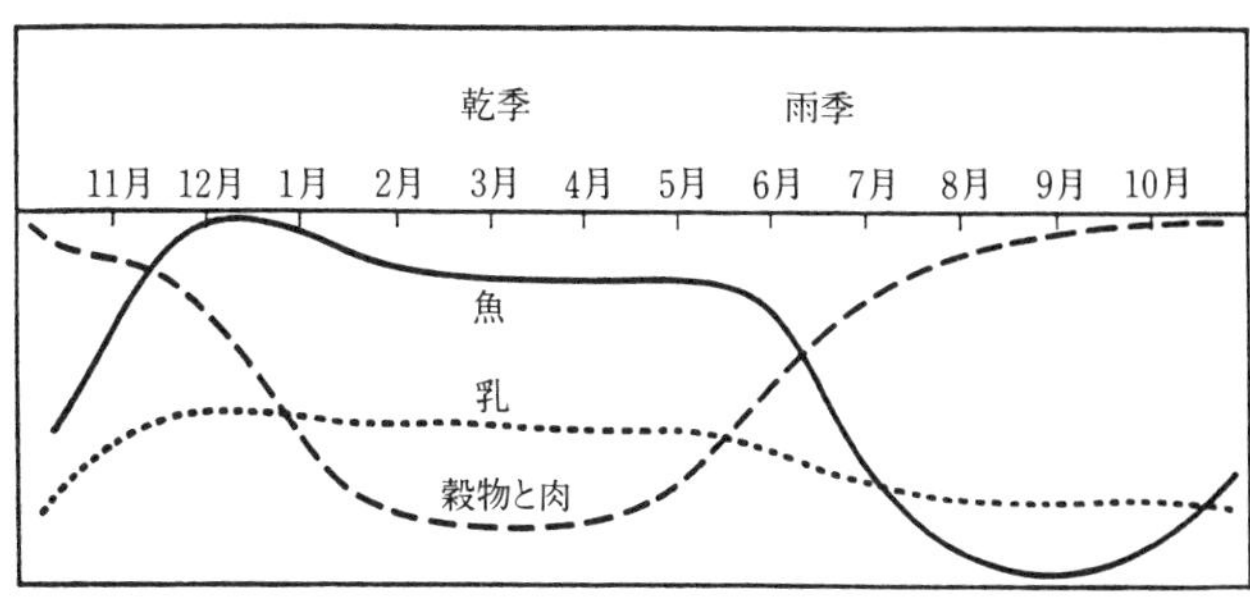

れヌアー人の食糧源として貢献している様は、「牛」と「モロコシ」が言い合いをする説話によく現われている。「牛」は言う。「『モロコシさん』はまったくの役立たずだね。一年中人間を生かしているのは私の乳だよ。それに飢饉のときには、人間は私の肉を食べて生きのびるんだ」と。「モロコシ」はそれに答えて言う。『牛さん』の言うことももっともだが、私が実ると、子供たちは、私の甘い茎をかんだり、両手でもんで穀粒を出して食べたりできるので大変喜んでくれる。それにポリッジやビールだってたくさん作れる。」「牛」はそれに反論する。「そうではあっても、乳をかけないポリッジはうまくなく、いずれ『モロコシさん』が実る頃には私の乳も出なくなっているだろう。」泌乳量の増減を確かめ、その重要性を解明することはなかなか困難だが、乾季に泌乳量がわずかばかり増加することは、上の図に示されているとおりである。

モロコシがポリッジやビールとして大量に消費されるのは、第一期目の収穫から乾季のキャンプ地に向けて出発するまでの期間である。収穫量が多かった年には、キャンプ地においても毎日好んでポリッジを食べ、キャンプ地の穀物在庫がなくなると女たちは村までとりに戻る。キャンプが解散され、人々が村に戻るとモロコシの消費量は増え、ビールの醸造が再び始まる。そして、豊作の年には、次期の収穫まで需要を満たすのに十分な量が残ることもある。しかし平年には、消費量を節約し、キャンプ地においても穀物を使いすぎぬように細心の注意を払って、この時期をもたせるのがやっとである。一年中十分な穀物が保証されるのは一部のごく恵まれた地域にすぎない。大部分の地域では、余剰などというものはほとんどなく、不作の年には飢餓に瀕することも度々ある。こういう年には、乳、魚、野生の果実などで飢えをしのぐが、最悪の場合には、家畜を殺すこともある。牛疫は凶作以上に悲劇的な不幸だと考えられている。牛疫と凶作が重なった年には、人々は年長の年齢組が全滅するしかないと考える。また、作物と牧草地の両方に被害を与える日照り続きや洪水も、人々を大いに苦しめる。

漁獲高も多い年と少ない年がある。大部分の地域では、一般に雨季のさかりには魚の消費は非常に少ないかあるいはまったくない。乾季が始まると同時に、魚の消費量は急速に増加して頂点に達する。この頂点を過ぎて消費量が少しおちると、乾季を通じてしばらく一定した時期が続き、雨季の初期にまた少し増える。家畜の肉を食べるのは、おもに供犠や祭祀がとり行われる収穫の後である。乾季に家畜を屠殺することはめったになく、私の経験では、野獣もあまり大量には殺さない。このため、この時期における肉の消費量は非常に少なくなっており、その不足分を、彼らは牛から採血したり、あるいは牛疫で死んだ牛の肉を食べることによってある程度補っている。全体的にみて、肉の消費量曲線は穀物のそれに一致している。平年だと野生の動植物の摂取まで考慮する必要はないが、ただ、飢饉の年の、とくに一月から四月にかけては、それらが非常に役立っていることを記憶にとどめていただきたい。

一五七ページの消費相関図は、実質的な概算値を示したものにすぎないが、これを見ると、一月から六月にかけては、穀物と肉に代って魚が主食となっていることがわかる。そして、乳がもっとも不足し、魚もほとんど獲れない時期は、ポリッジやビールが豊富にある季節である。ヌアーが「飢えの季節」と呼ぶのは、漁獲量が急速に減り、トウモロコシもモロコシもまだ実らない五月から八月にかけての時期である。逆に食糧の豊富な季節は、モロコシが十分にあって、一般に肉もたくさん食べられる九月から一二月の半ばにかけてである。しかもこの時期の終りはもっとも漁撈に適した季節でもある。ヌアー人の言うところによれば、彼らは雨季に太り、乾季にはその太ったぶんだけ痩せるのだそうである。結論的に言えば、彼らは平年でも必要なだけの栄養を摂取していないのではないかと思われる。食事のバランスはとれているが、季節によっては量が十分ではなく、しかも非常に頻繁にやってくる欠乏の年に備える余剰をまったく欠いている。ヌアー人の習慣や思考には、こうした食糧の不足にその基盤をもつものが多い。次の説話にはそれがよく表われている。大昔、「人間」の胃袋は「人間」から独立しており、叢林のなかで野焼きのときに焼けた小虫を食べながら生活していた。「神は人間を胃袋とともに創らなかった。胃袋は人間とは別々に創られていたのである。」あるとき、人間が叢林のなかを歩いていると、「胃袋」に出合い、現在の位置で食していけるように胃袋をそこへ納めてやった。胃袋は、独立して生活していた頃には僅かな食物で満足していたのに、今ではいつも腹を空かせているようになった。どんなにたくさん食べてもすぐにもっと欲しがるようになってしまった、と言う。

本書の内容にそのすべてが関連しているというわけではないが、食物の量と種類の季節的な変動は、いくつかの理由で社会学的にも重要である。たとえば、儀礼を雨季に行うことのおもな理由は、モロコシが豊富にあるという事実と関連している、ということは重要なことである。なぜなら、儀礼はポリッジとビールなしでは完結せず、またそれは供犠と肉を食べることで成り立っているからである。というわけで結婚式も成人式もその他多くの宗教的儀礼も普通、モロコシの一期目の収穫後、つまり、雨季から乾季の初めにかけて催される。ディンカ人を襲撃するのもこの時期である。ヌアーの言うところによれば、戦さと飢えは折合いが悪く、乾季の只中では腹がすいて戦さもできないそうである。実際、モロコシや肉をふんだんに食べ、とくに結婚式のダンスなどで少々陶酔している雨季に比べると、乾季には、個人間でも、共同体間でも、戦意があがらないようである。同じ理由から、乾季にはダンスですらもあまり魅力的ではなくなるようである。ところが雨季には、若者たちはできるだけ踊ろうとし、何マイルも歩いて結婚式に行くことも意に介さない。そして、結婚式では、夕方から明け方頃まで踊りつづけるのである。村での生活は、キャンプ地での生活とはテンポが異なる。雨季の最中は洪水がひどいので、これら共同で行われる行事は、だいたい雨季の初めか終り頃——終り頃が多いが——に行われる傾向が強い。

しばしば生じる食糧の欠乏、それに一年の大半を通じて、余剰がほとんどないという状態は、小地域社会の成員のあいだに密度の高い依存関係を生みだしている。つまり、小地域社会は食糧源を共有しているのと言えるのである。各世帯はそれぞれが食糧をもち、料理もし、また、それぞれが独立に自分の世帯の成員の欲求を満たしているが、男たちは、それにずっと頻度は少ないが女や子供たちも、始終お互いに訪問し合って食事をするので、外部から眺めると、共同体全体が共有の食糧を食べているように見える。他人を歓待し、肉や魚を分け合うという習慣は、単に所有権の原理云々が意味する範囲をはるかに越えて、食糧の共有にまでいきついている。若者たちは、近所のどこの牛舎ででも自由に食べるし、それぞれの世帯は隣近所や親類縁者を招いてビール・パーティを催す。また、同じ人々が、手間や時間のかかる仕事を助け合う共同作業においても、食事やビールが出される。キャンプ地では、友人の風よけを訪問して乳を飲むことは礼儀にかなった行為だとされており、来客のために特別のサワー・ミルクが用意されている。雄牛を供犠したり、野獣を殺したりしたときの肉は、何らかの方法で広く分配される。また、魚が獲れたときにも欲しい人には分け与える。乳や穀物が不足したときにも互いに助け合うといった具合である。こうした互助や食糧の共同消費は、人々が寄り集まって生活している乾季のキャンプ地においていっそう顕著に見られるが、これはどちらかというと、本書で扱っているテーマよりも、家族・親族関係の領域に属することである。そのためここでは、以下の諸点を強調するに留めておきたい。(1)平等に分配する習慣は、誰もがときおり苦境におちいるような共同体において、容易に理解することができる。なぜなら人を気前よくするのは充足ではなく欠乏だからであり、こうすることによって、全員が飢えに備えることができるのである。今日援助の必要な人は、明日同じような状態になるかもしれない人から、助けてもらうのである。(2)もっとも共有度が高いのは、家族・親族などの小グループ内においてであるが、村やキャンプ地の成員間でも、相互扶助や供応は相当に行われており、これらの共同体は単一の経済を共有しているということができる。このような共同体は、本書ではヌアーランドにおける最小の政治分節として扱われており、その内部では、親族・姻族関係や年齢組等の絆でつながっているのは当然のこととされている。

10

これまで、彼らの生態との関連でヌアーの食糧問題を扱ってきたが、今度は、同様な観点から、彼らの物質文化について簡単に述べてみたい。ヌアーは生まれると同時に自然環境のみならず、人間の労働の所産である人工環境の中に入る。この内的な世界は、外的な世界からつくられるものであり、その形態も内容も自然資源によって厳密に制約を受ける。ここで技術的な工程について述べるつもりはないし、また、その能力ももたないが、それを省略したことをある程度埋め合わせるために、本書と続巻にヌアーの手工芸品を示す多数の写真や図を収録した。しかしながら、彼らの生産活動を制限している一般的な諸条件については幾分触れる必要があろう。

原始的な道具を作るうえで非常に重要な役割を果した二つの原料が、ヌアーランドには欠けている。つまり、鉄と石である。ヌアーはこれまでいつも鉄製品には乏しかった。ごく最近まで、彼らは鉄製の槍をほとんどもっておらず、たまに所有していると、それは世襲財産として大切にされた。彼らは、鉄の代りにレイヨウ類の角をまっすぐにしたものや、コクタンの木、キリンの背骨などを用いてきた。現在その用途はほとんどダンスのときだけに限られているが、まだ使われている（図13）。農耕には木製の鍬を使用したが、これは現在でもまだその目的でときどき用いられている。鉄製の鈴（図4）は今でも稀少価値があり、過去には鉄製の輪や腕輪は財産目録の重要な一項目であった。そのかわり日常には、木製の鈴や、象牙や皮の輪や腕輪が用いられた。ヌアーは製鉄についての知識がなく、冶金の技術もほとんどもたない。鍛冶屋も確かにいるにはいるが、私は鍛冶場を見たことがなかったし、鍛冶の技術もまったく粗末なもので、少なくとも大部分の地域では、これは最近になって登場したものと思われる。アラブ人の商人から購入した槍を彼らは冷たいまま打っていた。

また、この土地には硬質の岩石もまったく見られない。実際、村の外で私は石というものを見たことがなかった。村内で散見する石はどこか近隣の土地から持ち込まれたものであり、彼

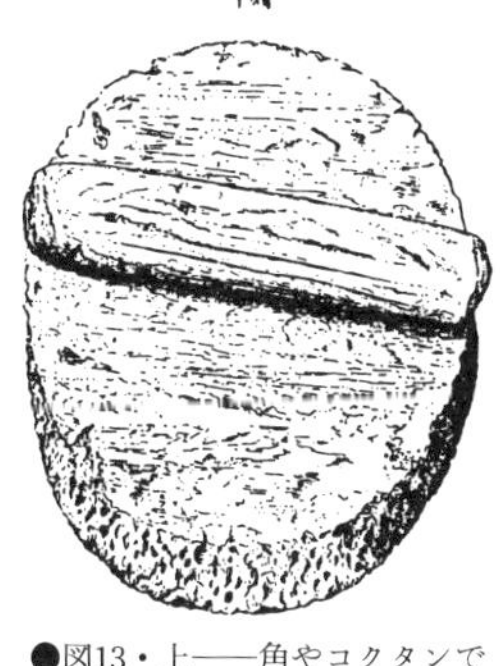

●図13・上——角やコクタンで作られた槍
●図14・下——素焼の粉ひき台と木製のすり棒

らはそれらをハンマーとして用いたり、金属の装飾品をのばしたり、皮をなめしたりするのに使っている。穀物を挽くのは最近導入された習慣らしい。すり棒はソーンウッドで作り、粉ひき台は、沼土を焼いたものに土器の破片を細かくくだいたものを混ぜて作る（図14）。また、粘土、泥、砂を原料にして、彼らは壺、穀物を入れるための容器、パイプ、玩具、炉石、ファイヤ・スクリーン等を作る。牛舎や小屋の壁を塗るのにも同じ材料を用いるし、またホームステッドの床面を清潔にし、なめらかにするためにも同じ材料が使われる。

鉄と石を拒否した大自然は、木材についても大変吝嗇である。大木はこの土地ではめずらしい。とげのある木や灌木が、小屋、槍の柄、銛の柄、棍棒（口絵および写真9）、杵、携帯用枕、バスケット、箕等を作る材料となる。この土地には彫るのに適した木材も存在しないとみえ、木製の器具もない。彼らが槍を作るときに用いるコクタンでさえもここには生えていない。沼地方の一部にアムバッチの木が生えているが、この木から薙ぎ棒にもタバコ入れにも、枕にも、椅子にも使えるような物を作る（写真25）。牛舎や家畜囲いで燃やされるのは乾燥した牛糞であり、薪を使用するのは料理用だけであるが、それでもときどき、草やモロコシの茎などを代用することがある。牧草やモロコシの茎、その他ある種の植物は、燃料として用いられる他にも、屋根の垂木、風よけ、屋根ふき、ひも、かご細工等多様な用途がある。ひょうたんは日用品を作るために栽培されている。

このように鉄と石を欠いているため、ヌアーは植物と土を原材料として利用する。そして、六五―六六ページの、牛の身体および排泄物の利用法のリストでもわかるように、動物からの

●写真25――男（ナッセル交易地）

産物は貴重な原材料となっている。野生の動物の体も牛に代って利用されてはいるが、しかしそれは大した比重は占めていない。たとえば、次のようなものが挙げられる。ティアンやコブの皮は寝具に、ウォーターバックの皮は太鼓の張皮に、キリンの皮はひもに、キリンの陰嚢は袋に（図5）、バッファローの角はスプーンに（図6）、その他様々の動物の骨や皮、それに象の牙は、腕輪、足輪、指輪等に加工される。また、それほど多くはないが、牛からの産品ではうまく作れないものを作りたいときにも、野生の動物を利用する。たとえば、カバとかバッファローの皮は楯やサンダルに、象の皮も同様の目的で使われる。前に述べたように角や肋骨は槍の穂先に加工される。ダチョウの卵や大きなカタツムリの殻は腰バンドに加工され、後者はまた、衣装に用いられる。ヒョウとかジェネット〔ジャコウ猫の一種〕の毛皮は儀式・儀礼用のモロコシの穂を切りとるのにも用いられる。

ヌアーの経済生活が自然環境によっていかに制約をうけているか、また、土地資源の乏しさを彼らがいかに克服しているかを読者に知ってもらうために、動物産品の利用の仕方を二、三述べてきた。先に述べた牛の利用法と合わせて考えてみると、ヌアーは鉄器時代どころか石器時代にさえ生きておらず、その呼び方はどうであれ、植物や動物だけが技術的な必需品をまかなう時代とでも言いうる時代に生きていると言えよう。

食糧その他の原料の不足は、交易によって補うことができる。しかしながら、ヌアーは交易をほとんど行わなかったようである。鉄製の武器や装飾品の多くは、ディンカを通じて、いわゆるジュル諸族（ボンゴ＝ミツ・グループ）からもたらされたり、あるいはナイル以西の製鉄を行っている一部のディンカ族から直接もたらされたものであろう。その大部分は略奪によって得たものであるが、なかには交易によって入手したものがあることも確かである。[*21]東ガージャク部族はエチオピアのガラ族と、象牙と交換に鉄を入手していたが、一九世紀末にアビシニアが西ガラ族を征服する以前に、このルートで大量の鉄が入ってきたかどうかは疑問である。今世紀初頭には、ヌアーランドからエチオピアのゴレやサヨの市場に象牙が輸出されており、これはごく最近まで続いていた。これらの市場と、象牙のおもな供給地であるゼラフ・アイランドとのあいだには非常な距離があり、東ガージャク地方に住む人々は、乾季になると（他の季節でもよいのだが）牛、タバコ、槍の穂先などをもってゼラフへ行き、象牙と交換して帰る。上等の象牙は牛二〇頭分と交換された。[*22]この交易は数年前に禁止されたが、あまり長い歴史をもっていたとは思われない。なぜなら、スーダン再征服やアビシニアの西部エチオピア征服以前にもこういった交易が行われていたということを示唆するような情報を、初期の学者たちは提供していないからである。ゼラフ川沿いでは一九世紀中頃から、ヌアー人とアラブ人とのあいだで象牙の交易があった。交換品として、ヌアー人は金属製の装飾品や色のついたガラス玉を受け取っていたようである。またタバコや、ときとしてカヌーを、バロ川やギラ川沿いのアニュアク人から交易を通じて入手していたかもしれないが、ヌアーはこれらの品を普通は略奪で得ていたと考えるほうが妥当である。ここでは、現在、おもな水路沿いの所々で、困難で一般には利益の少ない商売をしているアラブ商人たちの小規模な交易については触れないことにする。ヌアーはこれらの商人から槍、鍬、釣針、装身具、金敷き、粉ひき台を入手し、逆にアラブ商人は彼らから雄牛の皮や、ときとして雄牛そのものを購入する。しかし、ヌアーの経済は交易による影響はあまり受けなかった。彼らは労働を売らないからである。

以上のことから、ヌアーにとっては、交易はまったく重要性をもたない社会的過程であると結論することができる。この事実を説明するために多くの理由を挙げることができるだろうが、そのうちここでは二、三をとりあげてみよう。まず第一に、ヌアー人は牛を除いて、交易する物品をまったく所有しておらず、しかも彼らは牛を手放す気は毛頭ない。彼らが何にもまして望むのは牛をより多く所有することであり、交易において交換すべき何物ももたないという難しい問題は別にしても、彼らにとっては牛を入手するには、ディンカを襲撃するほうがよほど易しくて愉快な方法なのである。それに、交易を盛んに行えるほど彼らは近隣諸族と友好的な関係を保っていない。ディンカやアニュアクとのあいだに散発的な交易があったかもしれないが、これら両民族から手に入れた品物の大部分はおそらく戦利品であろう。また、ここには通貨も市場も存在せず、人力に頼る以外には輸送機関もない。もう一つ強調しておかなければならない点は、ヌアー人の関心が牛に集中してしまっていることである。こうした関心の過度集中が、他の諸民族の産品に対する無関心を生みだし、実際、それらに対する欲求をもたないばかりか、非常にしばしば軽蔑さえするのである。

ヌアーランドの内部においても、高度の分業や資源分布の地域的差異がないため、交換はほとんど行われていない。次節で述べるような細かい日用品やちょっとした労役の交換を除けば、私が見た唯一の交易は、飢饉の年にロウ部族が牛数頭（おもに雄牛）を東ガージョク部族の穀物と交換したことくらいであった。しかしながらイギリスが当地を占領する以前に、このような交換が行われていたとはとうてい考えられない。ただ、ヌアーの語るところによれば、同じディストリクト内では不作の年に個人間で家畜と穀物の交換が行われていたようである。技術水準の低さは、食糧供給の乏しさや交易の僅少と相俟って、彼らの社会関係や性格に何らかの影響を与えてきたことが考えられる。事実、社会的連帯の範囲は狭くなっており、同じ村やキャンプの成員間の結びつきが精神的な意味で強化されている。なぜなら、彼らは結果的に非常に相互依存的にならざるをえず、作業も共同で行うことが多くなるからである。こうしたことは、多数の家族の牛が同じ家畜囲いの中につながれ、一つの群れとして牧草地につれていかれ、日常の諸活動が同一のリズムで織りなされていく、乾季のキャンプ地においてもっとも顕著に現われる。

根拠が薄弱という批判を覚悟で敢えて言うと、非常に単純な物質文化は、また別の方法でも社会的紐帯を狭くしているということができる。技術とは、ある見方をすると、生態学的な過程である。つまり、人間の行為を自然の環境に適応させることである。もう一つ見方を変えると、物質文化は、社会関係の一部と考えることもできる。なぜなら、物は社会関係がそれに沿って動く鎖(チェーン)だからである。したがって物質文化が単純であればあるほど、それをとおして表現される諸関係は多様なものになる。注釈はこのくらいにして、二、三具体例を挙げてみよう。単一家族は小屋を拠点に、世帯は牛舎を、合同家族はハムレットを、村はリッジを拠点にして生活し、そして村と村は小道でつながっている。牛は親族集団の要であり、成員間の関係は牛を中心にして動き、牛をとおして表現される。あるいはまた、たった一つの小さな物が二人の人間を結びつける絆になっているかもしれない。父から息子へ、贈物としてあるいは遺産として譲られる槍は、両者の関係を示す象徴であると同時に両者のつながりを維持している絆の一つでもある。このように、人間は物質文化を生み出し、自らをそれに結びつけるのみならず、物質文化をとおして人間関係を構築し、かつ観るのである。ヌアーはごく僅かの種類の物しかもたず、その品数も少ない。そのため、少数の物が多様な関係を表現するメディアの役を担わねばならず、物の社会的価値は非常に増幅されており、その結果、しばしば儀礼的な機能を付与されることとなる。しかも、文化内容の貧しさのゆえに、社会的関係は多種類の物の鎖に沿って拡散することなく、少数の関心事へ焦点が限定されてしまう。こうしたことが、狭い地域内の、小さな親族集団における、結束力の強い小規模な関係形態を生みだしたと考えられ、ここに単純な社会構造の存在が予測されるのである。

ヌアー人の性格にみられる諸特性は、彼らの技術水準の低さや食糧供給の乏しさと関連していると言うことができる。ここで再び、彼らの生活が素朴で困難であることを強調しておきたい。ヌアー人と共に生活したことがある人ならば、彼らは物質的には恵まれていないが、精神的には非常に誇り高いことに同意するであろう。苦難と飢えに鍛えられ——その両方を彼らは軽く言うのであるが——もっとも厳しい試練をも甘受し、勇敢にそれに耐えるのである。彼らは自分たちのもてるごく少数の物で満足し、外界のすべてを軽蔑する。ヌアー人を知らない人々は、他人を愚弄するような彼らの誇り高さに驚かされる。親族の成員は相互依存の関係にあるので、親族の人々に対しては誠実で寛大である。ヌアーの人々の際だった個人主義も、ある程度までは、親族や近隣の人々の執拗な要求に対する自己防衛のための頑固さとさえも受けとれるのである。勇気、寛大、忍耐、誇り高さ、誠実、頑固、独立心等、ヌアーの諸特性として挙げたものは、彼ら自身も高く評価する徳目であり、彼らの単純な生活様式やそこから生ずる単純な社会関係に非常によく合っていることがわかるのである。

11

一般に経済と呼ばれているものについて、これ以上述べる必要はないであろう。詳しくは親族・家族を扱った別の巻で考察することにして、ここでは、読者に次の諸点に留意していただきたい。⑴ヌアーの経済関係はつねに一般的な性質の社会関係の一部を直接構成しているものであるから、それ自体を独立してとり出すことはできない。たとえば、労働の分業は、両性間、異なった年齢間、夫婦間、親子間、何らかの範囲の親族間等における一般的な関係の一部をなすものである。⑵専業化もいくらかあるにはあるが、ごく稀であり、職業と呼ばれるほどの仕事は存在しない。女性のうちの何人かは、他の女性よりも壺、粉ひき台、カゴなどを上手に作ることができる。鍛冶屋だけにしか作れないものもある。若者たちが忍耐を試すために身につける、腕にくいこむような腕輪の作り方やそのつけ方を知っているものはごく少数しかいない。これらの物が欲しい人は親族のよしみで頼むか、あるいは、それらを作る人に労働の対価として何がしかのモロコシを提供するとか、何らかの機会に贈物をするとかして、それを手に入れる。物が欲しい人と、それを作る人はつねに同じ地域共同体に属している人々だから、自分たちだけのあいだで問題を処理してしまい、そこに第三者が介在して物や労働の交換が行われることはない。そして、両者のあいだにはつねに何らかの一般的社会関係が存在するから、両者のあいだの経済関係——そう呼ぶことができるなら——は、この一般的な行動のパターンに合致したものでなければならない。(3)富の不均衡ということはほとんどなく、階層にもとづく特権というものも存在しない。彼らは、自分で使いきれないほどの物をもとうとはしない。もし使いきれないほどの物をもった場合には他人に与えてしまうであろう。牛は確かに増やすことができるが、予言者が飼っている二、三の聖なる牛の群れを除いては、実際に増殖を図ることはしない。前にも述べたように、周期的な牛疫の流行は、牛の群れの規模を平均化する役割を果しているが、それとは別に、牛の群れの規模がある一定以上の大きさになると、所有者(多数の人々が牛に対して何らかの権利を有しているので、所有者と言えるかどうか疑問であるが)は、自らが結婚するか、あるいは親族の誰かが結婚するのを援助するかして、牛の群れの一部を手放すよう道義的に義務づけられている。ときには牛を他人に貸すこともあり、そのような場合には、所有者は自分が貸した牛よりも良い牛——たとえば、雄牛を貸して、若い雌牛を返してもらう等——をもらう権利がある。しかし、人々が牛を貸すのはすでにそこに社会的関係ができている場合だけである。(4)狭い意味では、単一の家族が経済的な単位をなしていると言えるであろうが、家族が自給可能な単位でないことはすでに述べたとおりであり、より大きな集団への積極的参加がしばしば必要になってくる。小屋を建てるときとか、漁撈、狩猟等の場合はとくにそうである。また、遠い牧草地に成牛を放ち、同時に他の場所へ仔牛を連れていき、家畜囲いでは生まれたばかりの仔牛の世話をし、搾乳、攪拌、家畜囲いの清掃、燃料のための牛糞集め、食事の用意等を一家族だけでいちどに行うことは明らかに不可能である。そこで親族でもあり隣人でもある人々が協力し合うこととなる。作業の進行にあまり協力が必要でないとき——除草、収穫——でも彼らはお互いによく助け合う。なぜなら、手伝いを求めることは習慣となっており、相互援助の義務は一般的な親族関係の一部分をなしているからである。(5)それにもう一つ留意せねばならないことは、漁撈、狩猟、牧畜その他、既述したような作業は、ある意味では集団的な作業であり、実際に積極的協力がない場合でも、共同体全体が消極的参加をしていると考えられることである。ある男は牧草地に牛を連れていき、ある少年は川の浅瀬で魚をとり、ある女は料理をしているといった場合、こうしたことが可能なのも、各人が共同体に属しているからであり、彼らの行動が生産体系のなかで関連しあっているからである。伝統が目的と手段を指示し、共同体の組織と潜在的力が作業の遂行に必要な調整と安全を与える。外部から見ると、村全体が共有の食糧源を消費しているように見えることは前にも述べたが、同様の視点から見ると、村全体が協力して食糧生産に従事していると言うこともできるのである。

結論として、ヌアーにおける経済関係は、一般的社会関係の一部分であることを繰り返し述べておきたい。これらの関係は、おもに家族・親族の領域に入るので本書では詳述しない。しかしながら、ここで強調しておきたいことは、村の諸集落の成員は、相互に密接な経済関係を保っているということ、また、村の住民全員が共通の経済的利害関係にあって、村は固有の畑地、水場、漁場、牧草地を所有する一種の協同組織（コーポレイション）をなしているということである。村の人々は、乾季の狭いキャンプ地では一緒に牛を放ち、防衛、放牧その他の諸活動にも協力する。とくに小さな村の場合には、共同作業や食糧を共有する傾向が強い。今後、村について述べるときには以上の事柄を前提として考えていただきたい。そして、もう一つ強調しておきたいことは、気候条件および牧畜を基盤とする生活様式が、村という枠組を越えた諸関係を結ぶ必要性を生じさせ、より大きな政治諸集団に共通の経済目的を与えているということである。これについては後章でもっと詳しく述べるつもりである。

12

これまでに到達した結論のなかから、ヌアーの政治制度ととくに関連していると思われる諸点を以下に要約する。

(1)　生態学的諸関係は平衡状態にあるように見える。そのため、現在の状態が続くかぎり、牛牧・農耕・漁撈活動を続行することはできるが、改善することはできない。自然との闘いにおいて人間は現在の地歩を確保することはできても前進することはできない。

(2)　生態学的な平衡状態が続くかぎり、混合経済は不可欠である。牛疫の流行は乳製食糧だけに依存する生活を困難にし、気候条件は完全なる穀物依存の食生活を不可能にしている。また、一方で水位の変化は全面的に魚に依存する生活を妨げる。これら三要素がそろってはじめてヌアーは生きていけるのであり、それらの季節的な配分が、それぞれの季節における彼らの生活様式を決定している。

(3)　混合経済をとっていても、生態学的には牛牧により適合した条件にある。牛疫が入ってくる以前にはこの傾向はもっと強かったにちがいない。そしてこれは、ヌアーの価値尺度において牛が占める絶対的優位とよく合致している。

(4)　移牧が必要なため、完全なる定住生活も、完全なる遊牧生活も、ヌアーの経済とは相容れないものである。雨季の村の位置や規模、それに乾季の移動進路を決定するのは、生態学的条件である。生態学的リズムが、ヌアーの一年を二分する。つまり、村に住む雨季と、キャンプ地に住む乾季である。そして、さらにキャンプ地での生活は、小規模で一時しのぎのキャンプに住む初期と、毎年同じ場所に大勢が集結して大規模なキャンプ地ができる後期に分けられる。

(5)　食糧の不足、技術水準の低さ、それに交易活動の不在などは、小地域集団の成員を直接的な依存関係におく。そのため小地域集団は、単にある政治的価値をもつ居住単位としてのみにとどまらず、経済的な協同組織ともなっている。しかし他方では、これら同じ諸条件は、厳しい環境下で牛牧を行わねばならないということとも相俟って、それよりもはるかに広域に住む人々とのあいだに間接的な相互依存関係を生じさせ、その人々に政治的な次元の慣習を強制的に受け容れさせているのである。

(6)　過去においては移住が、現在では移牧が、それに加えて、牛の減損をディンカを襲撃することで埋め合わせたいという彼らの欲求が、村を越えたより大きな単位の政治的重要性を高めることになる。なぜなら、経済的理由からも軍事的理由からも、村が孤立して自給自足を維持していくことは容易なことではなく、こうしたことから、政治体系を論じるときには、村よりも大きな単位である地域分節間の一連の構造的諸関係として論じることが可能になるのである。

第三章　時間と空間

1

本章は、前二章で述べたヌアー人の牛への関心および彼らの生態学的諸条件を思い起こしつつ、次章の政治構造を展望することにあてたい。生態学的諸条件は社会関係に制限を加え、またその他のあり方で影響を与えるが、生態学的諸関係そのものに付与されている価値を知ることも社会体系を知るうえでは等しく重要なことである。なぜなら、社会体系は生態系内の一体系であり、一方ではそれに依存しながら、また他方では独自に存在しているからである。究極的には、時間や空間の概念のほとんど、あるいはすべてかもしれないが、は物理的環境によって決定されるのであろうが、それらが具体的に表わす価値は、物理的環境に対する無数の可能な反応のうちの一つにすぎず、それは物理的環境とは別の存在の次元にある構造的な原理にも依拠するのである。本書は、ヌアー人の宇宙観ではなく、政治制度その他の諸制度を述べることに目的があるので、生態学的諸関係がこれらの制度に与える影響を重視し、社会構造が生態学的諸関係の概念化に及ぼす影響についてはほとんどとりあげていない。一例を挙げると、自らのリニィジ構造に模して、ヌアー人が鳥を様々なリニィジに分類するその方法についてはここでは述べない。したがって本章はこの本の二つの部分をつなぐ橋渡しの役割を果しているのであるが、われわれは一方向にしかその橋を渡らない。

ヌアー人の時間の概念を論じる際、われわれは二種類の時間を区別することができるであろう。つまり、われわれが生態学的時間と名づけたところの、環境との関係を反映した時間と、社会構造上における相互の関係を反映した、われわれが構造的な時間と呼ぶ時間である。双方ともに共同体にとって注目するに十分値する一連の出来事を指し、それらは概念的に相互に関連している。長期にわたる時間は、ほとんど必ずと言ってよいほど構造的な時間である。なぜなら、長期の時間にかかわる出来事は、社会集団の関係性の変化を表わしているからである。しかも、自然の変化や、それに対する人間の側の反応に基づいた時間の認識は、一年を周期とする時間に限られ、そのため、季節よりも長い期間を区別するために用いることはできない。そしてまた、両者には、ともに限定され、固定された表示法がある。季節的な変化や、太陰暦に基づく変化は毎年繰り返す。したがって、いかなる時点にいようとも、人は自己の前方にあるものについて概念的に知っていて、予言することができ、それにそって自分の生活を組み立てていくことができる。人の構造的な未来も、同様にすでに決まっていて、それぞれの時期に配列されている。だから、長生きしたらの話だが、一人の少年が社会体系を通じて定められたコースをたどるうちに経ていく地位上の変化をすべて予見することが可能である。社会体系を通過していく個人にとっては、構造的な時間は完全に進行しているように見えるが、これから述べるようにこれはある意味においては幻覚である。生態学的時間は、視覚的にも内容的にも循環する。

生態学的な時間の周期は一年である。その顕著なリズムは、村とキャンプ地とのあいだの往復運動に見られ、それは雨季と乾季という気候的な二分に対するヌアーの対処の仕方でもある。一年（ルオン）は大きく二つの季節、トットとマイに分けられる。トットは三月中頃から九月中頃に至る季節で、ほぼ降雨量曲線の上昇期間に該当するが、雨季の全期間を含むわけではない。九月末頃から一〇月の初頭にかけてはまだ激しく雨が降ることもあり、地面は水浸しになっているかもしれないが、それでもこの時期はマイの季節に含まれるのである。なぜなら、マイの季節は、雨が上がったときではなく、小降りになり始めたときを起点にしているからであり、九月中頃から三月中頃までの、降雨量曲線の谷間のほぼ全期間を含んでいる。したがって、これらの二つの季節は、われわれの区分した雨季と乾季におおよそ該当するにすぎず、こうしたヌアー人の分類法は時の経過に対する彼らの見方を端的に表現していると言える。つまり、季節の移行期におけるる関心の方向を、実際の気候的状況と同じ意味をもつものと考えるのである。九月の中頃にもなると、人々は漁撈と家畜キャンプの生活へ方向転換を開始し、村での生活や農耕はいわばもう終ったものという感じを抱くようになる。この頃になると、彼らはあたかももうキャンプ生活に入っているかのように話し始め、キャンプへ移動することを待ち望むのである。こうしたそわそわした雰囲気は、空が曇って乾季の終りが近づき、村の生活に向ってキャンプをたたもうとするときにもっとよく現われる。このように、移行期はトットにもマイにも入れることができる。というのは、それは一方の活動に含まれるのであるが、他方の前兆でもあるからだ。なぜなら、季節の概念は、社会的な諸活動を決定する気候的な変化よりも、社会的諸活動そのものにその基盤をもっているからである。ヌアー人にとって、一年とは、村に滞在する期間（チエン）と、キャンプに滞在する期間（ウェチ）を合わせた期間である。

雨季と乾季に伴う自然の変化のうちのおもなものについてはすでに述べたことであり、そのうちのいくつかについては、一〇二ページと一〇五ページに表で示した。また、前章では、こうした自然の変化に伴って生じる生態学的な動きについても、それが少しでも人間の生活に影響を与えていると思われる部分については述べてきた。また、彼らの時間の概念の主要な基盤となっている社会活動の季節的な変動についても述べたし、とくに経済的な側面についてはある程度詳しく論じたつもりである。自然的、生態学的、そして社会的な三つの次元におけるリズムの概略を図式化したのが次ページの図である。

太陽とか月以外の天体の動き、風向や風速、それにある種の渡り鳥も観察の対象にはなっているが、彼らはそれらとの関係で自分たちの活動を調節したり、あるいはそれらを季節認識のための照合点として利用するようなことはしない。季節をもっとも明確に規定するのは、人々の動きを支配する諸条件、つまり、水、植生、魚の移動等である。なぜなら、一年の生態学的なリズムを社会的なリズムへと移し変えるのは、主として牛の欲求と食糧供給の変動であり、また、時間認識の概念的な両極を提供しているのは、雨季の最中の生活様式と乾季の最中の生活様式との対比だからである。

トットとマイという二つの主要季節の他に、両者に含まれる二つの副次的な季節、つまり、主要季節のあいだにはさまれる移行期の季節が設定されている。しかしこれら四つの季節ははっき

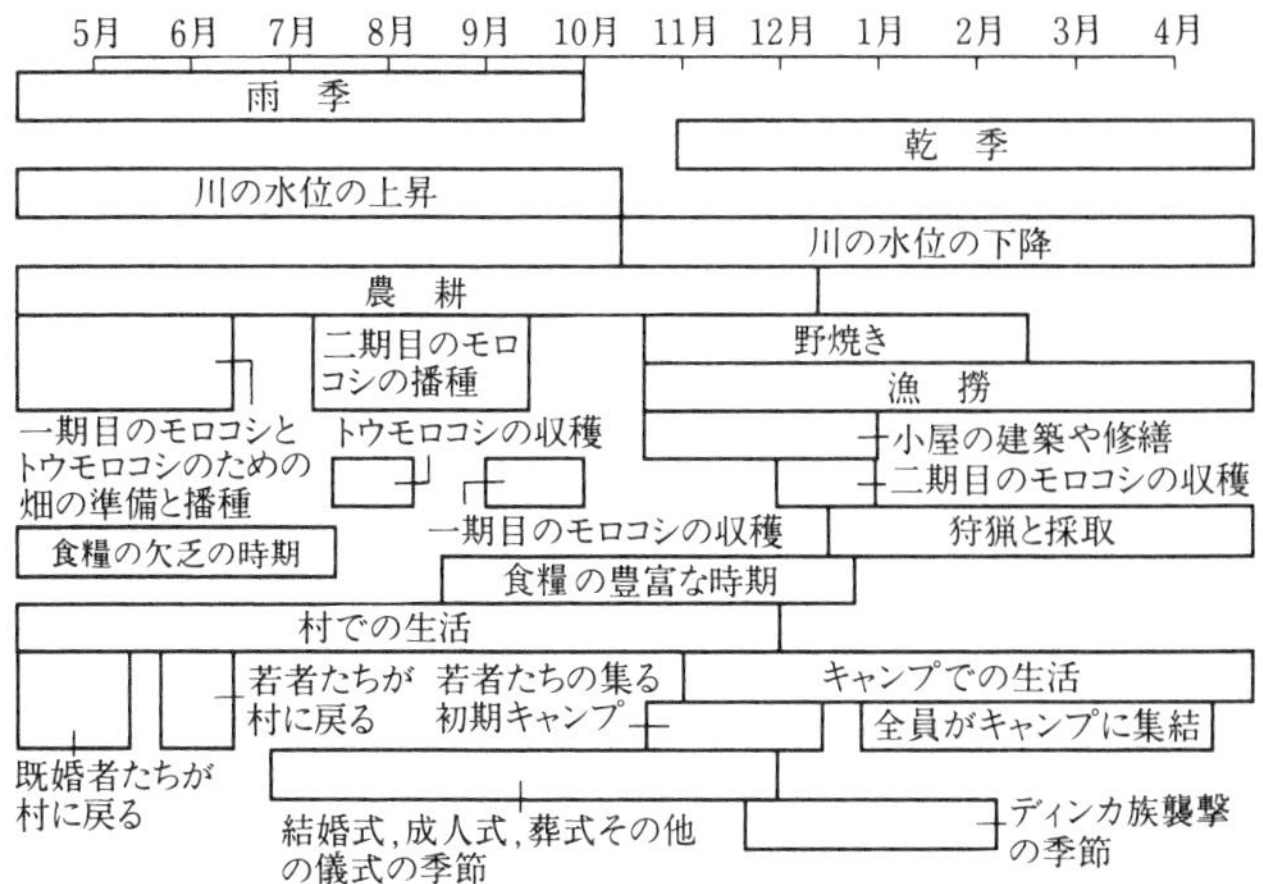

りと区別されるものではなく、重複する。ちょうどわれわれが夏と冬を一年の半々と考え、その間に春と秋をさしはさむように、ヌアーもトットとマイをそれぞれ半年と考え、その移行期にルウィルとジオムを位置づけるのである。ルウィルはキャンプから村への移動期であり、そして整地したり播種する時期でもある。三月の中頃から、雨季がピークに達する六月中頃までの期間がこれに含まれる。この時期は、大きくはトットの季節に含まれるのであるが、六月中頃から九月中頃にいたる、安定した村生活と農耕を基調とする本格的なトットとは区別されている。「風」を意味するジオムの季節は、絶え間なく北風が吹き始め、収穫、堰を設けての漁獲、野焼き、初期キャンプへの移動などの諸活動が続く九月中頃から一二月中頃までが含まれる。この時期はマイの一部分ではあるが、一二月中頃から三月中頃までのメイン・キャンプでの生活を基調とする本格的なマイの季節と

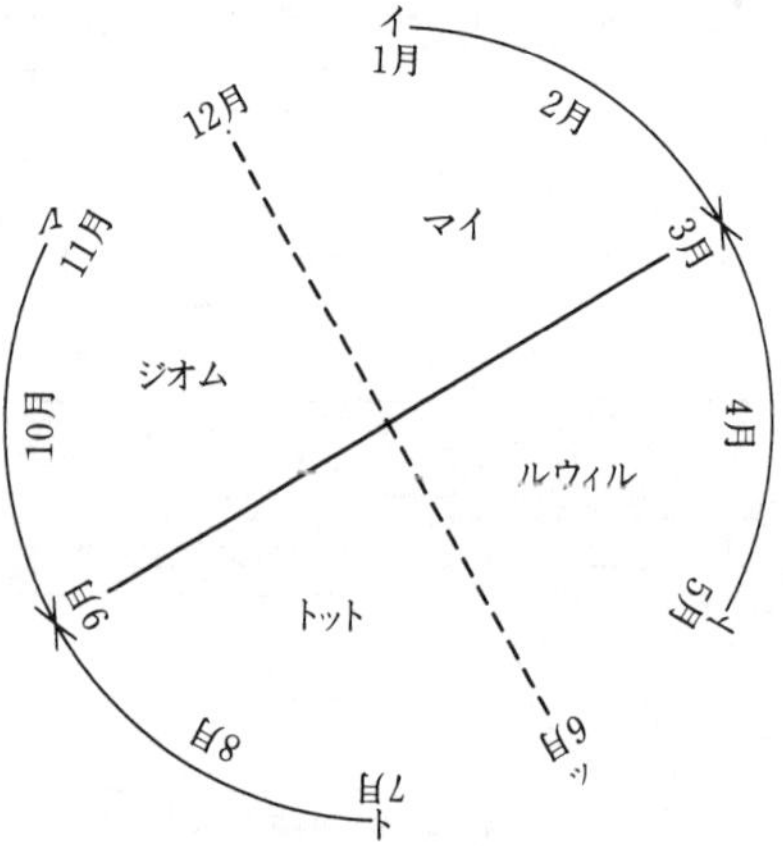

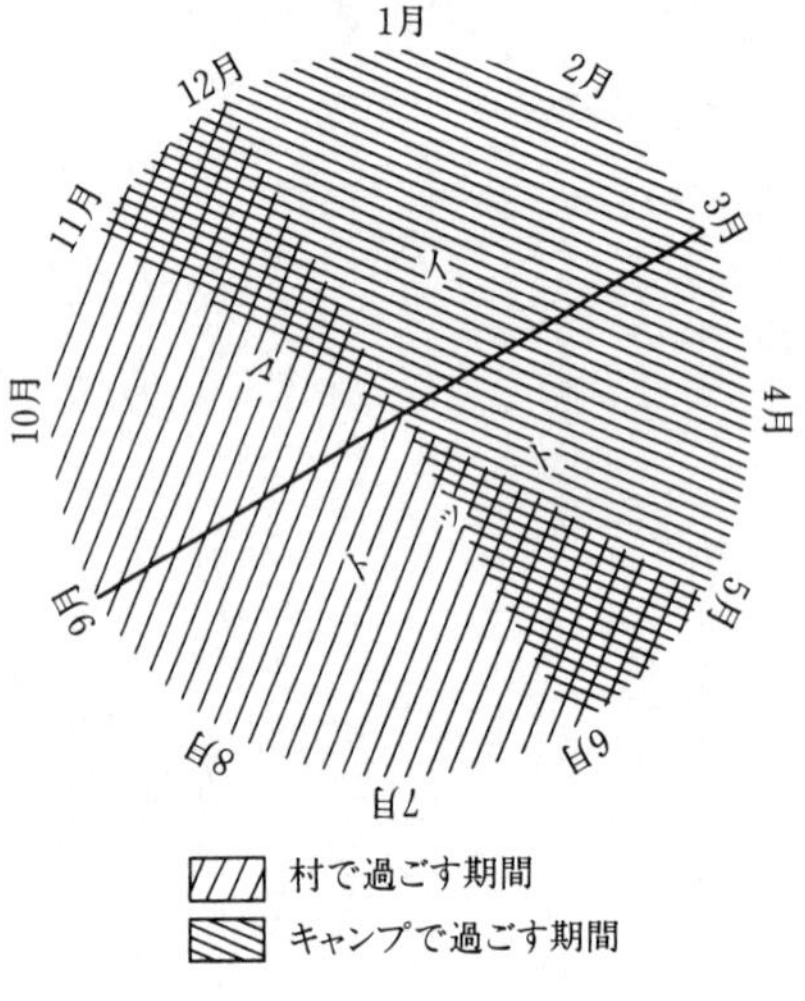

は対比して考えられる。したがって、大雑把に言えば、六ヵ月で構成される二つの主要季節が一方にあり、他方三ヵ月ずつの小季節が四つあることになるのだが、これらの区分はあまり厳密に考える必要はない。なぜなら、それらは正確な時間の単位というよりもむしろ、ある状態から次の状態へと、知らない間に移行していく生態学的諸関係や社会的諸活動における変化を漠然と概念化したものにすぎないからである。

右上の図において、三月中旬と九月中旬を結ぶ線が一年の軸となっており、相対する二組の生

テール	9月-10月	ドゥオン	3月-4月
ラス(ボール)	10月-11月	グワーク	4月-5月
クル	11月-12月	ドワット	5月-6月
ティオプ(イン)ディット	12月-1月	コルニュオト	6月-7月
ティオプ(イン)トット	1月-2月	パイヤトニ(パイエネ)	7月-8月
ペット	2月-3月	ソール	8月-9月

態学的関係や社会的諸活動を区切る線に該当する。ただし、村における生活とキャンプにおける生活との関連で季節が示されている前ページ下の図からもわかるように、区分線と、生態学的諸関係や社会的諸活動が完全に対応しているわけではない。トットの季節に入っても、まだしばらくのあいだ（ルウィルの大部分の期間）彼ら、とくに若者はキャンプ地に留っているし、マイの季節になっても、まだしばらくのあいだ（ジオムの大部分の期間）既婚者たちは村に残っているからである。しかし、本格的なトットには全員が村に住み、本格的なマイには全員がキャンプ地で過ごす。トットとかマイという語は、純粋な時間認識の単位ではなく、雨季や乾季を特徴づける諸活動を象徴する語であるため、たとえば、ある場所で「トット」または「マイ」をするつもりである、という表現を聞くことがある。

一年は一二ヵ月で構成されている。二つの主要季節にはそれぞれ六ヵ月ずつが配分されており、ほとんどの大人は月の名前を順序よく述べることができる。前ページに挙げた月の名前のリストでは、ヌアー語の月の名前と英語の月の名前をちょうどうまく対応させることはできなかった。なぜなら、われわれの用いているローマ暦は陰暦ではないからである。しかしながら、表でもわかるように、ヌアーの一ヵ月はだいたい対応する英語の二ヵ月にまたがっており、全般的に言ってどちらかというと後月よりも先月の方に一致する傾向がある。

これまで彼らが一貫して月の満ち欠けを数えてきたとすれば、彼らの陰暦ではたちまち不便になったと思われるのだが、*23 各月にはそれと結びついた特定の諸活動があって、その結びつきが月の名前で表わされている。暦は諸活動の周期と概念上の周期とのあいだの一関係であり、概念上の周期は活動の周期からその意味や機能を得、それに基づいたものであるから、二者を切り離すことはできない。彼らの暦は生態学的な変化の周期にその基盤をおいているため、一二ヵ月体系が不便になるということはない。クル月には彼らはその年最初の堰を設けて魚を獲り、最初の家畜キャンプを設営する。逆に言えば、これらの作業をしているから、今月はクル月あたりであろうと考えるのである。同様にドワット月にはキャンプをたたみ、村に帰るということになっているから、移動の始まった現在はドワット月かそれに近い月であろうということになる。そのため暦は比較的一定しており、ヌアーランドのどの地域に行っても今月がどの月にあたるかだいたい一致している。

私の経験では、ヌアー人は出来事の時間を表わすとき、月の名前を用いることはあまりしないで、そのかわり、出来事が生じたときに進行していたなんらかの特徴的な活動を引き合いに出すのが普通である。たとえば、キャンプ開始の頃とか、除草の頃とか、収穫時といった表現をする。ヌアーにとって、時間とは諸活動間の関係を示すものであるから、彼らがこうした表現をすることとは容易に理解できることである。雨季のあいだは、モロコシの生育段階や栽培手順が照合点として用いられることもよくある。月ごとあるいは季節ごとの変化をあまり伴わない牧畜作業は照合点としてはあまり適切ではない。

一ヵ月、一日または一夜を区分する時間の単位は存在しない。一日あるいは二日以上前に起こった出来事を述べたいときには、同時に起こった他の出来事を引き合いに出すか、または、「寝た夜」の数を数えるとか、ときには「日の出」を数えるかして示す。今日、明日、昨日などに相当する単語はあるが、あまり正確ではない。数日後に予定されている行事、たとえばダンスとか結婚式の日取りを明示したいときには、月の形状に言及する。つまり、新月、満ちていく月、満月、欠けていく月といった月の相や上弦から満月にいたる月の明るさを照合点にする。もっと正確を期したいときには、新月や満月から何番目の夜に行事が行われる予定であるという表現をする。上弦・下弦は、それぞれ一五夜を数え、一ヵ月は三〇日である。彼らの言うところによれば、アニュアク人と牛だけが見えない時期の月を見ることができるのだそうである。連続した夜の月の形状を表わすのに用いられる用語としては、満月になる直前と満月そのものの形状を指す用語があるだけである。

太陽の進行も多数の照合点を提供する。出来事の時間を示す普通のやり方は、太陽がその時間に通過するであろう天空の位置を指し示すことである。正確さに差異はあるが、天空における太陽の位置を表わす表現は他にもいくつかある。ただ、私の経験では、そのうち普通に用いられているのは、とくに際立った動きを指すものだけである。たとえば、曙光とか日の出、正午、日没等である。午前四時と六時とのあいだの時間帯には、一日の残りの時間帯に見られるのと同じぐらいの数の照合点があることは注目されることである。これは主として大地と太陽の織りなす変化が、この二時間に、際立った対照をなすためであろうと思われるが、それと同時にこの時間帯の照合点は、旅立ち、目覚め、あるいは家畜囲いに牛をつないだり、カモシカ猟といった諸活動を表わすのに用いられるので、一日の他の時間帯の照合点、とくに一時から三時にかけての活動の少ない時間帯の照合点よりも、よく使われることが一因になっている。夜の時間を表わすためにもいくつかの用語がある。これらは非常に限られてはいるが、星の進路によって決められる。この場合にも、昼から夜への移行時に残りの夜の時間帯よりも豊富な表現が見られることは、明け方の場合と同じ理由からであろう。この他に昼間と夜間を区別する語、午前と午後、一日のうちの過ぎ去った時間と残された時間とを区別する語などがある。

しかしながら、一日を区切るために用いられるもっとも一般的ないくつかの用語を除いて、これらは、日常の諸活動を表わす用語と比較した場合、その使われ方が非常に少ない。一日を刻む時計は、牛時計であり、牧畜作業の一巡である。そして、ヌアー人にとっては、一日のうちの時刻と時間の経過を示すものは、おもにこれらの作業の連続であり、諸作業間の関係なのである。そのうちわかりやすいのは、牛舎から家畜囲いへ牛をつれ出す時間、搾乳の時間、成牛を牧草地へつれていく時間、山羊や羊の搾乳の時間、山羊、羊、仔牛を牧草地へつれていく時間、牛舎や家畜囲いの掃除の時間、山羊、羊、仔牛をキャンプにつれ戻す時間、成牛の戻る時間、夕方の搾乳、牛舎に家畜を入れる時間、等である。ヌアーが出来事を対置させるとき、彼らが一般に用いるのは天空における具体的な太陽の位置ではなく、こうした諸活動の区切りとなる時点である。だから、ヌアー人は、「乳しぼりの時間に帰ってくるだろう」とか、「仔牛たちが戻ってくる頃、出発するつもりだ」という表現をする。

生態学的な時間の認識は、もちろん究極的には天体の運行によって完全に決定されるものであるが、時間の単位や表わし方が天体の運行に直接依存しているのは、たとえば一ヵ月、昼、夜、あるいは昼と夜のある部分といった限られたわずかなもので、しかもそれらが照合点として注目され、採択されているのは、社会活動にとってそれらが意味をもっているからである。生態学的な時間体系の基礎をなし、その単位や表わし方のほとんどすべてを提供しているのは、諸活動そのもの、それもおもに経済的な諸活動である。そして人々は、時間の経過を諸活動間の相互の関係によって読みとる。人間の諸活動は天体の動きによって決まり、また一方、天体の動きが意味をもつのは諸活動との関連においてのみであるから、出来事の時間を示すとき、そのいずれを用いてもよい。たとえば、「ジオムの季節」という表現もできるし、「初期キャンプの頃」という表現も可能なわけである。「ドワット月」というのと、「(キャンプから)村に戻る頃」というのは同義であり、「日の出頃」と「搾乳時」はだいたい同じ意味である。彼らは天体の動きのなかから、自分たちの活動にとって意味をもつ自然の区切り点を選びとっているのである。こうしたことから考えると、言語的な用法においては、夜、というか、むしろ眠った夜の数のほうが、昼や昇った太陽の数よりも明確な時間の単位をなす。なぜなら、夜は社会活動の単位としてはまとまった単位だからである。月(マンス)というか「天体月(ムーン)」は、自然の時間単位としてははっきりしているが、それらが社会的な活動の明確な単位とはならないため、照合点として用いられることは少ない。これに対して、一日とか一年、それに主要季節は完全に作業単位である。

こうしたヌアーの時間の特質からある結論が導き出されるであろう。それは、時間というものは年間を通じて均質な価値をもつものではないということである。乾季のキャンプ地では、毎日の牧畜作業は雨季と同じ順序で行われるにもかかわらず、作業時間は異なっており、そしてとくに水や牧草に関する季節的条件が厳しいために、毎日の作業順序が規則的であり、人々の協調や協力も雨季の頃よりもっと必要になってくる。他方、乾季の生活は、戸外における日常のきまりきった仕事の他には、一般に行事も少なく、祝祭やダンスや儀式が頻繁に催される雨季に比べると、生態学的諸関係も社会的諸関係も、毎月単調である。時間を、諸活動間の関係としてとらえるならば、雨季と乾季ではその意味するところがちがってくるのは当然である。乾季には、一日を単位とする時間認識は一定していて、正確であるが、他方、月を単位とする時間はあまり注目されない。これは、月名をあまり用いないことや、その順序を述べるときの自信のなさ、また、これは東アフリカの諸民族に共通してみられる特徴であるが、乾季の二月(ふたつき)が類似した名前をもっており(ティオプ・イン・ディットとティオプ・イン・トット)、その順序をしばしば混同する、といったことに表われている。それゆえ、時間の速さは様々に変化するのである。なぜなら、時間の知覚は、時間の認識体系によって決まってくるからである。しかし、ここではこの問題について断定的に述べることはできない。

これまで、ヌアー族の時間とか時間の単位について述べてきたが、彼らは、われわれの言語でいう「時間（タイム）」に相当する表現法をもっていない。そのため、彼らは時間について、われわれがするように、それがあたかも実在するもののごとく、経過したり、浪費したり、節約したりできるものとしては話さない。彼らは、時間と闘ったり、抽象的な時間の経過にあわせて自分の行動を調整せねばならない、というような、われわれが味わうのと同じ感情を味わうことは絶対にないであろう。なぜなら、彼らの照合点は主として活動そのものであり、活動は一般的性格としてかなり幅をもつものだからである。物事は順序正しく行われているが、正確に行動を合わせねばならないような自律的な照合点は存在しないから、彼らは抽象的な体系によって支配されるということはない。この点、ヌアー人は幸せである。

また、彼らは、明確に規定、もしくは体系化された時間の単位をもたないから、出来事と出来事とのあいだの相対的な時間の長さを計る手段は極めて限られたものしかもたない。一時間という単位も、他の小単位もないのだから、太陽のある位置と他の位置とのあいだの時間を計ることもできないし、同様に、日常の諸活動に要する時間を計ることもできない。一年を一二の太陰月に分けていることは確かだが、彼らは一年という単位の一部分として月を計算してはいない。ある出来事が、どの月に起こったかということは言えても、出来事と出来事とのあいだの関係を抽象的な数字で表わすことは彼らには大変苦手なことである。純粋に時間の単位で考えるよりも、諸々の活動やそれらの連続、それに社会構造や構造的な違いによって考えるほうが彼らにはずっと容易なことである。

次のように結論することができる。つまり、ヌアー人の時間の認識体系は、年周期の範囲内、あるいはその一部についてみた場合、一連の自然の変化を概念化したものであり、そのどれを照合点として採択するかは、こうした自然の変化が人間の諸活動にとってどのくらい重要性をもつかによって決まってくる。

2

ある意味では、時間はすべて構造的である。なぜなら、ここにおける時間とは、並行して行われ調整され、あるいは協同的に行われる諸活動、つまり諸集団の動きを概念化したものだからである。さもなければ、こうした種類の時間の概念は存在しえないであろう。なぜなら、時間の概念は、集団内の全成員に対して同じ意味をもたねばならないからである。乳搾りの時間や食事の時間は、日常互いに接触している人々にとってはだいたい共通している。また、特定のグループにとっては特別の含意があるかもしれないが、村からキャンプへの移動はヌアーランド全体においてだいたい共通した意味をもっている。ところが、ある時点を越えると、時間の概念は生態学的な要因ではなく、構造的な相互関係によって決められる割合が多くなってくる。そうした時間の概念は、もはや自然に依存する人間の反映ではなく、社会集団間の相互作用の投影したものである。

生態学的な時間の単位としては、一年が最長の単位である。ヌアー語には、一昨年、昨年、今年、来年、再来年を表現する言葉がある。それに過去二、三年内に生じた出来事が時間の認識のための照合点となるが、こうした照合点はそれを用いる人々の集団、たとえば、合同家族、村、部族セクション、部族等によって様々に変ってくる。あることが起こった年を述べるもっとも一般的な方法は、村の人々がその年に乾季のキャンプを設けた場所を述べるか、あるいは、牛にふりかかった厄災に言及するやりかたである。合同家族の場合だと、自分たちの群れに生まれた仔牛で時を計ることもあるだろう。結婚式やその他の儀式、争い、襲撃等が同様に照合点になりうるのであるが、数字的日付けを欠いているので、実際にある出来事が何年前に起こったのか、長ったらしい計算をしないで答えられるものはいない。しかも、ヌアー人にとっては、時間とは、集団にとってきわめて重要な事柄の羅列であるから、それぞれのグループは独自の照合点をもっており、したがって、時間は構造的空間によって異なり、地域的に考えられるものとなる。これは、それぞれの部族や、ときには隣合った部族が、ちがった名前である年を呼んでいるのをみても明らかである。というのは、洪水、疫病あるいは飢饉、戦争といったように、各部族の経験の違いによって呼びかたも変ってくるのである。しかし時を経るにつれて、年の名前も忘れられてゆき、こうした初歩的な歴史的時間の認識法の域を越えた事柄はすべて大昔の薄明のなかへ消えていく。歴史的時間というものを、このように一つの部族にとってきわめて重要な事柄の連続関係という観点でとらえた場合、部族の歴史的時間は小集団の歴史的時間よりもずっと過去に遡るが、しかし、その場合でもせいぜい五〇年が限度で、現在から遠ざかるにつれて照合点も少なくなり、おぼろげなものになってくる。

しかしながら、彼らには、ある出来事がいつ起こったか大雑把ながら述べるもう一つのやりかたがある。それは、年数で表わすのではなく、年齢組体系に言及する方法である。出来事と出来事とのあいだの距離は、われわれの理解しているような時間の概念によって計られるのではなく、集団と集団とのあいだの関係を示す構造的距離によって計られる。したがって、それは全面的に社会構造にかかわってくるのである。彼らは、ある出来事がスットという名の年齢組ができたあとで起こったとか、ボイロッチという名の年齢組の成人式が行われている最中に起こったとか述べるのであるが、実際にそれが何年前のことであるのか言うことはできない。ここでは時間は年齢組によって認識されている。もしも、ダングンガという名前の年齢組に属する男が、ある出来事は、スット年齢組の成人式の期間中に起こったと述べたとすると、それは、彼の年齢組よりも三代前の年齢組、現在の最年少の年齢組よりも六代前の年齢組を指している。年齢組については、第六章で詳しく述べる予定である。年齢組を用いて算出された時間を正確に年数に換算することは不可能であるが、ここでは、大まかにいって、次の年齢組がスタートするまでに約一〇年の間隔があることだけを明記しておこう。現存する年齢組は六つあり、年齢組の名前は循環することがなく、消滅した年齢組の名前は最後の一組を除けばまもなく全部忘れ去られるであろうから、年齢組による時間の認識は、七単位、つまり約一〇〇年たらずの期間をカバーしているにすぎない。

構造的な時間の認識体系には三種類ある。一つは、地域集団全体に共通し、それに独自の歴史を与えている重要事項を照合点として採択することである。第二は、年齢組体系における特定の年齢組間の距離に言及することである。そして第三は、親族やリニィジの次元における距離に言及することである。親族体系における四つの世代段階（カス）、つまり祖父、父、息子、孫は、言葉の上から区別されている諸関係であり、小さな親族集団の場合には、これらの諸関係が集団の成員に時間の深度を与え、自分たちの関係を定め、説明する系譜の遡及線上における照合点となるのである。いかなる親族関係の場合にも、その系譜の遡及線上に必ず一つの照合点、つまり共通の祖先があり、そのため、親族関係はつねにその構造的な用語のなかに時間的意味が含まれている。

このような狭義の親族関係を越えた領域では、リニィジ体系をとおして時間が表現される。この

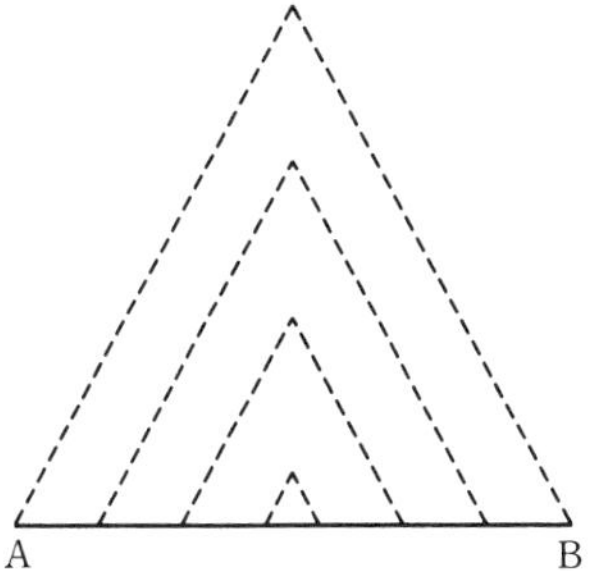

問題については第五章で詳述するので、ここでは前ページの図を解説するにとどめておく。三角形の底辺は、父系親族集団を表わしている。点線は、死亡した父系祖先を表わし、それは、底辺とリニィジ構造上におけるある点、つまり集団の全成員にとって共通の祖先を結んでいる。集団の枠を広げれば広げるほど（底辺は長くなり）、リニィジ構造上における共通の祖先は後退する（底辺から三角形の頂点までの距離が遠くなる）。四つの三角形は、したがって、実在の次元においては四つの父系親族関係の広がりの時間的深度を表わし、これらはそれぞれ、最小、小、大、最大リニィジに相当する。それゆえ、リニィジ時間とは、AB線上における人々のグループ間の構造的な距離であると言うことができる。だから、構造的な距離がわからなければ、構造的な時間を理解することもできない。なぜなら、構造的な時間は構造的距離が投影したものだからである。そのため、この時点で内容に不明瞭なところがあっても、構造的距離についてもっと明確に述べる機会があるまで批判をお待ち下さるよう読者に願いたい。

これまでのところ、ヌアー人の時間の認識の体系に議論を限定してきたため、個々人が時間をいかにとらえているかまでは議論が及ばなかった。この問題は非常にやっかいである。ある個人は、他人の身体的な外見や地位の変化、あるいは自分自身の生活史上の変化に言及することによって、時の経過を認識することがあるかもしれないが、そうした時間の認識法は広範囲の集団には通用しない。しかしながら、この問題についての私の観察は非常に限られており、十分な分析を行うことができなかったことを認めざるをえない。ここではこれまでに述べてきた生業形態やこれから述べようとする政治制度に直接関連した時間の側面だけをとりあげたにすぎない。

構造的時間の推移は、すでに述べたように、ある意味では幻覚にすぎない。なぜなら、構造は比較的一定しており、そこにおける時間の知覚は、構造上を通過する人々、しばしば集団としての人々の動きに他ならないからである。このように、年齢組は永久に次々と続いていくのであるが、現実に存在する年齢組はつねに六組を越えることはなく、これら六組相互の位置はいかなるときにもこの構造上に固定されており、そこを現実の年齢組に所属する人々が絶え間なく通過していくのである。同様に、リニィジ体系も、後述するような理由によって、固定された体系であると言える。リニィジ体系上では、現存する人間とクランの創始者とのあいだにはつねに一定数の段階が存在しており、各リニィジはつねに相互に一定の位置を占めている。どんなに次々と世代を重ねても、構造的な変化がないかぎり、リニィジの深さと幅はかわらない。この問題については、三三五―三三七ページでさらに詳しく論ずる予定である。

歴史的時間の領域を越えると、伝承の領域に入り、そこでは、歴史的事実のうちのある要素が、神話複合のなかに組み込まれていると考えられる。ここでも照合点はこれまでと同じように構造的なものである。伝承領域の一方の端は歴史に、他方の端は神話につらなっている。ここでの時間の遠近は、われわれが編みだした日付という実際の距離からくるような確実な印象ではなく、リニィジ間の諸関係を反映したものである。そのため、伝承にもられた出来事の時間を認識しようと思えば、それに関連する諸リニィジが系譜の遡及線上において収束する位置に、それらを置いて考えねばならない。だから、それらは構造上ではある位置を占めているが、われわれが理解しているような歴史的時間の流れのなかでは正確な位置づけができないのである。伝承の域を越えると、つねに同一の時間的遠近で考えられる純粋な神話の世界に入る。神話上の出来事には順序がない。なぜなら、神話は、特定の諸分節間の相互関係を説明するというよりは、社会全般に共通して重要性をもつ慣習を説明するといった性格が強く、したがって、構造的に序列化していないからである。自然とか文化の特性に関する彼らの説明はすべてこうした知的雰囲気から引き出されており、それはヌアーの世界に限界をもうけ、また自己完結的なものとし、各部分間のつながり方を完全にヌアー人の理解の範囲内におく。世界、人々、諸文化はすべて同じ悠久の過去から共存してきたものであった。

ヌアーの時間の幅が狭いことは注目される。実質的な歴史は一〇〇年を遡るにすぎず、伝承の導いてくれる範囲も多目に見積ってもリニィジ構造をせいぜい一〇世代から一二世代前まで遡るにすぎない。リニィジ構造はけっして伸長しないというわれわれの考えが正しいとすれば、世界のはじまりから現在までの距離はつねに一定していることになる。このように、時間は連続体ではなく、父系出自の系譜上における最初の人物と最後の人物を結ぶ二点間の不変の構造的な関係である。彼らの時間がいかに浅いものであるかは、人類がその下で誕生したという伝承の樹木が、二、三年前まで西ヌアーランドに立っていたということからも想像できるであろう。

年周期を越えると、彼らの時間の認識は社会構造を概念化したものになる。ここにおける照合点は、集団間の現実の関係を過去に投影したものである。それは、出来事をつなぎあわせる方法ではなく、諸関係をつなぎあわせる方法であり、そのため概して回顧的性格を帯びたものとなる。なぜなら、関係の説明には過去を用いねばならないからである。

3

前節では、構造的な時間は構造的距離の投影であるという結論に到達した。本節以後は、構造的な距離とは一体何かについてさらに検討したあと、政治的な性格をもつ地域諸集団について、形式的かつ予備的分類を試みることにする。これまではヌアーの社会的時間の諸カテゴリーを分類してきたわけであるが、今度は、社会的空間の諸カテゴリーの分類を行いたい。

ヌアーランド上空を飛行すると、英国空軍が乾季に撮影した写真14にみるような、あたかも微小な菌が繁殖したような斑点がついた白い部分を観察することができるであろう。これが、小屋や牛舎のある村の敷地である。また、白い斑点のあいだには、褐色と黒の地帯があるのが目に映るであろう。褐色地帯は草地であり、黒い部分は、雨季になると沼地に変ずる窪地である。白い部分の大きさや分布密度は地域によって差異がある。ヌアーはこれらの分布に一定の価値を与え、それが彼らの政治構造をつくりあげていることにわれわれは気がつくのである。

もちろん、小屋と小屋とのあいだの距離、あるいは村と村、部族領域と部族領域間等の距離や、それらが占める面積を測量することは可能である。しかし、こうした空間的測量によって得られた値は純粋に物理的意味しかもたず、それ自体ではごく限られた重要性しかない。生態学的な空間は、物理的な距離に左右される部分ももちろんあるが、単にそれにとどまるものではない。なぜなら、生態学的な空間を考慮する際には、諸地域集団のあいだに横たわる土地の性格とか、そこに住む人々の生物的な欲求なども加味されるからである。何マイルも続く無人の低木のしげみよりも、広い川の方が二つの部族をよりはっきりと分けるであろうし、乾季には短い距離にみえたものでも、雨季になって水に覆われるとまったくちがった様相を呈するのである。すぐ近くにいつでも手に入る水場をもっている村は、乾季になると水や牧草や魚を求めて移動しなければならない村とはまったくちがった立場にある。ツェツェバエ地帯は、その両側に住む人々にとっては越えることのできない障壁となっており、生態学的には広大な距離をつくりだす（二三二ページ参照）。また、近隣諸族が牛をもっている部族かどうかということも、彼らとヌアーとのあいだの生態学的な距離を決定するうえでは重要な事柄である（二三一ページ参照）。こうした観点からみると、生態学的な距離とは、密度と分布、それに水とか植生、動物、害虫等々を考慮して規定された、共同体間の関係であると言うことができるのである。

構造的な距離は、生態学的諸条件によってつねに影響を受けており、とくに政治的な側面では生態学的諸条件によって規定される度合いも大きいが、それは本質的にはまったく異なった次元のものである。前節でも述べたように、構造的な距離とは、社会体系上における人々の集団間の距離を意味し、それは価値によって表わされる。土地の自然環境によって村の分布が決まり、したがって距離も決まる。しかし、価値は、構造的な意味で分布を制限・規定し、それによって、異なった距離体系を作りあげるのである。たとえば、ある村が、他の二つの村から等距離にあるとする。しかし、そのうちの一つの村が異なった部族の村であり、別の村が同じ部族の村であるとすれば、構造的には後者の村より、前者の村の方が遠い。四〇マイル離れていても同じヌアーの部族ならば、二〇マイルしか離れていないディンカの部族よりも構造的には近いと言える。地域的価値はさておき、リニィジとか年齢組における価値についてみると、構造的な空間は自然環境的諸条件によって左右される部分がさらに少なくなる。あるリニィジが、第三のリニィジよりも第二のリニィジに近く、ある年齢組が第三の年齢組よりも第二の年齢組に近いことは明白なことである。居住、親族、リニィジ、性別、年齢等に付与せられた諸価値は、次々と集団を分節化し、こうしてできあがった分節相互の位置関係が遠近感をつくりあげているので、それによってわれわれは分節間の区分を構造的空間の区分として扱うことが可能になる。構造的空間についての概念規定を終えたので、今度は構造的空間のうちの政治的な区分について述べることにする。

4

適切な人口統計表（二〇八―二〇九ページ参照）や調査記録がないので、部族ごとの人口密度表を掲げることはできないが、ヌアーランド全体についておおよその推定をすることは可能である。ジャクソン氏によれば、ナイル以東の面積は二万六〇〇〇平方マイル、[*24]また最近の統計によれば、人口は約一四万四〇〇〇人となっているから、一平方マイル当りの人口密度は、約五・五人ということになる。また、ナイル以西の地域についても、人口の分散の程度はあまりかわらないが、人口密度は少々低いかもしれない。ヌアーランド全域の面積は約三万平方マイル、総人口は約二〇万人と推定される。部族ごとの人口密度は一平方マイル当り四人から一〇人の幅があると考えられるので、ヌアーランド全体の平均密度は約五人から六人であろう。この土地の水理学的条件や現在の経済的状況を考慮すると、現在以上に大幅に人口が増加した場合、これを養うことができるかどうかは大いに疑問がある。これは、ナイル以西についてとくにあてはまることであり、ヌアー族自身も認めているように、東部への膨張は、人口過密が原因であった。部族領域全体としての人口密度は低くても、人口が局地的に集中しているところもある。なぜなら、一平方マイル当りの人口密度の概算には、村やキャンプがまったく存在しない、乾季に放牧地となるだけの土地や、あるいは、ただ季節ごとの移動で横切るだけの広大な荒野も含まれているからである。この意味では、人口の集中度は、部族ごと、部族セクションごと、そして季節ごとに変化するのである。

こうした分布を、一一三―一一五ページの概略図以上に正確に描き出すことは現在のところ不可能であり、また言葉で表わすにしても、ごく一般的な表現しかできない。すでに述べたように、村の規模は、建物とか牧草地、耕地に利用可能な土地の広がりに応じて決まってくる。また、それに応じてホームステッドの配置も、密集していたり、あるいは一列に広がったりしながら、われわれがハムレットと呼んでいるところの小屋と牛舎からなる小集団をつくる。一つのハムレットと隣のハムレットとのあいだには、耕地や、仔牛・山羊・羊などが草を食むだけの無人の地がある。正確なことは言えないが、村の人口は、五〇人ぐらいから数百人といったところで、その広がりは、二、三百ヤードから大きいところでは数マイルに達するところもある。村はふつう住居が続いていたり、茂みとか林、沼などが隣村とのあいだに横たわっていたりして、境界が非常にはっきりしている。私の浅い経験から述べると、ヌアーランドの大部分の地域において、村から村へ行くには五マイルから二〇マイルの距離があった。西ヌアーランドでは村と村は確かにこの程度離れているが、一方、立地条件さえよければ、村と村はもっと近接しており、広い地域にわたって、狭い間隔で次々と続いていることもある。たとえば、ロウ部族の大部分は、ムオト・トットの周辺約三〇マイル四方に集中して村をつくっているし、また、ドク部族もレルの一〇マイルの範囲にそのほとんどが集中している。ラク部族、シアン部族、そしてガーワル部族の一部も、ナイル川とゼラフ川にはさまれた長いリッジに比較的連続して村をつくっている。村と村は、社会的相互関係によって生じ、維持されている小道ですべてつながっている。また、ヌアーランドには、雨季に水浸しとなるため、まったく村が存在しないかほとんど皆無に等しいような広大な土地がいたるところにある。概略図において、空白で残っている部分とか、乾季の居住を示すために斜線を入れた部分は、だいたいにおいて村のまったく存在していない地域である。西ヌアーランドでは、ナイル川とバハル・エル・ガザル川にはさまれた全域が過疎地帯となっている。バハル・エル・ガザル川の北側の地域でも、同じであろうと思われる。

村の場合と同様に、乾季のキャンプ地の分布についてもごく概略程度のことしか述べることができない。初期キャンプはほとんどどこでも見られるし、その規模もわずか二、三世帯で構成されていることが多い。しかし、乾季の後半に大キャンプが設けられる場所は、十分な水の供給が得られる地域がごく限られているため、前もって知ることができる。キャンプの大きさは、水と牧草の供給量によって決まってくるが、小規模のものは一〇〇人程度、大規模なものに至っては一〇〇〇人を越すこともある。彼らは部族単位に集まるのではなく、大小の部族セクション単位で集まる。湖のまわりに、二、三百ヤードの間隔を置いていくつかのセクションに分かれてキャンプができあがっていることがあり、こうしたキャンプを連続キャンプと呼んでもよかろう。どこのキャンプでも、二、三の風よけが、隣合わせというよりもくっついた感じで作られており、これらは共通の家畜囲いをもった明確な一単位をなしていることが一目瞭然である。蒸気船でのぼっていくと、ソバト川の左側やバロ川の右側には、二、三マイルの間隔でいたるところにキャンプがあるのを観察することができるが、ニャンディン川やフィルス川の上流地域のように、ところどころにしか水溜りが残っていないような地域では、キャンプとキャンプとのあいだは数マイルも離れていることもある。ロウ地方の内陸部では大キャンプと大キャンプとのあいだを、二〇マイルを越える叢林が隔てている。

いくつかの大河がヌアーランドを流れていて、これら自然の境界が政治的な境界線となっている場合が多い。ガージョク部族とロウ部族を隔てているのはソバト川であり、ロウ部族とアニュアク族を隔てているのはピボール川である。ゼラフ川は、シアン部族とラク部族をディンカ族から引き離している。また、ガザル川は、レーク部族の一次セクションであるカルルアルを他の二つの一次セクションから切り離している。沼地帯や、雨季に水に覆われる地帯も、同様に諸政治集団を分離する効果がある。たとえば、マチャルの沼地帯は、東ガージャク部族を、ガージョク部族やガーグワン部族から隔てているし、雨季に水を冠る広大な土地が中間にあることによって、レンギャン部族は、ウォット部族、ボル部族から切り離されているのである。

このように、分布に関する説明はどうしても不明確なものにならざるをえないが、おもな諸条件とその意味を要約することは、たいして困難なことではない。(1)食糧の乏しさや単純な技術の原因となっている自然条件は、同時に人口密度の低さや居住地域の過疎分布の原因ともなっている。政治的な統合や発達を欠いていることも人口密度や人口の分布と関連しているだろうし、全般的に言って、構造的な単純さも同じ諸条件に起因しているものと考えられる。(2)丘陵地の面積や丘陵地と丘陵地とのあいだの距離によって、ある地域では他の地域よりも大規模で近接した集団を作ることが可能である。大規模な部族の場合には、土地の状態によっては、多くの人々が狭い面積内に住居を建てざるをえないということもよくある。(3)雨季に比較的人口密度の高い地域ほど、乾季になると、早い時期から、しかも遠くまで新しい牧草を求めて移動する必要に迫られる。こうした必要性が共通の部族価値を広域にわたって認識せしめることとなり、このことは部族内の政治的統一が欠如しているにもかかわらず、大きな人口と広い領域をもつ部族が多いことを解明する手がかりを、われわれに与えてくれる。

5

これまでにも何度か述べたように、構造的な距離とは、社会構造上における人間集団のあいだの距離であり、いくつかの種類に分けられる。本書でわれわれがとりあげているのは、政治的距離、リニィジ距離、年齢組距離である。部族の三次セクションを構成する村と村とのあいだの政治的距離は、部族の二次セクションの下位集団である三次セクション間の距離より短く、後者はまた部族の一次セクションの下位集団である二次セクション間の距離よりも短い等の現象がみられるが、これは、第四章の課題である。リニィジ距離についてみても、小リニィジの諸分節間の距離は、大リニィジの下位区分である小分節間の距離よりも短く、後者はまた最大リニィジを構成する大分節間の距離よりも短い。これは第五章の課題である。年齢組について言えば、ある一組の下位分節間の距離は、連続した組間の距離よりも短く、後者はまた連続しない組間の距離よりも短い。これは第六章の課題である。これらの事柄は後述する事項でもあるため、ここでは、読者が今までに得ている情報に照らし合わせられないような分析を避けるため、政治的距離だけを当面の考察課題にし、その特徴のいくつかを述べるに留める。

ヌアーは地域的分布に価値を与えている。これらの価値がいかなるものであるかを知ることは易しいように思われるかもしれないが、それらは言語と一体化しているため、彼らの言語やその用法について相当に深い知識がなくては、価値の及ぶ範囲を正確に理解することはできない。なぜなら、社会状況に応じて、言葉の意味は様々に変化し、一つの語がいくつもの地域集団を指すことができるからである。しかし、次ページの図で示したように、それらを区別し、ごく大雑把に形式的な分類を行うことは可能である。

住居用の小屋（ドウィルもしくはウット）には、妻とその子供たち、ときとして夫がいっしょに住む。これが居住を共にする単純な家族集団である。一つの牛舎といくつかの小屋からなるホームステッドには、単一家族集団だけが住んでいることもあれば、一夫多妻家族や親族が一人二人同居していることもある。われわれが世帯と呼んでいるこの集団には、「炉」を意味するゴルという語が用いられる。耕地とそのまわりの荒蕪地を含むハムレットは、ドルと呼ばれ、それぞれ固有の名前をもっている。名前は、土地の目立った特徴や、そこに住む親族の長老の名前をと

●ヌアー族の社会的空間の諸カテゴリー

っていることが多い。普通、ハムレットにいっしょに住んでいるのは、兄弟のように近い父系の親族とその世帯であり、われわれはこのような人々の集団を合同家族と呼んでいる。本書ではこれらの集団を扱っていないので、ここでこれ以上述べることはしない。ただ、注目していただきたいのは、村というのはこれ以上に分節化されない単位ではなく、いくつかの下位単位の関係だということである。

村は非常に明確な単位である。村は、高い土地つまりリッジを意味するスルで呼ばれることもあるが、一般には「家（ホーム）」とでも訳すことのできるチエンが用いられることが多い。しかし、この語は非常に多義的に用いられるので、あとで特別に一節を設けて論じることにしたい。村は、居住を共にし親族と姻族の絆でつながった人々が構成する共同体である。村の成員は、すでにみてきたように、いっしょにキャンプし、協同で作業し、お互いの風よけや牛舎で食事をしあう。村は、親族の原理だけに基づいているのではない集団としては最小のものであり、また、ヌアーランドの政治単位でもある。村の住民は他村に対するときには非常に強い団結心を示し、また自分の村の土地に対して愛着を抱いている。ヌアー人はよく住居を変える習慣があるにもかかわらず、彼らは自分の生まれ育った村に郷愁を抱き、村を長らく離れていても、そこに戻って自分の家庭を築く場合が多い。村の成員は一致団結して闘い、報復闘争ではお互いに支援しあう。若者たちはダンスに出かけて行っても戦闘隊列（デップ）で踊りに加わり、自分たち独自の戦いの歌を歌う。

乾季に、隣村の人々も参加して設けられるキャンプはウェチと呼ばれる。この語はチエン、つまり「村」との対比においては「キャンプ」の意味をもっているが、一般的な用法では、両方ともに地域共同体の意味で用いられる。たとえば、あるクランがウェチをもたないといったような場合には、そのクランの成員はどの部族セクションや村においても共同体の中核的存在とはならず、そのため、そのクランの名前をとった地域共同体は存在しないと理解しなければならない。大きなキャンプの場合は、そこにきている優越リニィジの名前で呼ばれるか、あるいは、そこに集まっている特定の村の名前で呼ばれる。小さなキャンプの場合には、そこに風よけを立てた有力な長老の名前をとることもある。前にも述べたが、キャンプの社会構成は、乾季のそれぞれの時期に応じて変化する。初期の頃はハムレットの人々だけが集まる小さなキャンプが、後期になると、村全体、それに隣村の人々も加わっての大キャンプとなる。自分の所属する村の人々が設けるキャンプではなく、ときには他所のキャンプにいる親族の人々に加わることもある。したがって、雨季の地域共同体はそのまま乾季の共同体に移行する傾向があるが、部分的にはその構成に変化が生じていると言える。再度強調しておきたいことは、キャンプ地においては、人々は村におけるよりもずっと密集した集団をなして住んでいるばかりでなく、牛活形態から言っても成員間の接触は頻繁で、諸活動の統制もとれている、ということである。つまり、牛たちは一つの群れに集められ、ほぼ同じ時刻に搾乳が行われる等の現象がみられる。村に住んでいるときには、牛を一つの群れに集めることはあまりないが、たとえ集めるにしても、それぞれの世帯が別々に行う。家内労働や家畜囲いの作業もまちまちの時間に独自に行う。乾季には、自然の厳しさに呼応して、集中性と画一性の度合いが強い。

いくつかの村やキャンプのあいだで気安い交流が頻繁に行われているとき、われわれはこの集まりをディストリクトと呼ぶことがある。これらの村の人々は、いっしょに踊りに加わり、通婚し、また報復闘争や略奪行を共にし、キャンプのときには合同してキャンプしたり、同じ場所にキャンプしたりする。しかしながら、こうした曖昧な性格の接触をもつ村々の集まりは、ヌアーの一カテゴリーをなすものではなく、政治集団を構成してもいない。なぜなら、彼ら自身もまた他の人々もそれが一つの共同体であるとは認めていないからである。つまり、「ディストリクト」とは、個人あるいは村の人々の社会的接触の範囲を示すときに用いる語であり、したがって、人により、共同体によって変ってくる。このような意味におけるディストリクトは、部族規模に応じて、二次セクションであったり、あるいは、三次セクションであったりする。非常に小さな部族においては、部族全体が個人のディストリクトになっていることもある。ときには、部族境界を越えてディストリクトが形成されることもある。たとえば、大部族の場合、その境界にある村は、遠隔地にある自部族の村とよりも、近くの他部族の村と接触する機会が多いからである。このように、個人の社会的接触の範囲は、いかなる構造的な区分とも完全に一致してはいない。

部族の規模によって、数やその全体が占める広さには差異があるが、いくつかの隣村が集まって小規模部族セクションが構成され、さらに小規模部族セクションがいくつか集まって大規模部族セクションが構成される。大きな部族の場合には、一次、二次、三次セクションを区別した方が便利である。いかなる規模のものであれ、これらは村と同様にチエンと呼ばれる。次章は、これらの部族セクションの記述にあてられているので、ここではこれ以上述べない。

6

ヌアーのおもな部族の分布については三一ページの地図でみていただきたい。ナイル川の西側に書き込まれている「ジャゲイ」は、その中にラン部族、ボル部族、レンギャン部族、ウォット部族を含んでいる。それに、ほとんど調査されていないので確かではないが、それらが部族として認められるならば、ドク部族の住む近辺にもいくつかの小部族が分布している。ベーグ部族、ジャーログ部族、(ガーン)クワッチ部族、ロル部族がそれである。次にあげるのは、比較的規模の大きい部族について、諸々の政府資料をもとにして最近の人口を算定した結果を概数で示したものである。

ソバト川流域の諸部族――ガージャク部族四万二〇〇〇人、ガーグワン部族七〇〇〇人、ガージョク部族四万二〇〇〇人、ロウ部族三万三〇〇〇人。ゼラフ川流域の諸部族——ラク部族二万四〇〇〇人、シアン部族九〇〇〇人、ガーワル部族二万人。西ヌアー諸部族——ブル部族一万七〇〇〇人、レーク部族一万一〇〇〇人、西ジカニィ三部族一万一〇〇〇人、ジャゲイ諸部族一万人、ドク部族一万二〇〇〇人、ヌオン部族九〇〇〇人。これらの数字は、西ヌアー諸部族についてよりも東ヌアー諸部族についての方がより正確だと思われる。いずれにしても、この人口算定にはかなりの幅の誤差が含まれており、推定に頼る部分も多かった。しかし、これらの数字をもとにして累計してみると、ソバト川流域の人口は九万一〇〇〇人〔前ページの数字をもとにして計算したのだとすると、一二万四〇〇〇人のはず〕、ゼラフ川流域の人口は五万三〇〇〇人、西ヌアー族の人口は七万人ということになり、総計では二一万四〇〇〇人〔したがって、合計も二四万七〇〇〇人となる〕がヌアーランドに住んでいる。部族分節の人口についてはほとんど知られていない。わずかに、ロウ部族について、その一次セクションであるグンとモルの人口がそれぞれ約二万二〇〇〇人と一万二〇〇〇人であること、またガーワル部族の一次セクションであるラドとバルの人口がいずれも約一万人、そして、ラク部族の一次セクションであるクワッチブルとジェニャンの人口が各々それぞれ一万二〇〇〇人であることが知られている程度である。

一般的に言って西ヌアーランド諸部族はゼラフ川沿いの諸部族よりも規模が小さく、後者はまたソバト川沿いの諸部族よりも規模が小さいことは注目される。部族の規模は東にいくにつれて大きくなり、その居住領域も広くなっていく。東ヌアー諸部族の人口が多いことの理由として、征服と移住が統合的役割を果したこと、またその結果としてディンカ族を大規模に吸収したこと等があげられるかもしれないが、こうした説明では、中央集権政府を欠いている広大な居住領域全体において、部族統合に類したものが保たれていることを明らかにしているとは思われない。部族の人口は、雨季の居住に利用できる丘陵地面積およびその配置に直接関係していることは明らかである。たとえば、ロウ部族や東ガージョク部族、東ガージャク部族のように、広くのびた台地にホームステッドや村を集中してつくれるところもあれば、西ヌアーランドのように、小規模なリッジがまばらにしか存在せず、その限られた場所に建物を建てねばならないような小部族もある。しかしこうした事実がそれだけで政治的区分の境界線を決定しているとはわれわれは考えない。この他に、村の敷地と、乾季の水の供給、牧草地、漁撈との関係をも考慮してはじめて政治的な境界線を理解することができる。すでにみてきたように、各部族セクションは、雨季のあいだの空間的特異性を乾季においても保持しながら、村から乾季の牧草地へ移動する。しかし、西ヌアーランドのように、一般に村からさほど遠く離れていないところで水や牧草や魚を十分に入手できるところでは、水没地帯によって隔絶された雨季の村社会の孤立性と独立性を乾季のキャンプにおいても維持することが可能であるのに対して、ロウ部族のような東ヌアーランドの大部族の場合には、乾季の乾燥がより烈しいため、必然的に集合化と季節的な広域移動を余儀なくされ、その結果、村社会は雨季におけるよりもずっと空間的にそして精神的（と言ってもさしつかえないと思うが）に高密度となるばかりでなく、相互にまじわって、水、牧草、漁獲を共有しなければならなくなる。そこでは一つの水溜りのまわりにいくつもの村が並んでキャンプしているのがみられる。しかも、ある部族セクションが目的地のキャンプに達するまでには諸他の部族セクションの居住領域を横切らねばならず、そして到達したキャンプ地はまた別のセクションの村の近くに位置しているかもしれない。家族や合同家族は、自分たちの村以外に住む親族や姻族といっしょにキャンプすることもしばしばあるし、乾季に流行する牛疫によって牛が全滅するのを避けるため、牛を二手またはそれ以上の地域に分散しておくことも常套手段となっている。それゆえ、雨季にはそれぞれ孤立している地域共同体も、乾季になると必然的にある程度の共同体意識や共通の利害関係や義務を認めざるをえない関係におかれるから、諸地域共同体が単一の部族構造に包含されねばならない事情がわかってくるのである。乾季の諸条件が厳しければ厳しいほど、相互交流を保つ必要性は高まり、したがってお互いにより寛容であらねばならず、また、相互依存の必要性の認識も深まってくる。ゼラフ川流域の諸部族は、ソバト川諸部族よりも移動は少なく、西ヌアー諸部族よりもよく移動する。同じゼラフ川流域に住む諸部族のなかでもガーワル部族はシアン部族やラク部族よりも移動が頻繁である。全体的にみて、次のことが指摘できる。それは、雨季に集まって住むことのできる丘陵地が広ければ広いほど、乾季にも大規模に集結する必要が生ずるということである。なぜなら、水も牧草も漁場も村の位置する丘陵地からは遠く離れているからである。

こうした事実は、東アフリカにおける牧畜民の政治的優越性をある程度説明しているように思われる。彼らの共同体は広く分散しており、人口密度も低いが、季節的な集中と広範囲にわたる相互依存が存在する。また移牧の範囲がそれぞれに異なっていることは、ヌアー諸部族の規模が多様であることの理解に役立つ。注目せねばならないのは、地域によって部族の規模や凝集力に差があるにしても、その自然環境のゆえに、ヌアーランドでは、たとえばアニュアク族においてみられるように小さな村集団が完全に自律し排他的であることはできないし、また、シリュク族におけるように非常に高い人口密度と高度に発達した政治制度をもつこともできない、ということである。

このように、環境的諸条件と牛牧は、一方ではそこから政治的境界線が生ずるような分布と集中の形態をうみだしており、それが政治的な統合・発展の妨げとなっているのであるが、他方では、共同体意識と協調精神をそなえた広い地域にわたる部族領域の存在をも必要としているのである。

それぞれの部族は名前をもっており、それはそこに住む人々と土地の両方を指す。たとえば、レークとかガーワル、ロウ、ラク等である（三一ページの地図参照）。部族はまた固有の領域をもち、建物の敷地、牧草地、水場、漁撈用の水溜りについてもそれらを所有し、自ら防衛する。ふつう、隣合わせの部族に属している隣接した二つのセクションのあいだには、幅の広い川や広大な無人の土地が横たわっていて両者を隔てているが、それのみならず、これらのセクションは乾季になるとそれぞれ別の方向へ移動していく。この点については事情は確かに変りつつあるが、二、三例を挙げてみよう。ガーワル部族はゼラフ川へ向って東へ移動するのに対して、ロウ部族の一次セクションであるグンは、彼らの居住地の奥地にある湖に集結するか、ソバト川やピボール川の方へ移動するので、両者のあいだの接触は少ない。ロウ部族のもう一つの一次セクションであるモルは、ガージョク部族の住む方向にあるニャンディン川やピボール川上流に移動するが、ガージョク部族はそれに合流することなく、ソバト川上流地域やピボール川下流域に移動していく。また、西ジカニィ諸部族は、ナイル川沿いの沼地へ移動するが、レーク部族は北西に向って、バハル・エル・ガザル川が支流や沼に注ぎこむ地点へ移動する。

部族成員は、自分たちの土地に対して共通した感情をもっており、そこから、部族の仲間に対しても同様の感情を抱くようになる。こうした感情は、忠誠の対象である自分たちの部族を誇らしげに語るとき、他部族を冗談めかしてけなしたりするとき、また、自分たちの部族の文化が他の部族の文化と違っていることを自部族の独特さのしるしとして指し示すときによく現われる。ある部族の男が、他部族の人間を見るときには、その部族民全体を一つの集団とみなし、彼らに対して画一的な行動様式をとるが、自らについては部族の一分節集団の一員であると考える。レーク部族の男が、誰々はナッチ（レンギャン部族員）だと言えば、その男と彼との関係はただちに決まってくる。部族感情は、部族名や居住地を共有していることや、戦いで力を合わせたり、一つの優越クランのもとでリニィジ構造を共にしていることに根ざしているのみならず、他部族に対する敵愾心からきている部分も大きい。

その帰属意識がいかに激しいものであるかは次の事実からもわかるであろう。自分の生まれ故郷の部族の土地を離れて他部族の土地に永住することを覚悟した男は、一握りの故郷の土を携えていき、それを水に溶かして飲む。そのとき彼は、一口ごとに新しい土地の土を加えながらゆっくりと飲む。こうすることによって、彼は故郷の土地との神秘的なつながりから徐々に解放され、新しい土地と同様な絆を結んでいくことができるのである。もしこれを怠れば、ヌエールという罰が下って死ぬと言われている。ヌエールというのは、ある種の儀礼的義務を怠ったことに対する制裁である。

成員が略奪行や防衛にあたって、力を結集せねばならないと考える最大の集団は部族である。部族の若者たちはごく最近まで合同してディンカ襲撃に出かけたし、ヌアーの他の部族と戦ったものであった。部族間の戦いは、ディンカ襲撃ほど頻繁には行われなかったが、それでもヌアー族の最近の歴史には、部族間の境界争いや部族どうしで牛を略奪した事件などが多数あがっており、こうした争いはヌアーにとっては伝統的習慣であった。レーク部族が略奪に出かける対象はジカニィ諸部族やジャゲイ諸部族であった。あるレーク部族の男は、「私の父はゲイ（ジャゲイ部族）の牛を花嫁代償にして結婚した」と私に語ってくれたことがある。また、ポンセも次のように記している。「エリアブ部族（ドク部族）は、南のエグナン部族（ヌオン部族）と北のレイアン部族（レンギャン部族）を相手に闘った。奥地のロル部族はレイアン部族とガザル川のボアール部族（ボル部族）と闘った。これらの争いはいずれも牛がその原因となっているが、自分の親族の報復闘争の相手でないかぎり、お互い往来するのに危険がつきまとうというわけではない。」[*25] 理論的には、部族は軍事単位と考えられていた。だからもし部族を異にする二つのセクションが交戦状態にあれば、双方とも自分の部族の他のセクションの応援を求めることができたが、実際には、相手のセクションが近隣セクションの応援を受けているとわかったときにのみ他セクションも参戦するのが通例だった。部族全体が戦争のために結束すると、その境界内部の争いは中止された。

小規模な部族の場合にはとくにそうであったが、異民族を襲撃するときにはいくつかの部族が結束することがよくあった。ディンカ族を襲撃するに際して、レーク部族はジャゲイ諸部族や西ジカニィ諸部族と、ロウ部族はガーワル部族と結束した。また、アニュアク族と戦うときには、ロウ部族は東ジカニィ諸部族と結束した等々である。こうした部族間の軍事同盟は、しばしば予言者（三二二―三二四ページ参照）を通じて啓示される天空の神の庇護のもとになされたが短期間しか続かなかった。なぜなら、同盟を結ぶ道義的義務はなく、作戦は同調されていても、それぞれの部族が自分たちの指導者のもとで別々に戦い、敵地においても別個にキャンプしたからである。

部族どうしの戦いは、ディンカ族等の異民族との戦いとは性質を異にしていた。部族間の戦いはより凄まじく危険だと考えられていたが、そこにはある一定の決まりがあった。つまり、女子供には危害を加えないこと、住居用の小屋や牛舎を破壊しないこと、捕虜をとらないことである。また相手がヌアーの部族の場合は、ディンカに対する場合とは異なり、相手を当然の餌食とは考えない。

部族を規定するもう一つの特徴は、部族内ではチュット、つまり人命を奪ったことに対する償いとして血償が支払われることである。ヌアーはこれによって部族としての価値を説明する。たとえば、ロウ部族の人々は、自分たちのあいだでは血償の制度があるが、ガージョク部族やガーワル部族とのあいだにはそれがない、と言う。これはヌアーランドのどの地域においても必ず存在する部族への忠誠心を表わす不変の定義である。部族成員どうしでは、この他にルオクと呼ばれる、殺人以外の不法行為に対する賠償があり、この場合には、チュットほどにはそれを払う義務は強調されておらず、また、あまり実行されてもいないが、異なった部族間ではそのような義務はまったく存在しない。したがって、第四章で述べるように、限定された相対的な意味において、部族内の法は存在するが、部族間に通用する法は存在しないと言えるだろう。自部族の成員に対して罪を犯せば、彼と彼の親族は被害者とその親族に対して法的責任を負うことになり、その結果生じる敵対関係は牛の支払いが完了するまで続く。しかし同様の罪を他部族の成員に対して犯した場合には、法を破ったことにはならず、したがって、紛争を収拾する責任を感じなくてもすむし、調停機関も存在しない。私は地域共同体を分類する際、血償を支払う義務があるかないかを基準にして、それが部族であるか、それとも部族の分節であるかを決めた。こうしてたとえば、グンとモルをロウ部族の一次セクションとして分類したが、東ガージョク、ガージャク、ガーグワンについては、それらがジカニィ部族という一つの部族の三つの一次分節ではなく、それぞれ別の部族として分類した。

部族間の境界争いでもときとして賠償を支払うことにより解決をみることがあったかもしれないが、三二三―三二四ページで述べるあまり確実ではない例の他には記録はなく、もし行われていたとしても、それがわれわれの部族構造についての概念規定を無効にするようなことは絶対にないであろう。しかし、御理解いただきたいのは、ここではわれわれは部族をもっとも形式的な方法で概念規定しているということであって、あとに述べるように、部族内で法的義務の認識があるからといって、必ずしもそれによって現実に不法行為の賠償がすみやかに受けられるわけではない、ということである。部族内の連帯感は稀薄で、頻繁に報復闘争が繰り返され、それも長期間続く。実際、報復闘争は部族組織の特徴的な制度となっているのである。

部族は、次のような諸特徴によって定義される。⑴共通した固有の名称をもつこと、⑵共通の感情をもつこと、⑶共通した固有の領域をもつこと、⑷戦時に結束する道義的義務のあること、⑸報復闘争その他の争いを調停によって解決する道義的義務があること、これら五つの諸特徴に加えてのちほど詳述する以下の三点〔四点の間違いかと思われる〕を挙げることができる。⑹部族は分節構造をなしており、それらの分節間には、対立がみられる。⑺それぞれの部族には一つの優越クランがあり、このクランのリニィジ構造と部族の地域体系とのあいだの関係が、構造的に非常に重要なものとなっている。⑻部族は、部族体系における一単位である。⑼年齢組は部族別に構成される。

7

隣接諸部族は互いに対立し、争う。ディンカ族を襲撃するために、ときどき結束することもあるが、こうした結束は特別の目的がある場合になされる非常にゆるやかで、一時的な同盟であって、明確な政治的価値をもったものではけっしてない。他部族のセクションが自分たちの部族の領域内でキャンプするのを許したり、境界地域では、遠隔地にある自部族の村とよりも、他部族の村やキャンプの人々とより多くの交流をもつことがある。前者の場合は、社会的交流の要素が強く、後者は、構造的により近いためである。しかしながら、ヌアーの諸部族間に共通した組織や中央行政機構といったものは存在せず、したがって、国家的と呼べるほどの政治的統合はみられない。それにもかかわらず、隣接諸部族とそれらに対立するディンカ族は政治諸体系を構成している。なぜなら、各部族の内部組織は、部族相互の対立や、境界を接するディンカ族を共通の敵にしている、といった観点からのみその本質が理解可能になるからである。

こうした直接的な政治関係の体系を越えたところでヌアー人は全員が自分たちを独自な社会として考え、また自分たちの文化を独自なものとして認識している。近隣諸民族との対立は、彼らに強い同胞意識と排他感情を与える。ヌアー族がヌアー族であると見なされるのは非常に均質的なその文化によってであり、それはとくに、言語、下顎門歯の抜歯習慣、そして男の場合には額の六本の傷跡によって象徴される。彼らは全員がまとまった地域に住んでおり、孤立して住んでいるセクションはない。しかしながら、文化を共有しているという認識よりも、共同体意識の方が強く、ヌアー人どうしは、どこの出身であろうと、また、まったく未知の間柄でも、ヌアーランドを離れて出会うとたちまち仲良くなる。ディンカ族やシリュク族に対するときとはちがって、ヌアーはつねにお互いに同族意識をもっているからである。異民族全般に対して示す優越感や軽蔑、そして異民族といつでも戦う心構えが全員に共通して流れており、しかも言語・価値が共通しているということから、彼らのあいだではたやすく心を通わせることができるのである。

たとえ訪れたことがなくても、彼らはヌアーランドなら自分の住んでいる土地以外の地域についてもよく知っている。ナイル川以西の地域を自分たち全員の故郷であると考え、そこに住む人々といまだに遠い親族関係を結んでいる。親族を訪ねて他部族の土地に行き、長らくその土地に留っているあいだに永住してその部族成員になってしまうこともある。隣接部族のあいだでは、つねに社会的交流が部族の境界を越えて行われ、とくに境界地域の共同体間では、交錯する親族、姻族の絆によって成員は相互に結ばれている。だから、所属する部族を変ったとしても、新しく受け入れられた部族の年齢組にただちに加入することができる。隣接諸部族間では、年齢組をお互いに調整していることもよくある。また一つのクランが複数の部族領域で優越クランとなっている場合もしばしばみかける。優越クランは全体的なクラン体系でつながっており、主要諸クランはヌアーランドのどこに行っても見出すことができる。象牙交易が行われていた時代に、ガージャク部族の人々は、多くの他部族の領地を通過してゼラフ川にまで象牙をとりに行っていたことはすでに述べたとおりである。

したがって、部族の境界は、社会的交流の境界とは一致せず、部族を異にする人々のあいだで多様な関係が結ばれているのである。クラン体系との関連やあるいは距離的に近いことなどの理由で、一つの部族の人々は、ある部族に対してよりも他の部族に対して親近感を抱くことがある。たとえば、三つの東ジカニィ諸部族は、ロウ部族に対して漠然としてはいるが一体感を抱いているし、同様にボル部族とレンギャン部族も、レーク部族に関してはおぼろげな連帯意識を抱いている。しかしまた、個人は、それに親族集団や村さえもが個人を通じて、部族の境界を横切る社会関係をはりめぐらしているため、人々は自分の部族領域を越えて旅行するとき、どこの部族に行ってもそこの部族の誰かとつねに何らかのつながりを確認することができ、そのつながりによって彼は供応と保護を受けられる。もし彼が危害を受けたときには、彼ではなく彼を接待した人が法的責任を負わねばならない。しかしながら、政治的な境界や形式的な法の限界を越えて、一定の事柄についての慣習を認めることによって、一種の部族間法とでも言うべきものが存在している。たとえば、部族間結婚は、部族内結婚に比べ、離婚の際、花嫁代償の返却が不確実で損をするおそれがあることから、より危険だとはされているものの、婚姻のルールは双方に認められており、政治的不和に乗じてそのルールを破るのは不当だとされている。このように、部族は政治的には排他集団であるが、それがそのまま個人の社会関係の範囲と一致しているわけではない。ただ、個人の社会関係の範囲は、彼のディストリクトが部族分節とだいたい一致する傾向をみせているのと同様、政治的な境界線に一致する傾向がある。政治構造と一般的な社会的諸関係との関連については次章で述べる予定である。ここでは次の三つのレベルを区別することが必要であることを明記しておこう。(1)政治的諸関係の体系における最大の単位である部族、および部族分節相互間の、構造的距離という意味での政治的な距離、(2)ヌアー語圏内の諸々の集団間の、非政治的な、一般的性格の構造的距離——非政治的な構造的関係は隣接した諸部族間においてもっとも強くみられるが、一つの共通した社会構造がヌアーランド全体を覆っている。(3)個人の社会的交流の範囲——個人が他のヌアー人ともつ何らかの種類の社会的交流の範囲。

8

ヌアーの政治構造は、ともに一つの政治体系をなしている近隣諸民族との関連において、はじめて理解することが可能である。ヌアーの部族内の分節と同様に、隣接しているディンカの諸部族とヌアーの諸部族も一つの体系内での分節である。彼らの社会関係は敵対的なもので、それが具体的に表われたのが戦いである。

ディンカ族は、記憶にない昔からヌアー族の敵であった。これら二つの民族は、生態学的にも、文化的にも、社会的な体系においても、非常に類似しており、どちらか一方の人々は容易に他方に同化することができる。そのため、ヌアーの政治的な一分節とディンカの政治的な一分節とのあいだの均衡のとれた対立関係が、ヌアーの側の圧倒的優越関係に転ずると、そこに生じるのは融合であって、階層的な構造ではない。

歴史や伝承をできるだけ遡ってみても、あるいは、それらを越えた神話の世界を展望してみても、両民族のあいだにはつねに敵愾心が存在していた。そしてほとんどの場合ヌアーの側が侵略者であった。彼らにとっては、ディンカを襲撃することは正常な状態であり、義務でもあった。旧約聖書のエサウとヤコブの話のように、彼らは、こうした状態を説明し正当化する神話をもっている。〔エサウとヤコブ　旧約聖書創世記第二五章、イサクとその妻リベカのあいだに生まれたふたご。神は妊娠中のリベカに次のように言った――「二つの国民があなたの胎内にあり、二つの民があなたの腹から別れて出る。一つの民は他の民よりも強く、兄は弟に仕えるであろう。」（日本聖書協会訳による）後にエサウは、弟のヤコブに、一杯のあつものと引き替えに長子の特権を譲った。〕この神話のなかで、ヌアーとディンカは神の二人の息子として現われる。神はディンカに年とった雌牛を、ヌアーには仔牛を与えることを約束した。ところが、ディンカは夜陰に乗じて神の牛舎にやってきて、ヌアーの声を模して仔牛を手に入れてしまった。欺かれたことを知った神は大いに怒り、ディンカの牛を未来永劫にわたって略奪し権利侵害の復讐をすることをヌアーに命じた。ヌアーにはよく知られているこの神話は、二つの民族のあいだの政治的関係を反映しているのみならず、両民族の特性をも説明している。ヌアーは武力を使って、堂々とディンカを襲撃し、牛を略奪するのに対して、ディンカは盗んだり、策略を用いてとったりする。ヌアーは皆、ディンカのことを盗人と考えており——そう考えるのも当然である——、もし、ルアン・デンにあるデン・ディットのやしろの管理人をしていたディンカ人が、一九〇七年にK・C・P・ストリュヴェ氏に語った内容に信をおくとすれば、ディンカ人自身もこの非難を認めているようである。雌牛と仔牛についての神話を話してくれたあと、このディンカの男は「今日まで、ディンカ人はつねに盗みをして生きてきたし、ヌアー人は戦争によって生きてきた」とつけ加えた[*26]。

牧畜と同じように、戦いはヌアーの男たちの主活動の一つとなっており、最大の関心事の一つでもある。牛を略奪するためにディンカ族を襲撃することは、彼らにとっては大きな娯楽である。実際、ディンカを指すジャーンという語は、ヌアーが常習的に襲い、捕虜をとってくるすべての民族について用いられる。少年たちは、大人に混じってディンカ襲撃にいける日を待ち望んでおり、成人式をすませるや否や、富と、戦士としての名声を手に入れるべく、ディンカ襲撃のプランを練る。どの部族も少なくとも二、三年に一度はディンカを襲っており、したがって、ディンカ族の領土のどこかが毎年侵略されていたものと考えられる。当然、ヌアーはディンカを軽蔑しており、ディンカは戦さの技術も勇気もまるでもちあわせていないと言って、彼らの戦闘能力の無さを嘲るのである。クル・ジャーン、つまりディンカとの戦いは、勇敢さを試すための試練としてはとるに足りないから、盾をつけたり、不測の事態を予想したりする気づかいはまったく必要がないと考えており、クル・ナス、つまりヌアーどうしで戦うときの危険性と対比する。こうした大言壮語は、ヌアーの不屈の勇気や軍事的成功によって裏づけられている。

もっとも初期の旅行家たちの記録によると、ヌアー族はナイル川の両岸を占拠していたことになっている。しかし、ゼラフ・アイランド全域はかつてディンカ族の領地であった可能性があり、また、ゼラフ川からピボール川にかけての全域と、川沿いにすむアニュアク族の居住地を除くソバト川の北側のシリュク族の領域の境界域からエチオピア高原にいたるまでの地域は確実にディンカ族の領地であった。この状態は、一九世紀中頃、二方向にわたるヌアーの侵略で、ソバト川の南と北がヌアーに占領されるまで続いた。このことは、ヌアー、ディンカ双方からの証言、系譜や年齢組によって照合した証拠、それに旅行家たちの記録等によって知ることができる。旅行家たちの記録は、両民族のあいだにたびたび戦いがあったこと、近隣諸民族のなかでヌアーが卓越した地位を占め周囲の諸民族から畏怖されていたこと、そして彼らの勇敢さや戦士ぶりなどについて、しばしば言及している。[*27] 敵を全滅させるというよりもむしろ合併・混血という結果に終ったらしい征服は、非常に短期間に行われ、しかも成功したので、ソバト川やフィルス川、アタル川沿いに散在しているディンカ人の住む少数の孤立地帯を除けば、この広大な土地は今日ではヌアーに占領されている。このような孤立した集団を別にしても、東ヌアーランドの村々には、ディンカ出身を自認している人々はたくさんおり、ディンカに起源をもつ小さなリニィジ集団はいたるところの村やキャンプに見出される。ディンカのいくつかの部族は南の同胞のところに避難したが、ここでもまたガーワル部族やロウ部族が彼らを襲撃し続けた。同様に、西ヌアー諸族も、境を接しているすべてのディンカの諸部族、とくに南と西側に位置していた諸部族を絶え間なく襲撃して精神的優越を勝ちとり、次第に境界地帯から後退させた。東側と同じように、ナイル川の西側でもディンカの捕虜が同化しており、どの部族にいってもディンカに出自をもつ小さなリニィジがたくさん見出され、ときにはこれらのリニィジが優勢をしめている地域共同体もある。すべてのディンカのうちで、ソバト川の南に住むンゴク部族だけが侵略を免れていた。これは、この部族が牛や牧草に恵まれていなかったためであろうと思われる。ただこの免除には神話上の是認も伴っているのであるが。また、アトウォット族もヌアー起源であるという理由で、ディンカ族のようには正規の侵略の対象とは考えられていないが、これはおそらく、遠隔地に位置していたためであろう。

ディンカ襲撃の時期としては、雨季の初めのこともあるが、だいたいは雨季の終り頃が好まれる。レーク部族の男たちは、襲撃のもようを次のように語ってくれた。南西部のディンカを襲ったとき、彼らはまず最初の夜はウォット部族の村の近くで眠り、二日目の晩は茂みのなかに寝たそうである。食糧はまったく携えていかず、途中、大急ぎでとった魚だけを食べながら、昼夜兼行の急ぎ旅をする。そして三日目の明け方、ディンカの村やキャンプを襲った。ディンカ人はほとんど抵抗しなかったが、牛を解き放ち遠くへ追いやろうとした。ディンカ人が全員逃げ去ってしまうまで、誰も牛を捕えなかった。退散してしまうと各人はできるだけ牛を捕獲した。いちいちつなぐ手間を省くために、尻に切傷を入れて自分の所有であることを示すこともあった。そうした後、牛を集めて敵の家畜囲いにつないだ。雄牛はふつう食糧にするために屠殺された。ディンカ人が援兵を集めて戻ってきた場合には、正面からぶつかりあう戦いになった。ヌアーは、三分隊に分かれて二、三百ヤードずつ離れて戦った。一つの分隊が戦っているときには、他の二分隊は戦さの形勢をみながら平行に並んで前進したり後退したりした。中央部隊の前方には斥候隊が配されており、彼らは、敵に近づき槍を投げつけ、そして本隊まで退いてくる役であった。

侵略者たちは、捕えた牛の乳や肉、略奪した穀物、それに魚などを食糧にして、普通数週間、長いときには乾季のあいだずっとディンカの土地に留り、占拠した家畜囲いを拠点にしながら、さらに遠くのキャンプにまで侵略の手を伸ばしていった。ヌアー族の移住はこうした方法で行われてきたらしい。つまり、ディンカの土地に永住して、組織的侵略を繰り返し、周辺の住民を次第に遠方へ追いたてていったのである。彼らは翌年また新しく侵略を再開し、その土地に住むディンカ人が親類縁者を頼って他部族へ避難して侵略者に自分たちの土地を明け渡すまで続けるのである。しかし、永住しようと思わないときには、十分戦利品を手に入れたと思う時点で引き揚げてきた。

敵地のキャンプを解散するときには、ヌアー人の平等・正義感をよく表わす慣行がみられた。つまり彼らは、襲撃が成功したのは全員の協力のたまものと考えて、戦利品を再分配するのであった。啓示をとおして襲撃を指示した予言者が、まず最初にキャンプを一巡して、自分が代弁者となっている精霊のために、各世帯から雌牛を一頭ずつ徴発する。この時期になると、各世帯とも五〇頭ほどの牛を所有しているから、一頭を精霊に供することは何でもない。そうしたあと、キャンプの牛全部が集められ、全員が競って牛の群れのなかにとびこみ、耳じるしをつけた。最初に牛を捕え、それを繋ぎ、耳じるしをつけた者が、その牛に対して絶対的な権利をもつ。牛のもともとの捕獲者は、自分の風よけの近くに牛を繋いでもらうという有利な条件は与えられるが、彼や彼の家族成員が不当にたくさんの分け前をとっているときには、他の人々がとるまでそれら全部に耳じるしをつけることはできない。予想されるように、こうした争奪戦では負傷者が続出した。なぜなら、二人の男が一頭の牛を争ったときには、その所有をめぐって棍棒で果し合いが行われるからである。このような場合には、槍は使ってはいけないことになっている。近隣キャンプの人々も、お互いの再分配競争に参加することもあったから、こうしたときには大変な騒ぎであったにちがいない。捕虜の男や婚姻可能な年齢の女、それに少年少女は再分配されずに、もともと彼らを捕えた人の所有になる。老女や赤ん坊は棍棒でなぐり殺され、襲撃の場が村であった場合には、その死体は燃えさかる牛舎や小屋の中に投げこまれた。捕虜はキャンプの中央に据えられ、女は夜になると、安全を確保するために縛られることもある。襲撃に行っているあいだは、性的交わりはタブーとなっている。また、捕虜と共に食事をすることも禁じられている。捕虜の少年は、ヌアー人のために水を汲むことさえできない。故郷に帰り、死霊のために雄牛一頭を供犠し、よそものが自分たちのホームステッドに入ったことを報告した後、はじめて彼らは捕虜と性的関係をもったり、食事を共にしたりすることができるのである。

次節で、ディンカ族以外の異民族との交流を述べるが、ヨーロッパ人による支配が始まるまで、恒常的な戦闘という形で表現されていた異民族との関係は、境界を接しているディンカの諸部族との関係だけであった。それらのディンカ諸部族の名前は、ここでは関係がないのでいちいち挙げることはしなかった。両民族のあいだの戦いは以前から続いており、ヨーロッパ人による支配がそれを覆すまでは、両者の関係は均衡状態に達していたと思われる（マルト＝ブリュンの地図を今日の地図と比べてみると、一八六〇年以後、部族の分布はあまりかわっていないことがわかる）。歴史時代の初期、つまり、一八四〇年頃から一九世紀末にかけて、ヌアー族は新しい牧草地を求めて四方に広がっていったようであるが、同時に牛の略奪も続けていた。牛の略奪は両民族のあいだの構造的関係にその因を求めることのできる攻撃的行動だが、牛疫が入ってきたことによって、ますます激しくなったことは確かである。

ディンカとヌアーとのあいだの関係は極度に敵対的であり、両者のあいだの戦いは確立した制度とさえ言うことができるものだが、それにもかかわらず、エジプト政府に対抗して戦うときには、ときおり結束したし、また合同で社交的な集まりを催すこともあった。飢饉の年には、ヌアーランドに移住するディンカ人も多くいたが、ヌアーは彼らを快く受け入れ、部族のなかに組みこんだ。平和時でも、捕虜になったり、移住した親類縁者を訪ねて、ディンカ人はヌアーの土地にきた。それに前にも述べたように、両民族のあいだでは一部で交易も行われていたようである。隣接したヌアー諸部族を結びつけている多様な一般的社会関係の絆は、ヌアーランドを横切り、さらにまた、異民族との折々にして危険な交流を通じてヌアーランドの境界の外側にまで細々と伸びているのである。

ディンカ諸部族はすべてジャーンのカテゴリーに入れられており、このカテゴリーは、他の異民族のカテゴリーよりもヌアー自身に近いと彼らは感じている。ディンカ以外の異民族とも、ヌアーは均衡のとれた敵対関係、いわば安定した対立関係に達しており、それは具体的にはときどき戦いとなって現われるのだが、ベイル族を除いて、これら異民族は、牛をまったく所有していないか、所有していてもごくわずかである。彼らは、一般にバルというカテゴリーに分類されている。もう一つのカテゴリーはジュルと呼ばれているもので、ヌアーが、自分たちの世界の外側に住むと見なしている諸民族である。このグループに含まれる諸民族は、牛をまったく所有しておらず、このなかには、ボンゴ＝ミッ諸族、アザンデ族、アラブ人、それにわれわれが含まれる。こうした分類はしているが、ヌアーは、これらの諸民族のほとんどに対して個別の名称をもっている。

ヌアーは、どの民族よりもディンカ族に親近感を抱いていることはすでに述べたとおりである。また、これに関連して、彼らは、すべての面において自分たちに近いディンカに対してもっとも激しく敵意をもやし、執拗に襲撃を繰り返してきたことにも読者の注意をうながした。その原因としては、ディンカが牛をたくさん所有していて、それを略奪することが容易だったことも確かにあるが、隣接諸地域のなかで、ディンカランドだけが、牧畜民にとってそれほど大きな生態学的障害となっていないこともその一因となっている。しかしもう一つ考えられることは、捕虜の

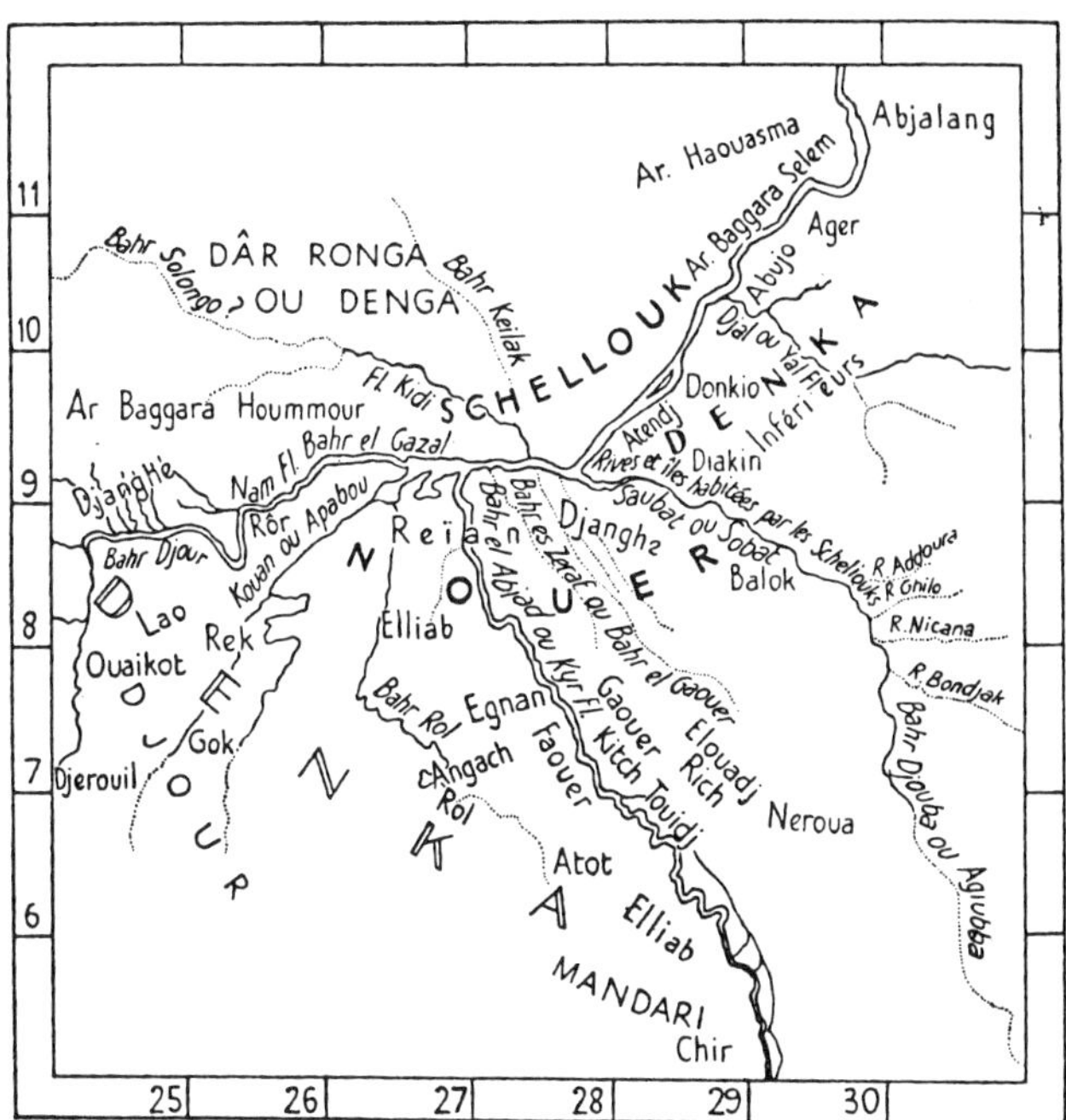

●1860年頃の部族分布（V. A. マルト＝ブリュン, *Nouvelles annales des voyages*, 1863による）

同化や、襲撃のあいまにもたれている両民族間の断続的な社会関係をも考慮すると、ヌアーとディンカとのあいだで行われるたぐいの戦いには、文化的類似性と価値観の近似性の認識が必要とされるようだということである。両民族のあいだの戦いは、単に利害の衝突というだけのものではなく、それは両者のあいだの構造的関係でもあり、このような関係では、双方ともに相手の感情や習慣をある程度のみこんでいるということが前提になっている。このように考えてくると、政治的関係のありかたは、ヌアー族と近隣諸民族とのあいだの文化的相違の度合いによって非常に強く影響を受けていることに気づく。生業形態、言語、習慣等において、自分たちに近ければ近いほど、ヌアーはその民族に親近感を抱くと同時に、容易に敵対関係にも入り、また、逆に融和することもできるのである。文化的な相違は、生態学的な相違、とくに、ある民族がどの程度牧畜民であるか、によって左右され、それは、土壌、水資源、害虫の有無等によって決まってくる。しかしながら、文化的な相違は生態学的状況を離れて、自律的に、あるいは歴史的な条件によって決まる部分も大きい。ディンカとヌアーとのあいだの類似性は、両者のあいだの構造的関係を決定する際の大きな要因となっており、同様に、ヌアー族と他の諸民族とのあいだの関係も文化的相違の幅に応じて決まってくる。文化的亀裂の幅がもっとも狭いのがヌアーとディンカとのあいだであり、ヌアー族とシリュク語族の諸民族のあいだでは、その幅はもっと広くなり、コマ族、ブルン族、ボンゴ＝ミツ諸族とのあいだではもっとも広くなる。

ヌアーは、彼らの集団の内部やあるいは文化的に非常に異なっている民族に対してよりも、文化的に類似した民族に対して戦いをしかける。社会構造と文化との関係はあまりよくはわからないが、次のことは言えるであろう。もし仮にヌアーがディンカを犠牲にして膨張し、彼らを略奪することができなかったならば、彼らは自分たちの内部でお互いに一層敵対的になっていたであろうし、そこから生ずる構造的な変化は、現在のヌアーランドに存在する以上の文化的多様性をもたらしていたであろう、ということである。これは思考を単純化しすぎているかもしれないが、少なくとも周辺に彼らに似た民族がいて、しかも略奪されるのを待っているかのような豊かな牛をその民族が所有している場合、彼らの攻撃的衝動を同胞からそらす効果があったことは確かである。他の牧畜民とも共有しているヌアーの攻撃的傾向は、ディンカに向ってそのはけ口を見出している。こうした事実は、ヌアー諸部族どうしの戦いが少ないことを説明しているのみならず、結果的に、ヌアーには規模の非常に大きい部族が多いことの説明の一つにもなっている。なぜなら、ディンカを襲撃するような執拗さで、各部族セクションが相互に襲撃を繰り返していたならば、現在彼らが保っている程度のまとまりでさえも維持することは不可能であっただろうからである。

9

ディンカ族が大部分の地域において緩衝の役割を果しているため、ヌアーはシリュック族とはほとんど接触をもたなかった。シリュック族と境界を接している地域においても、紛争は前線キャンプ間の小ぜりあいに限定されていたようである。よく組織され、一〇万人を越える人口を有する強大なシリュック王国を襲撃すれば、ディンカの諸部族を襲撃するときとは違って損失なしてはすまないが、ヌアーが、シリュク族を襲撃しないことのおもな理由としてあげるのは、それではない。「シリュクは牛をもたない。われわれが襲撃するのは牛をもっている民族だけだ。もし彼らが牛をもっておれば、攻撃をかけて牛を奪うだろう。彼らはわれわれのような戦いのやりかたを知らないのだから。」両民族のあいだには、現実的、あるいは神話的な敵意は存在しない。

同じシリュク－ルオ・グループに属するアニュアク族とは、南東の辺境で境界を接している。彼らは今日ではほとんど完全に農耕民になっているが、かつては牛を所有しており、ヌアーの述べるところによると、シリュクの土地よりもよい牧草地があるそうだ。約半世紀以上前に、ヌアーは、エチオピア高原の麓地帯までアニュアク族の土地を侵略したが、それを早々に放棄してしまった。アニュアク族はほとんど無抵抗であっただろうから、これはおそらくツェツェバエのせいであったろうと思われる。三〇年前頃まで、ヌアーはずっとアニュアク族を襲撃しつづけてきたが、この頃、アニュアク族はアビシニアからライフル銃を手に入れ、抵抗できるようになったばかりか、攻撃にまわることさえできるようになった。二度の敗北にもかかわらず、ついにアニュアク族はロウ地方にまで侵入することに成功し、そこで相手方に多数の死傷者を出させ、子供や牛をたくさん捕えた。この事件は政府軍の介入を招き、政府軍がピボール川まで南下してきて、一応の決着をみた。かつてアニュアクは、現在の彼らの分布地域よりもずっと西方にまで広がっていたことを示す数多くの証拠があるが、ヌアーによって後退させられたか、あるいは同化されてしまっている。

ヌアーがかかわりをもつ上記以外の諸民族については、その相互関係が政治的な重要性をほとんどもっていないため、ごく簡単に記すにとどめておく。南東に住むもう一つの隣接民族はベイル（ムルレ）族である。しかし私の知るかぎり、ヌアーはこの民族をあまり攻撃しなかったようであり、ベイル人を知る少数のヌアー人は、彼らを熱心な牧畜民であるとして尊敬している。ヌアーランドの北東部では、数十年間にわたって、ガージャク部族がエチオピアのガラ族とかかわりをもっていた。彼らの関係は平和的であったらしく、両者のあいだにはある程度の交易が行われていたらしい。両者のあいだに摩擦が生じなかったことのおもな理由として考えられるのは、彼らを隔てている死の回廊地帯の存在である。ガラ族が居住地としている高地を下りると、彼らはたちまちマラリヤにやられてしまうし、一方、ヌアーの側が東に移動すると、エチオピア高原の麓をとりまくツェツェバエ地帯で敗退することになった。ガージャク部族は捕虜を求めて、ブルン族やコマ族（両者をまとめて曖昧に「ブルン」と呼ぶこともある）を襲撃したが、ブルン側は人数も少なく、組織化されてもいなかったので、抵抗することも報復することもできなかった。北西部では、ジカニィ諸部族やレーク部族、ブル部族がアラブ人やヌバ山脈中の村を襲撃した。ジュル・ポンセの記述から察すると、今日でも生じている乾季のあいだの水や牧草地をめぐるヌアー人とアラブ人との紛争は、ずっと昔から続いていたようである。[*28]

一八二一年にムハメッド・アリが北部スーダンを征服して以来、南部スーダンの諸民族を悲惨で破滅的状態におとしいれたアラブ人の奴隷・象牙商人は、ヌアーにはほとんど被害を与えなかった。アラブ人たちはときどき川沿いの村を襲うこともあったが、内陸部にまで深く侵入してきたという記録は見あたらない。アラブ商人たちの略奪の被害を多少なりとも蒙ったのは、襲撃を受けやすい地理にあったゼラフ川諸部族の一部だけだったようである。いかなる地域についてもヌアーがアラブ人との接触で甚大な被害を蒙ったということは、私には信じ難い。[*29] エジプト政府や、その後一八二一年から世紀末までスーダンを支配したと言われているマーディスト政府がヌアー族を統治したことは一度もなく、彼らがヌアーランドの周辺の地に設置した川沿いの駐屯所からヌアーを支配したということもない。ときたまヌアー人がこれらの駐屯所を襲撃したり、逆に襲撃をうけたこともあったが、[*30] 概して彼らはそれらとは無関係に生きていたと言うことができる。

こうした関係は、アングロ‐エジプト政府軍がスーダンを再征服し、新しい政府を樹立した後も続いた。大きな民族のうちでは、ヌアーはもっともおくれて統治機構に組みこまれており、一九二八年までは、この地方に対する政府の行政も大した効果があったとは言えない。この年の前年まで、政府はときたまパトロール隊を出していたが、それはヌアー人を遠ざける結果におわっていた。この土地の自然条件は、コミュニケーションを困難にし、土地自体のなかに駐屯所を設けることをも阻んだ。それにヌアー自身も、周辺に設置された駐屯所と接触する意志をまったくもっていなかった。支配はほとんど及ばず、政府の政策を強制することも不可能であった。[*31] もう一つの難点は、外地を旅行した経験のあるものやアラビア語の話せるものが、ヌアー人のなかにいなかったことである。たいていはディンカ人やアニュアク人が通訳やその他の資格でヌアー人の代弁を務めていたが、彼らはヌアーに対してはあらゆる種類の恨みを抱いていたはずだから、ヌアーの側でも当然彼らに対して不信感をもっていた。

ヌアー人の示す好戦性や無関心は、彼らの文化や社会組織そして性格に合致している。自己完結的で単純な彼らの文化、それに関心が牛に集中していることは、なぜ彼らがヨーロッパ人による革新を望まず、いわんやそれを受け入れようともしないか、そして、彼らにとってはすべてを失うことになる平和を拒絶したのか、を説明している。彼らの政治構造は、その形態においても持続性においても、均衡のとれた敵対関係にその基盤があり、政治構造を維持しようとすれば、近隣諸民族と戦いをする以外に方策はない。戦いに至上の価値をおき、過去の戦いの実績を誇り、自分たちの内部では普遍的平等主義を、他民族に対しては優越意識を根底にもっているヌアー人が、被支配的立場を進んで受け入れることはありえないことであり、また過去に経験したことでもなかった。彼らをもっとよく知っていたならば、より早い時期に、そして、それほどの偏見をもたずに、ちがった政策が施行されていたことであろう[*32]。

一九二〇年に、キャンプの爆撃や、機関銃攻撃を含む大がかりな軍事行動が東ジカニィ部族に対して行われ、人命・財産に非常な損害が加えられた。その後も機会あるごとに偵察隊が送りこまれてきたが、ヌアーは屈しなかった。一九二七年には、ヌオン部族が地方弁務官を殺害したし、ロウ部族も公然と政府軍に戦いを挑み、他方ではガーワル部族がドゥク・ファイユルの警察分駐所を襲撃するという事件が起こった。このため、一九二八年から一九三〇年にかけて、紛争をおこしている全域に対して長期間にわたる軍事行動がとられ、ヌアーと政府軍とのあいだの激しい戦闘に終止符が打たれた。自ら被害を蒙ることなく、またたいていの場合、自分たちの土地が侵されるといった経験をもたずに、長年にわたって近隣諸民族を侵略し続けてきたヌアーにとって、征服されるということは強烈な痛手であった。

10

ヌアーの時間の認識について述べたなかで、次の点を指摘した。すなわち、時間の一方の領域における彼らの時間認識の体系は、広い意味では、諸活動そのものや諸活動を示すのに便利な照合点となる自然の変化、あるいは、彼らにとって特別な意味をもつ生態学的なリズムの諸様相を概念化したものであること、そして、もう一方の領域における時間認識の体系は、構造的な諸関係の概念化であって、そこにおける時間の単位は、構造的空間の単位と整合している、ということであった。これらの構造的空間の単位については、政治的な、つまり地域的な側面から簡単に述べ、生態学的諸要素が地理的分布、ひいては、地理的分布に付与されている価値に与える影響——諸価値の相互関係が政治体系なのであるが——にも注目してきた。しかしながらこの政治体系は、これまでわれわれが述べてきたように単純なものではない。というのは、そこに与えられている諸価値が単純なものではないからである。そこでこれまで避けてきた厄介な問題のいくつかをとりあげてみようと思う。まず最初に、ヌアーがチエンと言うとき、どういう意味でそれを用いているかを検討してみよう。

価値は言語という衣をつけて行動を規制する。ヌアーが自分のチエンとかドルとかゴルと言うとき、それによって彼は構造的距離に対する自分の感覚を概念化していると同時に、自らを一つの地域共同体に結びつけているのである。そして、そうすることによって、彼は同じ種類の他の共同体からは自らを切り離している。チエンという語を検討すれば、ヌアーの諸地域集団、というより社会集団全般に共通するもっとも基本的な特徴の一つが浮かび上がるであろう。それはつまり、構造的な相対性である。

ヌアー族が「自分はどこそこのチエンの者だ」と言うとき、彼は何を意味しているのであろうか。チエンは「家(ホーム)」を意味するが、その正確な意味は、それが話される状況によって変ってくる。もしドイツでイギリス人に出会って彼のホームはどこかときけば、それはイギリスだと答えるであろう。ところが同一人物に、ロンドンで会って同じ質問をすれば、彼はオックスフォードシャー州と答えるかもしれない。しかし同州で彼に会い、再度同じ問いを出すと、今度は自分の住んでいる町や村の名前を挙げるであろう。そして、その町の中で同じ質問を受ければ、彼は通りの名前を告げるであろうし、通りで会えば、自分の家を指すであろう。ヌアーについても同じことが言える。ヌアーランドの外で尋ねれば、彼は自分の家は、チエン・ナス、つまり、ヌアーランドと言うであろう。自分の部族の住む土地を指してチエンと言うかもしれないが、この場合にはロルという表現の方がより一般的である。もし部族の土地で会ってチエンをたずねると、質問の内容に応じて自分の村とか部族セクションの名前を挙げるであろう。普通、三次セクションもしくは村の名前を言うことが多いが、ときには一次セクションや二次セクションの名前を挙げることもある。そして村で会えば、自分のハムレットの名前を述べるとか、ホームステッドもしくはホームステッドの位置する村の一画を指すであろう。このように、村外において、「ワ・チエンダ」(家に帰ろうとしている)と言えば、それは村に帰ろうとしていることであり、村内であれば、それは、自分のハムレットに帰るところであり、ハムレット内であれば、自分のホームステッドを意味するのである。したがって、チエンは、状況に応じて、ホームステッド、ハムレット、村、そして様々の次元の部族セクションの意味になる。チエンという語に多様な意味が付されているのは、言語的に矛盾があるためではなく、この語が指す集団価値の相対性によるものである。構造的な距離に付随するこうした性格を初めの段階で強調するのは、これから述べようとする諸々の社会集団についての理解にそれが必要だと思われるからである。一度それを理解すれば、記述内容に明らかな矛盾があっても、それは構造そのものに起因する矛盾であり、いわばその属性であることがおわかりいただけるであろう。ここでは、地域集団にあてはめて、この問題を紹介するにとどめ、より詳しくは次章で扱うことにする。また、リニィジや年齢組についてのこの点の考察は、第五章および第六章で扱う。

人は、同種類の他の集団の成員ではないという資格によって、一つの政治集団の成員としての資格を得る。彼は他集団を集団として見るが、それらの集団の成員も彼のことをある集団の一員としてみる。彼と他集団の成員との関係は、関与している集団のあいだの構造的距離によって決まる。しかしながら、彼がその集団のある分節の成員であって、しかもその分節が集団から独立し、かつ同集団内の他の分節と対立しているかぎりにおいては、彼は自分がその集団の成員であるとは考えない。かくして、彼はある集団の成員でありえながら成員ではないということになる。

これは、ヌアーの政治構造の基本原理である。このため、他の部族との関係においては、彼は自分の属する部族の成員だが、部族内の同種類の他の分節との関係においては、彼は部族の成員ではない。同様に、他の分節との関係においては、彼は自分の属する部族分節の成員だが、その分節のなかの他の村との関係においては、その分節の成員ではない。したがって、すべての政治集団に共通する特徴の一つは、内部諸分節がつねに分裂・対立する傾向をもつことであり、もう一つの特徴は、隣接したより大きな政治分節と対立するときには、同列にある他集団と融合する傾向をもつことである。このように、構造的にみれば、政治的諸価値はつねに矛盾する傾向を示すのである。一方の価値は、人をある集団に帰属せしめるが、他方の価値は、その集団内にあって他と対立している一分節に彼を帰属させるのである。そして、具体的に彼の行動を決定する価値は、彼の置かれている社会的状況によって決まる。なぜなら、他集団との対立においてのみ、彼は自分がある集団の成員であることを認識するからであり、彼が他の集団の成員をみるときには、その集団の内部がいかに多くの対立する分節にわかれていようとも、社会的にまとまった一つの集団の成員とみなすからである。

したがって、二〇五ページの図は、非常に簡略にしかも形式的に政治構造を示したものにすぎない。政治的諸関係は相対的かつ動的なものであるため、図解することは容易なことではない。せいぜいある状況下ではある価値に沿う傾向があることを示すことができるだけである。そしてこの価値を決めるのは、その状況を作りだしている人々のあいだの構造的関係である。というわけで、ある人間がある紛争に加わるかどうか、加わるとすれば、どちらに味方するかは、それにかかわっている人々のあいだの構造的関係、および彼自身と両紛争集団とのあいだの構造的関係による。

ヌアーの政治構造について、もう一つ重要な原理を述べておかなくてはならない。それは、地域集団が小さくなるほどその成員を結びつけている感情が強くなるということである。部族員としての感情は、その分節の成員としての感情よりも弱く、分節成員としての感情はまた、分節を構成している村の成員としての感情よりも弱い。論理的にもこれは予想されることである。なぜなら、同種類の他の集団との対立が、集団内の結束を生みだす役割を果しているとすれば、その集団を内包している、より規模の大きい集団の結束力よりもその集団の結束力の方が強いことは容易に推測されることだからである。他方、これもまた明らかなことだが、集団が小さくなればなるほど、その成員のあいだの交流は緊密かつ多様なものとなり、より協同的になる。部族のように大きい集団だと、成員間の接触はごく稀で、協同的行動もときたま行われる軍事的遠征に限られてくる。村のように小さい集団の場合には、協同的性格を帯びた日常の居住にもとづく接触はもとより、成員は、父系、非父系、姻族の緊密な紐帯によって結ばれており、その結びつきは互助的行動に表われている。こうした結びつきは、集団が広がるにつれて数も少なくなり、疎遠になる。政治集団の統合度は、非政治的な絆の数と強さに依存していることは確かである。

そして、もう一つ述べておかねばならないことは、政治的な現状が混沌とし、矛盾しているということである。混沌としているというのは、政治的な現状と政治的な価値とは一致する傾向は示しているものの、政治的な脈絡においてさえ、それらはつねに一致しているとはかぎらないからであり、そしてまた、政治的なものとはちがった種類の社会的紐帯が、ときには政治的現状を強化し、ときにはそれに逆らって、同じ領域で作用しているからである。矛盾しているというのは、政治構造が相対的であるために、政治的な現状を決定する価値そのものに矛盾があるということである。したがって、政治構造のダイナミズムと相対性が理解され、さらにまた政治構造と他の社会諸体系との関係が考慮されてはじめて、政治的な現状には一貫件があることが明らかになってくるのである。

第四章　政治体系

1

ヌアーの諸部族はいくつもの分節に分かれている。各部族の最大分節を一次部族セクションとよぶことにするが、これらはさらに二次部族セクションに分かれ、それはさらに三次部族セクションに分かれている。経験的にみると一次・二次・三次という三段階の区分を設ければ部族の概念規定上十分であり、また、非常に小規模な部族の場合には、もっと少ない区分で事足りるであろう。三次セクションは、多数の村社会を包含しており、村社会は、親族・共住集団で構成されている。

こうして、ロウ部族は、次ページの図のように、グンとモルの二つの一次セクションに分節している。グン一次セクションは、ルムジョクおよびガートバル二次セクションに分かれている。ガートバル二次セクションは、さらにレンとニャルクワッチの三次セクションに細区分される。ここに示したのは、こうした連鎖した分節のごく一部である。実際には、ガーリエク二次セクションはニャークとブスに分かれ、ルムジョクはファルケル、ニャジカニィ、クワッチギエン等の三次セクションに分節しているなど、分節はこれ以外にも続いている。

次ページの図は、東ガーグワン部族の一次セクション、および東ガージャクとガージョク両部族の一次・二次セクションを示したものである。私は、自分の知識のおよぶかぎりそれらを正確に記したつもりであるが、ヌアーの部族区分の複雑な体系を解明することが困難な作業であることをよく承知している人なら、あるセクションの名前がこの図のものとはちがっていたり、ある

ロ ウ 部 族

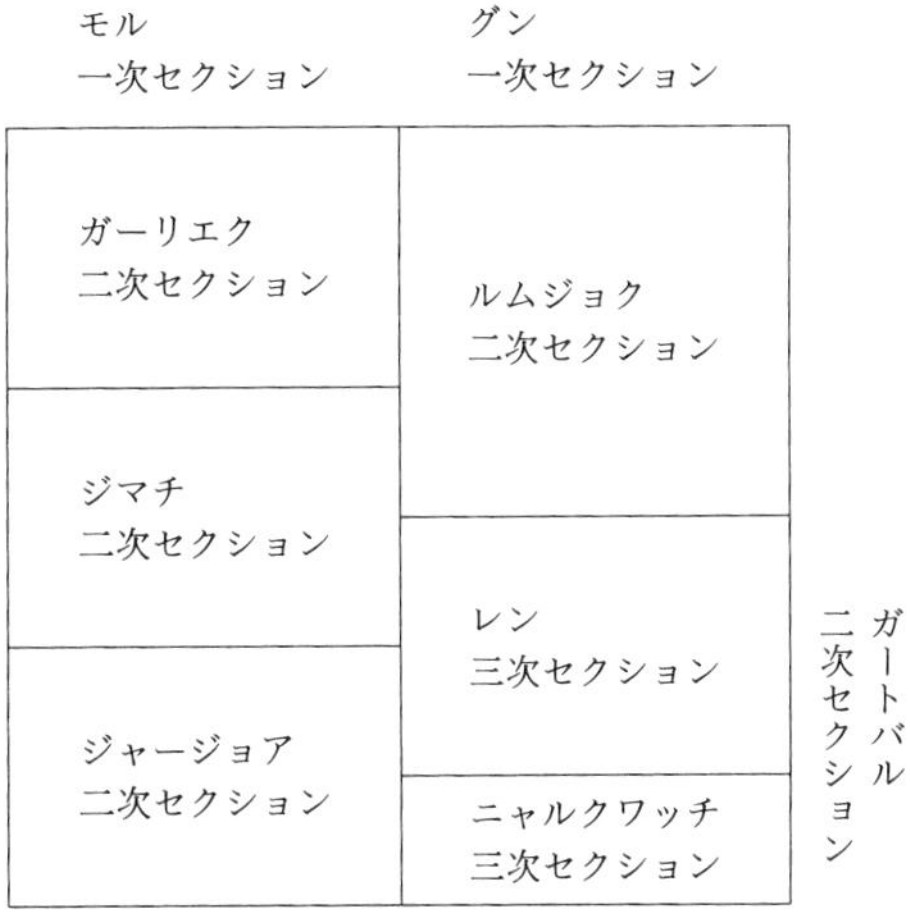

モル 一次セクション	グン 一次セクション	
ガーリエク 二次セクション	ルムジョク 二次セクション	
ジマチ 二次セクション	ルムジョク 二次セクション	
ジマチ 二次セクション	レン 三次セクション	ガートバル 二次セクション
ジャージョア 二次セクション	レン 三次セクション	ガートバル 二次セクション
ジャージョア 二次セクション	ニャルクワッチ 三次セクション	ガートバル 二次セクション

東ジカニィ諸部族

	ガージョク部族	ガーグワン部族	ガージャク部族	
ラーン一次セクション	シウル二次セクション	ガートチカ一次セクション	ニャヤン[*33]二次セクション	ガーグウォン一次セクション
	ドウォン二次セクション		チャニィ二次セクション	
	クウィス二次セクション		ワウ二次セクション	
ワンカッチ一次セクション	ミニャール二次セクション	ニンゲー一次セクション	コン[*34]二次セクション	レン一次セクション
	ワン二次セクション		チョル[*35]二次セクション	
	ニャソル二次セクション		ディレアク[*36]二次セクション	
ヨル一次セクション	ブウォット二次セクション	ニャーン一次セクション	タル二次セクション	シアン一次セクション
	クワル二次セクション			
	イーチ二次セクション		カン二次セクション	
	チャム二次セクション			
	クウル二次セクション		ロニィ二次セクション	

いはまた、除外すべきではないと思われるセクションが除外されていても、あまり驚きはしないであろう。私はガーグワン部族を訪れたことがないので、その部族の二次セクションについてはよく知らない。

西ジカニィ諸部族のあいだでは、ガーグワン部族は、バハル・エル・ガザル川の両岸に分布するガージョク部族の一部として分類されているらしい。そしてガージャク部族はこの川の南に住んでいる。これら両部族の一次セクションであるガーグウォン、レン、シアン、ラーン、ワンカッチ、ヨルという分類は、西ジカニィ地方でも東ジカニィ地方におけるのと同じだが、ソバト川の北側で重要な位置を占めているいくつかの二次セクションは、バハル・エル・ガザル川沿いでは、ごく小さな集団を除いては見出せないし、その逆の場合もある。これは、リニィジによって、東へ移住したり、あるいはそのまま故郷にとどまったりしたリニィジがあったことによる。

他のヌアー諸部族の分節も、ロウ部族やジカニィ諸部族と同じ型を踏んでいることがわかったことや、別の新しい調査に興味を抱いたこともあって、私は他の諸部族の分節については詳しいリストを作らなかった。けれども、ガーワル、ラク、シアンの部族分節の図を次に挙げておきたい。これはかつてゼラフ川地区の弁務官をしていたB・A・ルイス氏の御好意で得られたものである。

おわかりのように、この図は各部族の諸セクションを網羅しようとしたものではなく、次節で述べる部族分節とリニィジとの関係がより明確に把握されるように、その分節のありかたを示そうとしたにすぎない。

ガーワル部族

ケルファイル二次セクション ニャダクウォン二次セクション	バン三次セクション ジャモグ三次セクション	リド二次セクション
ペル二次セクション ニャイグア二次セクション ジセイプ二次セクション	チャーム三次セクション ガトクワ三次セクション	ガトクワ二次セクション

ラク部族

ジェニャン一次セクション　クワッチブル一次セクション

クドウォプ二次セクション	ニャワル三次セクション ドングリアル三次セクション	トブト二次セクション
ニャピル二次セクション	シアン三次セクション カル三次セクション チュアク三次セクション	ラク二次セクション

シアン部族

リア一次セクション　バン一次セクション

ジュアク二次セクション	グル三次セクション ベディド三次セクション	ニャングル二次セクション
マニャル二次セクション	ドウォン三次セクション	
ギーン二次セクション	クウォス二次セクション チュオル二次セクション	

2

部族内の諸分節は、部族自体のもつ諸特徴の多くをそなえている。各分節は、固有の名称、共通の感情、特定の居住領域をもっている。通常、一つのセクションは、幅の広い灌木林あるいは川によって他セクションからはっきりと区別されている。また、一つの部族の諸分節は、一一三—一一五ページの略図で示したように、乾季には牧草地を求めてそれぞれ別方向に移動する。だから、雨季のあいだの空間的区分は乾季においても維持されているばかりか、むしろそれが目立つのである。しかし、すでに指摘したように、ナイル川以東の大規模な部族においては、ナイル川以西の小さな部族にくらべて、自然条件の苛酷さゆえに、より緊密な相互関係が保たれているようである。

部族分節が小さくなるほど、その居住領域は狭くなる。それと同時に成員間の接触もより密なものになり、また彼らの一般的な社会的紐帯も多様かつ親密になり、したがって連帯意識も強まる。後述するように、部族分節は、その部族における優越クランの一リニィジを中心に凝集しており、分節がすすむほど、このクラン分派の成員間の系譜関係は近いものになる。また、分節が小さくなるほど、年齢組体系が人々の行動を規定し、分節内において協同的行動をする度合いも大きくなる。このように、政治的な統合力は、政治的距離の大小によって異なるばかりか、他の種類の構造的距離の作用によっても変ってくるのである。

各分節はそれ自体さらに分節しており、その各部分のあいだには対立関係がある。一つの分節の成員は、同列にある隣接諸分節との戦いにおいて団結し、また、より上位のセクションとの戦いでは、これら敵対している隣接諸分節が同盟を結ぶ。自分らの政治的価値を表現する際、ヌアー自身この構造原理をはっきりと表明する。彼らの言うところによれば、もしもロウ部族の三次セクションであるレンが同じく三次セクションのニャルクワッチと戦うならば——事実、両者のあいだには長期にわたって報復闘争が続いている——、両分節を構成している村々は団結して戦いに臨むであろう。しかし、最近ファディンで水利権をめぐって起こったように、レンとニャルクワッチ三次セクションとルムジョク二次セクションとのあいだに紛争が起きると、レンとニャルクワッチは、彼らの共通の敵ルムジョクに対して同盟を結ぶ。無論、ルムジョクの側でも傘下の諸分節を糾合するであろう。もし、モルとグン一次セクションとのあいだで戦いがあれば、ルムジョクとガートバルは団結して、ガーリエク、ジマチ、ジャージョアが団結したモル連合に対抗する。ガージョク部族あるいはガーワル部族と戦うことになれば、グンとモルは理論上はとにかく連合し、こうして大同団結したロウ部族は共同戦線をはる。両セクションは同じ政治集団に属し、それらの優越リニィジは同一クランに属するからである。事実、この両セクションは、ディンカ族襲撃の際にはよく団結したものであった。

東ガージョク部族のあいだでは、ミニャール、ワン、ニャソルの諸セクションが提携してヨルにあたる。シウル、ドウォン、クウィスの諸セクションも戦いに際しては団結する。部族内諸セクション間のこうした紛争や、そこから生じる報復闘争は、地域原理に立脚しているものだが、多くはリニィジをめぐる問題として現われる。地域分節とリニィジ分節とのあいだには緊密な関係があって、ヌアーは習慣的に、社会的義務を親族関係の用語で表わすからである。だから、他セクションと戦うときにはワンカッチ一次セクションとヨル一次セクションは団結するだろう、という内容のことを語ってくれたとき、彼らはそれを次のように表現した。つまり、これら両セクションの優越リニィジである〈ワンカッチ〉リニィジと〈ヨル〉リニィジは、それらの祖先が同じ母から生まれた兄弟だったから団結するのだと言うのである。第五章では、ヌアー人は、一般にこうした親族用語を用いて語ることをみていきたい。

こうした分節化の原理と、諸分節のあいだの対立は、部族のすべてのセクションに共通してみられることであり、それは部族の範囲をこえて部族間の関係へも及んでいる。とくに、小規模な西ヌアー諸部族においては、ディンカ族を襲撃したり、あるいはお互いに戦ったりするとき、ナイル川以東の大規模な諸部族よりも、容易にそして頻繁に団結する。このことを、ボル部族のファダン・セクションに属する男は、次のような例を示しながら語ってくれた。「われわれはレンギャンと戦う。しかし、どちらかが第三者と戦うときには彼らと連合する。」ヌアー自身仮定的にこうしたことを述べることができるが、それを次のように図式化すればわかりやすいだろう。

次ページの図において、Z^1がZ^2と戦うときは、他のいかなるセクションもこれにまきこまれることはない。しかし、Z^1がY^1と戦うときには、Z^1とZ^2は団結してY^2となる。Y^1がX^1と戦うときにはY^1とY^2が団結し、同様にX^1もX^2と団結する。X^1がAと戦うことになると、X^1、X^2、Y^1、Y^2のすべてのセクションが団結してBとなる。そして、Aがディンカ族を襲撃するときには、AとBは団結するであろう。

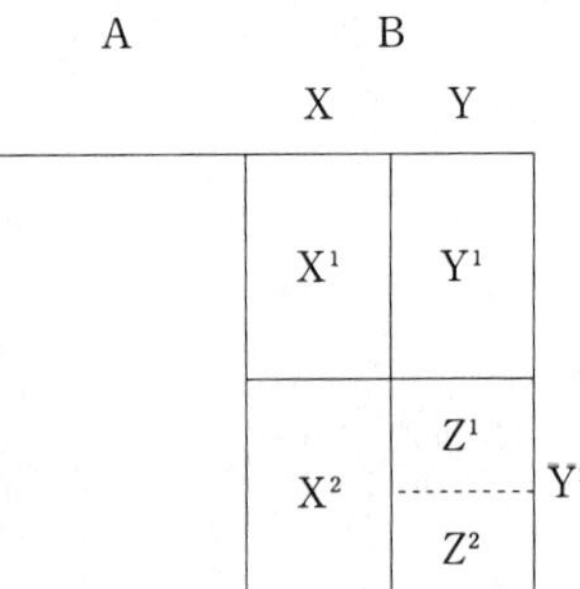

規模の大きなセクションは、ほとんど完全に自律集団となっており、敵対関係や同盟関係においてもそのように行動した。諸セクションは、あるときにはお互いに戦い、あるときには第三者と戦うために結束した。しかしながら、こうした団結は、彼らが私に説明してくれたように、あるいは、これまで私が述べてきたように、つねに規則通りにはいかなかったし、また単純でもなかった。以下に、実際の部族セクション間の戦いの例を二、三挙げてみよう。ヌアーの歴史上、もっとも悲惨な戦いの一つは、ロウ部族の半族どうしであるグンとモルとのあいだで前世代に起こった戦いであろう。この戦いはハイエナを跳梁させた戦争、クル・ルニィ・ヤクとして知られている。こう呼ばれるのは、この戦いではあまりにも多くの人々が殺されたた

め、ハイエナの餌食になるがままに死体が放置されていたからだという。この戦闘では、人々は異常なまでの残忍性を発揮し、象牙の腕輪を手早くとるために腕を切り落とすことさえしたと伝えられている。もっと最近になっては、ロウ部族の三次セクションであるレンとニャルクワッチとのあいだの長期にわたる報復闘争があり、これは現在まで続いている。この報復闘争は、かつてニャルクワッチの下位分節であったヨルとシアンとのあいだの先の戦いに端を発している。レンとヨルにおけるそれぞれの優越リニィジの祖先は兄弟の関係にあり、一方、シアンの優越リニィジの祖先は、これら兄弟にとっては姉妹の息子の関係にあった。ながいあいだ、ヨルとシアンは友好的に暮らしていたが、三〇年ほど前に戦いが起き、敗れたシアンは逃げてレン・セクションに保護を求めた。ヨルはレンにメッセージを送り、自分たちの敵を受け入れたり、避難場所を提供したりしないようにと申し入れた。これに対して、レンは、〈レン〉リニィジの祖先は〈シアン〉リニィジの母方オジにあたるので、姉妹の息子に避難場所を提供しないわけにはいかないと返答した。こうした態度がヨル（ニャルクワッチ）を再び戦争へとかりたて、今度はレンとシアンの連合部隊を相手に戦うことになった。ロウ部族の報復闘争には、この他に、ルムジョク二次セクションの下位分節であるファルキルとニャジカニィとのあいだの戦いや、モル一次セクションの内部の様々な地域共同体間、とくに、ジマチ二次セクションの二つの下位分節のあいだの戦い等が挙げられる。

東ガージョク地方では、ヨル一次セクションとガーグワン部族が提携した。ガーグワン部族は自らをガージョク部族と同一視することが多かったようであり、ナイル川の西側におけると同じく、ここでも、両部族を単一の部族として扱ってもほとんど支障はないほどである。そして、これら両部族は、ガージャク部族のほとんどとは言わないまでも、そのいくつかのセクションと、広いマチャルの沼地帯によって隔てられている。ヨルはニャヤンと戦い、ガーグワン部族はレンやカンを相手に戦った。約半世紀ほど前、ガージョク部族の一次セクションのラーンとワンカッチとのあいだに長期にわたる報復闘争があった。ワンカッチは他方でヨル一次セクションとも戦っていた。このときには、盟友のガーグワン部族の助けを得てヨルが勝利をおさめたが、惨敗したワンカッチは南へ移住してピボール河岸まできた。彼らによれば、ここでまたトルク（アラブ人）の襲撃をうけたので再び北方へ移住して自分たちの故郷へ戻ってきた。しかし、この頃には彼らは勢力を消耗してしまっていたので、ヨルとの報復闘争を再開することはできなかった。こうした内紛があっても、ガージョク部族のいずれかのセクションがロウ部族と戦うことになり、敵対している相手のロウ部族のセクションにとてもかないそうにないとわかれば、ガージョク部族の全セクションは団結して、脅威をうけているセクションを応援する。東ガージャク部族の諸セクション間でも内紛があり、シアン一次セクションとレン一次セクションが報復闘争を行っていた。二つの部族がお互いに戦っているときには、他の諸部族は中立的立場をとる。もし一つの部族内の二つのセクションが交戦状態にあって、双方の勢力が均衡しており、応援を求めてこないかぎり、いずれの側の他のセクションも加勢しないで、戦うにまかせておく。スール女史のインフォーマントたちによると、二、三年前、ガージャク部族のヨル・セクションとガージャク部族のロニィ二次セクションとのあいだに紛争がもちあがったときには、双方ともに自力で戦う戦力があったが、もし、ロニィが自力で戦うだけの戦力をもっていなかったとしたならば、カンとかタル二次セクション、それにおそらくガージャク部族のその他のセクションもロニィを応援したであろうし、そうなると、ガージョク部族の側でもヨルを中心に他セクションが団結することになったであろうという。また彼らの述べるところによると、現在、ルルアー・セクションとワン・セクションとのあいだにもめごとがもちあがっているそうである。そしてワンカッチ一次セクションの下位セクションのあいだでも紛争が続いているが、もし、ルルアーとワンとのあいだに戦いが始まれば、ワンカッチの諸セクションは内部の不和を調停して合同し、ルルアーと戦いを交えることになるということである。

ナイル川以西の一般的傾向でもあるのだが、西ガージョク部族や西ガージャク部族は、東ガージョク部族や東ガージャク部族にくらべて規模が小さいのみならず、内部で団結することもあまりなかった。両部族ともそれぞれ、バハル・エル・ガザル川沿いで、頻繁にかつ激しい、部族内の報復闘争を繰り返していた。ガーグウォン一次セクションの下位分節であるガイと、同じくガーグウォン・セクションに属していてそれぞれの優越リニィジが同じ母から出ている他の二つの分節であるクウォスおよびボルは、激烈な戦闘を展開した。結局クウォスとボルのほうが敗れて南へ移住し、レンギャン部族の土地のクワッチに落ちついた。一方、ガイはレン一次セクションとも報復闘争をしており、この闘争のあとカルルアルの土地に移住した。ガージャク部族にはこの他にも多数の報復闘争があった。かつてガージョク部族はバハル・エル・

ガザル川の左岸にのみ居住していたが、現在右岸の方にも居住域を拡張しているのは報復闘争に起因する移住の結果である。

レーク部族は以前バハル・エル・ガザル川の右岸にまとまって居住していた。ところが当地において、ガニィ川の西側に住んでいた同部族の一次セクションのチュアーグとデンが、東側に住んでいたもう一つの一次セクションのケウンヤン（カルルアル）と戦い、敗れたため、バハル・エル・ガザル川を渡って左岸域に居住するようになった。伝えられるところによると、事の起こりはニャピル・セクションの何人かの貴族と、ニャワ・セクションの何人かの貴族が、歌に託してお互いに相手を罵倒したためだという。これらの歌が原因になって若者どうしの喧嘩へと事が発展し、両方で一人ずつ死者が出た。この結果、戦いはさらに続き、ついにデンとチュアーグは川を渡った。翌年、彼らは乾季を右岸で過ごすため、再びバハル・エル・ガザル川を渡ったが、村に戻るときにはケウンヤンの牛を追いたてきた。（しばらくして）六人の少女がキャンプ地の小屋に残してきた日用品をとりに帰ったところを、ケウンヤンの男たちに待ち伏せされて殺されてしまった。この行為は戦いの規則に著しく違反するものだと考えられた。なぜならヌアーは、同族の女を殺さないきまりになっていたからである。こうしたことが原因でデン・セクションは呪詛を唱えた。この呪詛によって、バハル・エル・ガザル川を越えてデンやチュアーグの土地に住んでいるケウンヤンの貴族、および南方に移住してケウンヤンの土地に住んでいるデンやチュアーグの貴族は、普通のやりかたで牛舎を建てることができなくなった。このため住居を移した貴族には、さらに呪詛がかけられて最初の二、三人は男の子しか生まれないことになった。殺害された少女たちのたたりである。政府軍がカルルアル（ケウンヤン）の土地を襲撃したとき、ケウンヤンの貴族の多くは川を渡ってデンやチュアーグの土地に住みついた。今日では、多数のデンやチュアーグの人々がケウンヤンの土地で乾季を過ごしている。これは、彼らの土地があまり良質の牧草に恵まれておらず、たいして栄養分を含まない沼草しか生えていないためである。

一方、これら一次セクションの内部でも報復闘争は続いていた。カルルアルの土地では、リアーグ、ゴム、ジオム、ニャーグ、ジクル、ングウォルの諸下位セクションが互いに頻繁に報復闘争を繰り返していた。こうした小ぜりあいの原因と結果とをいちいち列挙しても退屈であろうから、次の事実だけをはっきりさせておきたい。それは、これら小セクションが居住している村々――トゥットガル（ングウォル）、ニャン（リアーグ）、ニュエニィ（ジュアク）、コル（ジクル）等は、もっとも近い村からはほんの二、三マイルしか離れておらず、全部が半径五マイルほどの地域のなかに入っているということである。争いがもっとも頻繁に生じ、そこから報復闘争が展開するのは、こうした村と村、三次セクションと三次セクションとのあいだである。

もっとたくさんの報復闘争の例を挙げることもできるが、それはあまり意味がないだろう。なぜなら、これまで挙げてきた例だけで、ヌアーの諸部族は政治的統合を欠いていることが十分明らかになったからである。以上のことから、部族がその成員に忠誠を要求するのは、部族間で戦うときと、ディンカへ襲撃をしかけるときだけであると結論することができるであろう。平時には、人は、相互に多様な交流をもつ人々で形成している、ごく小さな地域集団の成員として、物事を考え、行動するのである。

3

政治構造における矛盾の原理を明確にするためにもう一度二五〇ページの図を利用してみよう。B部族のZ^2三次セクションの一成員は、Z^1との関連においては自らをZ^2の成員と見なし、彼以外のすべての成員もZ^1との関係ではそのように考えているし、Z^1の成員からもそのように思われている。しかし、Y^1との関係においてはZ^2ではなく、Y^2の成員であると自覚し、Y^1の成員からもそのように見なされる。同様に、Xに対しては、彼はY^2の成員ではなくYの成員であると考える。そしてA部族との関係では、一次セクションYの成員ではなくB部族の成員として自分を意識するのである。どの分節も同じセクションに属する他の分節との関係では自らを独立した単位と見なすが、他のセクションに対するときには一つに団結した単位となる。一つのセクションはその成員からみれば対立する分節から構成されていても、他セクションの成員には、それは分節化されていない単一の単位に映る。そのため、先に指摘したように、政治集団の定義にはつねに矛盾がつきまとう。なぜなら、それは、他集団との関連においてはじめて集団として成立するからである。一つの部族分節は、同種類の他の分節に対するときに政治集団となり、そして、こうした諸分節が合同して部族をなすのは、ヌアーの他の諸部族に対するとき、および、一つの政治体系をともに構成している隣接した異民族の諸部族との関係においてのみである。だから、こうした諸関係が作動していないときには、部族分節や部族の概念はほとんど意味をもたないものになってしまう。チエンという語を論じたときに指摘したのと同じことをここでも指摘することができる。すなわち、政治的諸価値は相対的なものであること、そして、政治体系は、分裂と融合、つまり、すべての集団が分節し、かつまたすべての集団が同次元にある他の分節と結合する、という相反する両傾向のあいだの均衡なのである。融合する傾向は、ヌアーの政治構造の分節的性格に内在するものである。というのは、集団はすべて対立する諸部分に分裂する傾向を有しているが、これら集団自体がより大きな分節体系の一部分をなしているから、他集団との関係においては融合せざるをえないのである。したがって、政治集団にみられる分裂と融合は同一の分節原理の表裏をなすものであって、ヌアーの部族とその諸分節は、これら二つの、矛盾してはいるが相補的な傾向のあいだの均衡関係として理解されるべきである。自然環境、生業形態、貧弱なコミュニケーション、単純な技術、乏しい食糧供給等——実際、われわれが彼らの生態学的環境と呼んでいるすべてのもの——が、ある程度までヌアーの政治的分節化の人口学的な特徴を説明しているが、分節化への傾向は、彼らの社会構造の基本原理として規定されねばならない。

したがって、すでに列挙した諸特徴にもとづく部族の形式的な定義にはつねにいく分かの任意性がつきまとっているはずである。政治体系は、最小の部族セクション内の諸関係から、部族間の関係、そして異民族との関係へと、順次拡大していく対立分節のすべてを含む。なぜなら、最小セクションの分節間の対立も、その表われかたはちがっていても、一部族とディンカの隣人たちとの対立と同じ構造的性格をもっているように思われるからである。ある集団を部族と見なすべきか、それとも部族の分節と見なすべきかの判断は、政治構造がダイナミックな性格をもっているために決して容易でないことが多い。血償の支払いの有無を分類の基本原則にして考えると、東ガージョク部族と東ガージャク部族とのあいだには殺人に対する賠償がないことから、別個の部族として分類されるのであるが、ロウ部族に対する関係では、両者は単一の共同体として自らを考えている。一方、ロウ部族の土地では一部族としての価値がいまだに部族全体に認められてはいるが、実際にはグンとモルの両一次セクションはほとんど自律的であり、たてまえとしては支払うべきであるとされている血償も、両セクション間で現実に支払われているかどうかは疑問である。ガージョク部族の一次セクションであるヨルとワンカッチとのあいだの報復闘争では、あまりに多くの人々が殺されたために、殺人に対する賠償はまったく行われなかったようである。他方、ロウ部族の予言者であるングンデンとグウェクの勢力が全盛期にあった頃には、ロウ部族とガージョク部族とのあいだでも一時期賠償が支払われたと私は聞いている。規模が比較的大きい部族の場合には、その諸分節は形式的には一体性を自認しているものの、部族としての現実的な凝集力はほとんどないと言ってよいだろう。それでも一部族としての価値は認められているのだが、現実の諸関係は部族内の一地域分節への忠誠にもとづいているため、部族としての価値と現実の諸関係は矛盾することがある。われわれの考えでは、一つの地域体系内の競合する諸価値間のこうした矛盾こそが政治構造の本質となっている。

ヌアーの部族というのは、地域的な分布のうちの一つに対して与えられる価値評価であって、この価値は部族内関係、部族間関係、および異民族関係のそれぞれに定型化された行動様式をとおして表現される。したがって、部族としての価値は相対的なものであり、順次拡大していく構造的諸関係のうちのある一つの広がりに対してつねに与えられてはいるが、その特定の広がりに必然的に付与されているものではない。しかも、今日一つの部族として呼んでいたものが明日二つの部族になるかもしれないという意味において一部族としての価値は相対的と言えるばかりでなく、一部族としての価値が行動を決定するのは、ある一組の構造的諸関係が作動しているときのみであるという意味においてもそれは相対的であると言うことができる。つまり、部族としての価値が作動するのは主として、部族を異にする分節間で、あるいは部族と構造的に同次元にある他の諸集団とのあいだで敵対行為、もしくは攻撃を挑発しかねない行為が行われるときである。部族がまとまって協同的諸活動に携ることはほとんどないし、それに部族としての価値が行動を決定するのは、諸社会関係のうちでも特定の限られた分野だけであって、しかもそれは一連の政治的諸価値のうちのたった一つにすぎず、他の政治的価値のあるものとは矛盾さえするのである。同様のことは部族の諸分節についても言える。以上のことから、ヌアーの政治集団について次のことを示唆しておきたい。つまり、ヌアーの政治集団を、価値によって定義する場合には、その集団内の諸分節間の関係および、ある社会的な状況下における社会組織のより大きな体系の一分節としての集団相互の関係に基づいて定義されるべきで、人々が生活しているある種の固定された枠組の一部分として定義されてはならない、ということである。

様々なレベルにおけるセクション相互の関係と、それらが集まって形成する全体的な政治体系とのあいだには相互依存的な関係があることは疑問の余地がないが、それを実証するのは容易なことではない。すでに述べたことではあるが、地域集団が小さければ小さいほど内的な凝集力は強く、その成員はお互いにより多面的な接触をもつ。逆に村から隣接諸部族へと輪を広げればそれだけ連帯性も弱いものになっていく。この点からすれば、二個の集団のあいだの対立は、それらの集団内部の諸分節間の対立よりも強いことが予想され、諸分節は、いわば、こうした外的圧力によって団結を保っていると考えてもよさそうであるが、事実はこの推測に一致しているとは言いがたい。というのは、上位の部族セクション間や部族間における敵対意識よりも、村間とか、村連合間、あるいは部族の三次セクション間における敵対意識のほうが熾烈のように思われるからである。部族単位で、またいくつかの部族が連合して行ったディンカ襲撃は、部族を統合する作用をもっていたであろう。しかし、ディンカはヌアーに対しては攻撃的ではなかったので、部族構造を維持してきたものとしては、外的圧力よりもむしろ部族内の下位分節間の対立関係を考慮しなければならない。もしこれが事実であるならば、というより、報復闘争の制度の考察は、これが事実であることを示唆しているのだが、われわれは次のような結論に到達するのである。つまり、分節内の成員相互の接触が多様かつ頻繁であればあるほど、その分節間の敵対意識もより熾烈だということである。この結論が一見いかに逆説めいて聞こえようとも、これは観察と分節体系を構成している諸要素についての考察から得られた結論である。

4

前節において、一部族内の地域共同体のあいだの長期にわたる相互の敵対関係を表わすのに報復闘争（フュード）という用語を用いた。意味が広く、少々曖昧でもあるが、この用語は慣用的に使われているようであり、それにまた、これから述べるように、殺人を犯したことの責任や、報復を強行する義務は、直接的には加害者と被害者側の父系の近親者たちに課されているのであるが、両当事者が属している共同体も、殺人に続く敵対関係や戦いに何らかの形で極めて頻繁に巻きこまれるという点からもこの用いかたは妥当と思われる。しかし厳密にはこの語は、殺人が生じた状況における両当事者の親族間の関係を述べるのに用いたほうがより適切であると思われる。というのは、そうした用いかたをすれば、特定の制度を指すことになるからである。したがって、このように限定され、より明確に規定された意味を強調したいときには、「血讐（ブラッド・フュード）」という言葉を使うことにする。

　血讐は部族内に限定された制度である。なぜなら、血讐は賠償を得る手段であり、違法行為が認識されるところでのみ起こりうるからである。事実、血讐を招くかもしれないという恐怖感が部族内ではもっとも効果的な法的抑制力となっており、同時に個人の生命・財産のおもな保証にもなっているのである。ある部族の共同体が他部族の共同体に対して殺人の仕返しをしようとすれば、それに続くのは報復闘争ではなく、れっきとした部族間戦争の状態であり、仲裁によって紛争を解決する手段はない。

　ヌアー人は好戦的なため頻繁に人が殺される。年配の人で棍棒とか槍の傷跡をもたない人はめったにいないほどである。あるヌアー人は、争いの原因になるものとして次のようなものを挙げた。牛をめぐるもめごと。雌牛や山羊が他人の畑のモロコシを食べ、被害にあった男がその動物をぶつこと。他人の幼い息子をなぐること。姦通。乾季における水利権。牧草権。所有者の許可なしに他人の持物、とくに踊りのための装飾品を借りること。ヌアー人は自分が侮辱されたと思えば即座に応酬し、感受性も強く腹をたてやすい。自分が被害を蒙ったと思っても彼らには、それを訴える公的機関がなく、またそこから賠償を得ることもできないため、彼らは、自分に不当行為を働いた人に対して直ちに決闘を挑むのである。だからその決闘は受け入れられねばならない。彼らには、他に紛争を解決する手段はなく、自分の勇気だけが攻撃から直接身を守ってくれるのである。親族関係とか年齢組における地位が武力に訴えることを禁じているときのみ、彼は自制する。まず最初に忠告をきくなどということは彼らの頭には浮かんでこず、それにたとえ誰かが忠告したとしても求めもしない忠告に耳を傾ける人など誰もいないであろう。きわめて幼少の頃から、子供たちは闘いによってすべての紛争を解決するよう年長者たちから教えこまれる。そのため、大人になってからは、闘いの技術はもっとも必要な技能であり、勇気は最高の徳であると考えるようになる。

少年たちは鋲のついた腕輪を使って闘う。同一村内や同一キャンプ地の男たちが闘うときには棍棒を用いる。近い隣人どうしが槍を使って闘い、誰かが殺されるようなことになれば、共同体は血讐によって分裂してしまうであろうから、それを避けるために槍の使用は習慣的に禁じられているのである。また、争っている当事者のいずれかと近親者であっても第三者は介入しないというしきたりもある。いったん闘いが始まると、他の人々が大声で止めながら両人を引き離し、そのあいだに分け入らないかぎり——よく見かける光景であるが——闘いをやめてはならず、どちらか一方がひどく傷つくまで続けなければならない。

村を異にする人々のあいだで闘いが始まると槍がもちだされる。両村の成人男子は全員が喧嘩に加わり、かなりの数の人命が失われるまで闘いは続く。ヌアーはこのことをよく承知しており、よほど腹をたてているのでないかぎり、近隣の村と争いを始めようとはせず、豹皮首長や長老たちにしばしば進んで仲裁を任せる。私は両村の長老たちの仲裁でこうした争いが回避されたのを見たことがあるが、もし若者たちが血気にはやっていれば、長老たちの仲裁もほとんど効果がなかったであろうことは明らかであった。今日では、政府軍に介入されるかもしれないという恐れが抑止力になって村間の闘いは少なくなっているが、それでも、私は、いくつかのキャンプや、部族セクションでさえもが闘いのために結集し、いまにも闘争がおこりそうになっているのを見たことがあるし、かつてはもっと頻繁に闘争が行われていたはずである。

部族間でもときどき互いに牛を略奪しあったが、部族間の闘いは稀であった。共同体どうしの闘争やそこから生じる報復闘争は、同じ部族組織に属する諸分節間に存在する政治的諸関係の一部である。これを、レーク部族の男は次のように語ってくれた。「われわれはわれわれどうしで闘うし、ガージョク部族の連中はガージョク部族のなかで闘う。われわれはガージョクの連中とは闘わない。われわれどうしでだけ闘うのだ。奴らにも奴らの闘いがある。」このような闘いで人が殺され、そこから血讐が始まる。しかしまた、部族内では仲裁によって紛争を解決する手段が残されている。

5

儀礼の詳細は省略して、血讐を解決するためにとる手続きを簡単に述べてみよう。ある男が人を殺すと、彼はただちに豹皮首長の家にかけこんで、自分の流した血を清めてもらい、自分の行為が招くであろう仕返しから保護してくれるように願い出る。死人の血は何らかの方法で加害者の体内に入りこむと信じられているため、死人の血が身体から外へ出てしまうまで、彼は食べたり飲んだりすることができない。加害者の体内に入った死者の血を外へ出すために豹皮首長は、漁業用のヤスを用いて、男の腕に、肩から肘にかけて一本または二本の切傷を入れる。加害者は首長に若雄牛もしくは雄羊か雄山羊を一頭献上し、首長はこれを供犠する。この儀式と腕につけた殺人者の印はビルと呼ばれている。殺害がわかると、死者の親族はただちに殺害者に仇討ちすることを企てる。なぜなら、復讐は父系親族をもっとも強く拘束する義務であり、すべての義務のうちでももっとも重要なものだからである。もし、殺人に対する報復手段をまったく講じようとしないならば、それは死者の親族にとって大変な恥である。殺害者の方は腕に切傷を入れてもらった瞬間から、最終的に紛争が解決するまで首長の家に客人として滞在し、そうすることによって彼は避難所を得るのである。というのは、豹皮首長は神聖な存在であるため、彼のホームステッド内では流血事件を起こしてはならないからである。復讐をうける危険性が非常に強いときにのみ首長に匿ってもらうということもあるが、首長の家に避難場所を求めるのは一般的な習慣になっているようである。

殺害者が首長の家に滞在しているあいだ、復讐者の側ではときどき見張りをつけ（ビム）、彼が聖域を離れるのを待って槍で刺し殺す機会をうかがっている。彼らは機会があればいつでも彼を殺すが、しかし、あまり執拗に機会を求めようとはしない。こうした状態は、首長が死者の親族と紛争解決のための交渉を始めるまで数週間続くであろう。というのも、首長の提案も、死者の喪明けの儀式がおわり、少々熱が冷めた頃でなければあまり好意的な返答はもらえないからである。交渉はごくゆっくりと進められる。首長はまず、殺害者側の親族（ジスンガ）がどのぐらいの頭数の牛をもっているかを調べ、賠償する意志があるかどうかをみる。報復者側の人々と非常に離れて住んでいるか、あるいは両当事者のセクションのあいだに他の未解決の報復闘争がいくつか残っているのでないかぎり、自分たちの牛を全部提供しないまでも、殺害者側の人々が血讐牛（ブラッドキャトル）の支払いを拒むことはあまりないようである。首長はそれから殺された側の人々（ジラン）を訪れ、命の代償として牛を受けとってもらえないだろうかと頼む。頑固になることが威信を保つための一つの要点であるから、彼らはその申し出を断わるであろう。しかし、断わったからといって、それは、彼らが賠償を受けとる意志がないことを意味するのではない。首長はこの点をよく心得ており、もし譲歩しないなら呪詛する、などと威嚇しながら彼らに受領を強要する。首長の勧告を支持するのは、死者の遠縁の父系親族や非父系の親類などで、彼らは、ただ死者とつながっているというだけで意見を述べる権利を有しており、賠償牛の分け前にはあずからないから、威信を保ったり、頑固になる必要はまったくないわけである。妥協案を支持するのが慣習となっているということもある。それでも、近親者たちは首長が最後通告を出すまで妥協してはならないとされており、最終的には、首長の顔をたてるために妥協するのであって、殺された親族の生命の代償に牛を受けとるのではないことを明言して譲歩する。

たてまえとしては、四〇頭から五〇頭の牛が賠償として支払われることになっているが、一度に全部が支払われることはめったになく、何年間も借財した状態が続く。二〇頭ばかりが引き渡された段階で償いの儀式がとり行われ、ようやく殺害者側の親族は待伏せを心配せずに出歩くことができるようになる。しかし、これもほんの当座だけのことで、牛の支払いが完了するまで仕返しされる心配は消えないし、たとえ完了したとしても、仕返しから完全に解放されることはない。首長は牛を伴って被害者の家に行く。殺害者側の親族は首長につきそっていく危険をあえて冒そうとはしない。牛は、その一部が死者の親族のあいだで分配され、一部は死者に後継者を与える目的で彼の名前で妻を娶るのにつかわれる。闘いの両当事者が死んだ場合も賠償は双方から支払われねばならない。このときには、双方ともに二〇頭ばかりの賠償ですませるだろうが、死者の霊を慰撫し、生きている親族の威信を保つためには賠償の支払いが必要なのである。また、村のなかに放たれている死を叢林へ追い払い、両当事者の親族が死の穢れを清めてもらうためにも、贖罪の供犠は行われねばならない。こうした一連の手続きにおいて、首長は自分の果した役割によって、供犠の肉の他に、二頭の牛を受けとるが、そのうち一頭は、彼の助手をつとめてくれた父系親族の一人に分与しなければならない。しかも、殺害者側が賠償を支払うのを助けるために牛を一頭提供することも期待されているので、彼のとりぶんは何もないということもよくある。しかも、彼は長期にわたって殺害者を自分の家にかくまっているので、首長は出費さえ強いられるのである。

殺人は、それを犯した当人のみならず、彼の父系の近親者たちにもかかわってくる行為である。両当事者の親族のあいだには相互の敵対関係が生じ、違反すれば死の報いがあるとして、いっしょに食べたり飲んだりしないし、また、他方が使用した皿や容器で食事することもしない。これは、両当事者とはまったく親族関係のない人の家においてすらあてはまることである。こうした禁忌も牛が支払われ、贖罪の供犠が行われた後では解除になるが、両方の親族は感情的な理由から何年間も、ときには一世代も二世代もいっしょに食事をしないことさえある。「骨（死者）が両者のあいだに横たわっている」と彼らは言うのである。実際、賠償や供犠が完了していても、報復闘争は永久に続くというのが全ヌアーの一致して認めるところである。それは、死者の親族はつねに「心に復讐心を抱いている」からだという。牛の支払いがすんでも、殺害者の父系の近親者たちは何年間も死者の近親者たちを避ける。とくに、ダンスのかもしだす興奮した雰囲気のなかでは、親族が殺された者にぶつかっただけでも闘いに発展する危険性があるので気をつける。なぜなら違法行為は決して赦されることはなく、借りは最終的には人命で支払われるべきものだからである。死者に妻が娶られると、死者の親族は新妻の身体に灰を塗りつけ、父親の無念を晴らす男の子供が生まれるようにと神に語りかける。こうして生まれた子供はガット・テルつまり仇討ちする子供と呼ばれる。供犠のとき、死者の親族は死者の霊に向って、親族たちが賠償の牛を受けとったこと、そしてその牛で彼に妻を娶るつもりであることなどを報告するが、同時に、いつかかならず槍で彼の仇を立派に討つことを宣言するのである。「ヌアー人は誇り高く、復讐するときには牛ではなく人の身体を求める。人を殺してはじめて負債を返したことになるのであり、心も晴れる」という次第だから、紛争が解決したときに行われる儀式の場で、首長が殺された男の親族に向って、報復闘争は終ったから再開してはならないと戒めても、ヌアーは「報復闘争にはけっして終りがないこと」を知っているのである。死者の親族に賠償を受領するよう説得した諸理由や、彼らが牛を受けとったことなどがあって、しばらくのあいだは平和的な関係が続くかもしれないが、依然として敵対意識は残り、たとえ、表面的な敵対行為は行われないにしても、両者の関係はジテル、つまり報復関係にある間柄なのである。実際には頻繁に戦いが起こるわけでも、緊張した敵愾心が持続するわけでもないが、形式的に決着がついていても、燻りつづける遺恨と報復心はいついかなるときに再燃するかもしれないのである。

6

報復闘争はリニィジのあいだに敵対状態を生みだし、詳述するように、そこから部族セクション間の敵対関係へと発展する。また、報復闘争の決着がまだついていないときにときどき仕返しを強行しようとすることと、決着がついてからも続く潜在的な敵意とのあいだには大した差異がないこと、を前節で述べた。しかしこれがあてはまるのは、部族の一次・二次・三次セクションのあいだで殺人行為が起こったときに限られる。小さな集団においては事情はちがっている。というのは、殺されたことによって生じる感情にはより激しいものがあり、賠償が支払われたあとにもそれが続くことにはちがいないのだが、小さな集団の場合には報復闘争は早急に処理されねばならず、それが解決したあと再燃する可能性はあまりないからである。

人を殺したときに生じる状況は、それに関与している人々のあいだの関係や、構造的な位置に応じてちがってくる。本来のヌアー人と、ヌアーの土地に住むディンカ人では賠償額が異なり、また東ジカニィ部族では、貴族クランの成員に対しては賠償額が異なっている（三六四―三六六ページ参照）。報復闘争を遂行する力とか、報復闘争によって人命または牛で賠償を得る能力は、ある程度までは、その人の所属するリニィジの強さや親族関係によって決まってくる。しかし、報復闘争の激しさや、それを解決することの難しさは、主として関与している集団の大きさによって決まる。もしも非常に近い関係にある人――たとえば、父系のイトコ――を殺したとすると、支払われる牛の頭数は二〇頭と少ないかもしれないが、それでも賠償は支払われる。この場合には普通、賠償の牛を提供してくれるはずの父の兄弟あるいはその息子が、賠償の受取人であるため、牛を出すことはできない。それでも、死者の家族を償い、死霊に妻を娶ったり、しかるべき供犠をするためには牛が必要なので、何がしかの牛を賠償として支払わねばならない。こうした関係では、問題はすぐに解決されるということを私は聞いた。同じクランの成員どうしが報復闘争を行うのはよくないことだと考えられているので、クラン内の血讐は比較的容易に解決されるためであろう。賠償が支払われた後、彼らは言う。「報復闘争は終って、もとの親族に戻った」と。また、二つの集団のあいだでそれまでに頻繁に通婚が行われていたような場合にも、報復闘争はあまり発展しないと言われている。

同じ村の人間とか、自分の属している村と密接な社会的つながりのある隣村の人を殺したときにも、報復闘争の解決は早い。なぜなら、それまで双方の村人たちは深く交ってきており、彼らのあいだには明らかに多くの親族・姻族の絆が存在しているからである。このような場合には、死者の霊に対して、牛は支払われたこと、親族や隣近所の人々のあいだで報復闘争を続けようとすれば、生存者は誰もいなくなるであろうから、人命で仇討ちすることはできないことを告げる。協同的な生活は、報復関係にある状態とは相容れないものである。もしある男が隣村の男を槍で傷つけたとすると、加害者の村の人々は、傷害をひきおこした槍を被害者の親族に贈り、傷が致命的になるのを防ぐために呪術をかけてもらう習慣がある。それと同時に、供犠のための羊も贈る。こうすることによって、加害者側の人々は、傷が早く癒えるように願っていること、およびいかなる場合にも個人的な喧嘩を理由に報復闘争を起こす意志のないことを表明するのである。こうした礼儀のつくされたあとでは、たとえ傷をうけた男が死んでも、その親族はあまり抵抗することなく賠償を受けとるであろう。そして、もし何年か経た後に被害者が死に、その死因が傷に求められたとしても、賠償は異議なく受領され、この場合には牛の頭数も少ない。隣人を殺したときには、共同体の平和を乱さないように、雌牛一頭を手付としてただちに相手方に渡す。しかしながら、報復闘争が簡単に解決されることは、そこに強い怒りの気持がない証拠だとか、逆に、解決に手間どるのは怒りがより強いせいだというように解釈してはいけない。

報復闘争は、狭い社会的環境、すなわち、関与している人々のあいだの構造的距離が短いところでは、比較的容易に解決されるが、社会的環境が拡大するにつれて解決は次第に難しくなり、最終的には、賠償が支払われることもなく、また期待もされていない部族間の関係にいたる。報復闘争に対する社会的規制力は、部族分節の規模に応じて変り、ヌアー自身もこの点については、たびたび説明してくれた。部族の三次セクションのあいだでは、長期にわたって激しい報復闘争が繰り広げられることもあるが、一般的にはそれを終らせようとする努力も払われる。というのは、この規模の分節では、共同体意識が強く、リニィジの紐帯も緊密で、経済的にも相互に依存する傾向があるからだ。しかしながら、迅速、かつ恒久的な解決が確実な同一村内や隣接村間の報復闘争と比べて、異なった三次セクションに属する人々のあいだの報復闘争をやめさせることは非常に困難であり、しかも、この規模のセクション間の報復闘争は未解決のまま蓄積されやすい。個人間の喧嘩で死者が一人出たというような場合ではなく、セクションどうしの争いで何人かの死者が出たといった場合には、この傾向はとくに顕著である。部族の二次セクション間で喧嘩が起こったときには、全体的な戦闘状態に突入する以外には復讐を実行する機会はほとんどなく、また、人々のあいだの社会的接触も稀で、しかもそれらは一時的な性質のものでしかないため、彼らは調停に応じる必要をあまり感じない。なぜなら、報復闘争が比較的容易に収拾するということは、その共同体に凝集力があることを示しているからである。かかわってくる分節が大きくなるほど無統制状態は強くなる。人々は、一次セクションのあいだでも血讐牛は支払われるというが、実際にそれを支払わねばならないという義務感はあまり強くない。このように次第に強まっていく無統制状態の最終段階に部族が位置している。部族にはまだ名目的な政治的統一があり、その内部では、もっとも遠い成員間の報復闘争でも賠償によって解決できることになっているが、実際には未解決のことが多く、また大きなセクション間の大規模な戦いで大勢が殺されたりしたようなときには、彼らの死に対して復讐も賠償もなされない。死者の親族は再度戦いがあるまで機会を待つのである。その結果、政治的統合を包みこんでいる外被は次第に引き伸ばされて分裂点にいたり、ついには部族は二つに分かれてしまうということにもなる。このようなとき、セクション間の亀裂は、襲撃するためにたまに同盟する以外には互いにほとんど接触をもたないまでに広がり、両者の成員のあいだの報復闘争は、たとえ収拾されることがあっても、より困難に、そして、稀になってくる。

7

殺人が血讐にまで発展する可能性や、血讐の激しさ、そしてそれが収拾をみる機会などは、このように関与している人々の構造的相互関係によって決まってくる。しかも、血讐は、われわれがヌアーの政治体系と呼んでいるものの形態を維持している政治的な諸分節間の構造的な動きとしてとらえることが可能である。当面直接的にかかわるのは、両当事者のごく近い父系親族だけであることは確かだが、異なった部族セクションに属する人々のあいだの報復闘争は、遅かれ早かれ彼らの所属する共同体全体の相互関係に影響を及ぼすことは必至である。

殺害された男の側の親族は、まずはグワン・スンガつまり殺害者を殺そうとするであろうが、彼らは、殺害者の父系の近親者（ガート・グワンレン）なら誰でも殺す権利をもっているのである。しかし、殺害者のリニィジに属さない母の兄弟の息子たちや、父の姉妹の息子たち、あるいは母の姉妹の息子たちを殺してはならない。また、直接報復行為にたずさわるのは両当事者の最小リニィジだけである。しかしながら、報復闘争の重要性は、それが、より小さな集団内部では比較的簡単に解決されるという点にあるのではなく、むしろ、間接的に紛争にかかわってくる大きな集団において解決が困難な点にあると言えよう。報復関係にある人々は、同じホームステッドで食事してはならないことはすでに述べたが、通常の状態では人々は自分の村のどこのホームステッドででも食事をする習慣があるから、村人たちは一斉にこの禁忌の及ぶ範囲に入ることとなり、相互に儀礼的に対立した状態に陥るのである。村人たちは全員が一般に何らかの形で相互につながっており、共同体意識も強いので、自村の成員の誰かがかかわっている報復闘争が原因で他村とのあいだに戦いが起これば、村全体がそれにひきずり込まれることになる。このため、ダンスのときには、それぞれの村人たちは戦列を組んでダンスに赴き、その隊列をダンスのあいだじゅう崩さないようにするのである。こうしておけば、もし一人が襲われても側にいる人々が手をかすことができるからである。このように、報復闘争に直接的に関与していない人々も当事者たちを援助せねばならないのである。

そしてまた、報復闘争の激しさやその遂行のしかたなどは、政治体系内における当事者たちの構造的関係によることにも注目した。報復闘争は同一村内では許されないし、隣接村間でも長期にわたって続けることは不可能である。したがって、もっとも頻繁に争いが起こるのは、同じ村の内や隣村間あるいは隣のキャンプとのあいだであるにもかかわらず、報復闘争という言葉を、未解決な殺人の負債を復讐か賠償の支払いかのいずれかの方法で解決することのできる間柄にある両集団間の関係——それは、一時的に両集団のあいだに動的敵対関係が生じている状態であり、直ちに解決されねばならないということはないが、究極的には収拾を必要とする——という意味で用いるならば、それは、動的な敵対関係を維持できるくらいお互いに十分近く、かつ、こうした敵対関係がもっと平和的な性格の日常の社会交流を妨げない程度にお互いに離れている部族セクション間でのみ継続することが可能だということができる。壊れたり復元したりしうる何らかの社会関係が存在しないならば報復闘争は無意味であり、それと同時に、完全な分裂を避けようとすれば、これらの社会関係のゆえに究極的な収拾が必要となってくるのである。したがって、このようにみると、報復闘争の機能は、より大きな単位との関連では政治的に融合しているにもかかわらず、相互の関係では対立しあっている部族分節間の構造的均衡関係を維持することにあると言えるのである。

　報復闘争を通じて、セクション全体が相互に敵対状態に置かれるが、だからといって、頻繁に戦闘行為が起こるというわけではない。というのは、直接的な復讐の対象は狭い親族集団に限られており、被害者の親族も復讐を実行しようと絶えず狙っているわけでもないからである。二つのセクションのあいだに闘いがあり、両方の側に数人の死者がでたとする。こうしたとき、直接の報復闘争の状態に入るのは、成員を奪われたリニィジとそれを奪ったリニィジだけであるが、居住を共にしていることや、土地への愛着、親族の絆の絡みあいなどによって、結果的に二つのセクション全体が互いに敵対するようになり、報復闘争を遂行すれば、それは両共同体間の闘いへと波及し、そこからまた増幅された報復闘争が展開するのである。ロウ部族のニャルクワッチ・セクションがレン・セクションと戦ったとき、〈ラム〉リニィジおよびこのリニィジといっしょに住んでいた人々は、〈マル〉、〈クウォス〉、〈マルアル〉諸リニィジおよびこれらのリニィジといっしょに住んでいた人々を相手に戦った。また、〈ドゥミエン〉リニィジは〈マンシエプニ〉リニィジは最小リニィジだけであって、他の戦闘地区で戦いに参加していても傍系諸リニィジは報復闘争にかかわるのはこれら最小リニィジを相手に戦った。これらの闘いから生じる報復闘争には加わらない。しかし、両セクション間の敵対関係は全成員に共通するものである。ヌアーがこのような問題に関してどのように感じるかを示すよい例は、ムオト・ディットのキャンプ地において、二人の予言者の引き渡しを要求して、政府軍が人質をとったときの彼らの反応である。彼らが私に訴えた不平のおもな内容は、人質たちが予言者たちとはリニィジを異にしており、したがって人質は事件には直接かかわっていないということであった。政府軍は事件を地域的な観点からとらえていたのに対して、ヌアーの側では報復闘争の慣習と同じように、親族の観点からとらえていたのであった。

儀礼的な慣習とか親族としての義務、それに共同体としての連帯感等の他にも、小さなリニィジ間の血讐が、とくにそれが蓄積したようなときにはなおさらであるが、共同体間の報復関係の状態にまで発展し、相互に敵意を抱くようになる理由がある。第五章で述べるように、それぞれの共同体は、一つのリニィジと非常に深く結びついているため、そのリニィジの成員でなくとも、共同体の住民は全員が政治的諸関係においてはそのリニィジに吸収されており、このため、政治的諸関係はしばしばリニィジとしての価値で表わされる。こうして、小さな父系親族集団間の血讐は、構造的諸関係の混乱が表面化したことによってこれら父系親族集団を含むリニィジ間のより一般的な意味における報復闘争へと置換され、さらにそれは、これらのリニィジと結びついている共同体間の敵対関係へと発展するのである。

部族の小分節間の敵対関係は、それらが属している上位の分節間の対立を招く。このため、二つの村間の争いは、すでに述べたように、部族の二次セクション、ひいては一次セクション間の紛争にさえ進展するのである。言ってみれば、上位セクション間の相互関係は、下位セクション間の相互関係によって決められるのである。内部に未解決の報復闘争をかかえたセクションが他のセクションと戦うときには、内部の紛争はすべてひとまず措いて、セクション全体が一致団結した行動をとる。

報復闘争は一つの政治的な制度である。というのは、それは、部族内の諸共同体間において承認され、一定のルールにのっとった行動様式だからである。部族分節間の均衡のとれた対立と、分裂・融合にむかう相補的な傾向が、構造的原理にもとづいたものであることはすでに述べたとおりであるが、このことは報復闘争の制度によく現われている。つまり、それは一方では、ときどきの暴力的行為によって敵意を表わし、それが結果的に二つのセクションを引き離す作用を担っているのであるが、他方では、解決を導く手段を講じることによって、対立が決定的分裂に至らぬようにしているのである。部族組織は、こうした報復闘争のもつ両面、つまり復讐の必要性と和解のための手段、を要求する。和解の手段は豹皮首長にあるが、首長の役割については後述することにする。というわけで、われわれは、現存の政治体系にとって報復闘争は欠くことができないものだと考えるのである。部族間においては、戦いだけがあり、戦いをとおして、あるいは戦いの記憶をとおして、あるいはまた、戦いになるかもしれないという可能性をとおして部族間の関係が規定され、表わされている。部族内においては、争いはつねに報復闘争をもたらし、そして、報復関係にあることが部族分節の特徴となって部族構造に伸縮運動を与えているのである。

むろん、他部族と戦うことと、自部族内の他分節と戦うこととのあいだに明確な区別があるわけではない。しかしながら、部族内の争いから生じた死亡事件の場合には、仲裁とか血償の可能性があり、これがテルつまり報復闘争を可能にしており、この点が、賠償請求のまったく認められないクル、つまり部族間の戦いとはちがっていることをヌアーは強調する。両者ともにディンカ族襲撃を意味するペチや、個人的な決闘を意味するドワチとは異なっているが、一般的にはすべての争いがクルで表わされる。しかし、死亡事件が直ちに賠償へとつながる村内の争いと、死亡賠償のまったく行われない部族間の戦いが両極端をなしていることは明らかであり、また、村社会から遠ざかるほど、血償の受け渡しがより困難になり頻度も減少するという意味において、部族セクション間の戦いは部族間の戦いに似てくるということも明白なことである。したがって、一次セクション間の戦いを、部族間の戦いから区別しているものは、賠償の支払いが可能であり義務づけられてさえいるという感覚、つまり部族としての価値の存在のみである。ここで再度、部族としての価値は構造的状況に応じて変るものであるという結論を強調しておこう。

さらにもう一つ強調しておきたいことは、直接血讐に巻き込まれるのはごく少数の人々だけだということであり、血讐が原因になって共同体全体のあいだにときどき暴力行為が生じることはあるが——広義の報復闘争——、日常の社会的交流はそれとは無関係に継続するということである。親族・姻族・年齢組等の紐帯、それに軍事的、経済的利害関係でさえもがそのまま継続する。そして、これらの紐帯は、セクション間でゴム紐のような役割を果しており、政治的諸関係が損なわれたときには相当程度に伸長することが可能である反面、同種類の他集団との関係ではつねに諸共同体を引き寄せ、一つの集団としてまとめるのである。すでに述べたように、これら紐帯は共同体の規模が大きくなるほど数においても強度においても減少するが、部族の境界を越えても延びていく性質をもっている。諸々の社会的交流が少なくなればそれだけ無秩序状態も広がり、報復闘争を収拾することも難しくなってくる。社会的な凝集力は共同体の規模が小さくなるほど高まるのである。

8

もちろん、ヌアーのあいだにも殺人に関するもの以外の争いもあるが、それらは、殺人や報復闘争との直接的関連で簡単に扱うことが可能である。厳密な意味ではヌアーは法をもたない。損害、姦通、四肢の傷失等に対する慣習的な賠償はあるが、このような事件を裁定したり裁決を執行したりする権力をもった権威は存在しない。ヌアーランドにおいては、立法・司法・行政の機能はいかなる人物にも、また合議体にも与えられていない。部族を異にする人々のあいだでは賠償は問題にならない。そして私の経験では、部族内においてすら、損害（ルオク）に対する賠償はときに支払われることがあっても、不法行為が、いわゆるわれわれが法的形式と呼んでいる形でもち出されることはない。他人から損害を蒙ったと考える男は、損害を与えた人を告訴することはできない。なぜなら、たとえ訴えられた男に出廷する意志があっても、彼を召喚する法廷がないからである。私は一年間ヌアー人と親しく生活したが、個人またはいかなる合議体の裁定者にも事件が提出されたということを聞いたことがなかった。こうしたことから、私は、武力を行使するか武力で威圧を与える以外に、人が救済を得る手段はほとんどないという結論に到達した。最近植民地政府の法廷が導入されて、現在はときどきそこで紛争が処理されているが、それでも、私の得た結論の印象はけっして弱まることはない。というのは、他のアフリカ諸民族において、以前にはおよそ裁判所という場では処理されたことのなかった事件、あるいはどこにおいても処理されるということすらなかった事件が政府監督下にある法廷にもち出されて解決されてはいるが、こうした政府の司法制度が導入された後も長期にわたって伝統的な紛争処理方法がそれと並行して機能していることがよく知られているからである。

　ヌアーの法的手続きのおもな特徴を論じる前に、紛争を処理する一つの方法として、彼らは豹皮首長を調停者として利用しているということを述べておこう。ただし、私はこの手続きを直接観察しなかったので、以下に述べる内容は話として聞いた記録である。それによると、雌牛を盗まれた男は、豹皮首長のところへ行き、牛を取り戻すために付き添っていってくれないかと頼む。すると、豹皮首長は、まず自分の村の長老たち数人といっしょに提訴人の家に行き、ビールを馳走になる。そのあとで彼らは提訴人の村の代表者たちをつれて、被提訴人の村へ行き、そこでもまたビールあるいは山羊一頭のもてなしをうける。首長は中立的だと考えられており、その人格にはある種の神聖さがそなわっているので代表者の一行に危害が加えられるようなことはほとんどない。訪れた長老たちは被提訴人の村の長老たちや首長と共に牛舎のなかに坐り、紛争中の問題について論議する。牛の所有者は自分の主張を述べ、盗んだ男も自分の行為を正当化しようとやりかえす。そのあとで、首長と、他にも発言したい人がいれば誰でもが、それぞれ意見を出す。すべての人の意見が出つくすと、首長と長老たちは退場し、彼らだけで問題を検討して、結論を出す。紛争の当事者たちは、首長と長老たちの裁定を受け入れる。紛争が解決したあとで、牛の所有者は、それほど貧乏でなければ、豹皮首長に若い雄牛か雄羊を贈る。貧乏であればなにも贈らない。

隣近所に住む人々のあいだで争いが起こったときには、両人はつれだって地域の豹皮首長のホームステッドにいき、槍を首長の牛舎の地面に横たえる。豹皮首長の牛舎では槍をまっすぐに立てるようなことは絶対しない。もしそのようなことをすれば、それは豹皮首長に対する無礼な振舞とみなされ、それを見た者はその槍を着服してもよいことになっているのだそうである。両人がそれぞれ自分の主張を述べると、豹皮首長と長老たちは牛舎の外で問題を討議し、再び牛舎に戻ってきて、両当事者に裁定を知らせる。この裁定で勝った側の男は豹皮首長に自分の槍を渡し、豹皮首長はそれを友人に与えるか、もしくはそれにつばを吐きかけて所有者に戻すかする。インフォーマントがこうした手続きの全容を語るその語り口から察するに、豹皮首長は、権威をもって裁定を下したのではなく、説得力をもった意見として、最終的な決定を伝えたことは明らかである。しかも、豹皮首長の神聖さや長老たちの影響力が重みをもっているとはいえ、裁定は両当事者がともにそれに同意してはじめて受け入れられるのである。つまり、豹皮首長の役割は、暴力沙汰になるかもしれない事件に巻き込まれて誰か他人に助けてもらいたいと願っている人々のあいだにたつ調停者としてのそれであるから、もしも両当事者が紛争の解決を望まず、妥協する用意も、調停に服する意志もないならば、論議がもたれることもないのである。裁定で敗れた方の男は、仲介がない場合には自ら直接譲る気にはとてもなれないときでも、長老と豹皮首長の顔をたてて譲ることもできるのである。というのも、裁定を受け入れるという形でならば、自尊心を失うことにはならないからである。もし事実関係について疑問があるようなときには、たとえば、首長のつけている豹皮に対して誓言するといったような、神判の性質を伴ったある種の宣誓が行われることもある。

このような方法で紛争を解決するためには、両当事者が友好的に事を片づけることを望んでいることが必要であるばかりか、論議をとおして彼ら自身が合意に達することもまた必要である。当事者たちに、裁定を受け入れるように強制できるものは誰もいない。実際、全員の一致した合意が得られなければ裁定は下されることができないのである。なぜなら、長老たちも紛争の両当事者的性質を帯びているからである。だからこそ、彼らは全員が意見を述べ、全員の合意が得られるまで論議を続けるのである。

豹皮首長を仲介にした直接的交渉によるこの種の解決法には、五つの重要な要素があると思われる。(1)当事者たちが紛争を解決したいと願っていること。(2)豹皮首長の人格に神聖さが付与されており、調停者として伝統的役割が与えられていること。(3)出席者全員のかなりの程度の合意が得られるまで、十分に、そして自由に討議がなされること。(4)紛争の相手には譲歩したくなくても、豹皮首長や長老たちに対しては自尊心を損なうことなく譲歩できるという感情を人々が抱いていること。(5)負けた側が相手側の主張が正しいことを認めること。

繰り返すようであるが、私はこの方法が用いられた場面を実際に見ていない。これはごく稀にしか用いられない方法であり、しかも、もし用いられるにしても両当事者がかなり近くに住んでおり、しかも多くの社会的紐帯によって結びついている二つの共同体に属している場合にのみ使われる方法であるだろうことを、私自身の意見としてつけ加えておく。理論的には、部族の成員は、同一部族の成員なら誰からでも賠償をとることができるのだが、それが現実にいつも行われていると信じるに足る証拠は見出せない。ヌアーランドの法的諸関係の特質やそれが及ぶ範囲についてのわれわれの見解を要約する前に、もし何らかの賠償がなされなければ暴力沙汰になるであろうと思われる典型的行為の例を二、三簡単に記しておこう。

ヌアーが、誰々は牛を盗んだ(クワル)と言うとき、そこに含まれている意味は、所有者の許可なく、こっそりとった、ということであって、けっして、とってはならなかったという非難の意味ではない。部族内で牛を略奪するときには、略奪者はつねに、当然自分のものであるはずの牛をとり返しているのだと考える。つまり、彼がこのようなやりかたで解決しているのは負債(ングワル)なのである。つまり、彼に牛を借りた男が自主的に返済してくれなかったために、彼はこうした行動に出ざるをえなかったというわけである。したがって、ここでの法的争点は、貸しているものをとり返すことが正しかったかどうか、また、彼が奪ったその特定の牛を奪う必要があったかどうかということになる。自分のものを自分でとり返すという行為は、はっきりと確立された習慣になっているから、これは負債を処理する一般的方法だとさえ言うことができるのである。このため、殺人の賠償の最後の牛は牧草地において奪われることがよくあるし、花婿とその親族が、約束した頭数だけの牛を全部引き渡さないときには、まだ花婿側のものである牛を花嫁の兄弟たちが略奪するということもしばしば起こることである。またある場合には、牛を貸している男が、盗みの計画を決行するその日に牛の現在の所有者が防備を固めることのないように呪術師に呪術をかけてもらって、自分の貸している牛を盗むというようなこともある。たとえば、ある男が他の男に、病気治癒のための供犠用に、あるいは娘の結婚式用に、あるいはまた、飢饉の年等に、雄牛一頭を貸しており、一方借りた男は若い雌牛をもっているにもかかわらず、彼に約束の若い雌牛を返さないでいるとする。このようなときには、借り主の群れから雌牛一頭を盗んだあとでも、もし約束の若い雌牛が受け取れるならば、その男は盗んだ雌牛を喜んで返すであろう。その場合は借り主の側がその雌牛を盗み返すか、あるいは話し合いの場をもって、若い雌牛を相手方に返済し、先の雌牛を受け取る、ということになる。

同一村内、あるいはキャンプ地内で、牛の所有権をめぐって起こった争いは、私の目撃したところでは、親族または姻族の義務に関したものだけであり、それらは、一方の側が、他方との関係のゆえに譲歩することによって最終的に解決された。もしもある男が、親族や近所の者の牛をとろうとするときには、相手の男の家畜囲いのなかに入っていって、ただ牛をつれてくるだけでよい。そのとき、飼主の側に強い言い分があれば抵抗するであろうが、もしなければ、そのまま牛をとらせる。なぜなら、共同体の世論がその男の味方であることを彼はよく知っているからである。隣村の男から牛をとろうとするときには、これとはちがった方法をとる。彼は一、二人の友人を伴って、適当なチャンスが訪れるまで牧草地で牛を見張るのである。ただ牛が欲しいという理由だけで同部族の人間の牛を盗んだというヌアー人の話を私は聞いたことがない。しかし、他方では、隣部族の男から牛を盗むことについてはまったくためらうことがなく、友人といっしょに他部族の土地まで出かけていき、牛を盗んでくるほどである。この盗み(クワル)はいかなる意味においても悪いこととは考えられていない。

もしある男が姦通をすれば、彼が不能でないかぎり、雌牛五頭と雄牛一頭の賠償を支払う。この賠償を払っておけば、彼は、自分の姦通の結果生まれた娘の結婚に際して雌牛一頭を要求することができる。夫が不能でないときでさえも、姦夫が、もし自分の姦通の結果子供が生まれたことを証明できれば、儀礼的な意味をもつヤン・クレ(寝具の牛)と呼ばれる雌牛一頭を除いて、男はすでに賠償として支払った牛の返却を求めることができる。しかし、小地域集団内での姦通は稀だろうと思われる。というのは、人々は全員が親族関係でつながっているため、そうした人々の妻と姦通することは悪いことだと考えることのほかに、姦通は多かれ少なかれ近親相姦的性質を帯びたものになるからである。二人の男が非常に近い親族であった場合には、姦夫は供犠のための雄牛一頭を提供するであろうが賠償は払わない。両人が近い親族関係にないときには、夫は姦夫の牛をとろうとするかもしれないが、この措置をとるのは姦通の現場を目撃した場合に限られる。争いになるのを避けるため姦夫は逃走するが、彼がもし自分の牛がとられるのを恐れるなら、友人や親族の家畜囲いに牛を預けておく。こうすると、夫の側では姦夫の牛をとることが難しくなる。というのは、姦夫の牛の所在がわかっていても、隣人の家畜囲いを荒すことによって彼らの多数と争うことは望まないからである。ヌアー人は、他村の男の妻たちと姦通することについては不道徳とは考えない。夫は自分が侮辱されたことを知れば、相手の牛を奪おうとするであろうが、そのときには抵抗に会い、それによって誰かが殺され、そこから報復闘争が生じるであろう危険を覚悟しなければならない。たとえ分割されていても、牛の群れは兄弟たちの共有財産である。姦通事件によって牛が減少するのを他の兄弟たちが簡単に黙認するはずはない。私の経験から言うと、実際に姦通の賠償を得るということは非常に稀である。だから、部族を異にする男の妻との姦通はまったく問題にはならない。その夫にはなんらなすすべはないのだから。

同様に、未婚の少女との私通には、若雌牛一頭と若雄牛一頭が賠償として支払われることになっている。しかし、支払いが現実になされることはまったくと言っていいほどない。娘が男と通じていることを知っても、その男が牛をもっており、彼女と結婚しそうであれば、彼女の親族はその情事を、見て見ぬふりをする。もし男が牛をもっていないならば、あるいはもし娘がすでに他の男と婚約しているならば、彼女の兄弟が現場を押えて彼と争うことになるだろう。しかし、これも男が逃走しなければのことで、こうした状況下で逃走することは少しも卑怯なこととは考えられておらず、逃走することはよくあることである。すると、娘の親族の者は、男の家畜囲いに入り、もしその男が雄仔牛と雌仔牛をもっているならば、これらを奪う。このとき、娘の親族の者たちが優勢であれば抵抗に会わずにすむだろう。以上がヌアーの語るところだが、私は実際に誰かが雌雄の仔牛を一頭ずつ賠償として支払ったという例をまったく知らない。しかし、ダンスのあとではいつも若者たちと娘たちがつれだって姿を消し、乱交が行われ、それを隠すことさえしないことを私はよく見ているのである。未婚の娘を妊娠させ、彼女との結婚を迫られることはよくあることである。娘の親族は若者の家畜囲いを襲って何頭かの牛をとることもあるが、一方、若者の側ではそれを予期して自分の牛を親類や近所の人の家畜囲いに預けておく。後になって、若者がその娘と結婚したときには、彼女の親族が彼の家畜囲いからとった牛は花嫁代償の一部に数えられる。もし、彼が結婚を拒絶したときには、それらの牛は、生まれてきた子供に対する所有を主張するための代償と見なされる。したがって、いずれにしても、彼は賠償を支払うのではなくて、自分の権利をはっきりさせるために代償を出すだけである。実際問題として、この場合にも、その男が進んでそうさせるのでないかぎり、娘の兄弟たちが男の牛を奪うことは非常に難しく、それは、つねに全体的な争いになる危険性をはらんでいる。同じ村内の娘たちとは一般に何らかのつながりがあるので、彼女たちと私通を交えることはない。したがって、この種類の問題が持ちあがるのは、普通同一ディストリクト内の異なった村に属する人々のあいだにおいてである。彼らはことが発覚したときに棍棒で頭を殴られるのをまぬがれ、二、三ヵ月娘の村から離れていれば、その後は賠償を支払ったり、その他の報いをうけたりしないですむ。通常は、娘が妊娠したことがわかれば、若者は親族の一人を女の側に送って、結婚する意志のあることを伝える。そうすれば娘は若者の婚約者ということになり、若者は娘の両親の義理の息子になるので、彼を傷つけることはしない。たとえ結婚しなくても、娘の兄弟は、姉妹の子供の父親を襲うことを遠慮する。

人を傷つけた場合の一連の賠償額をヌアー人から聞きだすことができる。たとえば、脚とか頭蓋骨の骨折には牛一〇頭、失明には牛一〇頭、娘の歯を折ったときには牛二頭、といった具合である。どんなに深くても、骨にまで届かない裂傷の場合には、死なないかぎり賠償は支払われない。賠償として支払われる牛の頭数は地域によって差がある。私は、植民地政府の法廷を通じて得たものを除いて、実際の牛の受け渡しの事例を記録していないが、ヌアーの言うところによれば、親族の力が強くて仕返しする力があれば賠償をとりたてることができるということであった。

昔は、呪術によって人が殺されると、彼の親族は呪術師（グワン・ワル）の殺害を試みたそうであるが、私は呪術師が殺害されたという実例を採録していない。ヌアーの述べるところによれば、呪術師は自分の村の者に対して呪術を使用することはなく、他村の人間に対してだけ呪術をかけるそうだから、呪術師に復讐することは容易ではない。なぜなら、呪術師はその村の支援を受けており、強力な呪術は村にとって大きな価値をもっていると思われているからである。妖術師（ペス）も昔はときどき殺害されたと言われているが、たとえそうしたことがあったとしても、それがどのくらい頻繁に起こっていたかはわからない。

花嫁代償についてはいろいろと紛争が起こる。たとえば、婿側の親族が約束しただけの牛を払わないとか、（離婚に際して）妻側の親族が花嫁代償として受けとった牛を全部返さないとかいったことである。こうした状況では、負債を負っている側がその負債を否認することはないが、何か口実をみつけて反対給付を要求したり、相手の要求に応じるだけの牛がいない等の理由をつけることがある。牛がいても、牛がいないということは非常によく言われることである。債権者が確実に自分のものをとり返せる唯一の方法は、債務者の家畜囲いや牧草地から腕力で牛を奪うことである。彼の側に権利のあることだから、彼が強かったり、背後に強力なリニィジをひかえていたりすると抵抗にあうことはない。こうした事柄については話しプを共にする人々のあいだでは解決が容易である。というのは、こうした事柄は、村内や乾季のキャンプを共にする人々のあいだでは解決が容易である。というのは、こうした事柄については話し合いで何らかの合意に達することが必要で、しかもそれは正義にそったものでなければならないことを全員がよく認識しているからである。しかしながら、両当事者が異なった村に属していて、しかもそれらが敵対関係にあるような場合には解決はそう容易ではない。このような場合には、両当事者を話し合いの場に引きだすために、すでに述べたやりかたで豹皮首長が起用される。こうして何らかの合意に達することもあるが、多くの場合、負債は解決されずに残され、何年も記憶される。そして、いつの日か、おそらく次の世代のことになるかもしれないのだが、牛を盗む機会がくるのを待つのである。

もしも初めての妊娠とか出産で妻が死亡するようなことがあれば、それは夫の責任とみなされる。それが原因で報復闘争が起こるようなことはないが、彼は自分の支払った花嫁代償に対する権利を失う。というのは、今度はこれらの牛が、妻を死なせたことに対する血償と見なされるからである。夫の責任が問われるのは、後産が出る前の出産中の死亡事故に関してのみである。死亡状況とかまだ負債したままになっている牛の頭数について論議が生じたときには、クアー・イーカ、または、クアー・イーニ（敷物の首長）と呼ばれる調停者がなかにはいって解決する。この役目は特定のいくつかのリニィジに付随しているものである。この男は調停者という役目以外の職務はまったくもっておらず、また、紛争の調停者という役割を果しているにもかかわらず重要人物でもない。この類の争いでは、花嫁代償は義父の掌中にあるため、賠償を得ることは易しい。しかも両当事者は姻族の関係によって結ばれているので、暴力に訴えて解決するということもあまり起こらない。

ヌアーの法の諸傾向をいくつかの実例を挙げて示してきたので、今度はこの簡単なノートを用いて、こうした諸傾向がいかなるものであるかを述べることにする。ここにおける「法」は、ヌアーについて記述するとき、もっとも適切だと思われる意味で用いられている。つまり、それは、慣習的な方法によって紛争を解決する道義的な義務があるということを意味しているのであって、法的手続きや法的諸制度によって解決することを意味しているのではないということである。また、社会全体にとって有害だとされ、社会全体から制裁を受けるような行動はまったく存在しないようなので、ここでは民法についてのみ考えることにする。妖術者や呪術師がときとして殺されたことがあると述べたインフォーマントの言うところによれば、彼らを殺したのはつねに個人とか親族の集団であり、復讐のために待伏せされて殺されたのだそうである。

ヌアーの法についてまず最初に指摘しておかねばならないことは、それが一つの部族内のどこにおいても同じ力をもっているのではなく、社会構造上における人々の位置とか、親族・リニィジ・年齢組体系とりわけ政治体系上における人々の相互の距離に応じて変るということである。理論的には、自部族の成員なら誰からでも賠償を得ることができるのだが、実際には、同じディストリクトの人間とか親族でないかぎり賠償の得られるチャンスはほとんどない。紛争当事者間の地理的距離が広がれば広がるほど、紛争収拾の義務感は低下し、したがって、収拾される可能性も少なくなる。同一村内であれば、個人間の争いは村の長老たちによって論議され、たいていの場合、容易に意見の一致をみて賠償が支払われるか、約束されるかする。村では全員が親族の関係にあり、利害関係を共にしているからである。社会的接触の多い、多様な紐帯で結ばれている近隣村に属する人々のあいだの紛争も話し合いによる合意で解決されるが、同一村内の場合よりも解決は困難になり、武力に訴えることも多くなる。部族に近づくほど、収拾のチャンスは少なくなる。ごく限られた範囲を越えると法のもつ力は弱まる。いずれにしても、どこにおいてもたいして効果的に作用することはない。今までにもしばしば言及した社会的統制力の欠如は、このように、法の弱さにもよく示されている。また、部族分節間の構造的な関係は、法の相対性によく現われている。なぜなら、ヌアーの法は、構造そのものと同じように相対的な性質をもっているからである。

異なった二次・一次セクションの成員のあいだで損害賠償が成立する機会がほとんどないことのおもな理由は、法の基盤が武力にあるためである。伝えられている損害賠償支払いの例を枚挙して、個人が武力を行使さえしなければ賠償をとりたてることは易しい、などと誤った考えを抱いてはいけない。棍棒と槍が権利を守る拘束力となっているのである。人々に賠償を支払わせている要因は、損害を蒙った男やその親族が武力を行使するかもしれないという恐怖心である。ということはつまり、強力なリニィジに属している人々は、弱小なリニィジに属している人々とはちがった立場に立っているということでもある。さらにまた、人が損害賠償を得るチャンスは、相手との距離が離れるほど少なくなる。なぜなら、両当事者間の距離が広がるほど暴力に訴える機会や親族の支援による効果は漸減するからである。ある程度の世論の支持を背景にした自救行為がおもな制裁であるから、それが作用するのは人々が互いに容易に襲撃できるくらいの距離に住んでいることが条件になる。両当事者が異なった一次セクションや二次セクションに属している場合、報復闘争を収拾することが難しいのは、こうしたことがおもな理由の一つになっている。

もっとも頻繁に争いが起こるのは同じ村の内やキャンプ内、そして隣村の人々とのあいだにおいてである。近くに住んでいる人々とは、遠くに住んでいる人々とよりも争いを起こすチャンスも多くなるというわけである。彼らのあいだの争いはふつう、親族・姻族関係、年齢組その他の結びつきによって非常に複雑なものになっており、争いは、単に一般的な社会規範に違反したためというよりも、特定の社会的行動のパターンに違反したため起こったものである。したがって、争いは大抵の場合、これらの伝統的パターンに合致するような形で解決がなされる。しかしながら、親族の人々による仲裁が成功しなかったときには、暴力沙汰になることもある。前にも述べたように、親族関係とか年齢の大きな隔たりが彼らを抑制している場合を除いて、ヌアーは、自分が不正な扱いをうけたり侮辱をうけたりすると直ちに闘う用意ができている。だから、人が、損害を与えたことに対して賠償を支払うことを拒否したりすると、彼は、棍棒で頭を割られたり、興奮が昂じて槍で突かれたり、という非常な危険を冒すことになる。しかもこれらは頻繁に起こる事柄である。

ヌアーの法を政治的諸関係として研究するかぎり、それは報復闘争との関連で扱われねばならないとわれわれが指摘したのはこうした理由による。親族関係が近いとかその他の社会的絆があるといった理由で紛争が収拾されることはよくあることだ。しかし、単に部族を同じくしている人々のあいだでは被害者が武力に訴えるか——これがもとで殺人や血讐が生じるのだが——もしくは、加害者が武力行使やそこから生じる報復闘争を予期して譲歩するかのいずれかの方法で解決される。ヌアー人が勇敢であり、攻撃には敢然と立ちむかい、棍棒と槍を用いて自分の権利を主張し、そしてそれが結果的に生命・財産の保証につながっていることはよく知られているところだ。

ヌアー人は、自尊心とか権利について非常に鋭い感覚をもっている。権利(もしくは正義)(チュオン)の観念は強く、ある種の権利侵害については必ず賠償を求めなければならないとされている。このことは、相手が暴力を行使するかもしれないという恐れが、賠償支払いのおもな拘束力になっている、という先に述べた内容と矛盾するものではなく、それに合致するものである。なぜなら、親族の支援を得ることができるのは彼の側に権利があるときのみだからである。男の腕力が弱ければ、彼の側に権利があっても十分な賠償が得られないことはむろんであるが、彼の側に権利があれば、彼は親族の支援を得ることができるのに対し、相手側はそれができない。暴力に訴えたり、それを排撃したりするためには親族の支援と世論の同調が必要なのである。というわけで、ある男の側に権利があり、それゆえ親族の支援も得られ、武力を行使する用意もできているとなると、紛争当事者たちがお互いに近くに住んでいるかぎり、彼は自分のものをとり返す絶好の立場に立っているということができる。

これまで、権利の側に立つ男という表現をしたが、それは、紛争のほとんどが権利と権利侵害とにはっきりと分けられる問題で争われているということではない。実際、通常の場合には、両当事者ともに幾分かの権利を有しており、問題は、「どちらがより大きな権利をもっているか」ということにつきる、と言ったほうが正確である。別の言い方をするとこうなる。つまり、ヌアーは、性的な事柄を除けば、理不尽に攻撃的な行動はとらないから、彼らの争いは一般に権利侵害をどう均衡させるかを問題にする。何か理由があってそれを解決するためでなければ、他人の牛を盗んだり、棍棒で殴ったり、離婚の際に花嫁代償を返却するのを拒んだりはしない。だから、自分がひきおこした損傷を否定するようなことはめったにない。彼はつねに自分の行為を正当化しようとするのである。したがって、紛争の解決とは、対立する二つの主張を調整することにほかならない。アフリカにながく滞在し、アフリカ人をよく知っているある官吏は、政府の裁判所にもちこまれた訴訟において、被告が嘘をつかないという点ではヌアー人は際だっている、と私に語ったことがある。彼らには嘘をつく必要はまったくないのである。それというのも、彼らが他人に損害を与えても、それは原告が先に自分たちに与えた損害に対して復讐したにすぎないことを自己弁護しようと躍起になっているにすぎないからである。

報復闘争は豹皮首長を仲介にして収拾されるが、殺人以外の紛争の解決では彼の役割は副次的なものである。この職務をもつ人は大きな権力の座に坐っていると考えられるかもしれないが、実際はそうではない。先に、ヌアーは法をもたないと言ったが、それと同じ理由によって、彼らは政府をもたない。次に数ページをさいて、豹皮首長の儀礼上の資格を問い、報復闘争やその他の紛争において彼の果す役割を評価してみることにする。

9

初期の旅行家たちの記録をいくつかひもとき、そのなかからヌアー人の指導者を探し出そうとしても、大きな権力をもった人物の存在は見出せない。[*37] 二、三人の予言者の存在を除いて、行政機構の中枢となるほどの権力や影響力をそなえた人物がいないことをはっきりと指摘しているのは、ヌアーランドにもっとも初期に入ったイギリスの官吏たちである。[*38] これらの記録のなかで、「シェイクス」という、権力をもたない存在について述べているのは、おそらく、のちにヨーロッパ人たちのあいだで豹皮首長として知られるようになった人物であろう。豹皮首長（クアール・ムオン）は、大地（ムン）と神聖な関係を保っており、祝福したり呪詛したりする能力を含む儀礼的ないくつかの能力を大地から得ている。呪力をそなえているから首長は絶大な権力をふるうことができるのだ、という誤解を招かないように、私は、首長がこうした能力を行使する場面を一度も観察したことがないことを同時につけ加えておく。呪詛の恐ろしい効力を伝える話もあるが、一般には、儀礼上の資格で報復闘争の調停を司っているときに、呪詛すると脅すだけである。こうした場面では、これはあらかじめ決まっている手続きであり、脅すことが議事進行の一部をなしているのである。いまでは豹皮首長がその呪力にもかかわらず権力をもっていないことは確かである。肩に豹皮（トワッチ）をかけているのは彼だけであることから、彼はクアール・トワッチの名前でも知られている。コーフィールド氏の撮影した写真26をみると、首長が豹皮を着用している様がよくわかる。クアールという語は、ナイル系の言語ではすべて儀礼的な意味をもっているが、ここではこのヌアー語の意味する内容をどういう語で表わすのが最適かといった吟味は省略して、これまでと同様、本書ではこの人物を首長という語で呼ぶことにする。ただし、彼の公的行動はおもに儀礼的な性質のものだとわれわれは考えるので、首長という呼称を用いたからといって、彼が世俗的な権力をもっているという意味ではないことをはっきりさせておきたい。

それにもかかわらず、彼の機能は政治的である。なぜなら、彼は政治集団を支配する権力者ではないが、諸政治集団の関係は彼をとおして規制されているからである。報復闘争は彼の調停がなければ収拾されないから彼の諸活動はおもに報復闘争の収拾と関連しており、彼の政治的な重要性もまさにこの点にある。首長はときとして対峙した戦闘隊のあいだにわけいって、あちこちと大地を掘り起こし、両集団が戦いに突入するのを防ぐことがある。こうしたときには、年長者たちが若者を制して、話し合いによって紛争が解決されることがある。しかしこの方法で抑止できるのは、争っている人々が隣人どうしであり、互いに殺しあうことを避けたいと願っているときに限られる、とわれわれは考える。

報復闘争を収拾する役割の他に、首長は近親相姦の両当事者を清める儀礼を行う。その他、首長は、雨を降らせる霊力も僅かながらもっているが、ヌアーは、この雨乞いの術にはたいした重要性をおいていない。全般的に言えば、ヌアーの首長は神聖な存在ではあるが、その神聖さは、一般的性質の権威を首長に与えてはおらず、彼が権威をもつのは特定の儀礼的状況においてのみである。私は、ヌアー人が他の人々よりも首長を鄭重に扱っている場面とか、重要人物として話している場面を見たことがない。彼らは首長を、ある種の紛争を処理し、ある種の穢れを清めてくれる代行者、と見なしているのである。私は次のような内容の話をよく耳にした。「われわれが彼らを摑まえて豹皮を与え、殺人の供犠の場で話し合いをするようにわれわれの首長の座に据えたのである」と。首長の儀礼的影響力の及ぶ範囲が一つの部族セクションを越えることはめったにない。

首長を出すのは特定のリニィジに限定されていて、それらのリニィジのうちでもごく一部の人間が首長としての役目を果すにすぎない。私の知っている地域の大部分をも含めて、ヌアーランドのたいていの地域で、首長がその部族の優越クランの成員ではないことは注目される点であろう。ただし、東ガージャク、ガーワル、レーク諸部族の住む地域の一部では首長の何人かは貴族と言われているそうである。首長の所属するクランは、私の知っているところでは〈ガートレアク〉とか〈ジメム〉クランであり、これらのクランはどこにおいても貴族としての地位は与えられていない。部族セクション間の争いは、次節でも述べるように、これらのセクションと結びついた優越クランの諸リニィジ間の争いとなって現われるから、優越リニィジの体系に組みこまれていない首長は、リニィジ間の紛争の調停者としてはより適任者となっている。首長は、部族の

●写真26——豹皮首長

土地を代々所有するクランの成員ではなく、そこに居住する他所者である。だからどこの部族の土地に住んでいようとも首長は首長として振る舞うことができるのである。もし首長が殺されるようなことがあると、彼の死に関連した賠償支払いに伴う儀式は、部族の貴族の人間によって行われる。これはおそらく、ある地域の首長全員が同じクランの成員でなくても、豹皮という共通のしるしや相互の通婚の禁止等によって、全員が一種の親族関係にあると信じられているためである。首長は儀礼的な専門家という一つのカテゴリーであって、けっして階級とか階層をなしているものではない、と思われる。また、その社会的機能は、報復闘争という制度をとおして維持されている政治体系の均衡を保つためのメカニズムの役を果していると考える。首長という地位にはほとんど権力が伴わないことや、また多くの地域において、首長は優越クランには属していないこと等はこうした見解に一致している。

豹皮首長を政治的な代行者または法的な権威者とみなすことは、ヌアー社会の構成を誤解し、その基本的な原理に目をつぶることになる、という見解を私はとっているので、報復闘争の解決にあたって彼の果す役割についてここでもっと詳しく説明しなければならない。すでに述べたことであるが、首長は法的な権限も行政的な権限ももたない。殺人の訴訟においてその事柄本来の理非を決めるのは彼の職務ではない。何らかの判決を下すことが首長に要請されているなどということはヌアー人には思いもよらぬことである。同様に、首長は人々に血償の牛を支払わせたり、受け取らせたりする強制手段はもっていない。また、彼には強力な親族もいなければ、大勢の人口をかかえた共同体の支援を受けているわけでもない。彼は単にある特定の社会的状況下において調停者の役割を果しているにすぎず、その調停が成功するのは、両当事者が社会的連帯感を認識しているからであり、また、少なくともしばらくのあいだは、双方ともにそれ以上の敵対関係に入ることを避けたいと思っているからにすぎない。つまり、両当事者が紛争の解決を望んでいるときにのみ、首長の調停は成功するのである。彼は、両集団が平時の状態をとり戻したいと願っているときにそれを可能にする機関である。

これらの状況下では、豹皮首長は、勧告とか脅し等の手段を用いて、死者の側の親族が賠償を受け取るように説得しなければならないことは事実だが、こうした圧力を命令と考えてはいけない。この問題について多くのヌアー人の言うことからも明らかなように、首長の脅しが最大限に発揮されるよう求められるのは、こうした彼の説得に屈服すれば、死者の親族は、自分たちの親族の人間の命が奪われたことを相手側の命を奪うことによって報復しなかったという不名誉に浴さなくてすむからである。

首長の脅しは、もし死者の親族が彼の言葉に耳を貸さないなら、同じような苦境に陥っても彼らの言葉に耳を傾けてやらないぞ、といった程度を越えないこともある。しかし、人々があまり頑固に調停を拒むようなことがあれば、首長は、彼らのホームステッドを出て呪詛をかける、などと脅すことがあると私は聞いた。彼は雄牛を一頭つれてきてその背を灰で撫でながら、雄牛にむかって呪文を唱え始める。その内容はだいたい次のようなことである。もし死者の親族側が復讐を強行するなら、それによって味方の多くが死ぬこととなり、敵に槍を投げたことがまったく無駄になるだろう、と。そうしたあと、首長は槍を振りあげて雄牛を殺そうとするが、このあたりが彼の脅しの限界である。ここまでくると、死者の親族は親族としての誇りを十分示しているので、死者の家族の一人が振りあげられた首長の腕を摑まえて、彼が雄牛を殺すことを思いとどまらせようとして言う。「牛を殺さないでくれ。もう終った。われわれは賠償を受け入れるであろう。」私のインフォーマントはさらにつけ加えて次のように述べたが、その内容については他の人々も認めていることである。それによると、人々が首長の仲裁を強引に拒否しようとすれば、彼は角の短い雄牛を一頭つれてきて、神に語りかけたあと、その牛を殺し、その頭の毛をすり落す。そうすれば、彼の仲裁を拒んだリニィジの成員たちは、報復闘争を続けているうちに全員死んでしまうということである。

ここでわれわれは次のように結論することができる。つまり、首長の呪詛は、それ自体では解決への真の制裁力とはならず、報復闘争を解決するための慣行的・儀礼的な行為だということであり、全員があらかじめそのことをよく知っていて、彼らの計算のもとに呪詛をかけることがゆるされているということである。呪詛による脅しを強要する人々は、もし呪詛の言葉が吐かれるとその呪詛をまともにかぶる側の人々である。こうした事情は、全員がルールを熟知し、その進行具合までも知っているゲームに譬えられる。つまり、いつ譲歩すべきか、いつ強硬であるべきか、最終的にはいつ屈伏すべきか等は全員の周知の事実なのである。私はこの結論を大勢の証言にもとづいて得た（首長と殺害された男の親族とのあいだの論議の場に私が在席したのはただの一度だけで、そのときの状況は例外的であった）。しかしながら、大きな部族セクション間の報復闘争においては、万一、豹皮首長の圧力が行使されることがあったとしても、それが紛争解決に効果的に作用しないことは確かである。報復闘争以外の紛争で首長が活躍することはほとんどなく、もしあるとすれば、それは双方が解決を強く望んでいる場合である。彼はある地域の訴訟を裁く司法権をもっているわけではない。これについてもまた、次のようなことを聞いたことがある。一方の側が仲裁者としての彼の裁定を受け入れようとしないときには、首長は相手の男に自分の豹皮を渡すのだそうである。この行為は呪詛に相当する。すると、豹皮を渡された男は、首長がその豹皮を再び納めてくれるように彼に贈り物をしなければならない。しかしながら、こうした事態が起こるのは、長老たちをも含めてその男の側の他の全員が首長の裁定に同意しているにもかかわらず、彼だけが拒否しているときであろう。さらにまた、首長の言葉に異議を唱えるときには、まず彼の手の掌につばを吐きかけて好意を表わしておいてから、うやうやしく異議を唱えるということも聞いた。確かにそのような場では、首長は敬意を表されてはいるが、私の見た首長は日常生活の場では他の人同様に扱われており、人々の行動を観察してもある男が首長であることを知る手だてにはならない。紛争における彼の役割は、隣人どうしが武力に訴えることなく事態を収拾することを望み、相手側にも十分な言い分があることがわかっているときに、交渉を可能にする媒体だと考えることができる。

10

豹皮首長の地位は、それが構造的に重要だと思われるので、かなり詳しく述べてきた。彼が政治集団の統一や排他性を代表したり象徴したりすることはけっしてない。彼は、報復闘争という制度を通して、これら政治集団が相互に交流し、構造的な距離を保つためのメカニズムなのである。ヌアーランドには、何らかの種類の儀礼的能力をそなえた人々が他にもいて、ときとしてよく名前が知られたり、たまに非常な影響力をもったりしていることもあるが、あとで、その活動について述べる予言者を除いては、政治的に重要性をもつ人物はまったくいない。そうした人々は支配することも裁くこともなく、その神聖な職能は、豹皮首長のそれと違って、地域集団の相互作用ととくに関連しているということもない。しかし、神聖な力が、富や能力それに広範な親族関係と結びつくと、しばしば威信が生じ、それによって偉大な長老として地方的名声を得ることもあるので、こうした儀礼的能力をそなえた人々をまったく無視してしまうというわけにもいかない。

予言者や豹皮首長に次いで、もっとも威信のある儀礼的地位を保っているのは、ウット・ゴクつまり「牛の男」である。いくつかのリニィジは牛に関して世襲の儀礼的力をもっているので、病気の牛を治し、不妊の牛を多産にするよう人々に頼まれる。しかし、これらのリニィジのなかでもその力を実際に使うのはごく少数の成員にすぎない。豹皮首長と同様に、牛の男も外来者リニィジの成員であることが多く、その部族の貴族クランの成員ではない。私の聞いたところでは、彼らは呪力を牛に向けることができるので恐れられており、ヌアーは彼らを怒らせるようなことはしない、ということだが、伝承を除けば、実際に呪詛がかけられた場面を私は記録していない。年齢組（第六章参照）を調整する役割を担った少数の牛の男と、新しい牧草地への移動の際に相談をうける何人かの牛の男を除けば、彼らは公的職務はもっていない。

東ガージョク部族のウット・ゴクの一人が一世代前に非常に裕福かつ強力になったが、彼の威信の大部分は彼が呪術を使えたことによるものであった。

大地と儀礼的関係をもつクアール・ムオンや、牛と儀礼的関係をもつウット・ゴクの他に、トーテム動物と特別の関係をもつトーテム使いが何人かいる。彼らは、ライオンとかワニ、ハタオリドリ等と儀礼的関係をもっており、これらの動物の行動に影響を与えることができる。トーテム使いは、彼のトーテム動物の精霊（クウォス）の所有者（グワン）である。彼らは政治的な重要性はもっていないし、またそのような霊力をもっているからといって社会的影響力をそなえているというわけでもない。戦いの専門家もいる。彼らの職務は敵の面前で槍を振りまわし、敵に対して呪文を唱えることである。彼はグワン・ムオトつまり槍の所有者もしくはングルと呼ばれており、ほとんどつねに、その部族の優越クランの古いリニィジの成員である。なぜなら、彼はクランの槍名を用い、槍に向って語りかけるからである。その他様々な種類の呪術師がいる。医術師、占い師、薬物師、呪物の所有者、がそれである。これら専門家のうち、呪物の所有者だけがその儀礼的な力によって社会に知られている。ヌアーは呪物の精霊を非常に恐れており、またそれが絶大な力をもつと信じているため、牛と交換にそれらを購入することさえある。呪物の所有者はその村における最有力者になることもあり、私は隣人たちが彼を遇するときの敬い恐れる様に驚かされたものであった。しかしながら、彼は村人相互の関係を規制するための明確に定められた権威をもっているわけではなく、また、隣村との関係においても自村を代表するわけでもない。

11

儀礼上の地位は、その人物に地域社会内での影響力をわずかながら付与しているが、それに権威が伴うのは特定の儀礼的状況に限られている。性別と年齢が地域社会での影響力を決定するより一般的な二つの要因である。女と子供はつねに男に劣った地位におかれている。ときには女も予言者や呪術師としての名声を得ることもあるが、一般的にみて女性が公的問題で指導的役割を演じることはない。私の訪れた南スーダンの諸民族のなかでは、ヌアーの男女関係や夫と妻の関係がもっとも均衡がとれており、女にもより多くの特権が与えられてはいるが、それでも女たちは男に従属している。娘は父親に、妻は夫に服従する。少年は両親や兄たちの命令に服し、諸権利と義務をそなえた一人前の部族民になるのは成人式を終えてからである。両性間の関係や子供と大人の関係は、政治制度よりもむしろ家族関係の研究分野に属する事柄である。

少年が成人式を通過すると彼は「男」になり、そして結婚し数人の子供の父親になったとき、われわれが長老と呼んできた「真の部族民」になるのである。殺人事件やその他の紛争において長老たちの果す役割についてはこれまで何度か述べてきた。地域共同体が共同作業に従事し、監督や助言が必要になると、その任にあたるのが長老たちである。彼らは季節移動の開始時を決め、キャンプ地を選択し、結婚をとり決め、外婚の問題に助言を与え、供犠を行う等、その任務は多様である。こうした問題についての長老たちの意見は、すんなりと若者たちに受け入れられる。若者たちは、直接自分がその問題にかかわっているのでないかぎり、口をさしはさむことはしない。長老たちの話し合いで意見が合わないようなときには、話したいものはできるだけ大声で、しかも何度でも自分の意見を述べようとするので、すさまじい叫び声があがり、大変な議論が展開することになる。何人かの長老たちの意見は他の長老たちの意見よりも尊重されていて、それらの意見が通常採択されていることが、見ているとよくわかる。

これらの長老はちょうど真中の年齢組の成員たちである。現在ではこの真中の年齢組はマケルとダングンガである。なぜなら、最年長の年齢組であるスットとボイロッチの成員たちは公的生活ではもうほとんど役割を果さなくなっているからである。年齢組間の諸関係については第六章で述べることにする。ここでは、年齢組の内部には任命された権威者がいるわけではなく全成員が対等な立場にあること、そして、若い年齢組の成員は年長の年齢組の成員に敬意を表するが、年長者たちの権威は個人的かつ非常に不明確なものであって、それは家族内の人間関係の延長線上にあること、を述べるにとどめておく。個々の人間の行動は、年齢組体系における彼らのあいだの距離によって影響をうけるが、政治制度というものを行政・軍事・司法組織をもった体系であると規定するなら、年齢組は政治制度ではない。

年齢はそれ自体では人に社会的地位を与えるものではなく、他の諸々の資格が伴わねばならない。もっとも勢力のある長老はガット・トウォット、つまり種牛の息子たちと呼ばれる長老である。個人を指すときにはトゥット、つまり種牛と呼び、厳密な用法ではこれはディルつまり部族の貴族と同義である。第五章で詳しく述べることであるが、ディルというのは、それぞれの部族における優越クランの成員を指しており、そのクランの成員であることによって、彼は部族内では他のクランの人々よりもわずかながら優越した社会的地位を与えられている。このクランは支配階層ではなく、その成員の優越性も非常に不確かなものである。クラン体系には世襲の指導者層というものはなく、古いリニィジが他のリニィジより地位が高いということも、あるいはまた「クランの父」とか「クランの長老会議」といったものもまったく見られない。広い意味では、トゥットは、優越クランの成員ではなくても、その部族の土地に長いあいだ住んでいるリニィジの成員で、社会的地位のある人々を指すときにも用いられる。「名望家」とか「社会的指導者」といった比較的広義に用いられるトゥットは、通常、大きなリニィジの出身者であって己れの家族の長、そして自分のホームステッドや牛を所有している人を指している。トゥットは一般に、父の家族の生き残った子供たちのうちの長男である場合が多く、したがって、彼は合同家族の長でもあり、ハムレットの中心人物でもある。社会的名声を得ようとすれば、こうした地位の他に、客をもてなしたり、親類の若者たちを惹きつけて自分の牛舎に住まわせるにたるほどの雌牛を所有していなければならない。トゥットと呼ばれている男のホームステッドのまわりには、彼の兄弟とか結婚した息子たちのホームステッド、それに非常にしばしば姉妹や娘の夫たちのホームステッドまでが並んでいる。自分の意見がたやすく受け入れられるような社会的指導者になるためには、以上のほかに人格、能力ともに優れていなければならない。

ガット・トウォットもしくはトゥット・ウェチ、つまり「キャンプの種牛」(とよく呼ばれるが)の権威はけっして正式のものではない。彼は明確な地位や権力あるいは勢力圏をもたない。リニィジ、年齢、家族のなかで最年長者であること、子供を大勢もっていること、姻戚関係が広いこと、牛をたくさんもっていること、戦士として優秀であること、弁論術にたけていること、性格がよいこと、そしてしばしば何らかの種類の儀礼的能力をそなえていること、これらすべての要素がそろってはじめて、合同家族の長、非父系親族・姻族などからなる一団の長として、あるいは村やキャンプの指導者としてみなされるような傑出した社会的人格がでてくるのである。また、われわれがディストリクトと呼んでいる区画のはっきりしない社会的領域における重要人物も同様の諸条件をそなえた人々である。村やキャンプ地においてそこの社会的指導者を判別することは容易である。そして政府の行政機構上の首長となったのもほとんどの場合こうした人物であった。なぜなら、豹皮首長の影響力は主として彼の儀礼上の機能に限られており、彼がガット・トウォットを兼ねている場合にのみ、彼は儀礼的な範囲を越えて影響を及ぼすことができるからである。

しかしながら、トゥットはいかにして彼の共同体において指導者的役割を果しているかと聞かれると、それに解答を与えることは難しい。自分の家族や合同家族の長として、彼はこうした集団の諸事の解決にもっとも顕著な役割を果すが、だからといって、彼が政治的権威をもっているとは言えない。というのは、これら諸家族集団は、共通の必要にせまられて協力しあっている部分もあるが、原則的には他集団とは独立して村内で行動するからである。ある合同家族は、もしトゥットがいれば、そのトゥットの助言に従ってキャンプ地をかわることを決め、トゥットが新しいキャンプ地に最初の繋杭を打ち込むのだが、同じキャンプ地にいる他の合同家族は他日まで移動を延期することを決めるかもしれない。地域共同体における指導力とは、一人の有力な男がある行動をとることを決めると、他のハムレットの人々も好都合とばかり彼の前例にならうことをいうのである。村人たちが共同作業をするとき、その作業を組織することを任される指導者は存在しない。村の成員の誰かが襲われれば、彼を助けようとしてもっとも足が速くて勇敢な男を先頭にして人々は駆けつけるであろうが、そのために村人を召集したり、追撃隊を組織したりする人物はいない。つまり、村は、構造的な意味においては政治単位であるが、政治組織はもっていない。村には村長がいるわけではなく、また、村としてのまとまりを象徴する何らかの権威をもった指導者もいないし、村議会もない。自分の家族集団の範囲を越えると、村内におけるトゥットの権威とは、やり方にかかわることやその他の諸問題の話し合いの場において目立った役割を果すというだけの意味しかない。村を出ると、彼はディストリクトにおける尊敬される人物として名前が通っているだけであって政治的な地位はまったくもっていない。

村とかキャンプよりも大きな集団になると、協同的な諸活動はずっと少なくなり、指導力が働く機会は極端に少なくなる。ある期間にわたって直接的な協力が見られるのは戦いのときだけである。ディンカ族襲撃のときや、あるいは他の部族セクションと戦うときなどに、勇敢さや腕力で誉れ高い男たちが若者たちを鼓舞し、皆で決めた簡単な作戦を指揮するということはあるが、彼らは政治的な地位や永久的な指導力はもっていない。将校の指揮下にある連隊とか中隊などが存在しないため、戦士たちは自分の意志で地域分隊に応召し、戦闘の場ではもっとも先頭にいて勇敢な男に従うのである。こうした戦士たちの何人かが有名になり、その名声がたちまち新兵たちを惹きつけて新しい襲撃に向わせる。戦争で名をあげた二人の指導者がいる。一人はジカニィ諸部族を率いたラットジョルであり、もう一人はロウ部族を率いたビディトで、両人ともに東方移動のさい活躍した人物である。彼らは二人とも儀礼的な資格はもっていなかったが、素晴らしい能力の持主であり、それぞれの部族の優越クランの成員であった。しかし、彼らが政治的支配力を確立したとか、あるいは部族内において大きな権威をもったということは伝えられていない。戦争における予言者の役割については後で述べることにする。部族分節間においては戦いを除いては組織化や指揮が必要とされる活動はない。

12

政府機関や司法制度、発達した指導体制、そして一般的に言って、組織化された政治活動の欠如が、ヌアー社会の大きな特徴となっている。彼らの社会は統率者をもたない親族組織であるため、そこにおける政治秩序の維持の仕方とか広域にわたる社会的諸関係の確立と維持の方法は、親族体系の研究を通じてのみ理解が可能となる。彼らの生活が営まれている秩序ある無政府状態は、彼らの性格ともよく合致している。というのは、ヌアーの人々とともに生活してみると、誰か支配者が彼らを支配するなどということはとても考えられないことだからである。

ヌアーは厳格に、そして平等主義の原則にそって育てられており、民主的感覚を深く身につけている。また、彼らは簡単に暴力を行使する。彼らの荒々しい精神はいかなる束縛をも嫌い、優越者の存在を認めようとはしない。富も、差別をつくりだしはしない。牛をたくさん所有している男は他から羨まれるが、牛を少数しか所有しない男と異なる待遇を受けることはない。出身によって差別されることもない。ある男は、部族の優越クランの成員ではなく、それどころかディンカ族の出身でさえあるかもしれないのだが、他人がその事実について言及しようとするなら、棍棒で殴られる大きな危険を覚悟しなければならない。

ヌアー人の一人一人が、自分は隣人と同じくらい立派であると考えていることは、彼らの一つ一つの行動からあきらかである。彼らはあたかも大地の主であるかのように濶歩し、実際そう考えているのである。彼らの社会には主人も下僕も存在せず、誰もが平等であり、自らを神の創り給うたもっとも高貴な創造物と考える。彼らがお互いに相手を尊敬する様子は、外部の人々すべてに対して示す軽蔑とは著しい対照をなしている。彼らのあいだでは、命令されているらしいというだけで人は腹を立て、その命令をまったく無視するか、そうでなければ拒否するよりももっと相手を侮辱することになるわざとらしいいい加減さでそれを行う。ヌアー人は仲間に何かしてもらいたいときには、親族としてのよしみに訴えて頼む。たとえば、「私の母の息子よ。これこれのことをしてほしいのだが」というふうに頼む。あるいは、命令のなかに自分自身を含めて「さあ、出発しよう」とか、「皆で家に帰ろう」という表現を用いる。人々との日常の関係では、長老や「父親たち」、それに儀礼的な地位にある人々に対しては、それらの称号が用いられている範囲内ではできるだけの敬意を表するが、それもこれらの人々が彼の自尊心を害しない場合に限られる。自分の利害と衝突する権威にはそれがいかなるものであろうと彼は服従しないであろうし、また、誰に対しても服従する義務があるとは思っていない。あるとき、私はシリュク族の土地を訪れたことのあるヌアー人と、シリュク族のことについて論じていた。そのヌアー人は次のように言った。「彼らは一人の偉大な首長をもっているが、われわれにはそのような首長はいない。シリュク族の首長は人を呼びつけたり、牛を徴発したり、あるいは人の首を切り落したりすることができる。ヌアー人のなかでそのようなことをする人間を見たことがあるだろうか。誰かに呼びつけられたからといってのこのこやって来るヌアー人が一体いるだろうか。あるいは牛を要求されたからといって無条件で牛を差し出すヌアー人が考えられるだろうか？」

私はヌアー人の誇り高さにはその後ますます驚きを深くしていった。それは、彼らが常時身につけている超然とした態度や寡黙さと同じくらい特徴的であった。ヌアーたちが私の調査をどのように妨害したかについてはすでに述べた。ここでは、彼らが私と接触するときの高慢なやりかたを三つの典型的な出来事をひいて述べてみよう。あるとき、私はある場所への道順をたずねたのだが、意図的に欺かれた。がっかりしてキャンプに戻り、どうして間違った道を教えてくれたのかと人々にきくと、彼らのうちの一人はこう答えたものである。「お前は異邦人だ。それだのにどうして正しい道を教えなければならないのか。相手がヌアー人だったとしてもその男を知らない場合には、道をきかれると、『そのまままっすぐ行きなさい』と言って、その道がいくつかに分かれていることは言わないだろう。しかし、今ではお前はわれわれのキャンプの成員になっているし、われわれの子供たちにも親切にしてくれるから、今度道をきかれたら正しく教えてやろう。」

この同じキャンプにおいて、私は調査中に病気になり、蒸気船で引き揚げることになった。

キャンプの人々に、私のテントと所持品を川ぶちまで運んでくれるように頼んだが、彼らはそれを拒否した。そのため、私の雇っていた若いヌアー人と私の二人だけで荷物を運ばねばならなかった。その若いヌアー人に、どうして彼らは運んでくれないのだろうかときくと、彼はこう答えた。「あなたは自分の荷物を川まで運ぶようにと彼らに命令しました。だから、彼らは拒んだのです。『私の母の息子たちよ、私を手伝ってくれ』と頼んでいたならば、彼らは拒みはしなかったでしょう。」

あるとき、何人かの男たちがリニィジについての情報をくれた。翌日、同じ男たちが訪ねてきて、彼らのうちの一人が私に尋ねた。「きのうわれわれが話した内容についてだが、あれを信じているのか。」私が信じていると答えると、彼らは大声で笑いだし、他の人々まで呼んできてこの冗談を聞かせるのだった。しばらくすると、そのうちの一人が言った。「いいか、きのうわれわれの話したことは全部でたらめだ。今から話すことが正しいのだ。」これに似たような話はいくらでもあげることができる。

これまでヌアー人は気むずかしいと言われてきたが、それは本当である。仲間うちでも彼らはしばしば無愛想で素っ気ないが、相手が外部の人間だとなおさらである。しかし優越者意識をもたずに近づいていくと、友情を断わることはないし、また、困ったときや病気のときには、親切でやさしくしてくれる。普段は誇り高くて、同情心が発露することもあまりないが、こうしたときには、同情心を示してくれる。というのは、ある人物について好意的感情を抱いていても、その人物にそうと知られることは彼らには耐えがたいことであり、性格的に攻撃的な人ほど自分の友情を隠そうとするからである。彼らは、へつらったり、おべっかを使ったりすることが絶対にない。何か贈物がほしいときにははっきりと要求し、断わられても別に感情を害するということはない。彼らが人を試すのは自己防衛する能力があるかどうかということについてだけである。彼らと同じような生活をし、彼らの価値を受け入れるほど、彼らからは高く評価される。

もしヌアー人と共に暮らそうとすれば、彼らと同じやりかたをとらねばならない。ということは、つまり、彼らを何らかの親族として扱わねばならないということであり、そうすれば彼らもあなたをある種の親族として扱ってくれるであろう。諸々の権利・特権・義務は親族関係によって決まる。他人は自分にとって親族（実際にそうであるか、あるいは、虚構に基づくものであってもかまわない）であるか、もしくは、相互に義務を伴わない、つまり潜在的敵であるかのいずれかである。自分の村やディストリクトの人々は、たとえそれが単なる言語上の同化であっても、全員が何らかの親族関係にあるものとみなされており、たまさか入ってきて皆に軽蔑されている家をもたない放浪者を除けば、ヌアー人は親族関係のパターンにのっとって行動する人々とのみ普段接触していることになる。

親族関係にある人々はお互いに助け合わねばならず、自分が余剰の物資をもっていれば隣人たちと分け合わねばならない。そのため、余剰の物をもっているヌアー人はどこにもいない。ところがヨーロッパ人は余剰をもっており、もしそれがヌアー人にとって少しでも役立つものであれば、一緒に暮らしているヌアーの人々とそれを分かち合うべきだというのが彼らの意見である。ヌアー人から贈物をねだられたという旅行者たちの話をよく聞くことがある。彼らは仲間内でもお互いに同じように執拗に物をねだるのである。しかしヌアー人が牛や世帯道具を手離すわけはないので、特別の事情がないかぎり、これらをねだることはしない。ところが槍とか鍬とかそういったものをいくつかもっていたとすると、彼は必然的にそれを手離さざるをえなくなる。政府の任命による首長であり、人望もあるデンは、私がピボール川のほとりにある彼の村を出発しようとしていたとき、「あなたが私の親族の人々にヤスを配ってくれたことには大いに感謝している」と言ったが、またつけ加えて、「ファドイに住む私の親類が次の乾季をここで過ごすためにやってくると、もうヤスは自分たちの手許にはないだろう」とも言った。

ヌアーのあいだでタバコを保持する唯一の方法は、自分が所持していることを否認してうまく隠しておくことである。私がアニュアク・タバコの大きな塊りをデンにやったときには、彼は自分のパイプに少量を詰めることができただけで、残りはただちに他の人々に分けねばならなかった。ヤクワッチで若者たちにタバコを分けてやっていた頃、彼らはその場でかぐ少量をとって、残りは隠しておいてくれと私に頼んだ。こうすれば、他のものに知られずに、好きなときにきて少しずつかぐことができるからである。私は、自分のテントのいたるところに隠し場所を作っていた。親族の人々のタバコの要求を断われるヌアー人はいない。同じ年齢組に属する仲間どうしなら、タバコやかぎタバコをくれと頼むことさえしないで、牛舎にあるのを見つけると、それをとるだけでよい。私自身の採用したやりかたは、一番最初の機会に彼らの欲しがりそうなものを全部与えてしまって、あとは貧しく、そして平和に過ごすことであった。アラブ商人たちは、ヌアー人の執拗な贈物要求の攻勢に腹をたてているが、ヌアー語をよく話し、彼らの習慣についても十分知っているため自分のものを保持することができている。それでも、まったくお返しの期待できない贈物をしているのを私はよく見かけた。

ヌアー人は自分の権利や所有物を守ることにかけてはこのうえなく頑固である。人のものは簡単にとるが、なかなか与えようとはしない。こうした利己主義は、育ちと親族としての義務内容の性質からきている。子供は、仲間と対等の立場を維持するためには、自分の人格や所有物に対するすべての侵害から身を守らねばならないことを幼少の頃から覚える。ということは、つまり、いつでも闘う態勢を保っていなければならないということであり、闘う意志と能力をそなえているということだけが、親族の人々の貪欲さや強要から自由で独立した人格としての自己の存在を守る手段となっているのである。親族の人々は、外部の人々からは彼を守ってくれるが、親族の要求に対しては彼は自分の力で抗しなければならない。親族の名においてなされる要求には際限がなく、また高圧的でもあるので、彼は徹底的に抵抗するのである。

13

権威というものに対するヌアー人の受けとめかたを理解していただくために、前節では私の個人的な記憶や一般的な印象のいくつかを書き記した。そのような彼らが、超自然力をそなえていると主張する人々に簡単に服従することは驚きである。呪物はごく最近になってヌアーランドに入ってきたものであるが、人々のあいだに大変な不安を呼び起こし、そのため、最近では、呪物の所有者は村内でしばしば威信を勝ちとると同時に、ディストリクト内や、ときとしてはもっと広域にわたる部族セクションで恐れられるようにさえなっている。しかしながら、これら呪物の所有者はいかなる意味においても部族の指導者ではなく、社会的重要性という点からいっても予言者たちとは比較にならないほど低い。

ヌアーの予言者は、反植民地政府抗争の中心人物であったことから、植民地政府の不興を買っており、私の滞在期間中、彼らのうちの有力なものは監禁されていたり、地下に潜ったりしていたため、その行動を詳細に観察することはできなかった。[*39] ヌアーの宗教的なカテゴリーについて論じなくても、予言者たちは、空の諸精霊、換言すればヌアー人が天空の神の息子たちと考えている精霊のうちの一つにとり憑かれている人々である、ということは許されるであろう。ヌアー人はこれら諸精霊を非常に敬っているので、これらの精霊がとり憑いている人々を恐れ、素直に従うのである。そのため、予言者たちはヌアー社会における他のいかなる人物よりも神聖さと広域にわたる影響力をもつにいたった。予言者はグックと呼ばれるが、神の蟻を意味するチョク・クウォスと呼ばれることもある。全体的には彼もまた精霊の所有者グワン・クウォスの範疇に入る。

予言者として最初に高い名声を獲得したのは、一九〇六年に死んだングンデンであったらしい。彼はロウ部族の人間で〈ガートレアク〉クランに属しており、東ジカニィ地方からの移住者であった。初め彼は豹皮首長として行動していたが、長期にわたる断食や奇行、不妊・病気を治療する技術、そして予知能力等によって後に予言者としての名声を得た。女たちが不妊を治してもらおうとロウ地方の全域から集まってきたし、東ジカニィ地方からも、さらにはゼラフ川やナイル川の西側諸地域からさえもやってきた。彼女らの多くは雄牛をつれてやってきた。ングンデンはそれらの雄牛を、自分にとり憑いている空気の精霊のデンに供犠した。そうしたあと、彼女らを自分のつばで撫でた。天然痘がロウ部族を脅やかしたとき、彼は雄牛を供犠することによって天然痘に立ち向い、その蔓延をくいとめようと出かけて行った。彼は牛疫の流行やその他の事柄を予知し、ディンカ族襲撃を指示した。

ングンデンの死に伴い、デンの精霊は、最終的に彼の息子のグウェクに乗り移り、グウェクは父親がしたのと同じように予言を行い、不妊の女や病人を治しはじめた。しかし、どうやら真性の精神病患者だったらしい彼の父親のような異常な才能を彼はついに見せることはできなかった。デンの精霊はングンデンの長兄たちを素通りした、というか、彼らのなかにはあまり長く留っていなかった。ヌアー人の語るところによると、精霊は一、二世代あとになっても最終的には最初にとり憑いた人間のリニィジに戻るのだそうである。そして、精霊にとり憑かれた人間はふつう、譫妄を伴う重病を経験することによって、精霊が体内に入ってきたことを知る。若い人はとくにそうであるが、普通のヌアーは、精霊にとり憑かれることを好まず、もっともとり憑かれやすいのも異常性格の持主が多いようである。一方、予言者としての父親の後を継ぐのは、彼の息子たちのなかのもっとも野心的な息子である。というのは、断食までして精霊を呼びこもうとはしないまでも、彼は精霊にとり憑かれるのを歓迎しているように見受けられるからである。グウェクは一九二八年に政府軍によって殺された。もう一人の有名な予言者で、ディウとかデンレアカと呼ばれていたガーワル部族の男は、ディンカ族出身の捕虜であったが、彼は断食と隠遁によって精霊を得るための修業に入った。後に彼は反ディンカ・反アラブ奴隷商人運動を展開し、その運動が成功したことによって名声と権力を得た。彼の追随者たちはディンカ族の土地を占領した。ングンデンの場合と同じように、彼も奇蹟を行うという評判が高かった。デンレアカは一九〇八年に死亡し、彼の息子のドワルが空気の精霊ディウにとり憑かれるようになった。現在、彼は政治犯として獄中にいる。私の会った唯一の予言者は、ドク地方のブオムという名の男で、彼はテェニィの精霊にとり憑かれていた。彼は、うまく政府の任命する首長の地位に坐ったため、隣人たちからは利己的で欲張りだと思われていた。しかしながら、あまりにも野心的だったため、現在では追放されている。その他の地方でよく名の知られている予言者たちには、東ガージャクのムット、西ヌアーランドのクラン等がいた。

ロウ部族のルムジョク・セクションの土地にある巨大なピラミッドについて簡単に触れておかねばならない。これはングンデンによって建てられ、グウェクがさらに手を加えたものである。このピラミッドは、高さが五〇フィートから六〇フィートほどあって、底辺の周囲と頂上には巨大な象牙が差し込まれていた。一九〇一年にクリスピン博士が撮影した写真（写真27）を見ると、柵状に並んだ象牙の杭、建造に使用した材料の種類、および雨による底辺部の風化等の様子がよくわかる。このピラミッドは政府軍によって一九二八年に爆破された。建造用に用いられた材料は、灰、泥、家畜キャンプ地で掘り起こされた岩屑である。ロウ地方や東ジカ

●写真27 a・上——ングンデンのピラミッド（ロウ部族）
●写真27 b・下——ングンデンのピラミッド（ロウ部族）

ニィ地方の各地から人々が供犠のための雄牛をつれて、建造を手伝うためにやってきた。ヌアーによれば、このピラミッドは天空の精霊デンにちなんで、またその予言者であるングンデンを称えて建造されたものだという。デンの祭儀はもともとディンカ起源のものであることは確かであり、塚を建造するという考えも同じくディンカに起源をもつものであろう。ロウ地方のこの有名なピラミッドの他にも、東ジカニィ地方のソッチという土地にドゥルの息子のデンという予言者の建造した小規模なピラミッドがある。

こうした予言者たちが、最近になって出現したということは、ヌアーが一様に指摘しているところである。彼らの話では、デンが空から降りたのは最近のことであり――実際まだ人々の記憶に生きている――、天空の諸精霊のなかでもおそらく一番初めに地上に降臨した精霊であろう、ということであった。昔は予言者などいなかったと彼らは言う。すでに述べたような儀礼的な役割を果す人々がいただけであった。ヨーロッパ人の旅行記からは、こうした証言を裏づける、あるいは逆に否定するにたる十分な資料は見あたらない。ポンセによると、彼の滞在していた頃、ヌアーのあいだには、死後祀られる、裕福で、社会的地位の高い人々がいて、ポンセはこれらの人々を予言者もしくは妖術者、またあるところでは呪術師と呼んでいる。[*40] また、ブリュン＝ロレは、ヌアーには主教のような存在の人物がいて、人々は崇拝に似た尊敬の念でこれらの人々に接していると述べているが、彼の話は空想的すぎてあまり重視することはできない。[*41] 六〇年前に憑依がまったくなかったと信じることは難しいが、それに対する反証もないので、天空の諸精霊による憑依はなかったと主張するヌアーの一致した見解を受け入れざるをえない。そして、その当時、予言者が仮にいたとしても彼らの影響力はごく小地域に限られていて、後世にみられるような部族的規模の重要性はもっていなかったことは確かだろうと思われる。ヌアーの予言者の出現は、北部スーダンから入ってきたマーディズム信仰の流行に関係していたという証拠がいくつかある。しかしたとえそうだとしても、強力な予言者たちが現われた時期は、アラブ人によるヌアーランド侵略がもっとも激しかった頃にあたり、またスーダン再征服後はこの地のいかなる人物よりも尊敬され、影響力をもっていたことは確かである。

こうした事実があるにしても、そのもっとも成功した人物についてさえも、予言者の力は少々誇張して考えられてきたきらいがあり、部族内における彼らの地位も誤解されていたように思われる。ロウ部族の土地に最初に入った植民地政府の役人は、ングンデンについて、彼が人々から非常に恐れられ、敬われていると記録し、もしロウ部族を統治しようとすれば、彼を手なずけるか追放するかしなければならないという意見を添えている。しかしながら、彼の息子のグウェクは反政府運動の指導者としての立場を、いくつかのセクションの人々からは支持されていなかった。当時、上ナイル州の総督であったストリュヴェ氏も、ディウの息子のドワルはガーワル部族のあいだで「微々たる権威」しかもっていなかったと述べている。一九二二年に私の得た印象では、ドク地方において、ブオムは植民地時代以前に予言者としてもっていた権威よりもはるかに大きな権威を植民地政府の首長としてもっていたようであった。予言者の呪詛も恐れられてはいるが、武装した政府軍の介入の方が制裁力としてはより強力である。ブオムは前例のない法的力を行使しようとしたため、彼の追放が一般の人々の反政府感情をあおるとか、残念がられるということはなかった。初期の予言者が霊的存在以上の人物だったという確実な証拠はなく、その儀礼的力もとくに戦いにおいて用いられた。しかし後期の予言者たちは、少なくとも自分の村やディストリクトでは紛争の仲裁を始めていたようである。彼らのうち、政治的機能を行使し、自分の権威をディストリクト外にまで及ぼすことにもっとも成功したのはグウェクであったが、彼とても部族間・分節間の敵対心に阻まれて、個人としての支配力を効果的に発揮することはできなかった。

予言者の活動のうち真に部族的と呼ぶことのできるのは、ディンカ族襲撃の戦端を開き、アラブ人やヨーロッパ人の侵入に対抗する勢力を結集することであった。彼らのこうした諸活動のなかに、われわれは予言者の構造的重要性をみることができ、また、それによって彼らの出現と影響力の伸長を説明することができる。われわれが知りえた有名な予言者は全員、ディンカ襲撃の指示に成功したことによってその名声を得ている。というのは、ディンカ族襲撃は、予言者の口をとおして豊富な戦利品を約束した精霊の名のもとに行われるからである。予言者の許可や指示なしで大がかりな襲撃が行われることはなく、予言者は襲撃の時期や相手について、夢や神がかりの状態をとおして空の精霊の啓示を受ける。予言者自らが襲撃に随行して、戦闘が始まる直前に供犠することもある。予言者は戦利品の一部をとり、残りの戦利品の分配をある程度監督する。襲撃に出発する前には、戦士たちは空の精霊を賛美する戦歌を歌った。予言者によって行われるそれらの精霊への供犠は、戦利品と安全を保証するものと信じられていた。

その影響力はたいしたことはなく、しかもおもに霊的なものであって、制度的な形はとっていなかったにしても、予言者たちが部族的な存在であったことによって、初めて一人の人物が部族としての統一を象徴したのであった。しかし、彼らの存在はそれ以上の重要性をもっている。というのは、彼らの影響力は部族の境界を越えて及んだからである。グウェクはガージョク部族のあいだでも多大な影響力をもっていた。そのため、ロウ部族とガージョク部族とのあいだでしばらく殺人の賠償が支払われていたと言われている。彼の影響力は、東ガーグワン部族や東ガージャク部族にまで及んでいた。デンレアカも同様の力をゼラフ川流域、とくにシアン部族のあいだでもっていた。西ヌアー諸部族の予言者たちのなかにも近隣諸部族において高い名声を得ているものが何人かいて、これらの諸部族は精霊の指示があると合同して襲撃に出向いた。彼らは、豹皮首長とはちがって、部族構造を維持するメカニズムの役割は果さなかったが、隣接諸部族が同盟する際の枢軸の役を果し、そして、ヌアーの構造原理である対立の原理をそのもっとも拡大された形、つまり異民族に対したときのヌアー民族としての統一性と同質性を体現していた。部族連合や合同襲撃の編成などはおもに彼らの業績であっただろうし――歴史的な記録がないので正確なことは言えないが――、こうしたことがヌアーランドにおいて彼らを重要かつ強力な人物に仕立てたのであった。このような解釈は、なぜ半世紀前に彼らが出現したか、あるいは少なくともなぜその頃から彼らの活躍が目立ちはじめたのかを説明している。その頃、状況の変化に応じて構造的な変化が生じつつあった。つまり、それまで諸個人によって行使された政治権力のいずれよりも純粋に政治的な力が発達しつつあったということであり、同時に、隣接諸部族のあいだの統合がかつてないほど進展していたということである。さらにまた、空の精霊が予言者の死に際してその息子に乗り移ったということは、世襲的な政治指導の発達を示していると推論しても誤りにはならないであろう。こうした指導力の発達および隣接諸部族間の同盟の背後にはアラブ人やヨーロッパ人による新たな脅威があったと思われる。ヌアーと隣接諸民族との敵対はそれまでつねに局地的なものであった。ところがいまや、もっと手ごわい共通の敵が現われたのであった。しかし植民地政府が予言者を制圧すると、前記の傾向も阻止されてしまった。われわれが知っている範囲の状況から考えるに、予言者と植民地政府の対立は必然的なものであった。なぜなら、人々のあいだの植民地政府への反感こそが予言者を出現させる動機となったのであり、またそれが予言者に具現されていたからである。

14

われわれは、これまでに居住分布が生態学的環境によって左右されること、また、政治的な境界線は生業形態との関連における居住分布に従う傾向のあることをみてきた。しかしながら生態学的な考察は、ヌアーの諸部族や諸部族セクションの人口学的な特徴の理解の助けとなるだけで、それらのあいだの構造的諸関係の特質を理解する手がかりにはならない。これらは、いくつかの構造的原理に依拠することによってはじめて理解が可能であり、われわれはその原理を抽出しようとしたが、無論、非常に高度の分析がなされたとは思っていない。われわれがこれまでに明らかにした諸点をここで簡単に要約しておく。

(1)ヌアーは自分たちの地理的分布に価値を置いており、これらの価値評価によって、われわれは社会―空間的単位を摑み、それらを関係づけて一つの体系へとまとめあげることができる。⑵これらの単位はすべて相対立する分節へと分枝する傾向があり、それと同時に、他の単位との関連ではこれら諸分節が融合する明らかな傾向がある。⑶分節の規模が小さいほどその凝集力は強く、分節体系が存続するのはこのためである。⑷ヌアーの政治体系は、異民族もその一部を構成しているところの全体的な構造との関連においてはじめて理解できるものである。同様に、ヌアーのすべての共同体の性格も、政治体系全体のなかにおける同次元の他の諸共同体との関係によって規定されねばならない。⑸社会体系は実際の政治的諸関係の領域よりもはるかに広範にわたっており、政治領域を横断している。⑹政治的諸価値は居住関係以上のものに依存する度合いが大きい。政治的諸関係は、他の諸社会体系から切り離して独立に調べることもできるが、しかしそれは全体的な社会関係のなかでの特殊な関数である。社会的諸関係はおもに親族関係を基盤にしたものであるが、ある状況下では親族関係に基づいた関係は政治的関係に編成しなおされるということが、本書の一つの重要な課題となっている。⑺ヌアーの諸部族と異民族、および部族と部族とのあいだの構造的関係は戦いの制度によって維持され、そして、一部族内の諸分節間の構造的関係は報復闘争の制度によって維持されている。⑻中央行政府は存在しない。豹皮首長は儀礼的な調停者であり、われわれは、報復闘争のもつ構造的メカニズムによってその機能を解釈すべきである。⑼法は人々のあいだの構造的距離に応じて変り、個人間の関係が異なるとその及ぼす力も変ってくる。⑽アラブ人やヨーロッパ人による侵入という新しい状況が司法的機能の萌芽をそなえた予言者の出現をうながし、部族間の結束を強化する原因になったものと考えられる。

第五章　リニィジ体系

1

ヌアーのリニィジおよびクランの特徴の多くは親族の研究分野に属するので、これについてはひきつづき続巻で述べたいと思う。ここでは、地域体系と直接関連のある特徴だけに限定してそれらを論じることにする。まず最初に、クラン、リニィジ、親族を形式的に概念規定することから始めよう。ヌアーのクランは父系親族の最大集団であって、その成員は共通の祖先に出自をたどることができ、成員間の結婚は禁止され、性関係は近親相姦的にとらえられている。クランはアフリカの諸クランによくみられるような、共通の父系親族関係を認識する人々が構成する分化されていない集団というだけではなく、高度に分節化された系譜構造である。一クランのこれらの系譜的分節をわれわれはそのリニィジと呼ぶことにする。各リニィジの個々の成員のあいだの関係は、系譜上の用語で正確に言い表わすことができ、したがって、一つのリニィジの成員と同一クラン内の他リニィジの成員との関係もたどることができる。なぜなら、リニィジ相互の関係も系譜的にはっきりしているからである。クランはリニィジの体系であり、リニィジはクランの系譜的な分節である。クラン全体を一つのリニィジと呼ぶこともできるが、われわれは、クラン

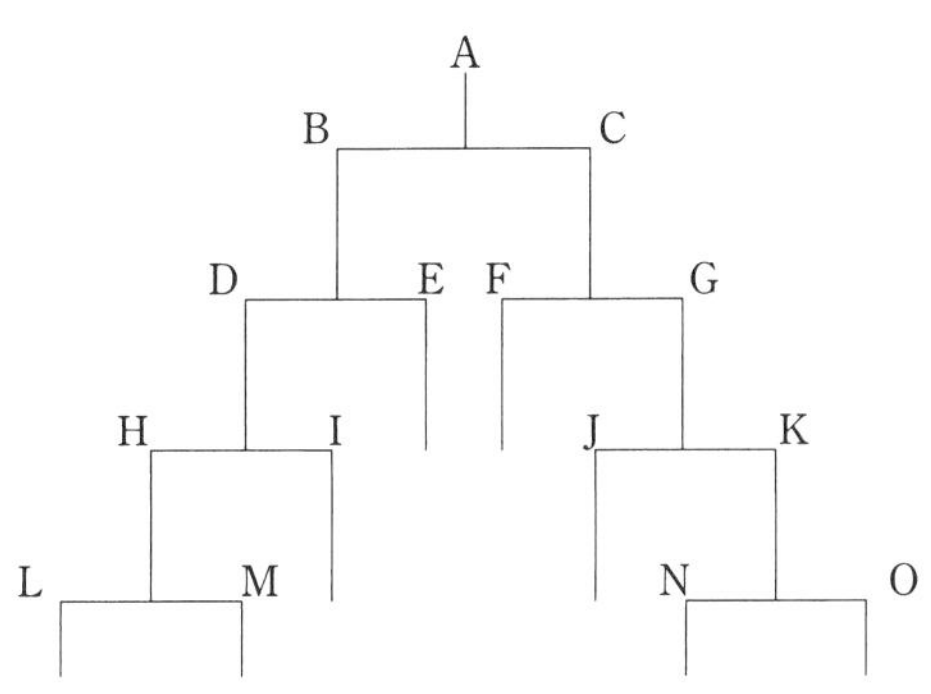

の分節をリニィジと呼び、リニィジをそのように概念規定したいと思う。あるいはまた、リニィジを、その成員が系譜的につながっている父系親族集団と考え、クランを、このような諸集団が集まった体系と考えることもできる。ヌアーの場合にはこれは系譜的な体系である。上の図において、クランAは最大リニィジBとCに分節し、BとCもそれぞれD、E、F、Gの大リニィジに分枝している。小リニィジH、I、J、Kは大リニィジDとGの分節であり、そして、L、M、N、Oは最小リニィジであって、HとKの分節である。リニィジの分節化を述べるには四段階を示すことばがあれば、もっとも大きいクランについても十分であることがわかった。リニィジを表わすヌアーのもっとも一般的なことばはソク・ドウィエルであり、彼らがソク・ドウィエルと呼ぶ最小の系譜単位は、現存者から遡って三―五世代の時間深度をもっている。このようにクラン全体が系譜構造

をなしており、図中の文字は、クランとその諸分節が出自をたどり、そしてしばしばそれらの名前の由来となった祖先を表わしている。ディンカ起源の無数の小さなリニィジを含めないにしても、ヌアーランドには少なくとも二〇のこのようなクランがあるはずである。

われわれが一般に用いる意味では、リニィジとは特定の系統の創始者に出自をもつ、現存する父系親族の集団である。論理的には、それは創始者の系統をひく故人をも含んでいるが——ときには故人をも含むものとしてこのことばを使うこともある——、故人が意味をもつのは、その系譜上の位置が現存者たちの関係を説明するときだけである。リニィジがどの程度の広さの意味を含むものとして使われているかは、文脈から理解することができる。

クランやリニィジは、それぞれ固有の名前と様々な儀礼的なシンボルをもち、また、ある種の相互の儀式的諸関係を遵守する。クランやリニィジには槍の名があって、儀式のときにはこの名を大声で叫び、また尊称を定めていてそれで呼ばれることもある。さらに、クランやリニィジはトーテムその他の神秘的な存在とつながりをもち、さらには相互の儀式上の地位も決まっている。

リニィジ間の父系親族関係はブスと呼ばれる。ブスはつねに集団間の父系の関係を示すものであって、それが個人間の関係を表わすのは、個人が集団の構成員であるということによる。ブス父系親族関係は、個人間の関係、たとえば、ある男と彼の父の兄弟や母の兄弟との関係、という意味での親族関係とは区別されねばならない。この意味での非父系を含む全親族関係をヌアーはマルと呼ぶ。ある男が、父方母方を問わず系譜関係をたどりうる範囲の人々が、その男にとってマルである。したがって、マルというのは、ある個人の父方の親族全部と母方の親族全部であり、この親族関係のカテゴリーをわれわれはキンドレッドと呼んでいる。一般的用法としては、このマルということばは近い親類だけをさす。このように、マルのなかには父系の近親者も含まれているため、ブスはその人とリニィジを異にする遠い父系親族をさす場合にのみ用いられる。ブスの関係は、同一クランに属する諸リニィジのあいだに認められるものであるが、それはまた、祖先を共有してはいるが外婚単位ではない諸クランのあいだにも認められる。ディンカ人がヌアーのリニィジとブスの関係をもつためには、その傍系リニィジのなかに養取〔個人間の養子縁組と区別して、リニィジのなかに組みこむという意味で用いる〕されることが必要である。このように、われわれは、父系親族集団の体系であるリニィジ体系と、ある個人にとっての親族関係のカテゴリーである親族体系とを形式的に区別する。そして、後者の諸関係を父方の親族および母方の親族に区別し、その両方を合わせてキンドレッドと言う。

政治集団とリニィジ集団は完全に一致するものではないが、一定の対応関係があり、しばしば同一の名前をもっている。というのは、部族領域とその諸セクションは、そこを最初に占拠したと考えられているクランやリニィジにちなんで名づけられていることが多いからである。こうした事情が両集団のあいだの関係を調査することを非常に困難にしており、またヌアーについて書かれたものに混乱を生じさせている。たとえば、ガーワルというのは、部族の占有する土地の名前でもあり、そこに住む部族の人々の名前でもあり、また、その土地で社会的に優越した地位を占めるクランの成員を表わす名前でもある。同様に、ガージョクやガージャクについても、それらは部族領域、部族、リニィジを表わす名前である。そこで記述を明確にするために、クランとリニィジの名前は〈 〉で囲むことにする〔原書ではスモール・キャピタルを用いている〕。こうすれば、ある男がガーワルだと言えば、それは彼がガーワル部族の成員であってガーワルの土地に住む男だということを表わし、他方ある人物が〈ガーワル〉だと言えば〈ガーワル〉クランの成員であって、ガーワルの土地の優越クランの創始者ワルから父系の系譜をたどる子孫であるということを意味する。

2

次節では、われわれになじみ深い形となっている系統樹で三つのクラン出自を表わした。これはヌアーの人々にも気に入ってもらえるものと思う。なぜなら、ヌアーは、リニィジのことをしばしば枝を意味するカルということばで表現し、それによってリニィジが大枝からより小さい小枝へと分かれるさまを説明するからである。〈ジナチャ〉は、ロウ部族およびレンギャン部族における優越クランであり、〈ガートガンキール〉はジカニィ諸部族の優越クランであり、〈(ガー)シアン〉はシアン部族の優越クランである。根元から小枝にいたるまで、つまりクランの創始者から最小リニィジにいたるまで、が描かれているのは多くある出自系統のうちの一系統だけだが、他の大枝や中枝、すなわち他の最大リニィジや大リニィジ、小リニィジが幹のどの部分から分かれているかも同時にこの図から知ることができる。

3

以上でリニィジとクランの概念規定を終えたので、次に図を用いていくつかの例をあげよう。本節では、リニィジおよびクランの諸特徴のうちでわれわれの研究課題と密接な関係があると思われるものをいくつか記そう。とはいうものの、ヌアーのクランを探し出すことは生易しいことではない。なぜなら、クランというのはヌアーにとっては抽象概念ではないし、英語の「クラン」に翻訳できるような単語は彼らの語彙にはないからである。しかしながら、ある男に、君の「昔の祖先」は誰かとか、「最初の祖先」（グワンドン）あるいは君の「種（タネ）」（クワイ）は何かと尋ねれば、その男のクランの名前がわかるかもしれない。しかし、その男のリニィジや槍の名や表敬的挨拶語などによって、彼のクランを難なく位置づけることができるためには、ヌアーと同程度に彼らのクランやリニィジそして、それらに付随する儀礼的シンボルについての知識をあらかじめ得ていることが必要である。というのは、ヌアーはリニィジをとおしてなら無理なく話せるからである。リニィジには、炉を意味するソク・マッチ、小屋の入口を意味するソク・ドゥィエルまたは枝を意味するカルが用いられる。ソク・ドゥィエルは、系譜的に正確さや厳密さが要求されるときに用いられる父系の出自を指すもっとも普通の表現ではあるが、日常よく用いられるのはあとで述べるチエンである。クラン自体も、リニィジと同じように、クラン体系においてそれぞれの位置を占めており、ヌアーにとってクランが意味をもつのは、単独の集団としてではなく、諸集団が集まって構成する一体系のなかの一分節としてである。なぜなら、クランが独自性をもつのは体系内の部分としてのみだからである。

リニィジというのは相対的な用語である。なぜなら出自をたどる際の出発点として選択される

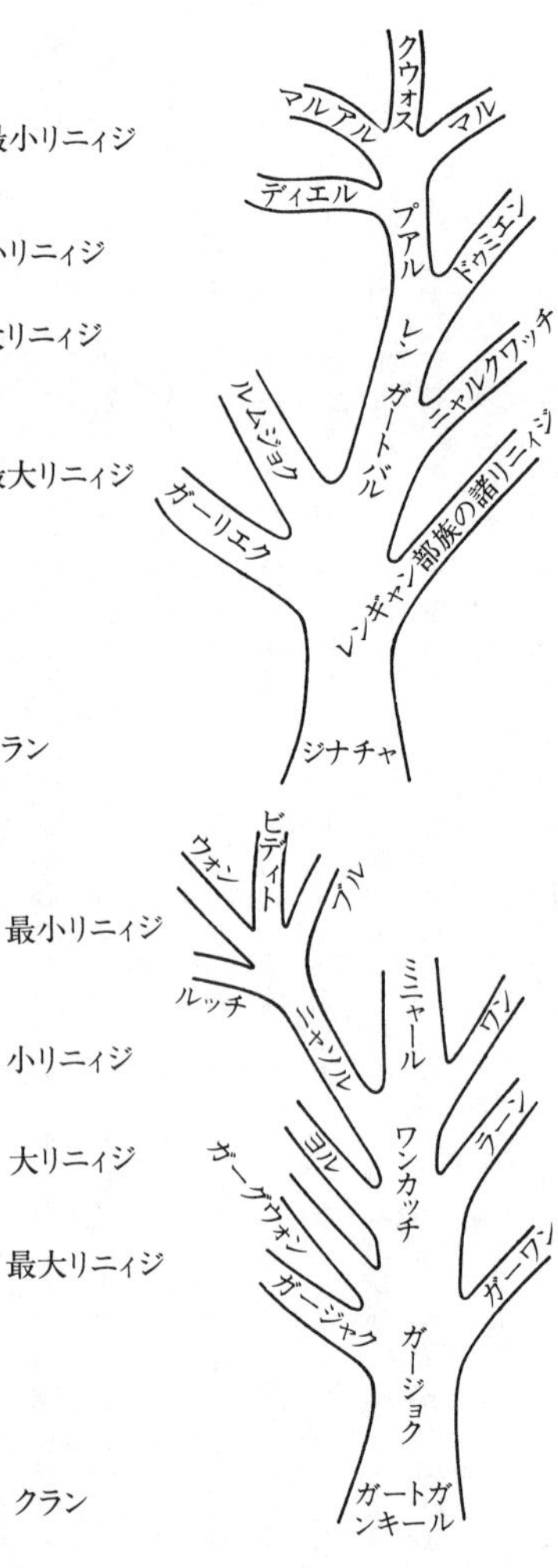

特定の個人によってそのリニィジが含む範囲がかわってくるからである。だから、もし仮に父から始めるならば、ソク・ドゥウィエルには息子や娘だけしか含まれないことになるが、祖父を出発点にすると、息子、娘、息子の子供たちの全員を含むことになる。子孫を数えるのに出発点を出自の遡及線上の高いところに求めるほど、父系親族の数は多くなる。こう考えると、リニィジとして成立する最小の単位は一人の男とその息子と娘だと言ってもいいのだが、ヌアーは彼らをソク・ドゥウィエルとは呼ばない。それは、父・母のいる家族・世帯なのである。ヌアーが最小リニ

ィジの頂点を選ぶ際にどこまで系譜をたどるかをはっきりと述べることはできない。たった二世代、つまり祖父まで遡って全部で三世代の父系親族しかたどらないこともあるが、ふつう最小リニィジは四、五世代遡ったところから構成される。ヌアーの慣用は別にして、われわれは少なくとも三世代の深度をもつ集団としてリニィジを規定することが重要だと考える。このように規定すると、リニィジは、これら諸分節が集まって構成する一体系内における明確な構造的分節となり、共住集団と混同されるということもなくなるからである。

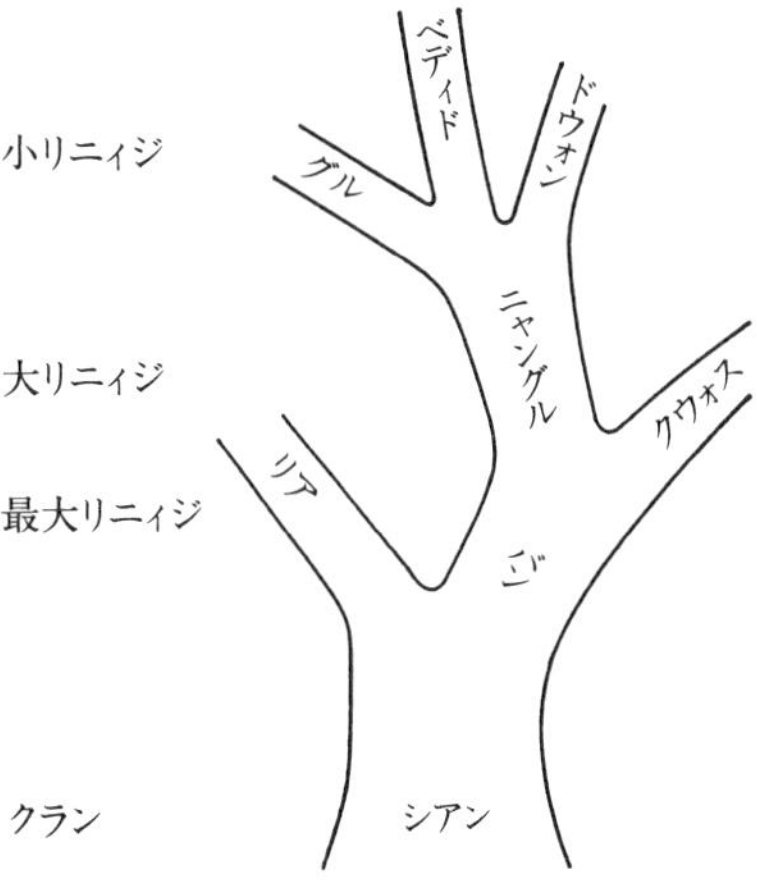

ヌアーのクランはこのように高度に分節化しているうえに、部族構造においてわれわれが見出した特徴の多くをそなえている。クランの諸リニィジが集団としての独自性を示すのは、他のリニィジとの関連においてのみである。三二七ページの図において、MはLに対するときにのみ集団となり、同じようにHはIと、DはEと、等々、それぞれ対するときにのみ一つの集団になる。しかし、同じ枝の傍系諸リニィジは、他の傍系の枝の諸リニィジに対するときにはつねに融合する。たとえば、図のLとMはIと対立する場合には一つの小リニィジHとなり、それぞれが別のリニィジではなくなる。DとEは、Cと対立するときには最大リニィジBとなり、別々のリニィジではなくなる。このように、対等でかつ対立しあう二つのリニィジは、第三のリニィジに対するときには結合するのである。したがって、人があるリニィジの成員であるのはある特定の集団との関係でそうなるのであって、別の集団との関係ではそのリニィジの成員ではなくなる。このように、リニィジとしての価値は、部族としての価値と同じように、本質的に相対的なものであり、またリニィジの分節化と政治的な分節化とはある程度並行して進行することをあとで示そう。

人間は自己増殖するものである以上、クランは時間がたつにつれてその創始者からだんだんと遠ざかり、また、クランの現存の諸成員もリニィジ構造のなかで次第に離れていくと考えられる。しかしながら事態はそうではないようだ。理論的には、男は皆、リニィジの潜在的な創始者であるが、実際には、出発点となっている名前は非常に少ない。何らかの理由によって他の名前は脱落してしまい、いくつかの出自系統だけが記憶されることになる。さらにまた、存続している系統においても、クランの創始者へと世代を遡るにつれて名前が脱落するので、クランの創始者から現在までの世代的な距離はある程度一定している。ヌアーの時間の認識法について述べたさい、真の系譜とヌアーが真実だと考える系譜とのあいだには、つねにこうした差異があることを指摘した。私がこう断言するのは、東アフリカの諸民族の系譜の比較研究およびヌアーの系譜についての研究がもとになっている。ヌアーの系譜を考察したことによってこうした結論へ到達した根拠のいくつかを挙げてみよう。というのは、本章の後半で展開されるいくつかの議論は、これらを前提にしてはじめて正当性をもつからである。

(1)おもなクランはいずれもそのクランのもととなった始祖から現在までのあいだに一〇―一二世代を含んでいる。だからといって、ヌアーが出現したのは一〇―一二世代前であると考えるわけにもいかない。(2)ヌアーにリニィジを尋ねると、最小リニィジの創始者の名前を挙げて、自分のリニィジだと答える。この創始者は三―六世代、ふつう四、五世代現在から遡ったところに位置している。この範囲の世代は正確で、皆の意見も一致している。五世代といえば、当人、その父、祖父、曾祖父、曾祖父の父、であるから、これは当然であろう。というのも、彼らは子供を教育するとき、近い祖先の名を用いて教育するからである。しかし、五、六世代を越えると、祖先の名前が脱落することは明らかである。若者たちはそれらの遠い祖先については何も知らないことが多いし、年寄りとてもしばしば名前を混同したり、名前に食いちがいがあるからである。小リニィジの創始者は、最小リニィジの創始者と大リニィジの創始者との中間のどこかに据えられねばならず、大リニィジの創始者は、小リニィジの創始者と最大リニィジの創始者との中間のどこかに置かれねばならない。同様に、最大リニィジの創始者は、大リニィジの創始者とクランの創始者とのあいだのどこかに位置されねばならないのである。これらリニィジ分枝の創始者たちの名前は、クランの創始者へといたる出自の遡及線上のどこかへ、しかも一定の順序で配置されねばならない。なぜなら、彼らは重要な照合点だからである。彼ら以外の名前が残ろうが消えようがそれは大した問題ではなく、その順序も重要ではない。したがって、あるインフォーマントはそれらを含めるが、他のインフォーマントはそれらを省略するといったこともあり、順序についてもインフォーマントによってまちまちである。しかも、最小リニィジは実在の四、五世代から構成されているのであるから、最小リニィジの創始者から上の、クランの創始者へのびる遡及線は、過去に遡るにつれて引きのばされていることは明らかである。なぜなら、最小リニィジの創始者自身もう一つ上の段階に属する最小リニィジの最下端に属していたはずであり、先の最小リニィジは世代数を重ねたことによって小リニィジになったはずだからである。したがって、クランの創始者と考えられている人物が真にそのクランの創始者であると仮定したとして、また、最小リニィジがつねに現在と同じ特性を保っているとすると、彼から現在にいたるまでには少なくとも一六世代の間隔がなくてはならないことになる。系統樹上におけるそれぞれの分枝の長さは論理的には同じ長さでなければならないはずであるが、実際には、小枝の方が、もとの中枝や幹よりも長くなっているのである。(3)重要な祖先、つまり、出自の三角形において頂点をなしている祖先だけが系統樹上に記され、無関係な祖先、つまり、子孫の集団にその名を残さなかった祖先が次第にぼやけ、しまいに忘れられていくというもう一つの過程がある。これは、一本の出自系統からいくつかの環が脱落するだけでなく、傍系系統が合併吸収されるためである。一、二人の兄弟の子孫だけが数が増え、強力になる一方、他の兄弟の子孫は死に絶えたり、あるいは弱少であったりしたため、後述するように、同じ場所に居住したり共同生活をしたりするうちに、より強力で優勢な傍系系統に吸収されてしまうことがあるのは、ヌアーの系譜を調べると明らかである。彼らは、日常生活のなかで自分のリニィジをいうときには同化したリニィジを指すようになり、その結果、自分たちの創始者を置きまちがえて、その同化した系統に入れ、同化した系統の創始者の兄弟ではなく息子ということにしてしまうのである。リニィジの上層部では傍系系統の合併吸収はよくあることらしく、それは過去へ遡るにつれて頻繁に起こり、かつ必要にもなってくることである。あとでも見ていくように、こうしたことが必要なのは、リニィジ体系が政治組織の一原理となっているためである。

クランの構造的な形態はつねに固定しているのに対して、現実のリニィジはいかなる時点においても高度に流動的であって、新しい分枝を生みだし、古い分枝を吸収している。樹にたとえられるのもこの理由による。しかし社会学的分析にとってより効果的な表わし方は、構造的距離によって表わす方法である。というのは、リニィジはどれも現存の父系親族集団であって、リニィジ間の距離はクラン構造上における諸リニィジの相対的な位置に応じて変るからである。次ページの図において、線ABは〈ジナチャ〉クランを表わしている。〈マル〉最小リニィジと同クラン内の諸他のリニィジとのあいだの父系親族上の距離は、線AB上の長さによって示されるし、また、出自の遡及線BC上で各リニィジが交わった点が表わす時間の深度によっても示される。

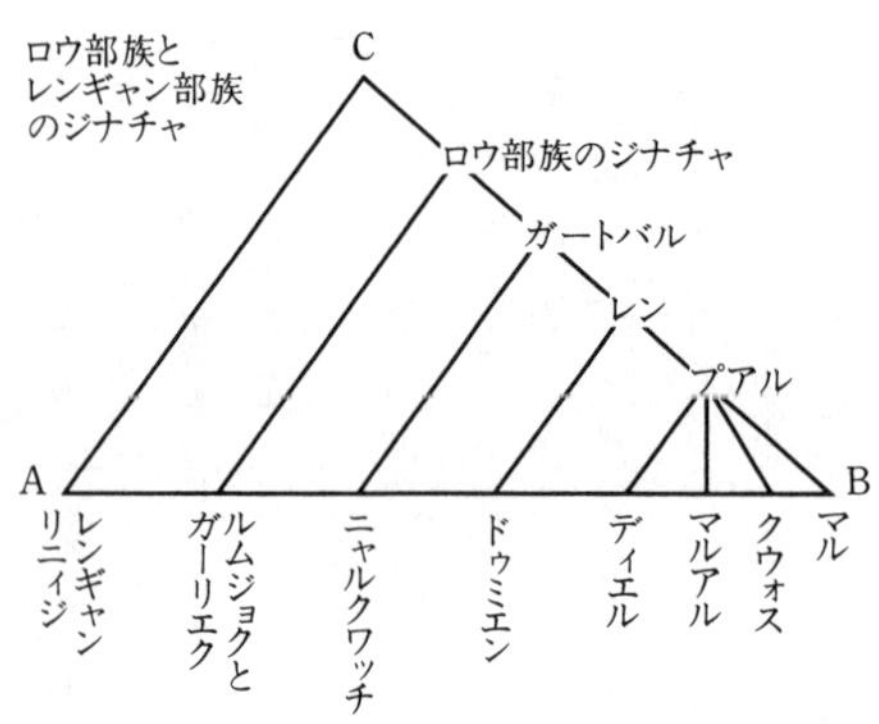

父系親族の範囲を広げるほど、それらが交わる点は過去に遡るから、リニィジの深度（遡及垂線の長さ）はつねにその規模（クラン体系内における現存のリニィジ諸集団を表わしているところの底辺の長さ）に比例している。

したがって、ヌアーのクランは諸リニィジの体系であって、それぞれのリニィジ相互の関係は、出自の遡及線上に位置する照合点に言及することによって、構造内に位置づけられるのである。この点までの距離が、われわれがリニィジの時間深度と呼んでいるものである。この照合点を使って理論的にはクランのいかなる成員間の系譜関係でもたどれるはずであり、その労を厭わなければ、人々は実際にたどることができる。しかしながら、それぞれのリニィジに属していることで遠い親族関係にあることがわかっている人々のあいだの正確な系譜関係を知ることは彼らにはあまり必要ではない。だから、〈ガートバル〉リニィジの男にとっては、ある男が〈ガーリエク〉リニィジの男であることを知ればそれで十分であって、その男の正確な出自を知る必要はない。なぜなら、これら二つのリニィジは相互にある構造的関係にあり、したがって、二人の男も相互にその距離にあるということだからである。ヌアーは、ある時点——一般に最小リニィジと小リニィジの創始者——までは、その系譜関係の全般にわたって精通している。ところが、この時点を越えると、彼らは、どのリニィジに所属しているかによって親族関係を判断する。ヌアーにとって、外婚や儀式上の諸問題を処理するときには、ある人間が同じクランの成員であることを知ることが必要であるばかりでなく、どのリニィジの人間であるかを知ることも必要となってくる。あるリニィジと同クラン内の諸他のリニィジとの関係はそれぞれに異なっている。なぜなら、各リニィジはすべて構造的に区別されている単位であり、それらは相互に、異なってはいるが正確な構造上の距離を保っているからである。

ヌアー自身がリニィジ体系をどのように図式化するかは興味深い。彼らがいくつかの関連したリニィジを地面に描くとき、われわれがこの章で図式化したような出自の一連の分枝とか、系統樹とか、あるいはまた出自の遡及を示す一連の三角形といった描き方はしないで、彼らは、一点から各方向に延びる何本かの線として描くのである。西ヌアーランドに住むある男は、リニィジの創始者の名前を用いながら、地面に次ページに示すような図を描いて、〈ガートガンキール〉のいくつかのリニィジを図解してくれた。こうした図解のしかたとそれについての彼らの説明のしかたは、ヌアーがリニィジ体系をどのようにとらえているかを知るうえでいくつかの重要な事実を示唆している。つまり、彼らは、リニィジ体系というものを系統樹というよりも、主として

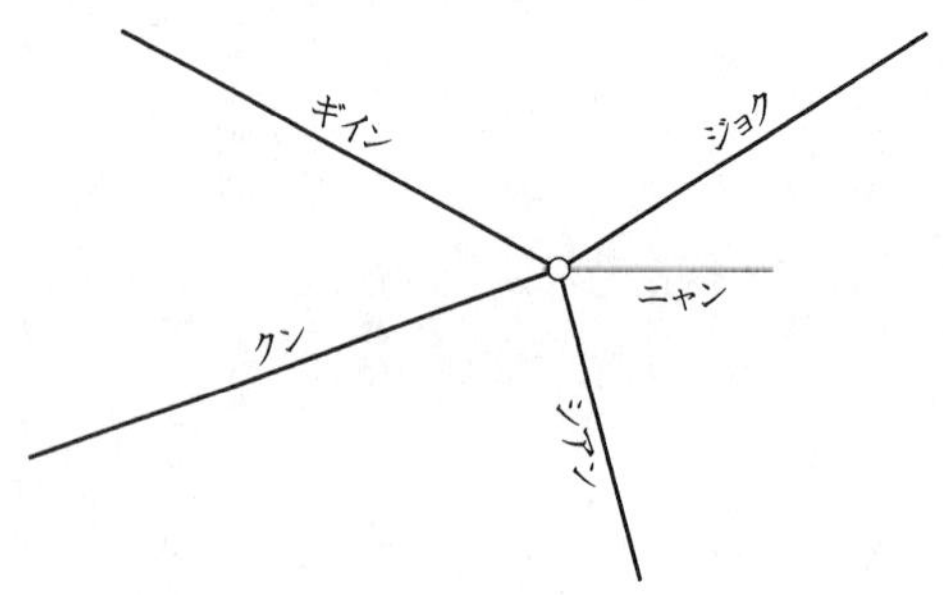

地域共同体内における親族集団間の現実の関係としてとらえているということである。というのは、リニィジの名前となって残っている人々が一人の祖先から出ているわけではないからである。ジョクとシアンとクンはキルの三人の息子たちで、それぞれ〈ガートガンキール〉クランの三つの最大リニィジつまり〈ガージョク〉、〈ガージャク〉、〈ガーグウォン〉の創始者となっている。シアンとクンが並んでいるのは、それらがいっしょになってガージャク部族のリニィジ枠組を構成しているからである。〈ギイン〉リニィジは〈ガートガンキール〉クランには属していないが、クンの横に位置しているのは、それが一部をなしているところのレン・セクションがガーグウォン・セクションと近い関係にあるためである。ニャンがジョクの横にあって短い線で示されているのは、ニャンの系統をひくリニィジは、シアンから出たリニィジ集団に属してはいるが、彼らはジョクの系統

をひくリニィジと共にガーグワン部族の土地に住んでおり、ガーグワン部族はガージョク部族と密接なつながりがあるからである。特定の儀礼的な状況を別にすれば、ヌアーは地域的な関係によってクランやリニィジを位置づける。クランやリニィジが本書の研究課題にとって重要性をもつのはこうした理由によるものである。

4

ヌアーのリニィジは協同的でもないし、また地域的にまとまった共同体でもない。しかし、リニィジは地域的な単位と結合していることが多く、ある地域と結びついたリニィジの成員は自らを居住集団と見なしている。そのため、リニィジとしての価値、もしくは概念は政治体系をとおして機能することになる。ヌアーの村はそれぞれが一つのリニィジと結合しており、そのリニィジの成員が村の全人口において占める割合は低い場合が多いにもかかわらず、村共同体とそのリニィジ成員とが同一視される傾向が強く、村は一つの父系親族集団を中心にして集まった人々の集合と見なされる。村共同体はリニィジの名前で呼ばれるため、この集まりと、その中核となっている父系親族集団とはことばのうえからは同じものになっている。リニィジを完全な自律集団と見なす必要があるのは、外婚の規則、特定の儀礼的な諸活動、そして非常に程度は限られているが人を殺したことに対する賠償の責任との関連においてのみである。一般的な社会生活においては、リニィジは、村から部族にいたるすべての規模の地域共同体の枠内で、また、その一部として機能するのである。

ヌアーは儀式について話すとき以外には、自分の属している共同体と自分のリニィジを区別したり、あるいはまたその共同体にいっしょに住む他の諸リニィジとの対比で自分のリニィジを語ったりすることはない。私の意図していることを完全に心得ているあるヌアー人が、私の代りに未知の人からリニィジの名前を聞き出す様子を私は観察したことがある。彼は、まず相手の男に質問の内容を理解させるのに非常に苦労していた。というのは、一般にヌアーは地域的な分節や、その分節間の関係で物事を考えるからであり、共同体との関係を離れて、しかも儀式的な脈絡をはずれて、帰属リニィジを知ろうとする試みは、調査の初期の段階ではしばしば誤解を招くことになった。

ヌアーを研究する際の混乱のもとになってきたチエンという語についてここでもう一度言及しておかねばならない。ヌアーは自分の社会的な位置について述べるとき、これこれのソク・ドウィエル（リニィジ）の者だという表現は普通しない。その代り、ある地域共同体、つまりあるチエンの者だと言う。たとえば、チエン・マルの者だとかチエン・レン、チエン・ガートバルの者だとか言うのである（三三二ページ上の図参照）。彼の言わんとしていることは、自分は、村やディストリクト・部族セクション等においていっしょに生活している集団の一員だということである。普通の社会的状況においては、地域共同体の名前のもととなったリニィジに所属していようがいまいが問題にはならない。しかも、日常の会話では、リニィジの名前は厳密な親族関係ではなく、地域的な意味合いで用いられるから、そのリニィジと共同体生活を共にしている人々は、あたかも自分たちもそのリニィジの成員であるかのような話し方をする。

なぜなら、政治的には彼らもそのリニィジと同一視されるからである。このため、チエンという語は、リニィジ帰属をはっきりさせないまましばしば曖昧な意味で用いられている。というのも、ある男がどのリニィジに属しているかはたいして重要ではなく、そのため人がどのリニィジに属するかは十分に調べなければよくわからない。

「ホームステッド」という意味でのチエンは、その所有者の名前をとって呼ばれる。たとえば、ライネンという男のホームステッドは「チエン・ライネン」である。ライネンが死亡していて、彼の息子たちや弟たちや甥たちがそこに住んでいる場合には、そのハムレットを彼の名前で呼ぶだろう。そして、この場合には、そこに住む人々全員がチエン・ライネンの成員である。もしライネンが重要人物であり、強力な出自系統の創始者になったとすると、彼の父系の子孫および婚姻その他の方法で入ってきた他所者全員を含む村全体が「チエン・ライネン」の名で呼ばれることになる。時がたつにつれて彼の子孫は増え、彼らは、「チエン・ライネン」と呼ばれる部族セクションの中核をなすことになる。このようにして多数の部族セクションが人名で呼ばれている。たとえば、チエン・ミニャール、チエン・ドゥミエン、チエン・ワンカッチ等がそれである。このように、日常の会話では、リニィジとそれが占める地域とは区別されない。つまり、〈ワンカッチ〉という大リニィジが住む地域はチエン・ワンカッチと呼ばれるのである。とすると、ヌアーは、地域共同体と、その政治的な中核であるリニィジとを、相互に置き替えることのできる語として使っていることになる。彼らは、〈ワンカッチ〉リニィジを意味するときでさえも、チエン・ワンカッチと言うのである。〈ワンカッチ〉リニィジとワンカッチ・セクションに住む人々はけっして同じではないのだから、この習慣はヨーロッパ人を戸惑わせることになる。

ロウ部族の男に彼のチエンは何かと質問すれば、それは彼の住んでいる場所つまり村とかディストリクトを尋ねていることになる。仮に、彼が自分のチエンはチエン・プアルだと答えたとすると、そのチエンはどこに属するのかと聞くことができる。すると、彼はそれがチエン・レンの一部だと答えるであろう。つまり、それが三次セクションの名前である。さらに質問を続けると、チエン・レンは二次セクションのチエン・ガートバルの一部分であり、チエン・ガートバルはロウ部族の一次セクションであるグンの一区分だと教えてくれるであろう。しかし、彼は自分がどのクランに帰属しているのかはまったく話していない。彼は〈プアル〉リニィジの成員であるかもしれないし、また、そうでないかもしれない。この〈プアル〉リニィジというのは、〈レン〉リニィジの一分節をなし、そして〈レン〉リニィジは〈ガートバル〉リニィジの一分節を構成し、そしてそれはまた、ナッチの子孫つまりナッチの子供たちの子孫で構成される〈ジナチャ〉または〈ガートガナチャ〉クランの一分節を構成している。同様に、ジカニィ諸部族の男が、自分はガージョクのチエン・クウィスに属していると言っても、それは彼が、キルの子供たちの子孫が構成する〈ガートガンキール〉クランに属する〈ガージョク〉リニィジの創始者であるジョクの系統をひくクウェ（クウィス）の子孫だということにはならない。彼は単にこのクランの〈クウィス〉リニィジが占めている部族セクションに住んでいるという意味で話しているかもしれないのである。しかしながら、これらの人々は自分たちの住んでいるセクションの優越リニィジの成員ではないことをはっきりとは言わないで、成員であるかのように相手に思わせておくだろう。というのは、共同体的関係では、優越リニィジの成員以外の村の居住者全員が、呼び名のうえからはある程度優越リニィジに同化されていることと、人々は自分たちが外来者だという事実をあまり公にしたがらないためである。とくにディンカ族出身であったりするとなおさらである。

政治組織の研究にとってリニィジ体系が重要な意味をもつのは、共同体的紐帯とリニィジ構造が同化してしまっていること、地域的な所属をリニィジ用語で表現すること、逆にリニィジ帰属を地域的な所属によって表現すること、のためである。

5

リニィジと地域共同体とのかかわりあいを強調するために、本書ではそれぞれの部族において優越クランの分節をなしている諸リニィジをおもに扱うことにする。政治的に重要性をもつのはこれらのリニィジだからである。詳しくは後節に譲って、ここではその前段階として、これらのリニィジが部族分節とどのようにかかわっているか、また、これらの部族分節内でリニィジは政治構造の骨組としていかなる役割を果しているかを述べることにする。

次ページと三四七ページに掲げた二つの図は、ロウ部族および東ジカニィ諸部族における優越クランの主要リニィジおよびそれら諸リニィジが優越的な位置を占めている上位の部族諸セクションを示したものである。出自系統は、論議を明確にするのに必要なものにかぎって示した。こ

ロウ部族

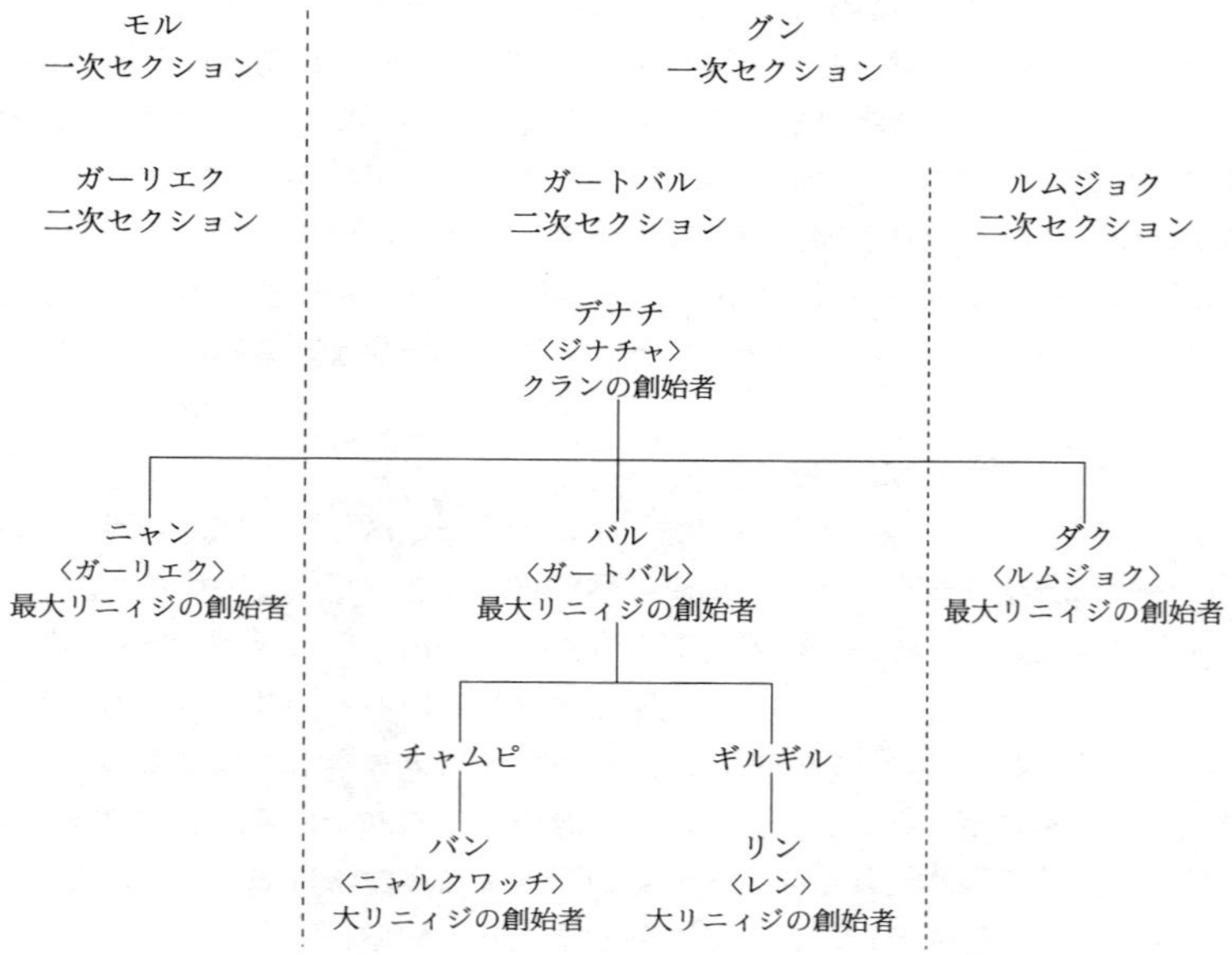

モル
一次セクション

ガーリエク
二次セクション

グン
一次セクション

ガートバル
二次セクション

ルムジョク
二次セクション

デナチ
〈ジナチャ〉
クランの創始者

ニャン
〈ガーリエク〉
最大リニィジの創始者

バル
〈ガートバル〉
最大リニィジの創始者

ダク
〈ルムジョク〉
最大リニィジの創始者

チャムピ

ギルギル

バン
〈ニャルクワッチ〉
大リニィジの創始者

リン
〈レン〉
大リニィジの創始者

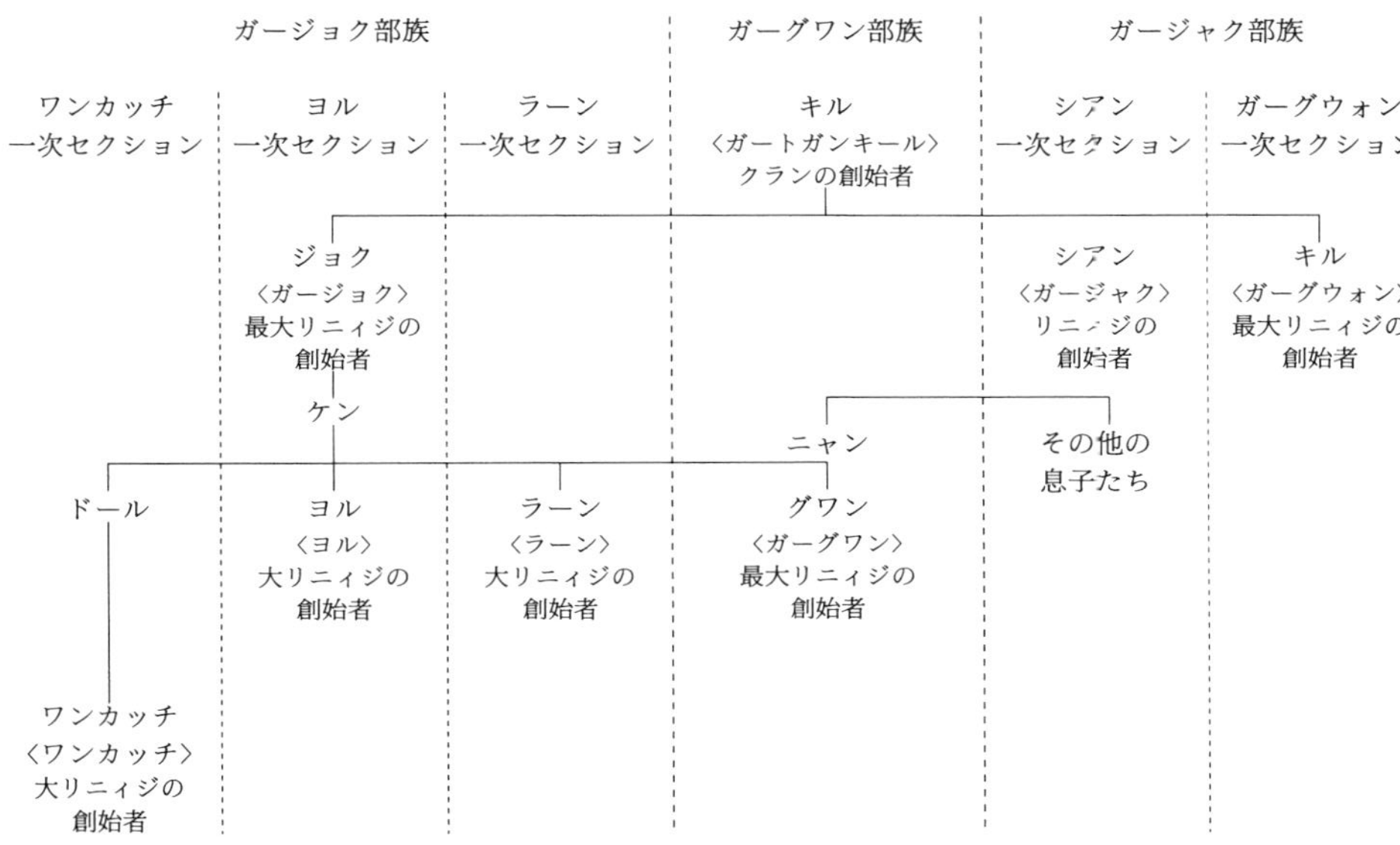
ジカニィ諸部族
ガージョク部族
ガーグワン部族
ガージャク部族
ワンカッチ一次セクション
ヨル一次セクション
ラーン一次セクション
キル〈ガートガンキール〉クランの創始者
シアン一次セクション
ガーグウォン一次セクション
ジョク〈ガージョク〉最大リニィジの創始者
シアン〈ガージャク〉リニィジの創始者
キル〈ガーグウォン〉最大リニィジの創始者
ケン
ニャン
その他の息子たち
ドール
ヨル〈ヨル〉大リニィジの創始者
ラーン〈ラーン〉大リニィジの創始者
グワン〈ガーグワン〉最大リニィジの創始者
ワンカッチ〈ワンカッチ〉大リニィジの創始者

れらの図を、両クランの出自を示す系統樹や諸セクションの分布を示した一一三―一一四ページの地図と比較されたい。

まずロウ部族の図をみると、デナチの一番目の息子のニャンの子孫がガーリエク二次セクションの中核をなし、二番目の息子のバルの子孫がガートバル二次セクションの中核をなし、三番目の息子のダクの子孫がルムジョク二次セクションの中核をなしていることがわかる。地図には記されているが系統樹には載っていないセクションは、ジマチとジャージョアの両セクションであり、これらは異民族起源のクランがその中核となっている。次の点をはっきりさせておかなくてはならない。それは、ある部族セクションがあるリニィジの名前で呼ばれているからといって、そのリニィジの全成員がそこに住んでいるという意味ではなく（多分大部分が住んでいるだろうが）、もちろん、彼らだけがそこに住んでいるという意味でもけっしてないということである。なぜなら、調査の結果は、あるセクションに占める彼らの割合がごく低いことを示しているからである。デナチの息子たちの名前で呼ばれている土地には、大きな外来リニィジも含まれている。たとえば、ガートバル二次セクションにおける〈シアン〉がそれである。それに、〈ガートナチャ〉系統の諸リニィジのまわりに集まった多数のヌアーの外来者リニィジやディンカ系の小さなリニィジもある。というわけで、たとえば、〈ガーリエク〉最大リニィジから分枝したリニィジである〈ジャーニェン〉や〈クオク〉の名前で呼ばれている村やキャンプを訪れると、それらのリニィジの成員の数は比較的少なく、住民の大部分はヌアーの他のクランやディンカ出身者であることに気がつくであろう。一九三〇年当時、ムオト・ディットのキャンプには、その地の「所有者」である〈ガートナチャ〉クランの最大リニィジである〈ルムジョク〉の一分節の〈ルエ〉に属する幾多の最小リニィジが見られたのみならず、ラン地方からきた〈カーン〉リニィジ、ブル地方からきた〈カン〉リニィジ、ラン地方からきた〈コン〉リニィジ、それにナイル以西において優越した位置を保っているクランのすべての諸分節、それにディンカ起源の多数のリニィジが住んでいた。同様に、その年のレーク地方のパルクル村では、優越クランである〈ガートボル〉に属する〈ニャピル〉リニィジ、〈ジクル〉クランと密接なつながりをもつディンカ系の〈チュオル〉リニィジ、ベーグ地方からきた〈ゲン〉リニィジ、ブル地方からきた〈ルアル〉リニィジ、〈ジメム〉クランの〈クワチュクナ〉リニィジ、その他の諸リニィジがそれぞれハムレットを作っていた。

　キル—ジョク[42]の系統の子孫はガージョク部族の貴族中核をなしている。また、キル—シアン[43]、キル—クンの系統の子孫はガージャク部族の貴族中核をなしている。そして、ジョク—グワン、シアン—ニャンの両系統が合わさってガーグワン部族の貴族中核をなしている。一一四ページの地図では、これら諸リニィジの名前が部族セクションの名前として記されている。これら諸リニィジが自分たちの名前を、自分たちが優越した地位を占めている土地の名前にしたからである。このため、ジョクの系統をひく〈ラーン〉〈ヨル〉〈ワンカッチ〉の三つの大リニィジの名前が、ラーン、ヨル、ワンカッチとして地図に現われることになる。異民族起源のリニィジの場合には、大きな部族セクションに自分たちの名前を冠するほどの規模のものはなく、せいぜい小さなセクションや村にその名前がつけられている程度である。[44]ここでもまた、ジョクの子孫がガージョク部族において占める比率はごく低いことを忘れてはいけない。同様に、ガーグワン部族も様々の異系統の出自をもつ人々によって構成されており、彼らの数はシアン―ニャンやジョク―グワンの系統をひく子孫の数をはるかに上回るであろう。ガージャク部族についても同じことが言える。〈ガーグウォン〉リニィジと〈ガージャク〉リニィジは、日常の部族生活における結びつきが非常に強いため、両者がいっしょになってガージャク部族の二つの核をなしている。地図に示されているロニィ、カン、タルの三つの二次セクションは、キル―シアンの系統をひく諸リニィジの名前をとったものである。同じく、ニャヤン、チャニィ、ワウ諸二次セクションはすべてキル―クンの系統から出たリニィジの名前をとっている。したがって、地図に記されていながら、図でその系譜的な位置づけがなされていないのは、レン一次セクションだけであるが、このセクションの下位区分であるコンとディレアクは、他セクションとは出自を異にするクラン中核をもっている。

ここに述べた部族や部族諸セクションは、いずれもその共同体におけるリニィジの混淆が著しい。ゼラフ川流域でも事情は同じであり、西ヌアーランドではその傾向はもっと強いだろうと思われる。ヌアー人の語るところによれば、リニィジ間の報復闘争や争いがリニィジ分散のおもな原因となっており、彼らはこうした例を多数挙げることができる。たとえば、シアン―ニャン系統の子孫は、シアンの他の息子たちのもとを去って、現在いっしょにガーグワン部族を構成している人々と合流した。また〈ニャルニィ〉リニィジはシアン一次セクションに住む親族の人々を残してガージャク部族のレン一次セクションと合流した。このように、争いのあとでは、共同体全体がその優越リニィジに率いられて、他のセクションや部族へ移り、そこで永住するという現象がみられる。移住は新たな分散につながった。というのは、リニィジによってはナイル川以西の元の土地に留ったものもあったし、ナイル川やゼラフ川を越えて東側に移り、そこに定住したものもいたからである。ヌアーによれば、移動のもっとも初期の段階では、戦士たちはディンカ族を襲撃した後ではいつも親族たちの住む故郷に戻ってきた。その後、東側に定住するようになっても、つねに西側に住む自分のリニィジの人々と緊密な連絡を保っていた。しかし遠方に移動するにつれて接触は少なくなり、最後にはほとんど接触が絶えてしまった。リニィジが移動したとき、それはすでに排他的な父系親族集団ではなく、雑多な人々で膨れあがった集団の中核であったにちがいないが、移動することによって、混淆はさらに急速に進み、徹底したことは疑えない。

移住、争い、通婚等の他に、リニィジ分散の原因になったと考えられる要因が二つある。ヌアー族は、何よりも牧畜的な利害を優先する牛牧民であって、経済的必要件によっても、儀礼的紐帯によっても、ある特定の場所に拘束されねばならないとは感じていない。牛のいるところが彼らの居所である。彼らの炉は牛の糞であり、彼らの祭壇は、彼らが行く先々で地面に突き立てる小さな杭（リエク）である。彼らを保護してくれる精霊や彼らの幸福を見守ってくれる祖先の霊も、彼らと同様に土地に縛られてはおらず、牛がいるところにはどこにでも存在する。祖先の霊や精霊に奉納された牛が、移動する彼らの社である。また、ヌアーには組織化された祖霊崇拝は存在しない。死者は墓地に手早く、そして無造作に埋められるが、そこは訪れる人もなく、その場所は忘れられてしまう。死者に供犠が行われることは非常に稀で、死者と結びついた聖地もない。

したがって、ヌアーは、気の向くままにつねに自由に居住地を変えることができるという感じを抱きながら生活してきた。自分が不幸であったり、家族が病気になったり、牛の数が減ったり、畑が痩せてきたり、隣人の誰かとの仲がしっくりいかなくなったり、あるいは単に気分が落ちつかない、等の理由で別の土地へ移り、そこで何らかのつながりのある親族と共に暮らすのである。一人で移ることはめったにない。というのは兄弟は協同的な集団であって、とくに母親を同じくする兄弟の場合には、いっしょに行動するからである。このため、争いの挙句、兄弟の一集団が村を離れて他所へ移住するのはよくあることである。ヌアー人の言うには、こうした場合、行き先は大抵歓迎してくれることがわかっている姉妹の嫁ぎ先だそうである。ここでは、彼らはジチエンスつまり義理の親類として尊敬され、彼らの子供たちはガート・ネルつまり母の兄弟の子供たちとして受け入れてくれるのである。一方、彼らが合流した先の人々は彼らにとって、チエン・チョニィマルつまり姉妹の夫の親族であり、その子供たちはガート・ニャルつまり自らの父系の女成員の子供たちであり、彼らの子供たちにとっては、ガート・ワチャつまり父の姉妹の子供たちである。このように居住を変えた男は別の共同体の成員になってその共同体の優越リニィジと深いかかわりをもつようになる。〈ガーティエク〉リニィジの男が、「今では、私はチエン・クウォスに来て住んでいるから、チエン・クウォスの人間だ」と私に語ってくれたとき、彼の意味した内容は、儀式的な状況を除けば、彼は生来のリニィジではなく、〈クウォス〉リニィジに自分を位置づけているということであった。

一人の男でさえも潜在的リニィジでありうるのだから、兄弟が数人いればその可能性はずっと高い。はじめ最小リニィジが誕生し、続いて小リニィジとなるが、リニィジが同クラン内の他の諸リニィジに対してもっているのは儀礼的地位だけである。しかし、村やディストリクトでいっしょに育った人々とは相互に利害関係をもち、経験を共有している。こうしてできあがった集団が明確なリニィジへと発展する。この集団はその土地に住む他の人々と通婚し合い、とくにそのディストリクトの優越リニィジの人々との通婚の頻度は非常に高いので、それ以上の通婚を繰り返すと近親相姦の規則に違反する状態に至ることさえある。こうして諸リニィジは相互により合わさり、交錯する非父系の絆が共同体のすべての成員を結びつけることとなる。こうした諸リニィジのうちリニィジとしての地位を確定して存続するのはごく少数にすぎない。多くのリニィジが消失したり、あるいは独自性をほとんど完全に失ったりしながら、あとで説明するような過程を経て、より規模の大きい強力なリニィジに併合されていくのである。

しかしながら、ヌアーのリニィジは他のクランに完全に埋没してしまうことはない。どのリニィジも他のクランとは共有することのできない特定の儀礼的なしきたりをもっているからである。通婚が二つのリニィジのあいだに共同体的絆を作りあげるとしても、それは同時に両リニィジを明確に区別する。というのは、人が結婚できるのは、自己の父系親族集団以外の人間とだけであって、もし非父系の親族関係が障害となってそれ以上の通婚ができないほど両者のあいだで通婚が繰り返されたとすると、そのとき双方が通婚の対象とするのは、相手のクランの傍系リニィジとかそれらのリニィジの娘たちの子供であろう。もし神話が両リニィジのあいだに密接な関係を設定していたりすると、それは彼らが出自を異にすることの記録でもあり、出自を異にする人々がいかに仲良く暮らしているかを説明しているのである。このように、リニィジは、故郷からどんなに遠く隔たっていようとも、また、その親族の人々とどんなに離れていようとも、完全に他に吸収されたり、儀礼的な遺産を失ったりすることはけっしてない。リニィジが合同するのは、同クランの傍系リニィジとのみである。

リニィジは自律性を保持してはいるが、リニィジとしての価値が作動するのは限られた儀式の場においてのみであるため、それが行動の決定要因となることは少ない。行動をつねに支配するのは共同体としての価値であって、それはリニィジとしての価値とは異なった社会的状況のもとで作動する。リニィジとしての価値は、父系親族集団間の儀式上の諸関係を支配するのに対して、共同体としての価値は異なった村、部族セクション、部族に住む人々の集団のあいだの政治的関係を支配する。相異なる二種類の価値がそれぞれ別の次元で社会生活を支配しているのである。

後節でも述べるように、リニィジ構造における父系原理が政治的に重要性をもつのは、部族と、そこに住む優越クランおよび何らかの形でその優越クランと関係している諸リニィジとのあいだに密接な関係があるということだけによっている。というのは、これらリニィジが価値として機能するのは、リニィジに協同的な実体を与えている政治体系のなかにおいてだからである。

6

クランは非常に分散・混淆しているにもかかわらず、どの部族においてもその政治構造とクラン体系とのあいだには明確な関係がみられる。というのは、それぞれの部族において、一つのクランもしくはその最大リニィジが政治集団と結びついており、それはそこに住む他の諸父系集団よりも優越した地位を占めているからである。しかも、クランの諸分節は部族の諸分節とそれぞれ固く結びつく傾向を示しているため、クランと部族のそれぞれの分節が対応していると同時に、ことばのうえからもしばしば同じ名前で呼ばれている。二五〇ページの図を三二七ページの図と対照し、Aクランを B部族の優越クランだと仮定すると、最大リニィジのBとCは、一次セクションのXとYに対応し、大リニィジのDとEは、二次セクションのX^1とX^2に、同じく大リニィジのFとGは二次セクションのY^1とY^2に、そして、小リニィジのJとKは三次セクションのZ^1とZ^2に対応することになる。最小リニィジは村と結合して三次セクションを構成する。優越クランが骨格を形づくり、その上に複雑な親族関係のつながりによって部族の政治体系が組み立てられている、と先にわれわれが指摘したのはこうした理由によるものである。優越クランのリニィジ体系は概念的な骨組であり、その上に関連した諸部分の組織体として地域共同体が築かれている。あるいは次のように換言した方がよいかもしれない。つまり、優越クランのリニィジ体系は、部族の諸分節をつなぎあわせ、それらのあいだの関係を表わし、規定する慣用語を提供している価値体系である、と。

ロウ地方の〈ジナチャ〉はもともとはレンギャン地方に住む親族の〈ジナチャ〉といっしょにナイル川の西側に住んでいた。しかし分裂した後は、ナイル川を渡って、現在のロウ地方を征服した。彼らはロウ地方の最初の占拠者であったか、少なくとも、その地を最初に占拠したもののうちではもっとも勢力が強かった。おそらく、西側の〈ジナチャ〉の人々は次々にナイル川を渡って東側に行き、そこの親族の人々と合流したことであろう。これらの人々はただちに優越クランの成員として受け入れられ、ディエルつまり優越クランの諸リニィジで構成される貴族集団の成員と見なされた。しかしながら、占拠当時、あるいは占拠後に、ロウ地方に定住した他クランの成員は、外来者（ルル）として区別された。同様に、ナイル川を渡り、ソバト川の北方に定住した〈ガートガンキール〉クランの諸リニィジは、その地で彼らに合流した他のヌアーの人々よりも特権的な地位を占めていた。

このように、ヌアーの部族には、それぞれディエル、つまり優越クランが存在する。しかしいくつかの部族については、これらの優越クランの正確な名前はわかっていない。ガーワル部族の優越クランは〈ガーワル〉であり、シアン部族のそれは〈(ガー) シアン〉、レーク部族のそれは〈ガートボル〉、ウォット部族およびおそらくロル部族のそれは〈ジディエト〉、ベグ部族のそれは〈ジコイ〉、等である。正確なクラン名が知られていないような場合には、ヌアー自身がよくそうするようにこれらの優越した構成分子を何々部族の貴族（ディエル）とか「種牛」（トゥット）と呼ぶことにする。たとえば、ディル［ディエルの単数形］・ブラもしくはトゥット・ブラと言えば、ボル部族の貴族ということであり、ディル・ウォットニもしくはトゥット・ウォットニと言えばウォット部族の貴族、ディル・ベーカもしくはトゥット・ベーカと言えばベーグ部族の貴族、ディル・ラカもしくはトゥット・ラカと言えばラク部族の貴族ということになる。貴族クランやリニィジについて話すときにはつねにその正式の名前もしくは、それが特権的な位置を占めている部族の名前が用いられる。というわけで〈ガートナチャ〉クランについて述べるときには、ナッチの子孫もしくはディエル・ローカつまりロウ部族の貴族と言い、〈ガートボル〉クランについては、ブルの子孫もしくはディエル・レーグニつまりレーク部族の貴族、という呼び方をする。

これら貴族クランについては注意すべき基本的な事柄が四つある。

(1)　すべてのクランがいずれかの部族で優越した地位を占めているわけではない。たとえば、〈ジメム〉とか〈ジャカル〉等のクランは、ウェチつまり固有の地域共同体をもたないとヌアーは言う。その村に長いあいだ住んでいたために、村の敷地が特定のクランの名前で呼ばれていることもあるが、それらはその村の位置している部族の貴族ではない。これらのクランの多くは、母集団と完全につながりを失ってしまった断片のようなものだが、たいていの場合は、移住してきたディンカ族出身のリニィジだと即断してもいいだろう。こうしたリニィジの子孫のなかには、出身地であるディンカ族の土地について知っている者もいるが、そのリニィジ体系における自分たちの位置を知る者はいない。したがって、彼らは本来のヌアーのようには、世代を遠くまで過去に遡って出自を辿ることはできず、また、リニィジの規模も小さく、地域的にも限定されている。彼らは一つの部族内の狭い地域にまとまって住んでいるのに対して、ヌアーの諸クランの場合には、多数の部族に分散している。

(2)　ほとんどのクランはヌアーランドの全域に分散しているため、一つのクランの全成員が、そのクランが優越した地位を占めている部族の土地にまとまって住んでいるということはない。〈ジナチャ〉クランの大部分の成員は、それがディエル（貴族）としての地位を占めているロウ部族やレンギャン部族の土地に住んでいるが、東ジカニィ諸部族の土地やその他の部族の土地に住んでいる者も多い。同様に、大部分の〈ガーワル〉はガーワル部族の土地に住んでいるが、他のほとんどすべてのヌアー諸部族のなかにおいても見出すことができる。部族は社会的にまとまった広がりをもつ地域集団であるのに対して、クランは非常に広域に分散した親族集団である。したがって、部族は共同体であって、協同的な諸機能を発揮することができるが、クランはけっして共同体ではなく、協同的な行動をとることもありえない。ロウ部族は戦いに際しては結束するが、〈ジナチャ〉クランが結束することは絶対にない。また、人は居住する場所を変えることによって所属する部族を変えることはできても、自分のクランを変えることはできない。ロウ部族の男がガーワル部族の土地に行ってそこに住めば、彼はガーワル部族の人間となる。〈ジナチャ〉の男はどこに住もうが〈ナッチ〉である。

(3) すでに指摘したように、あるクランが部族内で優越した地位を占めているからといって、数的にも優勢であるということではない。たとえば、〈ジナチャ〉クランはロウ部族ではごく少数派にすぎないし、〈ガージョク〉クランはガージョク部族のごく少数を占めているにすぎない。

(4) ある男がディルつまり貴族であるのは、彼の所属するクランが優越的地位を占めている部族においてのみである。というわけで、ディル・レーグニつまりレーク部族の貴族は、レーク部族においては貴族だが、他所では貴族ではない。もし彼がブル地方やジカニィ諸部族のうちのどこかの地方へ行って住めば、彼はもはやディルではなくルル（外来者）である。同様に、〈ジナチャ〉の成員はロウ部族にいてこそディルであるが、彼のクランの成員の多くと同じように、たとえばガージョク地方に移り住めば、彼はディルではなく外来者、ルルである。〈ジナチャ〉はロウ部族のディルであるが、ガージョク部族では〈ガージョク〉がディルである。自分の所属クランが所有している土地に居住することが、ディルとしての地位を得る条件である。この条件に反する唯一の例外は、一つのクランが二つかそれ以上の部族のあいだで優越した地位を占めている場合である。たとえば、〈ジナチャ〉のように、ロウ部族とレンギャン部族の両方で優越した地位を占めているとか、〈ガートガンキール〉のごとくバハル・エル・ジェベル川の東と西の両方のジカニィ地方で優越しているといった場合である。もし、〈ジナチャ〉の男がレンギャン地方からロウ地方へ移住したとしても、両方とも彼のクランの土地だから彼は依然としてディルのままである。同様に、〈ガートガンキール〉クランの〈ガージョク〉リニィジの男が、ガージョク地方からナイル川のいずれかの側のガーグワンもしくはガージャク地方に移り住んでも彼はやはりディルである。なぜなら、彼のクランの諸リニィジがこれらすべての部族の土地において優越リニィジとなっているからである。

社会学的な地位を指す多くの用語と同様に、ヌアーの用いるディルという語も、様々な脈絡と意味合いで使用されている。本書では、前項で規定した意味にもとづいて、このディルという語を用いている。しかしながら、部族において優越した地位を占めていようがいまいが、あるリニィジの正式の成員でさえあれば、この語を用いることもできる。たとえば、レーク部族の〈ジュアク〉リニィジはディンカ出身であって、ディエル・レーグニ（レーク部族の貴族）ではないが、そこに住んでいる男はディル・ジュアカつまり〈ジュアク〉リニィジの正式の成員であるか、もしくは何らかの理由でそのリニィジに仲間入りした人間であるかのいずれかなのは明らかである。同様に、〈ジメム〉はいずれの部族においてもディエルの地位を占めていないが、人がそのクランの正式の成員もしくはそのクランに加入したディンカ人であるという資格によって、ディル・〈ジメム〉と言うことができる。また、〈ジナチャ〉の成員がロウ部族を離れてガージョク部族の土地に定住しても、彼はガット・ディラ・ローカつまりロウ部族の貴族クランの息子であり続け、彼自身も自分のことをそう呼ぶであろう。これは、ロウ部族の土地にいれば彼は貴族であるという意味である。

トゥットとかガット・トウォット（種牛の息子）も、ディルやガット・ディラと同じように用いられている。この場合にも自分の住むディストリクトの位置する部族のトゥットでなくても、外来者やディンカ人との対比では、そのリニィジと結合したディストリクトにおいては彼はトゥットである。つまり、トゥット・ローカでなくともロウ部族のジャージョア二次セクションでは彼はトゥットなのである。なぜなら、ロウ部族全体の貴族クランは〈ジナチャ〉であって、〈ジャージョア〉はこのクランのリニィジではないからである。換言すれば、男は自分が単にジャージョア・ディストリクトに住む人間ではなく、〈ジャージョア〉であることを強調したいときにジャージョアのトゥットを自称するのである。だからといって、彼は自分がトゥット・ローカだと言っているのではない。さらにもっと広義にこれらの語を使用すると、すでに述べたように、トゥットは単に男の家長、あるいはただ男を意味することさえある。しかし、本書では、トゥットもしくはガット・トウォットを三〇五―三〇六ページで規定した長老の意で用い、ディルを部族の貴族の意味で用いることにする。

部族におけるディエルの社会的地位を適切に表現する英語の単語を見つけることは難しい。われわれは、これまで貴族（aristocrats）という呼び方をしてきたが、これは、ヌアーの人々が彼らを優越した地位にあると見なしているという意味ではない。これまでにも繰り返し強調してきたことであるが、誰かが他人を支配するなどという発想は彼らには嫌悪すべき以外の何物でもないからである。全般的に言えば――後に詳述するが――ディエルには地位ではなく威信が、権力ではなく信望が伴っている。もしあなたが部族のディルであったと仮定すると、あなたは単なる部族民ではない。あなたは部族の土地や村の敷地、牧草地、漁場、井戸の所有者の一人である。他の人々がそこに住むのは、あなたのクランに婚入してきたか、リニィジに養取されたか、あるいはまたその他の社会的絆によって入ってきたためである。あなたは部族の指導者であり、部族が戦いに出かけるときにはあなたのクランの槍の名が唱えられる。ちょうど一頭の種牛を中心にして牛の群れができるように、村にディルがいるとそこが村の中心になる。

ディエルの地位について述べるとき、私はロウ部族の場合を判断の基準に据えた。私の印象では、ナイル川の西側では彼らの地位はそれほど顕著ではないが、ヌアーの居住地の境界にあたる東ジカニィ諸部族のあいだでは、逆にディエルの地位は高くなっている。西ヌアーランドで私が詳しく知っている唯一の土地であるレーク部族のカルルアル地域では、ディルの貴族としての威信は認められてはいるが、外来者の諸クランが彼らの住むディストリクトや村々で長期にわたって地盤を固めてきているので、ディルは法的特権をもっていない。一瞥したところでは、ディエルの地位が比較的強化されていると思われるジカニィ地方の場合を除いて、西ヌアーランドでは状況はだいたい同じようであった。社会的分化と法的特権がもっとも顕著にみられたのは東ジカニィ地方においてであった。そして一般的には、ディエルのカテゴリーは小部族においてよりも大部族においてより強調される傾向があり、その構造的な機能を調べれば、なぜそうであるかが御理解いただけるであろう。

ヌアーの村やキャンプには、ディエルの家族が二、三家族以上あることはめったにない。大部分は、ルルつまりヌアーの他の諸クランに属する人々か、ジャーンつまりヌアーのリニィジに養取されていないディンカ出身の人々かのいずれかである。ルルというのは、他の部族においてはディルであるかもしれないが、その部族においてはディルではないヌアー人を指す。地域的にまとまった親族集団からリニィジが分枝し、各地を転々とした挙句、他のクランの人々と合流し、新しい共同体の成員になる過程についてはすでに述べた。ドク部族のある男はこの過程をうまく説明してくれた。リニィジの諸成員が子供を生み、成員数が多くなると、各地に散らばり、その地域全体に分散して居住するようになる。そうなるとお互いの緊密な関係も失われ、遠縁の関係にある他のクランの人々に混じって暮らすことになる。初めは友人として暮らしているが、そのうち通婚によってだんだんと非父系的な関係を作りあげていく。というわけで、リニィジはどの地域共同体においても非常に混合してしまっているのである。

さらにまた、ヌアーによると、ディルは仲間の貴族だけで構成されているような社会環境には住まないのだそうである。なぜなら、ディエルの諸リニィジは、分裂し、それぞれの分節が新しい社会的な集まりの貴族分子となって、そこでの中核的存在を占めることによって自律を求めるからだと言われている。というわけで、ディエルのリニィジが分裂するのは、内的不和が原因になっていることのほかに、個性の強い男は、権勢をもつ年長の親類が支配する集団のなかで若輩として留るよりも、自分が重要人物になることのできる独自の居住地を見つけて出ていくことを好むことにもよる。私の聞いたところでは、男ならば誰でも、ディルの場合にはとくにそうであるが、地域の指導者になれるこうした過程は、彼らの社会体系に深く根ざしたものであると考えられており、これが、植民地政府の導入した公式的、永久的かつ世襲的傾向を伴った少数の地方「首長」という地位に反対する理由だった。彼らにとってはこうしたことは、地位の解釈を固定化するものであった。つまり、それは、個人の資質よりも地域的なものを基盤に据えて地位を考えるものであり、一人の男とか一リニィジの優越性を固定してしまうもののように思えたのである。彼らは、一人前の男なら誰でも自分が「首長」になるべきだと感じているのである。村の同胞のあいだで影響力を得るには何も貴族である必要はない。卓越した個人的資質によって、自己と自己の親族をその地方の社会的指導者として確立しえた人々は、部族の優越リニィジの成員でなく、他リニィジのトゥットであるかもしれない。

このように、どの部族においてもいく分かの地位の分化はみられるが、分化した人々が階層を構成するということはない。また、「外来者」とか「ディンカ人」なども集団ではなくカテゴリーと見なすのが適切である。部族体系内において外来者やディンカ人が貴族ともつ関係や、様々な異分子が共同体へと統合されていく過程については後節で述べることにする。

7

貴族と他のヌアー人の外来者とのあいだの社会的な分化が重要な意味を帯びるのは、血償牛の支払頭数を決める場合においてのみである。しかしそれが重視されているのは、ジカニィ諸部族のうちのとくに東ジカニィ部族においてだけである。東ジカニィ部族では、ディルつまり貴族が殺された場合と、ルル（外来者）やジャーン（ディンカ人）が殺された場合とでは、その親族が賠償として受けとる牛の頭数に差があり、ディルの親族の方が多く受けとる。この特権がどの程度まで実行されていたか、あるいはまた、血償牛の相対的な支払頭数を調べるのさえも容易なことではない。というのは、殺人が起きた状況において誰をディルに相当する人物と定めるかについてはかなりの幅があるし、また、殺人の賠償として支払われる牛の頭数にも明らかに変動があったからである。数人のインフォーマントの述べるところによれば、植民地政府以前の時代には、ジカニィ諸部族のあいだでガット・ゲーカと呼ばれていたヌアー出身のヌアー人は、血償牛の支払頭数ではディル・ジカニィと同等に扱われていたそうである。私は次のような血償牛の支払頭数を教えてもらった。それによると、ジカニィの貴族四〇頭、ヌアー人の外来者四〇頭、ジカニィの貴族の養子となったディンカ人二〇頭、ヌアーの外来者の養子となったディンカ人二〇頭、どこにも養子縁組をもたないディンカ人の場合が六頭である。

最近では、だいたい次のような基準で支払いがなされているようである。ジカニィ貴族二〇頭、ヌアー人の外来者一七頭、土地に永住したディンカ人一六頭、それほど永く住みついていないディンカ人の場合が一〇頭。

私は東ジカニィ地方にはあまり長く滞在しなかったので、この問題について十分に調査することはできなかったが、二番目のリストを見ると、最近の政府の裁定が支払頭数やその割合に影響を与えているという印象を受けた。ただし、この情報をくれたインフォーマントは、それが昔の支払頭数に比例していると主張していた。昔は貴族が殺害されると、他のヌアーの外来者が殺害された場合よりもつねに多くの牛が支払われたものだと貴族たちは私に断言した。ところが、〈ガートガンキール〉以外のヌアーのクランの成員で、ジカニィ地方に住んでいる人々は、賠償額はいずれの場合も同じだったと主張した。どちらも自分たちの主張によって政府の行政措置に影響を与えたいと願っていることは明らかだった。一般的には、東ジカニィ部族では貴族と外来者とのあいだに殺人の賠償額に差があったと私は考えているが、支払頭数には相当の柔軟性があったらしく、それは通常、個々のケースに応じて変った。つまり、殺害された人物がその土地にどのくらいの期間住んでいたか、彼の家族と貴族リニィジとのあいだに婚姻関係があったかどうか、彼の属するリニィジや共同体の強さ、同じ村の人間によって殺されたのかそれとも別の村の人間に殺されたのか、等の状況によって変った。多分、西ジカニィ地方でも同じことが言えるのではないかと思う。西ジカニィ部族の場合には、通常、貴族には四〇頭から五〇頭、土地に永住したヌアーの外来者やディンカ人には三〇頭、土地に住んではいるがまだホームステッドをもつに至っていないディンカ人には二〇頭、の賠償が支払われると聞いた。しかしジカニィ諸部族の慣習は、ヌアーランド全体に共通する典型的なものではない。

しかしながらヌアーランドのどこに行っても、ヌアー人とディンカ人とでは、血償牛の支払頭数という点からみた場合、価値に差があった。ただし、この点についてディンカ人とは誰かという定義になると、それぞれの部族においてちがっていた。ロウ部族では、貴族と外来者は同率で四〇頭が慣例であった。ロウ部族の土地で生まれたディンカ人はヌアー人（チャー・ナス）であり、彼が居住している共同体の成員（チャー・ラン・ウェチ）と見なされるため、彼の生命も牛四〇頭で償われた。一方、戦さで捕虜になりロウ部族の土地に連れてこられたディンカ人の生命の代償は牛一六頭であるが、ロウの土地に住む親類や姻族を訪問していたディンカ人の場合には六頭しか支払われない。またこの点に関しては、養取されたディンカ人は、真のヌアー人として扱われる彼の子供よりも扱いが悪いということを私は聞いた。ジャゲイ諸部族の場合、ヌアー人の外来者と、その共同体の恒久的な成員になっているディンカ人には、貴族と同じように牛四〇頭が支払われているようだが、いまだにこの土地に牛舎を建てていない外来者やディンカ人の賠償頭数はたった一〇頭だという。

牛舎を建てているかどうかが問題になるのは、それによってその男が土地に住みつく意志のあることをはっきりと示しているからであり、また共同体としても牛が増えることで利益を得るからである。ジカニィ地方を除けば、牛舎をもっている男はヌアーランドのどこにおいても貴族と同等の扱いを受けてきたようである。私の聞いたところでは、ジカニィ地方ではディンカ人はいつまでたっても低い身分から抜け出すことができず、しかもその低い身分は子孫にまで継承されるということであった。共同体に永住した成員を貴族と同等に受け入れるということは、出自を共同体に従属させるヌアーの一般的傾向と一致するものであり、この点については今後とも折に触れて強調することになるだろう。

法について述べた箇所で読者の注意を喚起した諸点を、ここでもう一度ふりかえってみよう。つまり、不法行為に際して責任を負う度合いや、逆に賠償を受け取るチャンス、それに賠償額の多少は、社会構造における両当事者間の関係によって変る。たとえば、ある男が、彼の家に同居しているヌアーランドの生まれではない、しかもまだ養子にもなっていないディンカ人を殺したとしても賠償はしない。しかし外部の人間に対しては彼の家族がそのディンカ人を保護し、そのディンカ人が殺されると彼らの手で復讐するであろう。自らもディンカ出身であるドルは次のように語ってくれた。「もし君が自分の家に住むディンカ人に呪詛をかけたとしても、それはただ彼を呪詛したというだけのことだ。もしそれで彼が怒れば、殺すぞ、殺したところで何の問題もないのだ、と言ってやる。君は、地面に置いてある槍をぬぐって、それを立てかければそれでおしまいだ。ところがもし他人が君の家に同居するディンカ人を呪詛すると、君はその男と闘う。なぜならそのディンカ人は君の兄弟だからだ。君はその男にこのディンカ人は一体お前のものか俺のものかと詰問するだろう。」

このように、共住集団内のディンカ人の地位は、より広い集団の成員に対するときの地位とはちがっている。彼を自分たちの「下男」と考えている合同家族にとっては彼はジャーンでしかない。しかし、この合同家族の外側に位置する人々にとっては、彼はそのゴルつまり合同家族の成員であって、その内部で地位に差があるかどうかは関知しないところである。外部の者がそうしたディンカ人を「ジャーン」と呼べば、そのディンカ人を捕虜にした男の息子たちは、侮辱されたことを怒り、その侮辱を晴らすために喧嘩を始めるだろう、と言う。なぜなら、彼らにとっては、外部の者との関連ではそのディンカ人は「デマル」つまり「自分の兄弟」なのである。「『ジャーン』とは一体誰のことなのか。彼を捕えたのはお前たちの親父だったのかそれとも俺たちの親父だったのか」と彼らは反駁するであろう。ヌアーランドで生まれたディンカ人を家族やハムレットや村の正式の成員として受け入れることはもっと顕著に行われる。

このように、ディンカ人の地位は相対的であって、ある状況では一つのカテゴリーに入ると考えられても、他の状況ではそうではないということになる。一般的な社会生活ではこうした傾向はとくにはっきりと見られる。というのは通常、誰もディンカ出身の人間とヌアー出身の人間を区別することはしないからである。殺人にかかわる問題でも同じ傾向があったものと思われる。なぜなら、社会的状況は、殺害者とその親族が、死者および紛争とかかわっている人々に対してもつ構造的諸関係によって構成されているからである。われわれの考えでは、ヌアー人が血償牛の支払頭数を述べる際にしばしば曖昧であったり矛盾していたりするのは、地位が相対的であることによって説明されるべきである。つまり、人と人のあいだの構造的距離に応じて地位がつねに変るため、彼らは明確に規定することができないのである。

同様に、ルルというのも非常に弾力性のある概念である。レーク部族の男がガージャック部族の土地へ牛を盗みに行って殺されたとしても、その殺人に対する賠償は支払われないであろう。牛を盗もうとする意図をもたずに、レーク部族の男がガージャック地方を旅していてもむやみやたらに殺されるということはない。もし親族や姻族を訪問中に喧嘩で殺されたとすると、彼の主人役にあたる人々は自分たちが彼の復讐をする義務を負っていると考えるであろうが、おそらくその義務感はそれほど強くはないであろう。しかし、ガージャック地方にホームステッドをもち、村の人間と結婚しているレーク部族の男はその共同体の成員である。こうした場合、同じ村内の成員が彼を殺害すると彼はルルと見なされて、貴族の場合よりも賠償として支払われる牛の頭数は少ないであろう。しかし、他村の成員が彼を殺害したときには、彼の村の人々はこうした地位の定義は受けつけそうにもない。なぜなら、外部の政治諸分節との関連では、自村の成員を出自によって区別することはないからである。政治的諸関係においてはつねに共同体的絆が優先し、行動を規定する。

8

部族内には部族員を分類する三つのカテゴリーのあることをみてきた。つまり、ディエル、ルル、ジャーンである。ディエルは数のうえからは外来者やディンカ人に圧倒されているものの貴族クランであり、部族組織の要となるリニィジ構造を提供している。問題は、外来者やディンカ人が優越クランといかなる結びつきかたをしているがために、部族の他成員との諸関係をとおして優越クランが政治体系の骨組となりうるか、ということである。ヌアー人はすべての社会関係を親族用語で表現するから、相互に何らかの親族関係の絆を認め合うことによってのみこうした結果が生じていることは明らかである。そうした親族関係の認識にはいく通りかの方法がある。まず養取という制度からみてみよう。ヌアー人の場合には、自分の生まれたリニィジ以外のリニィジに養取されることはできないから、この習慣はディンカ人にだけかかわるものである。

ヌアーがディンカを軽蔑し、執拗に襲撃を繰り返すことについてはすでに述べた。しかしながら、彼らは、共同体の永住成員であるディンカ人をヌアー人の成員と区別して扱うようなことはしない。そしてほとんどの部族において、ディンカに出自をもつ人々が少なくとも人口の半分を占めているだろうことも見てきた。こうしたディンカ人は捕虜や移住してきた人々の二代目としてヌアー人として育った人々か、もしくはヌアーの地に永住している捕虜や移民の一代目である。彼らは「ジャーン・ナス」つまり「ディンカ＝ヌアー」であり、「チャー・ナス」つまり「ヌアー人になった」と言われている。これまでにも述べたように一度共同体の成員としての資格が認められると、ほとんどの地域において、彼らの法的地位は自由民として生まれたヌアー人と対等になり、出身が問題になるのは儀礼や外婚の規則に関してのみである。政治的な構造的諸関係においては、彼らはあくまで分節の一成員であり、他の人々と区別されることはまったくない。ディンカ人は、ヌアー人とちがって親族関係の範囲が狭いため、家族・親族の諸関係ではヌアー人ほど強力な位置は占めていないが、それによって、名誉が傷つけられるようなことがないのはもとより、そのために何かができなくて非常に困っているといったことを私は見たことがない。捕虜のディンカ人は彼を捕虜にしたヌアー人の家族の息子よりも家畜囲いで余計に働かされるのではないか、という私の質問に対して、彼も息子だから、成人式には父親から雄牛を貰い、後には妻を娶るための牛を分けて貰うなど、他の息子たちと同じ権利をもっているという返答が返ってきた。社会的に非常に不等な扱いを受けている唯一の異民族は、征服されてはいるがいまだにヌアーの社会や文化に吸収されずにあちらこちらに固まって住んでいるディンカ人やアニュアク人の小集団である。バラク・ディンカ人やソバト川流域に住むアニュアク人等のこうした小集団は、ヌアー人としての成員権もなければ異民族としての自由も与えられていない。これら小集団は本来ヌアーの部族の一部をなしているとは言えない。

捕虜のディンカ人の少年たちは、ほとんどの場合、養取の儀式を経て、彼を捕虜にした男のリニィジに組み込まれ、家族関係におけると同様、リニィジ構造内においても、息子の地位を与えられる。そして、リニィジの娘たちが結婚すると、その花嫁代償の分け前に与る。ディンカの少年は彼を捕虜にした男の息子として育てられる。彼は、その男に家族もしくは合同家族の成員として受け入れられたことで、家族の他の成員や外部の人々からもすでにその集団の成員として認められているのである。それを人々は次のように表現する。「チャー・ディル・エ・チエン」もしくは「チャー・ラン・ウェチ」つまり「彼は共同体の成員になった。」また彼を捕虜にした男については、「彼の父親になった」という言い方をし、その息子たちについては「彼の兄弟になった」と言うのである。彼はもうすでにゴルつまり男の家族や合同家族の成員なのである。養取の儀式によって与えられるのは、リニィジ構造内における位置と儀礼的な地位であり、彼はこの儀式を経ることによって彼を捕虜にした男のソク・ドゥィエルつまりリニィジの正式の成員になる。

　私の聞いたところでは、捕虜にした男自身が捕虜の少年にブスつまり彼のリニィジへの父系親族権を与えることはめったにしない。ふつう、彼の息子たちの要請があり、最小リニィジの承諾を得て、親族の一人が儀式を行うのだそうである。リニィジの代表者は、もうその頃には大人になり成人式も終えているディンカの捕虜を家畜囲いで行われる雄牛または羊の供犠に出席するよう招待する。供犠の動物を提供するのは合同家族の長である。リニィジの代表者は牛舎の入口の地面に杭を打ち込んで、クランの槍名を唱えながら家畜囲いのなかを歩きまわり、ディンカの男がリニィジの成員になり、リニィジの祖先の霊や精霊の庇護に入ったことを知ってもらおうとそれらに呼びかける。それから動物を槍で殺して胃袋のなかの未消化の内容物をディンカ人に塗りつけ、祖先の霊や精霊に彼を受け入れてくれるようにと語りかける。足の裏にはとくに入念に塗りつける。というのは新しい家に彼を結びつけるのは足の裏だからである。もし彼が新しい家を去るようなことがあれば必ず死ぬと言われている。そうしてから動物を切り分け、家の息子もしくはリニィジの代表者と新しく仲間入りしたディンカ人の兄弟とが皮と陰嚢を分け合う。それを切るのはディンカ人の方である。また、彼は動物の首も自分の分け前として貰う。いまや彼はもうリニィジの成員だから、これから先リニィジの成員が動物を供犠するときにはつねに肉の分与に与ることになるだろう。陰嚢を切ることは、その男をリニィジの成員として認める象徴的な行為である。というのは、供犠された動物の陰嚢を切ることができるのは父系の親族に限られるからである。「供犠された動物の陰嚢を切った男が自分のリニィジの娘と性関係をもつと、彼は死ぬだろう。」

捕虜の少女はリニィジに養取されることはないが、「チャー・ラス・チュンニ」つまり「彼女は花嫁代償を受け取る権利を与えられている」と言われる。また次のような表現もある。「彼女の子供たちは、花嫁代償の牛の分け前に与る人々になった。」これはつまり、彼女、もしくは彼女の娘たち、が結婚すると、彼女を育てた家族の息子たちは、兄弟もしくは母方のオジとしての資格で牛を受け取るということであり、逆に、この家族の子供たちの娘が結婚するときには、彼女、もしくは彼女の息子、は父方のオバ、もしくは母方のオバ、としての資格で牛を貰う権利を主張することができるという意味である。彼女は彼女を捕虜にした男の娘になり、彼の息子たちの姉妹になるが、リニィジの成員ではない。

ディンカの男たちは、養取されて彼らを捕虜にした男のリニィジに籍を移すことになる。彼らは出自を辿るとき新しいリニィジを遡ってその祖先に至り、そのリニィジの成長過程における新たな出発点となる。こうなると融合は完全かつ最終的なものとなる。リニィジの死霊や精霊は彼らの死霊や精霊となり、リニィジの槍名や称号は彼らを表わすものとなる。実際、ヌアーの村やキャンプ地に長く滞在していなければ、一体誰が生粋のヌアーの出身であって、誰がそうでないのか見分けることはほとんど不可能である。何週間にもわたって私が生粋のヌアー人だと思っていた人々が実はディンカの捕虜の子孫だったということがある。というのは、ヌアーのリニィジに養取されたディンカ人の祖父をもつ男は、その祖父を養子にしたヌアー人を祖父とする男とまったく同じように自分もリニィジの成員だと考えるし、またリニィジの他成員も外部の人々もそのように見ているからである。というわけで、たとえば、EからDを経てCへと出自を辿る男と、EからJを経てKへと出自を辿る二人の男がいたとすると、DとJは当然Eの二人の息子だと考えるであろう。ところが実際には、誰かが敢えてこの事実を教えてくれないかぎり、Jはこのリニィジに養取されたディンカの捕虜だったということを知るすべはない。しかも、ヌアーランドではこうしたことを教えてくれる可能性は非常に少ない。それに、初対面の男に向って、祖父が捕虜のディンカ人だったかどうかなどと聞くことは無礼だし、たとえ、ディンカ出身であったとしても、それをすんなり認めることはしないであろう。もちろん他の人に尋ねることはいつでもできるが、人の血筋をよく知っているのは同じリニィジの成員だけであることが多く、彼らも、たとえ彼がディンカの出身であってもそれを言ってくれることはまずないであろう。なぜなら、外部の者に対するかぎり、彼も同じ父系親族だからである。

どの部族においても、非常に多数のディンカ人が養取されてヌアーのリニィジに組み込まれている。後述するように、養取されたディンカ人やその子孫は、傍系リニィジの人間とは通婚することができるから、クランのなかに組み込まれたという表現は正確ではないだろう。捕虜になったディンカ人の場合は、ほとんどがヌアーのリニィジに組み込まれたであろう。しかし、ヌアーの侵略が主たる原因になって生じた飢饉を逃れるため、あるいは捕虜の姉妹を訪ねるためとか、ヌアーの侵略を受けた土地に再定住するため等の理由で、自分の意志でヌアーランドに定着したディンカの系統を引くリニィジも少なくない。このような移民は、自由に放っておかれ、永住するのもディンカの土地に戻るのも意のままにできた。ヌアーランドに永住することに決めたディンカ人は、特定のヌアーの男のジャーンとかランデ、つまりその男のディンカとか下男という身分になる。そして、そのディンカが新しい家に忠誠と愛着心をもっていることがわかれば、主人のヌアーは彼に雄牛一頭とおそらく雌牛一、二頭を与えるであろう。また聞いたところによると、その家の娘が盲目だったり不具だったりしてヌアー人のあいだに嫁の貰い手がないときには、花嫁代償の支払いなしでその娘をディンカ人に妻として与えることさえあるという。ときには、寡婦がこのようなディンカ人と内縁関係で生活することもあり、彼は、料理人、家政婦、相棒といった意味で「妻」を得ることができる。こうした場合、彼女の産んだ彼の子供たちが彼の子孫にならなくとも、彼は子供たちの愛情を得ることはできる。もしヌアーの男の姉妹の夫の家に寄寓した場合には、姻族となった承認の印として姉妹の夫から雌牛一、二頭を与えられる。

その他、もともとはディンカの居住地だったのが、ヌアーに侵略征服され、言語的にも慣習的にもヌアーのそれに同化してしまっているディンカ人の小リニィジがたくさんあって、それらの名前で呼ばれている今日ではどの部族にもディンカの小集団もあったはずである。いずれにせよ、やニュエニィ村などにおいては、人口のうえで優勢を占めていた。これらの諸リニィジが部族の村々をよく見かける。こうしたリニィジは、私が大半の時間を過ごしたヤクワッチのキャンプ地優越クランのリニィジ組織のなかに織り込まれていく様子については、次の二節で扱うことにする。ここで、ヌアー人に対するディンカ人の位置について、いままでに述べてきたことからすでに明らかになった諸点を要約しておく。

(1) ディンカ人を指すジャーンという語は多様な意味を含んでいる。ヌアーが習慣的に襲撃を繰り返している異民族のすべてを意味する場合、ディンカの土地に住んでいてヌアーの襲撃の対象となっているディンカを指す場合、ヌアーの土地またはその境界地域に住んでいてまだ同化吸収されていないディンカ人の小集団を指す場合、最近移住してきたディンカ人を指す場合、〈ガートガンキール〉クランのように、ディンカ起源のクランを指す場合、出身を除けばすべての面でヌアー人になりきっているディンカ人の小リニィジの成員を指す場合、養取されたディンカ人の子孫を指す場合、養取されたディンカ人自身を指す場合、等である。ヌアーがどの意味でこの語を用いているかは前後関係や声の調子から判断しなければならない。

(2) ここでの論議の対象になっているのは、ヌアーの部族員と見なされているディンカ人だけである。彼らの地位は、地位の問題が生じる社会的状況に応じて変化するため、固定した定義をすることはできない。

(3) ヌアーによる征服は階層化とか共生的体系という結果には至らなかった。そのかわり、養取の習慣によって、征服したディンカ人を親族体系のなかに吸収し、そうすることによって、対等な立場で彼らをその政治構造のなかへ組み入れていったのである。

9

大人になってから捕虜になったディンカ人はヌアーのリニィジには組み入れられない場合が多い。それにヌアー人の外来者は、優越クランのリニィジはもとより、他のいかなるリニィジにも養取されることができない。にもかかわらず、すべての地域共同体の成員は、他の地域分節との関連ではそれぞれが別個の分節であると考える一方、相互の関係を親族関係の用語を用いて表現する。これは通婚がもたらした結果である。

外婚の規則については、できるだけ簡単に、しかも政治体系と直接関係がある部分にかぎって述べることにする。ヌアーはたいていの場合、部族の内部で結婚するが、境界を接した地域に住んでいるようなときには、他部族の女と結婚することもある。また、ある部族で結婚した男が妻子を伴って他の部族に移住することもときにみかける。最近では、ンゴクその他のディンカの諸部族との通婚もたまに行われているようである。地域外婚の規則はない。外婚の規則はリニィジとか親族関係の価値をもとにして決められる。男は自分のクランの成員と結婚することができないが、それ以上に同リニィジの成員との結婚は禁止されている。たいていのクランにおいては、母のクランに婚入することはできるが、母の属する最大リニィジに婚入することは禁止されている。ただし、この規則はあまり厳守されてはいない。その他いかなる関係でも近縁にあたる女との結婚は禁止されている。あるリニィジに組み入れられたディンカ人は、そのリニィジ内の女と結婚することはできないが、同クランの傍系リニィジの女とは結婚することができる。

外婚の規則については極めて大雑把にしか述べなかったが、われわれはそれを重要なものと考えている。というのは、ヌアー社会において、個人間の行動をおもに規制するのは親族関係の価値だからである。ヌアーの外婚規則は、父系集団の成員がその枠外で結婚することを強制し、それによって新しい親族関係の絆を作りだし、父系集団が閉鎖的になることを防いでいる。さらにまた、外婚の規則は、非父系の近親者をも配偶者から排除しているため、村のような小さな地域共同体では人々は急速に親族関係の網の目でがんじがらめにしばられてしまい、どうしても村外で配偶者を探さなければならなくなる。村に入ってくる外来者は、もし彼がすでに村の成員のほとんどの人々と親族関係になかったとすると、たちまち彼らと姻族の関係を結ぶことになり、彼の子供たちは彼らの親族になる。したがって、出自と姻戚関係が描かれているたった一枚の系図のなかに村やキャンプの全住民を書き込むことが可能なのである。姻戚関係は基本的には親族関係をとおしての関係であるから、村やキャンプ地の全成員は親族関係の絆で結ばれていると言えるのであり、そのため内部での結婚は一般にできなくなっている。その結果、彼らはどうしてもディストリクト内の近隣村から配偶者を貰わざるをえなくなる。通常、男は自分の村から日常訪問できる距離内に住む女を妻に娶る。こうして、親族関係の網の目はディストリクト全体に広がっていき、別々の政治集団の成員を多種多様の方法で結びつけることとなるのである。

一つの村を視点にして眺めると、濃密な親族関係のつながりをもつ円は狭い半径に限定されており、周辺に近づくにつれて諸関係は次第に少なく疎遠になっていく。しかしそのような円の円周は他の円と交錯しているから連続した一連の親族関係の広がりがつきることはない。こうして、外婚の規則は自律的な父系集団が形成されることを阻止し、部族構造全体に及び、そしてそれを越える、広範囲な親族関係の絆を作りあげていくのである。というわけで、親族体系は対立する諸分節の成員を鎖状に結びつけることによって、政治構造の割れ目をふさぐ役割を果している。それはちょうどゴムバンドのようなもので、政治分節が分裂し対立することを許しながらも、なおかつそれらを引き寄せるのである。親族構造と政治構造とのあいだのこの関係は、一連の複雑な問題を提供する。ここではそのうちの一つだけをとりあげて検討してみたいと思う。それは、共同体内において、優越リニィジが諸他のリニィジをひきつけ、政治的な骨組としての機能を果すそのありかたである。

地域共同体はすべて特定のリニィジと結びついていることや、このリニィジの成員は数のうえでは他の諸リニィジの成員に圧倒されていることはすでに述べたとおりである。また、共同体の全住民が何らかの親族関係の絆で結ばれていることも見てきた。こうした非父系親族関係の複雑に交錯した糸に何らかのパターンを与えているのが、共同体の他の住民が優越リニィジともつ関係である。

ヌアーにはガート・ニィエトつまりリニィジの女の成員の子供たちというカテゴリーがあり、これにはあるリニィジにとって姉妹の息子と娘の息子の関係にあたるすべての人々が含まれる。出自線上のどこかに女を通じたそのような関係があれば、そのリニィジ全体が相手のリニィジとガート・ニィエトの関係にあると言われるのだが、外婚の規則があるため、同じ共同体に住んでいればそうしたつながりはどのリニィジとのあいだにも必ず存在するはずだから、一緒に住んでいる人々は全員が相互にガート・ニィエトの関係をもっている。しかしながらこの概念がおもに活用され、政治的にも重要性をもつのは共同体の優越リニィジとの関係においてである。つまり、優越リニィジに属さない人々は、優越リニィジのガート・ニィエトにあたることを強調するのである。ヌアーの他のクランに属する人々が、優越リニィジとの固い結びつきを示すこれ以上に近い関係はない。なぜなら、儀礼上の理由のためにリニィジはそれぞれ自律単位でなければならないが、政治的にはこのカテゴリーの親族関係を用いて優越リニィジに自己のリニィジを結びつけるのである。しかも、儀礼的な場を別にすれば、優越リニィジのガート・ニィエトであることは優越リニィジとまったく対等な立場にあるということであり、また、優越リニィジとのつながりはリニィジ構造を用いて表現されることがよくあるため、人は自分の出自を述べる際、自分のリニィジの祖先の一人を生んだ優越リニィジの女性へ出自を辿ることがしばしばある。こうして、彼はその女をとおして優越リニィジの系統樹に自らのリニィジを接ぎ木するのである。ただし、この傾向はヌアーよりもディンカ人のあいだで強く見られる。しかしながら、貴族リニィジである母方の親族のもとで育ったヌアーの外来者の子供は、儀式の場を除けば自らを母のリニィジの成員としてとらえ、父のリニィジの成員よりも母のリニィジの成員を本当の親族と考える一般的な傾向がある。

養取されていないディンカ人の場合には、普通ヌアーの女の祖先に自らの出自を辿り、彼女をとおして自らをヌアーのリニィジに接ぎ木し、また、一般的な社会関係の場ではそのリニィジからも成員として認められる。このように、ディンカ人は一人またはときとして二、三人の女をとおして共同体の優越リニィジに自分の出自を辿ることがよくある。この場合、一般には女性名を表わす接頭辞によってそれとわかるが、かならずしもわかるとは限らない。これらディンカ人は、自身のリニィジ構造をもたないから、母をとおしてヌアーのリニィジに自らを組み入れるのである。これは、ヌアーの外来者集団やディンカ人の集団が、部族セクションの優越リニィジに自らを結びつけようと女をとおしてのつながり（ガート・ニィエト）を強調することや、また一時的に母方に居住したために母系の出自を辿るのとは異なる。

外婚規則のおかげで、諸リニィジはこのように無数の非父系の絆で結ばれることとなり、そのため、一つの共同体内にいかに多数のリニィジがあろうとも、それらの成員は全員が相互に何らかの非父系、姻族の関係を保っている。リニィジが排他的な父系集団であるのは儀礼的な状況においてのみである。他の状況では、リニィジは共同体に埋没してしまっており、リニィジ間の父系関係（ブス）ではなく非父系の親族関係（マル）が、共同体に住む人々の相互の関係を表現するときの価値として用いられている。優越リニィジの父系構造が日常の社会関係でとくに云々されることはなく、それが強調されるのは、地域諸分節間の関係がかかわってくる政治的次元においてのみである。なぜなら、地域諸分節が優越リニィジの諸分節へ同化するということは、一方の相互関係が他方の相互関係によって表現されるということを意味しているからである。

下位の部族分節の場合にはいずれも、部族の優越クランの一リニィジがそれと結びついており、その部族分節の成員は全員が養子、非父系の親族関係もしくは虚構の親族関係などをとおしてこのリニィジに参加しているため、彼らは一つのリニィジを中核としてその回りに集まっていると言うことができるのである。これら中核となっている諸リニィジは同じクランに属しているか、もしくは次節で述べるようにこのクランに同化したリニィジであることから、政治体系にとっての優越クランの構造はちょうど有機体にとっての解剖学的構造に似たものになる。

10 ディンカやヌアーの外来者が養取や非父系親族の絆をとおして優越クランの骨組と結びついていること、そして、こうした結びつきが包括的な親族体系を形成し、それが政治体系に非政治的な感触を与えていることについてはすでに述べた。ヌアー社会では親族関係の価値がもっとも強い感情を伴い、もっとも強い規範ともなっているので、すべての社会的相互関係は親族関係の用語で表現される傾向がある。養取の習慣と、非父系の絆を父系のそれへと同化する習慣は、共同体的な諸関係を親族の関係へと置換する二つの方法である。つまり、同じ共同体に住むことによって、必然的に居住関係は親族関係のパターンへと変換されるのである。第三の方法は、神話によって虚構の親族関係を創りだすことである。この方法は、同じ部族分節に住んではいるが、集団の規模が大きすぎたり、居住区が明確でありすぎたりして、上記の二方法によっては組み入れることのできない外来者やディンカ人の諸集団と、優越リニィジとの関係を説明するのに好都合である。これは、外来者やディンカ人の大きな集団を部族の概念的な枠組のなかへ編入する方法である。

これまでに繰り返し指摘してきたのは、日常会話では政治的諸関係はしばしばリニィジの諸関係で表現されるということ、つまり地域共同体のことをあたかもそれがリニィジであるかのように話し、こうすることによって、同じ共同体生活を営んでいる人々を優越リニィジへと同化しているということであった。しかし他方では、彼らは、リニィジ関係を政治的諸関係で表現し、地域共同体の中核でしかないリニィジをあたかも地域共同体そのものであるかのように話すことによって、父系集団としての特異な地位を優越リニィジから剝奪し、居住にもとづく一般的な価値をそれに付与するということも述べた。共同体間の関係を表わすこのような方法に合致するように、共同体間の諸関係は神話のなかで人格化され、親族関係的な個人の関係によってその由来が説明されている。

ここでヌアーの神話集を紹介するつもりはない。これまでに集団間の関係を説明する神話を一つだけ挙げた。それは、ヌアーはなぜディンカを襲撃するか、という内容のものであったが、このような一般的な種類の神話は非常に数が少ない。神話のほとんどは地域的にまとまって協同的な形をとっているクランやリニィジに関するもので、それらの相互関係を部族や部族分節として説明し、とくに大規模な外来者リニィジについて、その地域の優越リニィジとの関係を詳述したものが多い。神話上の諸関係を今日の政治体系によってすべて説明できるとは限らないが、多くの場合可能であり、説明できないとすればそれはわれわれが無知、とくに部族の歴史について無知であることによる場合が多い。

ロウ部族の大きな部族セクションであるジマチとジャージョアの二つのセクションは、〈ジマチ〉と〈ジャージョア〉リニィジからそれらの名を得ている。これらの名前は一一三ページの地図には出ているが、部族の優越クランである〈ジナチャ〉を図式化した三三二ページ上のクランの系統樹上には見出せない。これらの部族セクションはガート・ニィエトつまり〈ジナチャ〉クランの創始者の娘たちの子供にあたると言われており、母系のこうしたつながりを説明する神話がある。ロウ部族に伝わる伝承によると、デナチには最初の妻に生ませたイン、ダク、バル、バニィの四人の息子と、二番目の妻に生ませたニャンと名前のわからない他の二人の息子がいたと言われている。これら二人の妻は名前をニャグンとニャモルといい、ロウ部族の二つの一次セクションであるグンとモルは彼女らの名前をとったという説もある。ニャンの二人の兄弟は人食い鬼に食べられてしまった。その後、デナチの息子たちが魚獲りに行ったとき、母を同じくする四人の兄弟はつれだって行ったが、ニャンはただ一人で行った。ニャンが異母兄弟たちと行動を共にすることを嫌い、同じ母から生まれた兄弟たちを恋しがったためである。彼はたった一人で魚を獲っていたが、まだ子供だったので、獲った魚を何者かに盗まれてしまった。家に帰っても彼は他の子供たちのように父に向き合って坐ろうとはせず、離れて背を向けて坐っていた。父が彼にどうしたのかと尋ねると、彼は人食い鬼に食われてしまった自分の兄弟のことを考えているのだと答えた。すると父は彼に言った。「心配するな。姉妹を二人つれていって、彼女らをお前の兄弟にするがいい。」というわけで、ニャンが魚獲りに行くとき、ニャビルとファドワイという二人の姉妹が彼につきそっていった。ニャンは〈ガーリエク〉リニィジの創始者であり、ニャビルは〈ジマチ〉リニィジの創始者であり、ファドワイは〈ジャージョア〉リニィジの創始者である。これら諸リニィジが集まってロウ部族のモル一次セクションの親族関係の骨組を構成しており、以上の神話はそれらの続柄を説明している。こうした母系のつながりは〈ガーリエク〉と〈ジマチ〉リニィジとのあいだの通婚を禁止してはいない。そして、儀礼と外婚の問題を除けば、ニャビルとファドワイの子孫は、あたかもこれら二人の娘が息子であったかのように扱われており、神話上の特権は、彼らに部族内でディエル（貴族）と対等な地位を与えているのである。父系の出自を過去に遡って辿る際、これら両リニィジの成員は女の創始者から先は辿らない。彼女の先は彼女の父のデナチに続いている。

ガーワル部族には、部族の貴族である〈ガーワル〉と神話上で結びついている〈ジャカル〉という重要なリニィジがある。その神話は次のようなものである。カルまたはジャカルという名の男が、空とタマリンドの木をつないでいるロープを伝わって天から降りてきた。この木は、おそらく人類がその下で創造されたと言われているラン地方に生えている木であろう。その後しばらくして〈ガーワル〉クランの創始者となったワルが降りてきた。ワルが木の枝に坐っているところを、犬をつれて薪を集めにきたカルの妹が見つけた。彼女は戻って、頭が血だらけの男を見たと兄に報告した。カルはワルに村に来るようにと勧めたが、ワルは断わった。そこでカルと妹は雄牛を供犠し、その肉を焙った。すると、腹をすかせていたワルはそのにおいにひかれて木を降り、村にやってきた。食べ終ると彼は天に戻りたくなったが、カルはロープを切ってしまった。B・A・ルイス氏は、それほど一般的ではないと断わって、彼がガーワル部族から採取したという異伝を教えてくれた。それによると、ワルは嵐にのって天から落ちたところをログの犬に発見された。しかしそのとき、森に薪を拾いにきていたクウェッチの妻もいっしょだった。クウェッチの妻はワルを家につれてきたが、クウェッチとログのあいだでワルの所有権をめぐって口論が起きた。ログは自分の犬がワルを発見したのだと主張するし、クウェッチは自分の妻が彼を発見したのだと主張した。そこへカルが口論に加わって、ワルは自分の弟だと主張した。

この神話は、ワルとカルとログを相互にある関係で結びつけているが、それは、貴族クランの〈ガーワル〉に次ぐ二つの主要クラン〈ジャカル〉と〈ジャログ〉がガーワル部族にあるという事実で納得がいく。〈ジャログ〉は、おそらくドク地方の南方に住みその名前で呼ばれている小領域をもつクランと同じものであろう。クウェッチは明らかに〈クウェッチ〉リニィジの創始者であり、ジャログ地方の隣の小規模な領域がその名前で呼ばれている。次のように推測できるのではないかと考える。つまり、両リニィジともナイル川の東側のガーワルの土地の現在の位置において今日でも見出せるのであるから、ナイル川の西側の故郷に三つのクランがいっしょに住んでいたときにも、それらは〈ガーワル〉と密接な関係を保っていたのではないかということである。

クラン神話がもっとも豊富なのは〈ガートガンキール〉クランについてである。それらは、起源を異にする諸リニィジが政治構造上において優越リニィジの体系へ神話的に統合される経緯や地域的な諸関係に親族関係の価値が付与される様子をよく示している。

〈ガートガンキール〉クランの創始者であるキルに関する出来事の多くにはいくつかの異伝があるが、われわれはそれらのうちの一つをとりあげて紹介してみよう。ユルという名のンゴク部族のディンカ人が川岸にひょうたんの茎を見つけたのでそれを辿ってずうっと歩いていくと大きなひょうたんが見つかった。彼がこのひょうたんを切り開くと、なかから儀礼用の道具をたくさんもったキルが現われた。ユルの妻は自分の赤ん坊のギインと同じようにキルにも乳を飲ませた。キルは成長して妖術師・呪術師になったため、ユルの息子たちは彼を殺そうとした。なぜなら彼の呪力が牛を破滅させていたからである。ギインだけはキルの友人であり続け、キルがユルの家から脱出しようとしたとき、彼はいつの日かキルを追って合流するからと約束した。

キルは逃げてナイル川のほとりに来た。そこでティクという名の男が川の中にいるのを見て助けを求めた。ティクが川の水をたたくと、水は両側に分かれたのでキルは無事に西岸に渡ることができた。キルはティクに、自分が落ち着く場所が見つかったら、あとで自分を追ってくるようにと言った。ティクはキルといっしょに行くことにし、ウォット部族の男に出会った。ウォット部族の男は、彼らを自分の家に連れていった。そこではウォット部族の貴族クランである〈ジディエト〉が、キルの目から妖術による必殺力が消えて人や牛を見ても相手を殺さないですむようにと黒い雄牛を一頭供犠した。それから、キルは〈ガーワル〉のキャンプ地近くの白蟻塚に自分が入れるぐらいの穴を掘り、そこでいろいろな不思議な行為をした。結局〈ガーワル〉は供犠をして彼にその塚を出るよう説得し、キャンプ地に連れてきた。

その後、彼はニャクウィニという名の妻を娶ったが、その妻は彼の妖術によって殺される前にシアンという名の息子を生んだ。次にキルが結婚したのはニャボルという名の女で、彼女はクンを生んだ。彼は彼女をも同様に殺した。最後に与えられた妻は不具で、名をドゥアニィといい、ジョクを生んだ。ロウ部族や東ジカニィ部族の神話では、これら三人の妻は皆〈ガートガンゲーカ〉クラン群の創始者であるゲーの娘たちだとされているが、ナイル以西の神話では最初の二人の妻は〈ガーワル〉クランの女で、ドゥアニィはブル部族の〈ニャピル〉クランの女ということになっている。いずれにしても、ニャクウィニとニャボルはドゥアニィとよりもお互いに近い関係にある。ドゥアニィはジョクを生んだあと、妖術でキルを殺してしまった。なぜなら、彼女も妖術師だったからである。後に亡夫の長男のシアンが彼女と同棲しニャンが生まれた。

キルに関するいろいろある異伝では、いずれもギインとティクの役割が強調されている。ギインはキルといっしょに育てられ、後に彼に合流して兄弟として生活した。キルが死ぬと、長男と次男であるシアンとクンが牛を独占してしまい、末子のジョクや、ギインには牛を分けてくれなかった。シアンはギインが牛をもつことを妨害しようとしたが、クンは彼に数頭の牛を分け与えた。そのため、シアンは、クンとギインはいっしょに住むべきだと主張した。ティクはキルの命を助け、彼といっしょに住むためにやってきた。話はまだ続いて、ギインとティクが人喰い鬼に脅されていっしょの小屋に住み兄弟のようになったこと、そのため、これら二人の子孫のリニィジは通婚しないこと、が語られる。

これ以上細部について述べなくても、現実の政治関係がこれらの話の登場人物にいかに神話的に象徴されているかお分かりいただけるであろう。ガージャク部族の諸分節のうちで、外来者集団がその中核となり、それらの名前をとっている二つのもっとも大きな分節は、コン・セクションとディレアク・セクションであるが、前者の中核リニィジとなっているのがティクの子孫であり、後者のそれはギインの子孫であって、両者はレン一次セクションを構成しながらいっしょに住んでいる（二四四ページの図と一一四ページの概略図参照）。また神話では、ジョクがキルの子で、ニャンはシアンの子であるが、二人ともドゥアニィを母とする同母兄弟であることになっている。これは、ニャンとジョクの両子孫が構成する二つの優越リニィジの中核をもつガーグワンの部族構造を神話的に表象したものであり、同時に、ガーグワン部族とガージョク部族との政治的な関係をも表わしている。というのは、とくにナイル川以西においては、これら両部族間の政治的諸関係には、同じくガーグワン部族に境界を接するガージャク部族の一次セクションであるシアンやレンとのより疎遠な関係と比較すると、非常に緊密な同盟がみられるからである。シアンとクンはキルの息子たちであって、彼らを生んだ母たちを姉妹関係に位置づける神話が一般的である。シアンとクンの子孫たちが優越した位置を占めているのはガージャク部族のシアン一次セクションとガーグウォン一次セクションにおいてである。ガージャク部族のもう一つの一次セクションであるレンは、シアン、ギイン、ティクの系統をひく三つの中核をもっていて、それらの神話上の関係についてはすでに述べた。

ヌアーのどの部族においても、貴族クランといっしょに住む規模の大きい外来諸リニィジと貴族クランとの関係を説明する似たような神話がある。それと同時に、外来諸リニィジ間の関係を説明する神話も存在している。というわけで、レーク地方のニュエニィやその近隣諸村に住んでいる諸リニィジの〈ジュアク〉〈ングウォル〉〈ジクル〉等はそれぞれが神話上で相互に関係をもっており、同時にレーク部族の優越クランとも関係をもつ。これらの神話には、登場する諸リニィジの儀礼的なシンボルや守るべきしきたり等についての説明もある。

このように、現実の政治的な相互関係は、神話上の相互関係によって正当化され、説明づけら

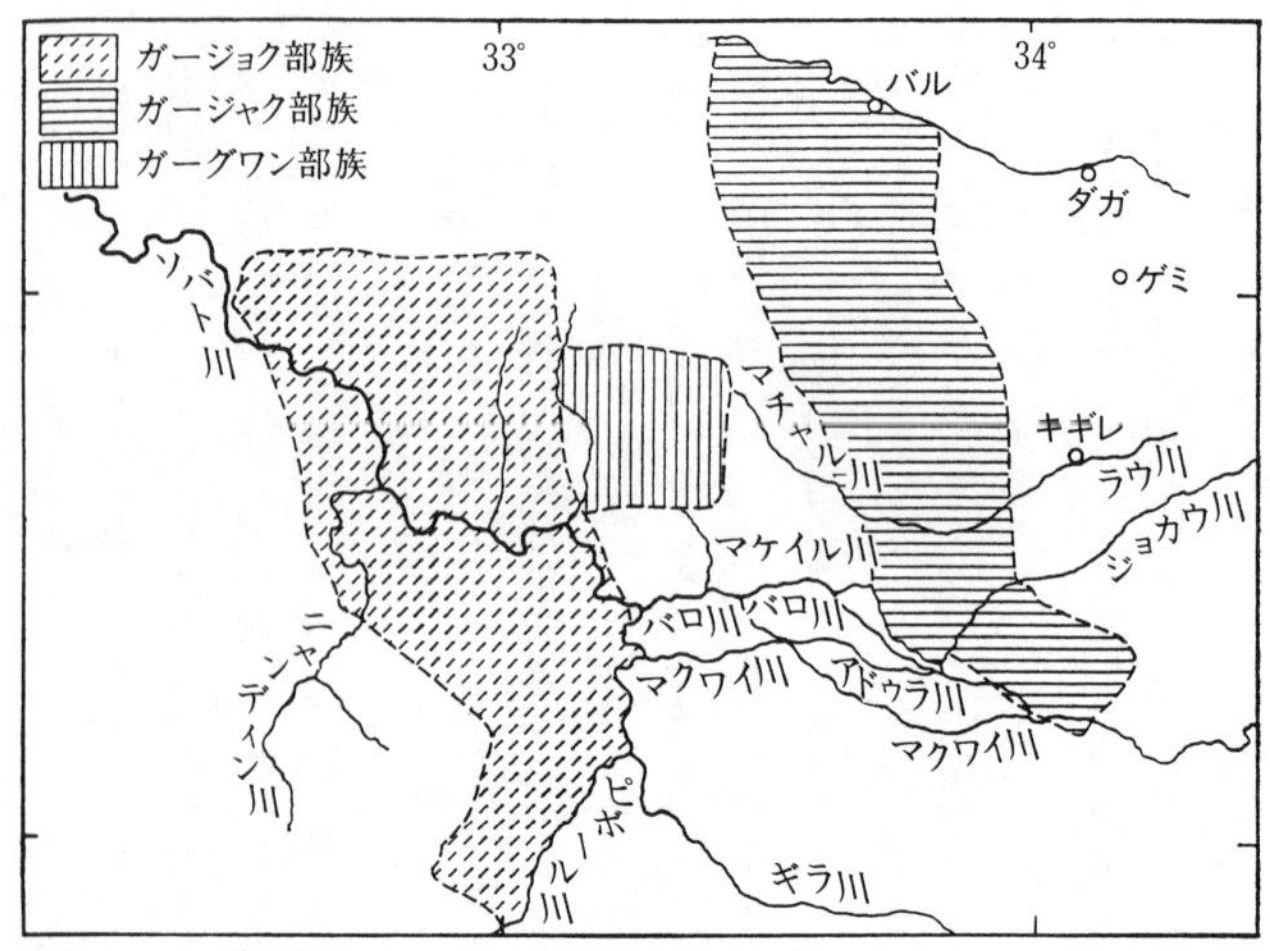

●東ジカニィ諸部族（C. L. アームストロングによる）

れている。われわれの知るかぎりでは、クランを異にする大規模な諸リニィジ間に政治的結びつきが見られるところではどこにおいても、それらの祖先を何らかの社会関係へと結びつける神話がかならず存在している。とくに優越リニィジと、外来リニィジもしくはディンカ起源の諸リニィジとの関係を説明する神話は多い。神話的なつながりは、一方では儀礼的な排他性と通婚を認めながら、他方では共同体生活に平等性と兄弟の関係性を与えている。しかし、完全な同化は不可能である。なぜなら、それぞれのクランは儀礼的にはつねに区別されねばならず、もし区別がなくなれば、クランやリニィジ体系は崩壊してしまうことになるからである。外来者たちは優越リニィジの共同体に組み込まれねばならないが、同時にその父系親族構造からは排除されねばならない。

11

養子縁組、共同体生活における非父系の絆と父系の絆の同等視、そしてまた神話上のつながりなどによって、部族分節の全住民はお互いに何らかの親族関係にあるが、それと同様に部族分節それ自体も政治体系内において相互に親族関係を与えられている。ディエル、ルル、ジャーンの諸カテゴリーは社会的な分化を生みだしてはいるが、それは政治的な次元におけるものではなく、むしろ儀礼的、家族的な次元におけるものであり、それがもち出されるのは社会生活の特定の状況に限られる。

これは、三つの地位を指す用語の使い方からも明らかである。他人に呼びかけたりあるいは人前である人々について話したりするとき、話の対象となっている人々と話者とのあいだの実際の間柄よりも親しい間柄を示す用語を用いるのがヌアーの一般的な慣習である。これには普通親族用語が用いられ、また、部族における人の地位を決める際にも同様の方法がとられる。普通の社会生活では、ヌアーは相手がディンカ人であるとか外来者であることに言及して、彼のそうした地位をことさら強調するようなことはしない。彼が貴族ではないということが問題になることはほとんどなく、それが多少とも問題になってくるのは、血償牛の支払いとか外婚の問題、それに供犠・儀礼のときだけである。貴族といっしょに自分の家をもった外来者は、社会的には貴族と対等に扱われるし、彼自身もそのように考える。彼は共同体の成員だから、誰も彼のことをルルとは呼ばない。それどころか礼儀上ディルと呼ぶことさえある。それと同様に、養子になったディンカ人のことを「ジャーン」と呼ぶこともない。なぜなら、彼は養子になったことで貴族の兄弟、もしくは他リニィジのヌアー人の兄弟になっているからである。また養子になっていないディンカ人居住者についても一般に「ジャーン」を使わないで、「ルル」という。外来者たちがことばのうえからは貴族に同化される傾向があるのと同じように、ディンカ人は外来者に同化される。そのため、侮蔑的な表現である「ジャーン」で呼ばれるのは、ディンカランドに住む未征服のディンカ人だけである。ヌアーは、自分たちといっしょに住み、共に戦い、共に歓待をうけ、そして他の共同体に対するときは共に同じ共同体の成員である人々を、地位のうえで区別することはしない。居住に基づく共同体原理が出自の差異を被い隠すのである。

ヌアーの部族における「貴族」とか「外来者」「ディンカ」の呼称は、社会生活の特定の状況における人々の社会構造上の関係によって決まるという意味において、それが相対的なものであることをここで再度指摘しておきたい。少数の、主として儀礼的な場では人は外来者であったりディンカ人であったりするが、その他の状況においては、そういったことは一切言及されない。また、ある社会集団内の諸成員にとっては彼は外来者であったりディンカ人であったりするが、他集団との関連ではそうした地位の差異は消失する。つまり、外来者は集団内の人々にとっての外来者であって、外部の人々に対しては、外来者は彼らの一員になるのである。同様に、ディンカ人の場合も、集団内の人々にとっては彼はディンカ人であるが、外部の人々に対するときには彼らの兄弟なのである。政治構造的にみれば、他の諸分節との関連では分節の全成員は基本的に同質である。

民主的な感覚を深く身につけ、それを暴力で表現する習慣をもった人々のあいだで、それぞれの部族に優越的な地位が与えられたクランのあることをわれわれはいかに解釈すればいいだろうか。部族構造の点からは、これまでに述べてきた諸事実が解答を提供しているとわれわれは考える。ヌアーの諸部族は、面積においても人口においても大規模——いくつかは非常に大きい——なものが多く、それらは単に地域的な現われ方をしているというだけではない。というのは、前にも述べたように、ヌアー自身が一つの体系と見ているような複雑な分節体系をヌアーの諸部族は発達させているからである。部族を代表する首長も合議体も存在せず、あるいはまた部族を統治する他のいかなる形式の政府もないところでは、部族構造に概念的な統一性と、ある程度の現実的な凝集力を与える組織原理を構造内のどこか他に求めなければならないが、それが見いだされるのが貴族としての地位である。中央行政府が存在せず、したがって部族の各分節を一つに統合する政治制度が欠けているとき、一つの父系構造の内部で、リニィジとしての価値を地域体系の諸分節に結びつけることによって、部族に構造的な独自性と統一を与えているのが優越クランのリニィジ体系である。部族を象徴するであろう首長や王が不在のため、部族としての統一性は特定のリニィジやクランへの帰属を表わす慣用語で表現される。

12

キルの神話では、重要な諸リニィジの祖先間の関係や、それらの諸リニィジに組み込まれている他のリニィジや地域諸分節間の関係が、これらの祖先を通じて語られているのみならず、諸クランの創始者どうしの関係、およびクランとこれらクランが優越した位置を占めている部族との関係がこれらクランの創始者を通じて語られている。たとえば、キルに関する様々ある異伝では、キルはまず〈ガートガンゲーカ〉クラン群の創始者であるゲーの養子になり、続いてウォット部族が人格化されたウォットに出会うことになっており、他方で〈ガーワル〉とも接触をもつ等々である。このように神話は部族間の関係をも反映しており、ヌアーランド全体を一つの親族構造へと統合しているのである。われわれは、これを一つのクラン内のリニィジ体系とは区別して、クラン体系と呼ぶことにする。

クランとは、二人の人間のあいだの結婚話がもちあがったときに辿られる父系関係の最大の範囲である。しかしながら、いくつかのクランはお互いに父系関係を認め合っている。ただし、ヌアーはその関係を一つのクラン内のリニィジ関係と同じようには見ない。ヌアーがあるクランの創始者を語るときには、伝承を背景にはっきりと描かれた歴史的な人物として見ているという印象を与えるのに対して、クラン群の創始者を語るときには、神話の薄明にぼんやりと映し出される存在として見ているようである。

ここでもう一度次のことに注意していただきたい。それは、複数の部族において優越的な地位を占めている諸リニィジは、同じクラン構造に属していることがあるということである。たとえば、ナイル川をはさんで東西にまたがるガージョク、ガージャク、ガーグワン各部族で優越した地位を占めている諸リニィジは、すべて〈ガートガンキール〉クランの諸分節である。また、ナイル川の西側に住むレンギャン部族とゼラフ川の東側に住むロウ部族において優越した地位を占めている諸リニィジは、〈ジナチャ〉クランの諸分節である。この分布は簡単に説明がつく。というのは、東〈ガートガンキール〉と東〈ジナチャ〉の諸リニィジは、ごく最近まで、これらのクランに属する他の諸リニィジとともに、ナイルの西側のジカニィ地方やレンギャン地方に住んでいたことがわかっているからである。

クラン間にはもっと一般的で神話的な関係もある。これらの関係を話すとき、ヌアーは部族を人格化し、それらを優越クランへ同化させることによって、親族関係に基づく価値を部族に与えている。たとえば、彼らが、ボル、ラン、ロウ、シアン、ラク等の諸部族について語るとき、あたかもそれらが人間であり、人間と同じようにそれらも親族関係をもつことができるかのように話すし、また、これら諸部族の全成員が同じ出自をもっているかのように言うのである。こうすることによって、彼らは共同体的関係を強調し、政治的な脈絡で話すときにはクランのちがいを曖昧にするのである。こうした習慣があるため、彼らの話の内容が混乱していたり、ときには矛盾しているかのような印象を与えることさえあるが、これは、「チエン」という語の多義性について述べたときと同様、特定の諸関係では、リニィジ体系と政治体系とを同一化する傾向が社会生活全般に深く根を張っていることと一致しているのである。

地方によって分類のしかたは異なるが、ヌアーの多くはゲーとガークが全ヌアーの祖先だと考えている。ロウ部族のあいだでは、ジカニィ諸部族とガーワル部族を除くヌアーのすべての部族がゲーの子孫だという伝説がある。これら両部族だけが区別されているのは、それらがロウ部族と近い関係にあるためにロウ部族にとって特別な存在であるのに対して、他の諸部族は直接的な関係がないので、ゲーの子孫として曖昧に分類されていることによるものである。東ジカニィ諸部族は、自らを「キル」と分類し、他のすべての本来のヌアーは「ゲー」とする傾向がある。非常に広範囲にわたって部族間接触のみられるゼラフ川流域や西ヌアーランド地方では分類のしかたもかなりちがっている。ここでは、ヌアーは三つのグループに分類される。まず、ボル、ラン、レンギャン、ブル、ウォット、ロル（Ror）、シアン、ロウの諸部族から構成されるゲー・グループで、このグループはヌアーランドの中央を横切って、北西から南東に連続して並んでいる。次は、ヌオン、ドク、ジャローグ、ベーグ、ガーンクワッチ、ロル（Rol）の諸部族からなるガーク・グループで、このグループはヌアーランドの南西部に位置している。第三は、レーク部族とラク部族からなるリル・グループで、このグループは、ゼラフ川やガザル川下流のそれらがナイル川と合流する地点の近辺に住んでいる。ブル部族はときどきリル・グループに分類されることもあるということを聞いた。しかしながら、ドク地方やその近隣諸地域では、他の地方でガークの子孫として分類されている諸部族をさらに二つに分けて、ベーグとジャローグから構成されるガーク・グループと、ドク、ヌオン、ガーンクワッチ、ロル（Rol）の諸部族で構成されるグウェア・グループとに分類している。

これまでにも何度か見てきたヌアーの分類法の特徴、つまり、分節化の傾向と相対性がここにも表われている。たとえば、他のヌアー諸部族はドク部族とベーグ部族をひとまとめにしてガークと分類しているが、これら両部族の人々が自分たちのことをまとまったガーク・グループと見るのは、相対するゲー・グループに自分たちを対比させるときのみであって、それ以外のときには相対立する分節のグウェアとガークという別々の分節の成員だと考えている。クラン群として表わされることの多いこれら諸部族のグループは、それぞれまとまった区域に住んでいる。東方移住が始まる以前には、彼らは三つか四つのグループに分かれてナイル以西のヌアーランドに北から南へと広がって住んでいた。ジカニィ諸部族において見られるように地域的に隣接していることと一つのクラン構造を共有していること、あるいはガーク・グループにおいて見られるように、地域的に隣接していることとクラン体系の内部で密接な関係にあることとは並行しており、二つの体系のそれぞれの価値は交互に作用しあっていると考えられる。このように政治的な分節化に伴う部族内の諸リニィジの分節化は、ヌアーのクラン体系全体のなかでも繰り返されており、クランの分節化はヌアーランドの政治的な分節化と歩調をそろえているのである。隣接した諸部族は、他の部族グループに対しては共同戦線をはるが、こうした関係は、神話や儀礼のなかでその優越クランやリニィジをとおしてそれらの部族が密接な関係に置かれていることを反映している。

ゲーとガークとグウェアは、ときにガウ（世界）、ときにラン（人間）と呼ばれる神話上の祖先の三人の息子であり、その祖先の父はクウォスつまり神である。リルもしばしばこれら兄弟の仲間に入れられることもあるが、カルという名のゲーの娘の息子として登場することもある。

ゲーの息子たちは全員が父系関係（ブス）にあり、お互いの供犠に参加することができる。こうした儀礼的な状況ではゲーの本当の息子たちつまり〈ジナチャ〉〈ガーシアン〉〈ジディエト〉それにゲーの系統をひく他のクランだけがブスの関係にあるが、それ以外の状況ではこれらクランが優越的な地位を占めている部族全体が兄弟もしくは一次イトコとして表わされる。したがって、たとえば、シアンはゲーの長男であり、ナッチ（レンギャンとロウ）は次男であり、ロルとその他の部族は彼らの弟たちである。レンギャン（ナッチ）とウォット（ディット）は、メアトの息子たちのボルとランと同様、双子だったという伝説もある。

この大きな一族からはみだしている部族もいくつかある。ジカニィ諸部族の優越リニィジは、ンゴク・ディンカの男がひょうたんの中から見つけ出したという神話のあるキルの血をひくディンカ起源のリニィジであるが、前にも述べたように、これらの諸部族は神話上ではゲー・グループと関連づけられている。というのは、ゲーはキルの保護者とも義父とも言われているからである。〈ガートガンキール〉はンゴク・ディンカのいずれかのリニィジ体系とブスの関係をもっており、そのためごく一般的な政治上の意味では、ジカニィ諸部族とンゴク・ディンカは、比喩的に兄弟関係にあると言われている。両部族のあいだにはかつて緊密な部族間関係があったと推定してもそう間違ってはいないだろう。〈ガーワル〉クランも、先祖が天から降下したという神話のとおり独立した起源をもっている。しかしながら、彼をガーク・グループに属する諸部族の優越クランの創始者に結びつける神話上の絆がたくさんあるため（三八五—三八六ページ参照）、ガーワル部族はこのグループに入れられる。現在ではナイル川によってガーワル部族とこのグループの他の諸部族とは分断されているが、かつては西岸においてこのグループが占める居住領域の最北部にガーワル部族は住んでいた。〈ガーワル〉と、クウォークの系統をひくクラン群の各クランとのあいだにはブスの関係が存在するため、ガーワルはボル部族のファダン・セクションや、現在のレンギャン部族とドク部族の土地に挟まれた地域にかつて住んでいたと言われるアトウォット族と交流がある。

外婚規則のある諸クランのあいだには父系関係を、父系関係の存在しないと思われる諸クランのあいだには非父系の親族関係や神話上のつながりを認めることを通じて、すべてのヌアーの諸部族は、政治的価値の親族関係の価値への同化によって、単一の社会体系として概念化される。クランのうちには部族と結合していないものもたくさんあるが、それらのクランがいずれかの大クラン群と関係をもっていることによって、それらの諸リニィジはこの体系の中に含まれるのである。というわけで、〈ジメム〉〈ジクル〉〈ガートレアク〉〈ジセル〉はゲーの子孫とされ、ゲー・グループに属する。また、〈ジクル〉はリル・グループと、〈ジャカル〉はガーク・グループと神話上でつながっている、等である。こうして、ヌアー全体が単一の親族もしくは擬似親族体系に統合され、ヌアーランドのすべての地域分節はこの体系によって相互に結びついているのである。

13

われわれの考えでは、ヌアーのリニィジ体系における異常なまでの系譜的な分節化の傾向は、これもまた分節化への傾向によって特徴づけられる部族構造の観点から理解されるべきである。リニィジ体系と部族体系が結合しているということは、部族が分節に分裂すれば、それに応じてクランも分節に分裂し、両体系の区分線が一致する傾向を示すということである。というのは、リニィジ自体は協同的な集団ではなく、地域共同体に組み込まれることによって構造的に機能するからである。人は、並列関係にある相対する分節との関連では一つの部族分節の成員でありながら、同時に、これらすべての諸分節を包括する部族の成員でもあるのと同じように、並列関係にある相対する他リニィジとの関係では彼は一つのリニィジの成員でありながら同時にこれらすべてのリニィジを包括するクランの成員でもある。そして、リニィジは地域分節に、クランは部族に具象化されているため、これら二組の帰属関係のあいだにははっきりとした対応がみられる。したがって、優越クランの二つのリニィジ間のクラン構造上における距離は、それらと結合している部族分節間の構造的な距離に対応する傾向がある。このように部族体系は優越クランをとり出して分節化し、そして部族の特徴をリニィジの形態に与えているのである。こうした主張を支持する例証はヌアーのどの部族からでも得られる。もっとも典型的な例を二、三検討してみるこ

キル♂
ニャガーニ♀＝　シアン♂　＝バール♀
タル♂
レム♂　レン♂　ルアル♂　ロニィ♂
カン♂
レム・リニィジ　レン・リニィジ　カン・リニィジ　ロニィ・リニィジ　タル・リニィジ
カン二次セクション　ロニィ二次セクション　タル二次セクション
シアン一次セクション

とにする。

われわれは、ロウ部族についてすでに次のような知識を得ている。つまり、ガートバルとルムジョクの二つの二次セクションが集まってグン一次セクションを構成し、モル一次セクションと相対していること、そして、ガートバルとルムジョク二次セクションのそれぞれの優越リニィジがデナチの一人の妻の系統をひき、モル・セクションの優越リニィジはもう一人の妻の系統をひいていること、したがって、ガートバルとルムジョクは実の兄弟に類した関係にあるが、グンはモルに対して異母兄弟に類した関係にあるということである。同様に、ガージャクの二つの優越リニィジがキルの妻たちのうち近い関係にある二人から出ており、他方、非常に強い結びつきをもつガージョク部族とガーグワン部族の優越リニィジはキルの三番目の妻の系統をひいていることも見てきた。

〈ガートガンキール〉クランの諸リニィジとジカニィ諸部族との分節構造上の関係は、リニィジ構造が政治構造の鋳型に入るようにねじ曲げられるという私の仮説を試す材料としては非常に優れている。というのは、政治的な条件が異なるヌアーランドの端と端に同じリニィジ群が見出されるからである。両ジカニィ地方で時間的にもっとゆとりがあったなら、あるいはそこで滞在した短い時間のあいだに、私がもっと明確に問題を摑んでいたならば、自分の結論をもう少し断定的に述べることもできたかもしれない。ここでは、〈ガートガンキール〉のリニィジ体系を、ガージャク部族の二つの一次セクションと関係させて簡単に分析することにしたい。

シアンはキルの長男であった。彼にはニャガーニとバールの二人の妻がいた。これら二人の妻からチエン・シアンつまりシアン一次セクションの三つの主要リニィジ〈タル〉、〈ロニィ〉〈ゲク〉)、そして〈カン〉が出ている。その過程を前ページの図に示した。タルは母バールの一人息子であったため、独立したリニィジと部族セクションを創設し、現在それは東ガージャク地方の最南部に居住している。他の四つのリニィジは全部ニャガーニの系統をひき、集合的にチエン・ニャガーニとして知られている。はじめ四人の息子は一緒に暮らしていたが、そのうちロニィの家族が増え、他の兄弟たちの家族よりも強大になって、他の家族、とくに長兄のレムの家族に対して威張るようになった。そこでルアルの息子のカンがロニィ追い出し作戦を指揮して、ロニィを移住させてしまった。カンの果したためざましい役割によって、レム、レン、ルアルの系統をひく諸リニィジは、集合的にチエン・カンと呼ばれている。他方ロニィのリニィジはチエン・ロニィと呼ばれている。これら二つのリニィジは東ガージャク地方の最北部に住んでいる。[*45] 争ったり、移住したり等、兄弟について語られていることは、リニィジやそのリニィジを含む地域共同体が擬人化され劇化されたものとして理解しなければならない。リニィジ構造の論理にのっとったリニィジの分枝・併合が、いかに部族の分裂・融合の線をたどっているかこの図から知ることができる。同じ地域に住むレム、レン、ルアルの子孫は、ロニィの子孫との対比ではひとまとめにされるが、タルとの対比では隣のロニィもこのグループに入る。

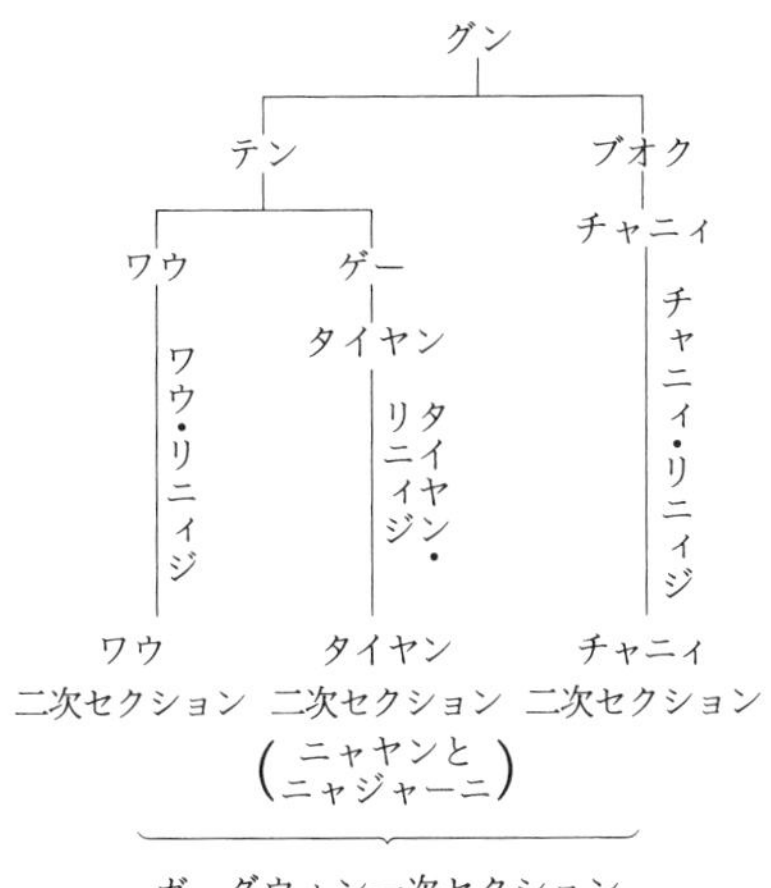

この図には、ここに描かれている出自系統に完全に吸収されてしまっている系統は書き込まれていない。というのはそうした出自系統は、独自の居住地域をもたず、したがって共同体としての価値ももたず、他と区別されていないからである。この図が史実に基づくリニィジの発展の真の記録ではなく、歪曲されたものであることは、次の事実によっても裏づけられる。それは、レムとレンへは現在から五世代が数えられ、ルアルには六世代、そして四人のうちの末弟のロニィには七世代が数えられていることとである。

ガーグウォン・セクションの中核的存在である〈ガーグウォン〉リニィジは、キルの息子のクンのそのまた息子のグンからその名前が由来している。〈ガーグウォン〉最大リニィジはいくつかの大リニィジに分枝している。説明を簡単にするために、東ジカニィ地方で重要な位置を保っている諸リニィジだけを図解した。それらが〈チャニィ〉〈ワウ〉それに〈タイヤン〉〈ニャヤンとニャジャーニ〉であり、それぞれブオク、ワウ、ゲーの子孫たちである。

〈チャニィ〉大リニィジは次ページの図に見られるとおり、世代深度が三—四世代の多数の下位リニィジに分枝している。この図では、異母兄弟間の伝統的な分裂が、ディウの三人の妻から三つの系統がわかれ出ていることに表われている。つまり、マンクウォス、スル、マンカンである。ドゥプの子孫はマンクウォスの子孫といっしょに住んでいるためチエン・マンクウォスの名で呼ばれている。同じ場所に住んでいることがリニィジ構造に影響を及ぼし、ドゥプ・リニィジは〈マンクウォス〉リニィジに大部分併呑されたのである。この図は、ナッセル・ディストリクトの政府資料に負うところが大きい。〈ワウ〉リニィジの諸区分については

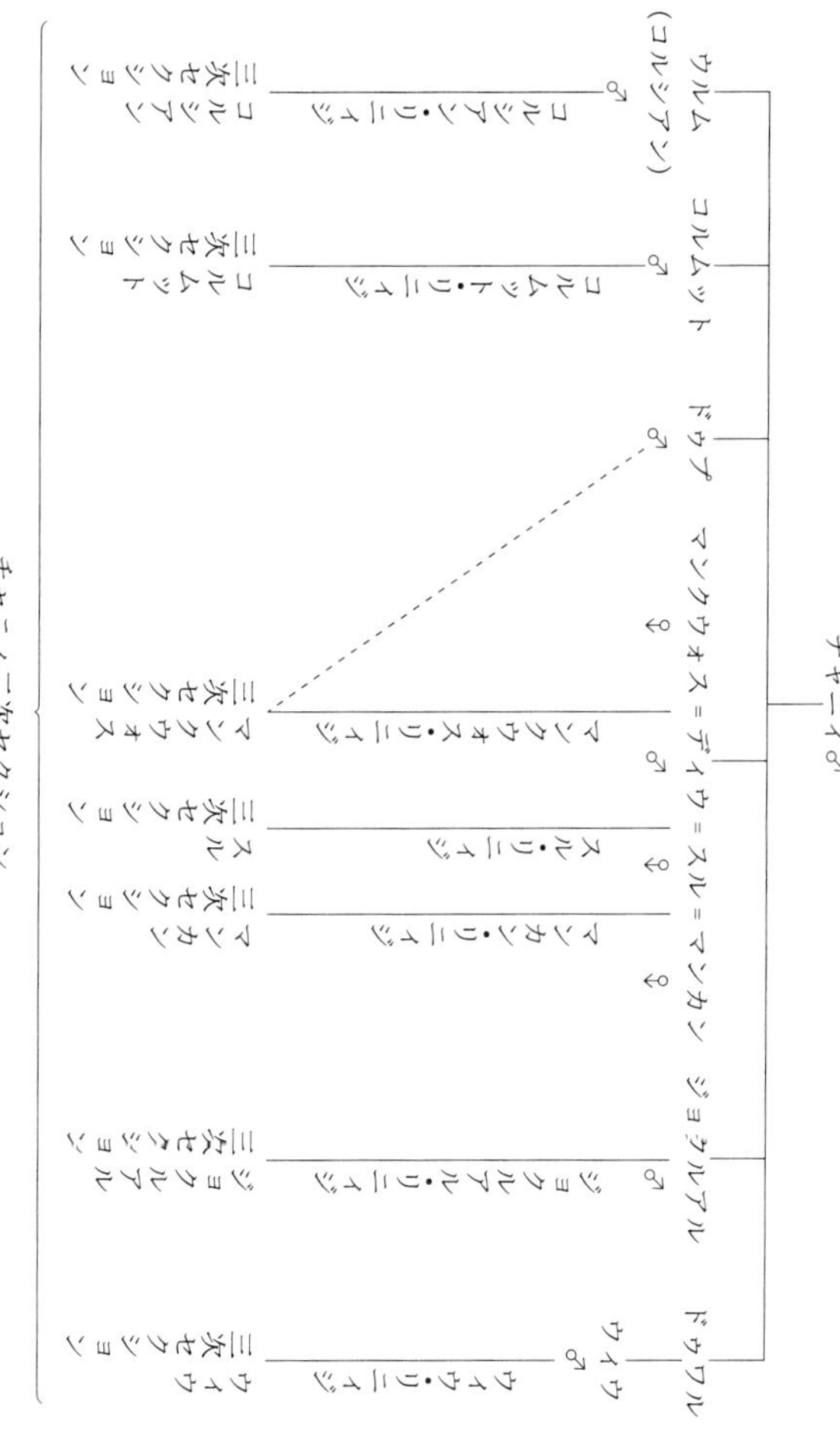
チャニィ♂
ウルム（コルシアン）
コルムット
ドゥブ
マンクウォス＝ディウ＝スル＝マンカン
ジョクルアル
ドゥワル
ウィウ♂
コルシアン・リニィジ
コルムット・リニィジ
マンクウォス・リニィジ
スル・リニィジ
マンカン・リニィジ
ジョクルアル・リニィジ
ウィウ・リニィジ
コルシアン三次セクション
コルムット三次セクション
マンクウォス三次セクション
スル三次セクション
マンカン三次セクション
ジョクルアル三次セクション
ウィウ三次セクション
チャニィ二次セクション

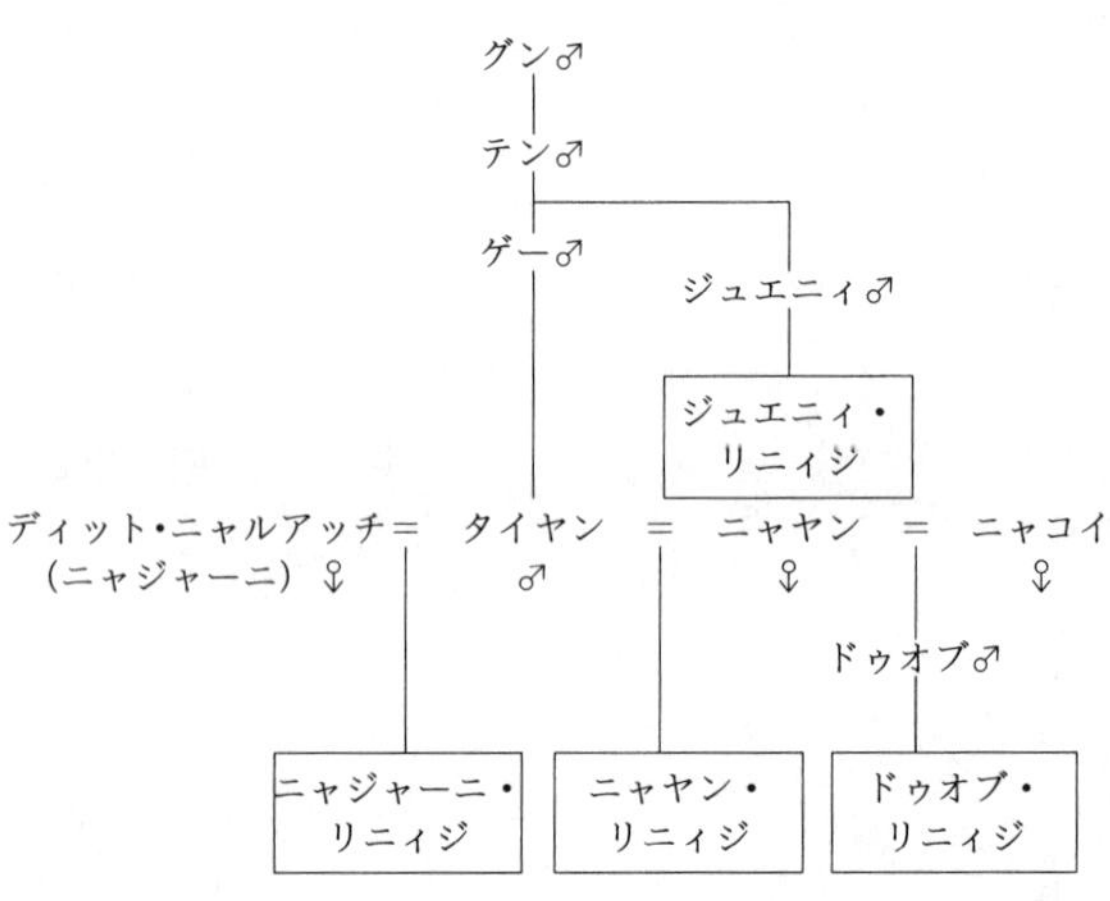

私は記録をもたない。

西ヌアーランドでは、〈ワウ〉と〈チャニィ〉は政治的に重要なリニィジではなく、チエン・タイヤンに併呑されている。そしてこのタイヤンは、グンの息子のテンのそのまた息子のジュエニィの名前をとったチエン・ジュエニィと対比されるが、〈ジュエニィ〉リニィジは東ジカニィ地方ではあまり政治的に重要ではない。〈タイヤン〉リニィジは、彼の二人の妻ニャヤンとニャジャーニの名前で呼ばれる二つのリニィジに分枝している。西ヌアーランドには彼の三番目の妻のニャコイから出た第三のリニィジがある。

次の事実は興味深い。それは東ジカニィ地方では、政治的に重要な位置を占めていないジュエニィの系統の創始者のジュエニィがゲーの息子としてタイヤンの系統上におかれる一方、ドゥオブはニャジャーニの息子の位置を与えられ、彼女のリニィジに入っている、ということである。ここにも、リニィジ構造が政治関係の影響を受けている例を見ることができる。

われわれの提唱した命題を証明するにはもっと幅の広い、奥行きの深い分析が必要であり、われわれはたくさんある諸例のなかからほんの少数の例をとりあげたにすぎない。しかし例証はそれぞれ種類が異なっているので、証拠能力はある。われわれは、小さな部族よりも大きな部族の優越諸リニィジの成員から、より完全で、より長い出自線が得られることに気づいた。これは、大部族におけるほうがリニィジ構造に払われる関心がより高いこと、そしてまた、大部族の構造的機能に沿うように、クラン構造が拡大され伸長されていることを示している。また、貴族リニィジの大人の成員なら誰からでも容易にクラン内の他の最大リニィジや大リニィジについて聞き出すことができ、祖先の名前の長いリストを入手できることも知った。この祖先の名前のリストには少なくとも九人や一〇人はあがっており、クランの創始者からの時間的長さがだいたい一様になっている。ところが、部族と結合していないクランの成員からは、同じ量の情報を引き出すことができなかった。彼らが辿りうる出自はせいぜい四世代から六世代までであり、その時間的深度もまちまちであって、同じクランに属する自分たち以外の諸リニィジについて、首尾一貫した情報を提供するなどということは彼らからは普通望めなかった。これは、部族構造との結合をとおした体系化が欠如しているためであろう。リニィジはクランを同じくする他の諸リニィジと地域的対立関係に立つことはなく、曖昧な儀礼的な関係によって結ばれているだけであって、この儀礼的な関係が協同的な行動になって表われるということは絶対にない。したがって、特定の部族との結びつきを欠いたクランが、優越クランのような精巧なリニィジ体系を発達させていることはまずありえない。〈ジメム〉クランの成員は大勢いる。彼らの一人一人から得られた系譜を寄せ集めて、メムを頂点とする何らかの系統樹を構成することは確かに可能であり、そこでは諸リニィジ間の父系関係も示されるであろう。しかしそれは、部族領域と結合した〈ジナチャ〉クランのような大規模なクランのリニィジ体系が話の中で自然に浮かびあがってくるのとくらべると、まったく性質を異にしている。

また、優越クランのリニィジ体系についてのヌアーの知識も、部族の諸分節と対応している部分に限られているということも著しい特徴である。だから、ロウ部族の諸分節と結合している〈ジナチャ〉の諸リニィジについてはロウ部族の人々はよく知っているが、レンギャン部族の土地に住む〈ジナチャ〉諸リニィジに関してはまったくと言っていいほど知らない。同様に、ガージョク部族やガージャク部族の人々からガーグワン部族の優越クランの〈ガートガンキール〉の諸リニィジについての正確な情報を得るのに非常に苦労した経験がある。しかし彼らも自分たちの部族の諸分節と結びついている同クランの諸リニィジについてはよく通じていた。

すでにこれまでにも指摘してきたし、以上に述べたことからもわかるように、クランのリニィジ体系は非常に限られた程度にしか実際の出自を記録していない。時間の深度が限定され固定化しているのみならず、傍系リニィジ間の距離もそれらが結びついている部族セクション間の政治的な距離に応じて変ってくるようなのである。そして、あるリニィジが明確な出自系統として存続するのは、それが政治的に意味をもつかぎりにおいてだと考えてもよいようである。最小リニィジの創始者よりもさらに過去に遡った祖先がかかわってくるのも、リニィジ体系のもつ政治的な役割上出自系統を知ることが重要になったとき、それらを示すための出発点としてのみである。われわれは以前にリニィジの深さが、現存の父系親族をどの程度の範囲まで数えるかということと相関関係にあると述べたが、ここではそれに加えて、父系親族を数える範囲は政治構造上において、あるリニィジが果す組織的な役割によって大部分決定されることを指摘しておきたい。

リニィジの分裂は、家族内におけるガートグワンつまり父の子供たちとガートマンつまり母の子供たちとのあいだの基本的な対立に端を発するとヌアーは考える。妻が二人いて、二人とも息子をもっていれば、ここからリニィジは分枝する。リニィジ分枝は一夫多妻家族が拡大されて現われたものである。ソク・ドゥウィエル（リニィジ）という語にこのことが現われている。つまり、それは「小屋へ入ること」であり、それは母の小屋を意味している。ゴル（世帯）に見る小枝はリニィジの大枝へと成長する。リニィジがしばしば女の名前で呼ばれているのは、このように母の異なることが出自系統の違いとなって現われてくることによるものである。われわれはその過程を次のように理解する。つまり、リニィジ諸集団は、部族分節における中核的存在となることによって政治的重要性と独占的地位を獲得し、そしてそうすることによってのみそのリニィジの位置は安定し、分枝点は固定化され、リニィジ構造上における恒久的な集合点となることができるのである。無数に存在する一夫多妻家族のうちのごく少数の家族においてのみ、母方出自が構造上重要となっていることや、部族分枝が起こっているところでのみ、リニィジ分枝も生じていることなどは以上によって説明されるであろう。

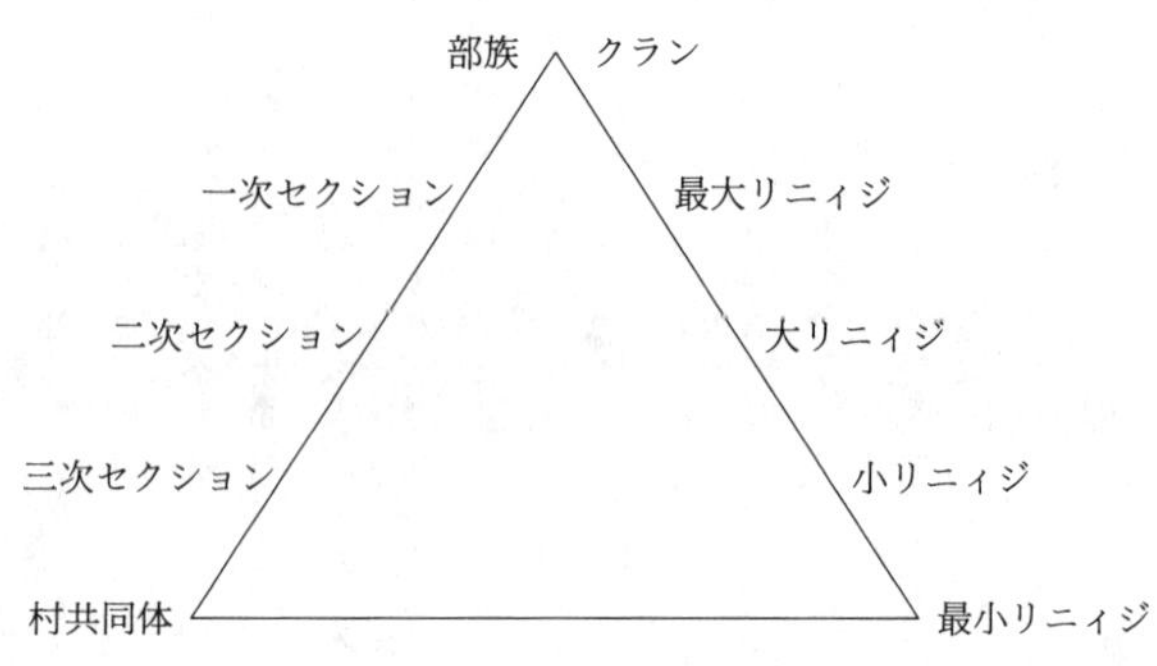

地域的な分節化とリニィジの分節化が並行して進行するこうした傾向は、世帯から部族へと至る地域的な広がりの様々な段階において見ることができる。有力な家族の兄弟たちがそれぞれ村の中の離れた場所に住んでおり、彼らをとり巻いて親類縁者や係累の一集団ができあがると、これらハムレットの集団はその兄弟たちの名で呼ばれることとなり、リニィジの分枝点となる可能性が非常に強い。兄弟の名前がブルとニャンであったとすると、ブルのゴルとかニャンのゴルと呼ばれる。後になって彼らのうちのいずれかの孫たちが別の村に住居を移すと、そのリニィジは二つに分枝するであろう。三三二ページの図に書きこまれているような最小リニィジは隣接した村に住んでいることもあれば、家屋が散在する一つの大きな村内の遠く離れた区域に住んでいたりすることもある。そしてキャンプのときには、同じ川沿いに別々のキャンプを設け、小さな湖ならばその周囲に隣接

してキャンプする。一本のクランの樹から出ている諸リニィジの分枝点は、このようにそのリニィジが住む部族領域の居住地の規模や分布に関係している。

部族体系がクランと結合していることは、このようにリニィジ構造の形態に影響を与えていると考えることができる。そして二つの構造のあいだには形態学的な一致がみられることも指摘しておきたい。部族では、村の数の方が三次分節の数よりつねに多く、三次分節の数は二次分節の数よりも多いという具合になっているが、それぞれの地域単位はリニィジと結びついているのであるから、多数の村が単一の部族へと絞られてゆくそうした単位の少数化は、リニィジ体系という観念的な構造にも反映されているにちがいなく、事実、多数の最小リニィジ、それより数の少ない小リニィジへといったふうに少数化し、最終的にはクランという単一の単位に到達する。もしこの推測が事実なら、リニィジは数的にも構造的位置についても、地域分節体系によって厳密に制限され、支配されていることが明らかである。両体系は完全に対応しているわけではないが、両者は同じ一つの図を用いて表わすことができる。

第六章　年齢組体系

1

ヌアーの男子は全員、ガルと呼ばれる非常に苛酷な施術を受けて少年から大人の仲間入りをする。彼らは額に、小さなナイフで骨に達するほどの深さの筋状の切傷を六本左右の耳のところまで入れられる。この瘢痕は生涯残り、死体の頭蓋骨にもその跡を留めているという。写真23、28b、29ではとくにくっきりと瘢痕を見ることができる。スーダンの他のナイル系の民族と比較すると、ヌアーの成人式の儀式はより複雑で、年齢組体系のもつ社会的意義も大きい。

成人式の儀礼については、私も他所で書いたし、他の諸氏によっても書かれている。その後さらに集めた儀礼の詳細に関する資料もあるが、ここでそれらを転記することは本書の目的から外れるであろう。したがって、本書ではもっとも基本的な諸事実だけを述べることにする。現在、少年たちが成人式を迎えるのは一四歳から一六歳頃である。昔はもっと遅くて一六歳から一八歳頃であった。ある年に成人式が行われるかどうかはその年の牛乳や穀物の供給量にかかっている。少年は施術を受けるに際して父親の同意を得なければならないが、同意が得られないということはまずないようだ。というのは、もし父親の同意が得られなければ、少年は親族の家に逃げこむ

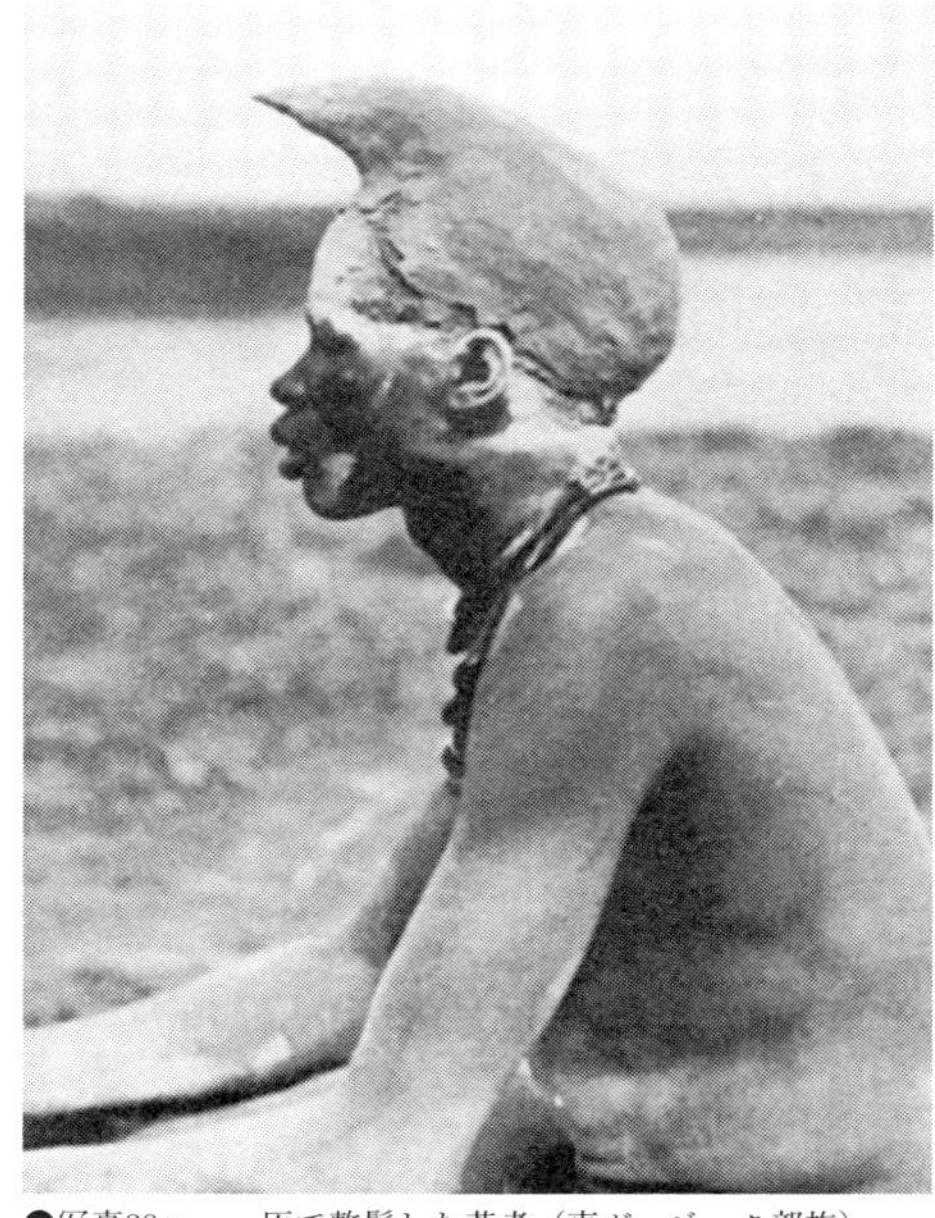

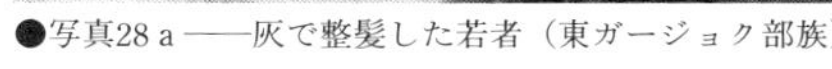
●写真28 a ——灰で整髪した若者（東ガージョク部族）

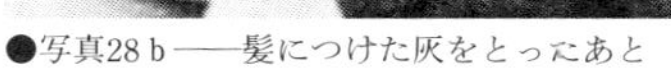
●写真28 b ——髪につけた灰をとったあと

ため、父親が恥しい思いをしなければならないからである。父親の許可が下りると、父の年齢組の成員のもとへ行って儀礼をしてもらい、その年齢組の祝福をうける。クランの成員も同様にクランとしての祝福を与えるであろうし、父親や母方のオジも彼を祝福するであろう。少年たちはめいめいで執刀者と打ち合わせ、各自が執刀者にヤス一本を贈る。施術の技術を知っているものなら執刀者は誰でもかまわない。

少年たちは数人まとまって成人式をしてもらう。なぜなら、たった一人で成人式をすると、淋しくて死んでしまうと考えられているからである。それにまとめて成人式を行えば、少年たちの気持をほぐしやすいし、回復期に必要な傷の手当や看護をするにも便利である。普通四人から一二人ぐらいの少年が一緒にこの儀式を受ける。成人式はどの季節に行ってもよいのだが、ほとんど例外なく食糧が豊富にあり、北風が傷口を癒してくれる雨季の終り頃に行われる。各村はそれぞれ別個に村内の少年たちのための成人式を計画する。施術が終ると少年たちは一時的に隔離され、様々なタブーを課せられる。この時期、彼らはかなり気ままな振る舞いが許されるが、最後に特別の儀式を経て隔離を終了する。執刀の当日と隔離から解放される日には供犠が行われ、淫らなばか騒ぎや卑猥な歌がうたわれる祝宴がそれに続く。祝宴は成人式を受けた少年の父親のホームステッドで催されるが、それに参加するのは父親のエイジ・メイトだけである。他の人々は親族の女たちや義母の裸身を見ることがないように遠くに離れている。

●写真29——少年たちの成人式
（ナッセルの近くで，東ガージョク部族）

2

連続した何年間かに成人式を経た少年たちは、全員が一つの年齢組（リッチ）に所属する。ごく最近まで、一つの年齢組ができ上がり、次の年齢組の成人式が開始されるまでには四年間の間隔があった。この四年間は「ナイフがしまってある」時期と呼ばれており、この期間がすぎると「ナイフが持ち出され」て、少年たちの成人式が再び開始される。それぞれの部族にいる「牛の男（ウット・ゴク）」が、成人式の開始の時期と終了の時期を決定する責任を負い、したがって彼が年齢組を区切る任務を帯びている。彼が自分の住むディストリクトで定められた儀式を行うと、そのニュースが広まって他のディストリクトでも成人式を始めたり終了したりする。「牛の男」はこの役目によって威信を得てはいるが、それは儀礼的なものであって政治的なものではない。西ヌアーランドでは予言者がこの儀式を行うこともあるが、この場合にはおそらく予言者が牛の男を兼務しているのであろう。年齢組はそれぞれの部族において個別に組織され、ともかくも大部族ではそうなっているが、ある部族で成人式が始まると隣の部族もそれを真似るということがしばしばあって、そのため、隣接した部族の年齢組の名前や期間が一致していることがよくある。地域が離れている場合には年齢組の名前も異なり、儀礼の行われている時期や停止されている時期も一致しないのであるが、ある地方から他の地方へ人が移住したとき、もしその土地に生まれていたならば自分がどの年齢組に組み入れられたであろうかということを知るのは容易である。

現在は中断期はなく、少年たちは毎年成人式を受ける。二、三年ごとに牛の男は年齢組を区切る旨を告げてそのための儀式を行う。この儀式によって、その年までに成人式を終えている青年たちはある組に所属することになり、その後に成人式を受けた青年たちは一段階若い組に入ることになる。一つの年齢組が切られるまでの年数は一様ではなく、これはおそらくずっと昔からそうであったと思われる。諸例を調べて、ある年齢組の開始から次の年齢組の開始まではだいたい一〇年の期間があるという結論を得た。一般的に見て、男と彼の長男とのあいだには普通二組、ときには一組の年齢組が介在するようである。二、三男以下の息子とのあいだには普通二組から三組がある。祖父、父、息子の三代で六組をカバーするというのが平均的と考えてよかろう。

私が年齢組体系を調査していた頃には、六組の年齢組の成員が現存していたが、もっとも年長の年齢組の現存者はわずか二、三人しか残っておらず、その次の年長組の成員たちは大変老衰していた。現存者のいない年齢組は次ページの表にはあがっていない。構成員のいなくなった年齢組の名前は、年齢組体系の理解には大して意味をもたないし、その順序もあやふやにしか記憶されていないため、複数のインフォーマントの言述が完全に一致することは非常にまれである。それでもヌアーの話の内容から推測するかぎりでは、ヌアーランド全体で名前が統一されていると か、名前が繰り返し用いられるといったことはないようである。東アフリカの多くの地域におけるのとはちがって名前は循環しない。ロウ部族と東ジカニィ諸部族は同じ名前をつける傾向があり、西ヌアーランドの諸部族のあいだでも年齢組の名前は共通している。一方ゼラフ川流域の諸部族は、一部ソバト川流域の諸部族と、一部ナイル川の西方に住む諸部族と、共通した名前をつけている。

それぞれの年齢組には二つもしくは三つの下位区分がある。成人式が行われている期間中に

ロウ部族	東ジカニィ諸部族	ラク部族	西ジカニィ諸部族とレーク部族
スット	スット	スット	リルニャン
ボイロッチ	ボイロッチ	ボイロッチ	ルオブ
マケル	マケル	ルオブ	ワンデル
ダングンガ	ダングンガ	ワンデル	タンクウェル
ルアッチ	チャルボッチ	ウォーニ	ロル
リスガッチ	リスガッチ	ケッチ	ジュオン
リアルマッチ	リアルマッチ	ピルアル	ビルデアン

は一年が下位区分の単位になっていてそれぞれ別の名前が与えられていることも多いが、普通は二年単位で名前がつけられて、下位区分は二年を一単位としている。年齢組はこのように内部で再区分されており、それぞれの下位区分には固有の名前もついているのであるが、年齢組の構成員は全員が一番目の区分の名前で呼ばれ、しかもこの共通の名前はずっと用いられる。それに対して下位区分の名前は次第に使われなくなっていく。このため、今日、マケル・インディットとかングワクという名前を耳にすることはめったになく、それら両者を含むマケルという名前だけを聞くのである。同様に、グウォン・インディット、チャルボッチ、ニャムニャムという名前に接することもあまりなく、これら三つの下位区分を含むダングンガ（グウォン）が一般的な呼称になっている。年長の下位区分には大きい人々を意味するインディットが

ロウ部族		西ジカニィ諸部族	
スット	スット・インディット ムオスジャーン リルチョア	リルニャン	リルニャン リルチョア リルチュアス
ボイロッチ	ボイロッチ・インディット ゴリャンカケアト ライブワウ	ルオブ	ルオブ ノマリス
マケル	マケル・インディット ングワク	ワンデル	ワンデル ワスチャル
グウォン (ダングンガ)	グウォン・インディット チャルボッチ ニャムニャム	タンクウェル	タンクウェル カラム
ルアッチ	ルアッチ・インディット カラム チャムソアリ	ロル	ロル ピルアル
リスガッチ	リエス・インディット (インボル) リエス・イントット (インチャル) チャイヤット (ピルアル)	ジュオン	ジュオン マジャーニ
リアルマッチ	リアルマッチ(リアルダン)・インディット クウェコリョアムニ	ビルデアン	ビルデアン

ついているが、下位区分の名前が脱落すると、最初の区分を後続の区分と区別する意図でつけたインディットという語も脱落する。だから、スット・インディット、マケル・インディット、ボイロッチ・インディットつまり年長のスット、年長のマケル、年長のボイロッチ等があるのだが、語尾のインディットは最終的には脱落して一つの年齢組全体がスット、マケル、ボイロッチの名前で呼ばれることとなる。

最近のように、成人式の行われている時期と中断している時期の区別がはっきりしなくなると、問題は多少複雑になっている。私が初めてロウ部族と東ガージョク部族を訪れたときには、リスガッチ年齢組にはリエス・インディット、リエス・インチャル（リエス・イントット）、チャイヤット（ピルアル）、リアルマッチ（リアルダン）の四つの下位区分があると聞いていたが、これは、牛の男がこれら四つの区分を別の年齢組に組み分けるという宣言をまだ下していなかったためである。あとになってもう一度当地を訪れたときには、リエス・インディットとリエス・インチャルそれにチャイヤットは牛の男の宣言によって一つの年齢組に統合されており、リアルマッチから新しい年齢組が始まって、クウェコリョアムニというその次の区分が前回の調査以後新たに加わっていた。同じく西ジカニィ地方とレーク地方でも最近ビルデアンという年齢組がジュオンから分離したことが宣言された。あるとき東ガージョクではリスガッチがリアルマッチから分離したが、隣の東ガージャク部族ではそのときまだ分離されておらず一つの年齢組としてしばらくのあいだ存続した。このように近頃では、一時期ある年齢組の年少の下位区分であったものが、あとになって後続の年齢組の年長組になるという現象がみられるようだ。四一九ページの表はロウ部族と西ジカニィ諸部族の年齢組の下位区分をあげたものである。

3

年齢組の成員であるということが人の行動をどの程度決定するかを理解しようとするとき、まず知っておかねばならないのは、成人式そのものの過程においては意図的教育や道徳的修練は行われないということである。また、もっとも高度に発達しているケニヤの年齢組体系のもつ諸特徴の多くもヌアーの年齢組体系では見られない。年齢組が通過してゆく少年、戦士、長老という三つの明確な年齢階梯も存在せず、大人の仲間入りをした少年は生涯その階梯に留る。戦士たちが結婚を禁じられたり、他の男たちと異なった特権を享受したり、あるいは逆に制約を受けたりすることはない。年齢組は行政的、司法的その他いかなる特別な政治的機能ももっておらず、年齢組に地域の統治が委ねられるということもない。また、年齢組が一定の軍事的任務を担うということもない。学者によってはヌアーの年齢組体系に軍事組織的特質を見るものもいるが、われわれはヌアーの年齢組体系を軍事組織とは考えない。成人式を了えたばかりの若者たちは初めての襲撃を心待ちにし、自分たちの年齢組の名誉のために武勲をたてたいと考える。一般的に、もっとも年少の年齢組が中心になって襲撃を行う傾向があることは事実である。しかしながら、年齢組が通過してゆく戦士・長老といった個々の階梯は存在しない。中年の男たちも遠征には大勢参加するし、部族間の戦闘や地域間の紛争ではつねに若者たちと一緒に戦うが、少年や老人がヌアーの他部族との戦闘に参加すればおそらく戦死するであろうから、襲撃がもっとも頑健でもっとも足の速い年齢組の役目となるのもうなずける。

年齢組体系はけっして部族の軍事組織ではない。戦闘は村単位、セクション単位で行われるから、年齢組が主体になることはない。一緒に戦闘に参加している人々は地域単位に集まってきた人々であり、年齢組を単位としているのではない。とくに襲撃のときなどの戦闘員はほとんどがもっとも年少の二つの年齢組の構成員だが、戦闘部隊では異なった年齢組の人々が一緒に戦う。戦闘員としての人の位置を決めるのは親族関係や地域的な紐帯である。だから年齢組は戦闘部隊ではない。ただし、戦いや襲撃がある年齢組の成人式の時期に行われ、その年齢組の功績がめざましかったためにそれらの戦いが特定の年齢組の行為として語られることはある。戦闘で自分の腕を試したり、冒険を愛したり、略奪品を欲しがったりすることは若者の特権だからである。

年齢組構造における人の位置がとくに行動に影響を及ぼすのは、政治的諸関係においてではなく、主として共住関係とか親族関係といった一般的な社会関係の次元においてである。少年が大人に仲間入りすると、家族内の彼の義務や諸特権は急激に変化する。彼の地位の変化は、成人式を受けた日に発効し生涯続くことになる乳搾りの禁忌に集約的に現われるが、その他の家族内作業や食事の作法等にも現われてくる。成人式のとき、若者は父またはオジから槍を与えられて戦士となる。さらに雄牛一頭が与えられ、彼はその雄牛から自分の雄牛名を考案し、そして牧夫となる。このときから結婚し父親となるまで、彼の心をとらえるのはダンスと恋愛である。以後彼は「真の男」になる。つまり「彼は戦闘でたたかい、敵前逃亡しなかった。年齢組の仲間と決闘した。彼は自分の畑を耕し、妻を娶った」のである。

少年から大人の仲間入りをすると、地位的に大きく変化するが、これら二つの階梯を分ける行動様式は、一つの年齢組を他の年齢組から区別する場合には役立たない。というのは、成人男子の特権はすべての年齢組の構成員が等しく享受するからである。それにもかかわらず、年齢組は年齢の順に序列化されており、年齢組間の関係は明確に規定されている。年齢組間の行動のパターンを要約する前に、この体系全体にかかわる一般的諸特徴について触れておこう。

年齢組体系は社会構造に付随するもっとも顕著な特質であることがわかった分節の原理が現われるもう一つの具体例である。部族は各セクションに分節し、セクションはさらに下位分節へと分かれ、こうしてどの地域集団も相対立する諸分節間の均衡関係のうえに成立している。またクランもリニィジへと分節し、リニィジはさらに下位分節へと分枝し、こうしてどのリニィジ集団も相対立する諸分節間の均衡関係のうえに成り立っている。同様に、年齢に基づく制度も高度に分節化しており、それは、相対立する集団である年齢組に序列化されていて、一つの年齢組はさらに一連の下位区分に分かれている。というわけでわれわれはこの新しい次元における構造的距離について述べることができる。ちょうど政治分節間の距離が政治構造上におけるそれらの位置に応じて変化するように、また、リニィジ分節間の距離がリニィジ構造上におけるそれらの位置に応じて変化するように、年齢組分節間の距離も年齢組構造におけるそれらの位置に応じて変ってくる。二組の年齢組間の構造上の距離は、両者のあいだの社会関係であり、それらの構成員間の行動を規定する要因でもある。

政治体系やリニィジ体系について論じた際に指摘した価値の相対性を年齢組体系にも見出すことができる。他の年齢組の構成員からは内部区分のない一つの組と見られているものも、内部的には分節しており、その分節の成員は他分節との関連では閉鎖的な単位をなしている、ということはすでに述べたとおりである。ただしこれらの下位区分は、その年齢組がより年長になり、その後に続く年少の年齢組との関連で新しい位置につくと、一つの年齢組としてまとめられる。また、構造上で隣接する連続した二つの組の構成員たちは、第三の組に対してよりも、相互に親近感をもち、儀式上の諸活動でも一緒になる傾向が強い。リアルマッチ年齢組のある青年は、次のように言った。「われわれとリスガッチはだいたい同じ年齢だから気軽に話せるが、年寄りに対しては、たとえ父の年齢組の人間でなくても敬意を表さねばならない。」構成員が現存している年齢組は六つあるが、最年長の二つの年齢組にはごく少数の構成員しか残っていないため、若者の目には最上位の二つの年齢組はその下の年齢組に含まれてしまう。だから、問題になってくるのはたった四つであるが、個人から見ると、これら四つの年齢組は、自分と対等者つまり兄弟の世代集団と、年長者つまり父の世代集団もしくは年少者つまり息子の世代集団、の二つのグループに大きく分けられる。父がマケル年齢組に属するリスガッチ年齢組の息子にとっては、マケル年齢組の構成員は全員彼の父親である。そしてリスガッチとルアッチの二つの年齢組はマケル年齢組の構成員に対して同じように敬意を表する関係にあるため、両年齢組の構成員は自分たちが同じグループに属していると考える傾向がある。しかし、ダングンガ年齢組やリスガッチ年齢組との関係では、ルアッチ年齢組はその時の関心のあり方次第でいずれとも結びつき、それは社会的な状況によって決まる。どの年齢組も年少の年齢組との関係では自分たちを年長の年齢組に同化するが、年長の年齢組との関係では年少組と同化する傾向がある。どの年齢組にも分節化が生じるのはおそらくこうした矛盾によるものではないかと考えられる。こうして、供犠の宴では人人は年齢組構造におけるそれぞれの位置に応じて坐るのであるが、いずれの年齢組が一緒に坐って食べるかは、宴の主催者の年齢組やそこに出席している年齢組の数等によって決まってくる。ダングンガ年齢組が雄牛を供犠し、そこにマケル年齢組の者は列席しているが、ボイロッチ年齢組の者はいないとすると、ダングンガはマケルと一緒に、ルアッチはリスガッチと一緒に、そして、リアルマッチ年齢組の者は彼らだけで食べる。しかし、もしボイロッチ年齢組の者が列席していると、マケルはボイロッチと共に、ダングンガはルアッチと共に、リスガッチはリアルマッチと共に食べる。ダングンガにとって、ボイロッチは父または義父の年齢組にあたるため、両年齢組が一緒に食べることはない。同じ理由によって、ダングンガがマケルと食べれば、ルアッチはリスガッチと食べなければならない。

年齢組体系は、ある一つの重要な点で地域体系やリニィジ体系とは異なっている。それは、ある地域分節に住む全員、あるいはそのほとんどの人々が、他の地域分節との関係では同じ構造的関係を生涯維持し、また、リニィジの成員も他の諸リニィジと固定した関係を保つのに対して、年齢組集団は年少から年長へと移動するにつれて全体の体系内における位置が変化することである。年齢組集団のこの移動性はこの体系に特有のものであり、かつ必然的な特性でもある。なぜなら、それは世代の連続性を基盤にした制度だからである。生態学的な諸理由のゆえに、おそらく現実の政治的形態は何世代経てもほとんど変らないであろう。人々は人生において政治体系内の構造上の位置をほとんど変えることなく、この体系のなかで生きてゆく。これはリニィジ体系についても同じである。しかしながら、年齢組構造のなかを年齢組集団が動いていくことや、それに伴って集団の位置が変ることに目を奪われて、その構造上の形態が不変であることを見落してはいけない。どの時代にもおそらく同数の年齢組が存在していたであろうし、また、それらを構成する現実の人々の集団とはかかわりなく、これらの年齢組はその体系内でつねにお互いに対して相対的な位置を保っていたものと思われる。

次の二点は重要である。一つは、東アフリカの他の諸民族におけると同様に、ヌアーにおいても、年齢組体系はヨーロッパ支配の影響を受けて急速に変容した最初の制度であったこと、そして、もう一つは年齢組体系の変化に伴う影響を他の諸社会体系が本質的に受けていないように見えること、である。この事実は、われわれがすでに述べた見解に一致すると思われる。つまり、年齢組体系は単一の社会的枠組のなかで地域体系やリニィジ体系と結びつき、それらと併存しているが、その併存は相互依存の関係にはない、ということである。

4

年齢組体系内では、それぞれの男の、他のすべてのヌアー男子に対する構造的位置が明確に決まっており、他人に対する際のあるヌアー人の地位は、年長か、対等か、年少かのいずれかである。これらの地位を行動的側面から描写することは、地位に伴う行動様式がしばしば非常に一般的性質のものであるため難しいのだが、次の諸点は指摘することができる。⑴ある種の儀礼的習慣や忌避が存在するのはおもに同じ年齢組に属する人々のあいだにおいてであるが、それらは異なった年齢組間にも見ることができる。そのうちもっとも重要なのは、すでに述べたように供犠の宴において年齢組を区別することと、エイジ・メイトを埋葬したりその喪明けの儀式で供犠された動物の肉を相伴することを同じ年齢組の構成員に対して厳禁していることである。儀礼的禁止事項はこれらの他にもいくつかある。⑵エイジ・メイトの娘と結婚したり、性関係をもったりしてはならない。なぜなら、彼女は自分の「娘」であり、自分は彼女の「父親」だからである。また、自分の父のエイジ・メイトの娘と性関係をもつことはつねに許されているが、自分の父もしくは彼女の父が死亡しているのでないかぎり結婚することはできない。その場合でも、結婚しようとする当事者は父たちの年齢組への罪滅ぼしのために動物をお互いに交換してから結婚する。⑶同じ年齢組に属する構成員たちは完全に対等な立場に立つ。自分のエイジ・メイトとは堅苦しい礼儀作法ぬきで、冗談を言い合い、ふざけ、一緒に食事する。エイジ・メイトたちは仕事においても、戦いにおいても、娯楽を求めるときにも、協力しあう。彼らは互いを招待し、所有物を分け合うことが当然のこととされている。エイジ・メイトのあいだでは喧嘩は当り前の行為であるが、年長の年齢組のものとは争ってはいけない。エイジ・メイトのあいだの仲間意識は、彼らの運命を結びつけている神秘的なつながりを認識することからきている。それは一緒に血を流したことによるほとんど身体的とも言えるほどの絆であり、本当の親族関係に類比されるものである。⑷年長の年齢組の構成員には敬意を表することが義務づけられており、そうした態度は議論の場や、日常の礼儀作法、食物の配分等に表われている。会話や行為が礼儀にかなっているかどうかが問題になったときには、そこに親族関係における地位が絡んでいなければ、年齢組構造上における当事者たちの相対的位置に言及することでつねに判断が下される。ヌアーランドにおいて人が接触する可能性のありそうな人物とはつねに既知の年齢組上の関係をもっているから、親族関係による両者の関係がすでに定まっていないかぎり、相手に対する社会的態度は、年齢組構造上における両者のあいだの距離によって予め決まっている。こうした行動様式に違反し、しかもその違反が重要なものであれば、呪詛をかけて相手に復讐することもできるが、一般的に行動を拘束しているのは個人の良心と人望を得たいという欲求である。

これまでに述べた内容から年齢組間の関係は家族関係を表わす用語で表現されていることにお気づきであろう。父の年齢組の人々は彼の「父」であり、父の兄弟の年齢組の人々も意味はもっと曖昧ではあるがやはり「父」の範疇に入る。自分の年齢組の仲間の息子たちは自分の「息子」であって彼らはいくつかの組に分かれている。父の年齢組の構成員の妻は彼の「母」となり、息子の年齢組の構成員の妻は自分の「娘」となる。同様に、自分の年齢組の全構成員は「兄弟」なのであるが、この場合には、リッチつまりエイジ・メイトという年齢組体系に固有の用語で相互の仲間意識が強く確認されているため、この類比はほとんど用いられない。いずれにしても、自分よりもずっと年長の人には誰に対しても「お父さん」「お母さん」で呼びかけるし、ずっと年少の者に向っては「息子」「娘」、そして同輩には「兄弟」「姉妹」で呼びかける慣習があるから、年齢組間で用いられる呼称はそれらと区別されるものではなく、それがどの程度特定の年齢組間の関係を表現しているかははっきりしない。自分の父の年齢組でもなく、また自分の年齢組のすぐ上の年齢組でもない年長者の年齢組について語るとき、ヌアーはときどきそれらの年齢組の構成員を全員ひとまとめにして、あたかも彼らが義父でありその妻が義母であるかのように話すことがある。というのは、彼が求愛しているのは彼らの娘であり、そのうちの一人と結婚する可能性が強いため、彼女らの両親との付き合いには気を配るのである。たとえば、マケル年齢組の父をもつリスガッチ年齢組の息子は、ダングンガ年齢組の構成員とその妻たちを潜在的な義父・義母と見るのである。

このように、年齢組体系は親族関係用語を通じ、親族関係のパターンにのっとって人々に影響を及ぼす。年齢組が一つの協同的集団として行動することはけっしてないが、地域内の個人間の関係に影響を与え、また儀式的な場では、互いに近くに住む人々の小さな集まりのあいだで機能するのである。なぜなら、人が自分の年齢組や他の年齢組の構成員たちと日常の接触をもつのは同じディストリクト内に居住している人々に限られるからである。年齢組構造上における相互の位置が隣人間の行動をある程度決定することは明らかだし、また実際にそれが観察されることもしばしばあるが、年齢組それ自体の影響をどの程度受けているかとなるとわからない。というのは、同じディストリクト内に住んでいる人々は年齢組を同じくしたり異にしたりしているだけでなく、親族でもあり姻族でもあるからだ。ある特定の儀式の場を別にすれば、年齢組の行動パターンは非常に一般的な性質のものであるため、全員がお互いに多数の絆で結びついている共同体内では、それだけを抽出することはできない。すでに述べたように、一緒に生活している人々は、お互いの関係をつねに親族関係の用語を用いて表わすことができ、実際に親族関係がなくても養子や伝承・神話上のつながりを通して、親族と同等に扱われる。全男子を、そして、その類似において全女子をも、家族関係のパターンにのっとった相互関係をもつ年齢組集団に序列化するということは、共同体的な関係を親族関係のパターンで表わす一つの方法であり、それはまた、諸諸の社会関係を少数の基本的なタイプに吸収するという点において、親族名称の類別的体系と比較できるものである。年齢に基づく関係は、共同体の全住民を結びつけている親族関係型の一般的社会関係の一部をなすものである。一地域集団の成員は、同種類の他集団に対してのみ集団としての関係をもつが、われわれが政治的と呼んでいるのはこうした諸関係である。諸集団は他にも多様な交流を相互にもっており——経済的、儀礼的諸活動や飲食、遊戯等——政治的な諸関係は多様に織りなされた社会的な絆のうちの一つの特異な組織であると見ることができ、ある状況において、これらの社会的交流を支配しているのである。われわれが、年齢組体系のもつこうした機能、つまり地域共同体の成員間につながりを設け、それらに親族関係上の価値を与えるといったこと、を指導力の現われとしてではなく、政治的な脈絡において強調するのは、主としてこのためである。というのも、親族や共住集団などの狭い集団を一歩外に出ると、年長であることからくる権威は微々たるものであり、年齢組は指導力も、行政的機能も司法的機能ももっていないからである。

簡単ながらも年齢組を本書で扱ったのは、それが今述べたような機能をもっているためと、それに大部族においては少なくとも、年齢組が部族単位の制度となっているからである。年齢組は部族の全男性を、お互いどうし明確な関係をもつ序列化された集団へと分節すると同時に、地域区分を横断して、政治的な不一致のみられるところでは地位を等化し、政治的にまとまっているところでは地位を区別する作用をもつ。しかしながら、政治体系と年齢組体系は相互依存の関係にはないようである。両体系ともそれ自体で完結しており、一部重複し、相互に作用し合っている面もあるが、年齢組制度がなくても政治体系が存続することは十分に考えられる。東アフリカには、政治制度が発達したために年齢組の制度が衰退した例もある。最後にもう一度強調しておきたいのは、隣接した諸部族はお互いの年齢組を調整し合うということであり、また、どの部族の年齢組も簡単に他部族の年齢組で言い換えることができるということである。成人式に伴う諸儀式は、言語を別にすれば何よりもヌアー文化を他から区別するものとなっており、またそれは、ヌアー人の性格の顕著な特徴である優越感をも与えている。年齢組は部族別に組織されており、しかもすべての部族に共通してみられるという意味でのみ年齢組体系と政治体系とは対応していると言うことができる。われわれがすでに指摘した、優越クランのリニィジ体系と部族分節とのあいだに存在するような明確な構造的対応はここにはない。したがって次のように言うことができよう。つまり、ヌアー社会においては、政治体系と優越クランのリニィジ体系とは相互依存の関係にあるのに対して、政治体系と年齢組体系は単なる組合わせにすぎない、と。さらに付け加えるならば、年齢組体系は単に序列化するだけで部族の全成員を統合する、という一般に受け入れられている仮定もあまり信じることはできない。

5

未開人に関するモノグラフは長々しいものだという従来の伝統を幾分なりとも本書の書き方で打ち破れたと思う。これら伝統的な分厚いモノグラフは一般的に言って観察した内容をあまりにも未整理な形で記述してあるため、読んで楽しくもなければ役にもたたないものとなっている。こうした欠陥は社会人類学に科学的理論が欠けているためである。なぜなら、事実は理論に照らしてはじめて選択・配列されうるものだからである。しかも記録を例証と混同しているため事態はよけい悪くなっている。また、抽象的な言葉を使えばそれが抽象化だと一般に誤解されているが、本書では普通行われている以上に抽象的次元でヌアーの社会組織の分析・記述を試みた。われわれがこの試みに成功したかどうかは読者の判断にまかせるとして、もし次のような批判があったとすれば、それこそわれわれの意図したものであると答えたい。その批判というのは、われわれが、理論との関連において、また理論の例証としてのみ諸事実を記録し、記述を分析に従属させているということである。

一体どの程度まで抽象化を推し進めていってもよいものかということを判断するのは難しい。一度理論的な観点を設定すれば、事実はその理論にとって意味があるか否かということだから、どの事実が重要であるかを決めることは比較的容易である。しかしながら、未開人の政治制度を論じる際、彼らの家族生活や親族生活について最小限にしか言及しないというやりかたが果して賢明かどうかということにも疑問が残る。この方法でうまくいくだろうか。われわれが自問してきたのはまさにこの点についてであり、結局、やってみなければわからないという結論に達した。

(1)　われわれは最初に牛に対するヌアー人の執着ぶりについて述べ、そしてヌアーの生態学的諸関係の体系のなかで、この価値がいかに一定の分布様式と移牧を必然たらしめているかを見てきた。次に時間と空間の概念に触れ、これらが生業のありかたと居住形態に非常に大きく左右されていることを述べた。また、地域セクションが、それらに付与された価値をとおして、一つの政治体系を構成していることを考察してきた。さらにまた、優越クランのリニィジ体系上の構造的距離は、部族体系上の構造的距離と相関関係にあるが、年齢組体系と政治構造とのあいだにはこれに比較されうるような相互依存関係は存在しない、という点についても論じた。

(2)　社会構造というとき、われわれは、一貫性と不変性を高度にそなえた諸集団間の関係を意味する。ある特定の時点において含まれる個人にはかかわりなく集団は不変であるから、延々と何世代もの人々が集団を通過してゆく。人々はその集団に生まれ、もしくはあとになって集団に移り住み、死とともにそこを離れる。しかし構造は存続する。構造というものをこのように定義すると、家族は構造的集団とはみなされない。なぜなら、家族は、集団として相互に一貫した、かつ恒常的な関係をもたず、家族成員の死とともに消滅するからである。もちろん新しい家族は誕生するが、古い家族は永久に消え失せる。だからと言って、家族は構造的な諸集団よりも重要ではないという意味ではない。家族は構造を維持していくためには絶対必要なものである。なぜなら、家族は、新しく生まれた人々を構造内の諸分節に所属させ、体系を維持していく手段だからである。また、われわれが構造的と考える諸関係は、いかなる意味でもまったく変化しない諸集団間の関係だということではない。地域体系、リニィジ体系、年齢組体系は変化するが、その変化が比較的緩慢であるため、それらの諸分節間にはつねに同質の相互関係が存在する。しかしながら、われわれは、構造についてこのような狭義の定義に固執するつもりはなく、本書の記述や分析もそうした定義に立脚しているわけではない。

(3) 構造的な関係とは、一つの体系をなしている諸集団間の関係である。したがって、構造と言うとき、そこにはさらに諸集団の組織化された結合という意味もこめられている。ヌアーの地域的分布は、居住単位が偶然に集合したものではなく、それぞれの地域集団は分節化しており、それらはまた他集団との関連においては融合するため、各単位は体系全体の観点からのみ定義されうる。同様に、リニィジや年齢組もそれぞれの体系の一部をなすものとしてはじめて定義される。本書ではこのことを明らかにしようと試みた。

(4) 構造とは、集団体系内の、人々の集団間の関係である。われわれは、それが集団間の関係であることをとくに強調しておきたい。というのは、個人間の関係も規則的な図式にのっとって配列することができ、それはたとえば親族関係が親族体系と呼ばれることにも見ることができる。ここで言う「集団」とは、他の諸単位との関係においては自分たちがそれらとは異なる単位をつくっていると考え、他の単位からもそのように見なされ、そして、その単位の成員であるという資格によって全員が相互に義務を負っている人々の集まりのことである。集団をこのように定義すると、部族分節とかリニィジそれに年齢組は集団であるが、個人のキンドレッドは集団ではない。親族関係はカテゴリーであり、親族体系とはある個人を中心とする諸カテゴリーを総合したものである。われわれの見解では、外来者やディンカ人は、社会集団の成員というよりもそれぞれのカテゴリーに属する人々として記述されるべきであり、彼らと貴族との関係は厳密に言えば構造的な関係として扱われるべきではない。

(5)　一つの民族の社会構造とは、それぞれ別個のものではあるが相互に関連した諸構造が作りあげる体系である。本書では主として政治構造を扱った。最初の段階でわれわれは政治的ということの定義づけに苦慮したが、結局地域集団間の関係を政治的関係であると規定し、村をその最小の単位とした。というのは、村は親族の絆が織りなすネットワークを成してはいるが、親族集団ではなく、居住と感情を共にしていることによってのみ定義されうる集団だからである。われわれが分節原理と呼んできた分裂と融合への相補的な傾向は、ヌアーの政治構造の顕著な特徴であることがわかった。政治的な区分線はおもに生態学的環境と文化によって決まってくる。苛酷な自然環境に加うるに牧畜上の利害を最優先することが原因して、人口密度は低く、共同体間の間隔も広い。ヌアーと近隣諸民族とのあいだの文化的差異もそれぞれ異なる政治的距離を生じさせる原因となっている。生態学的諸関係と文化的諸関係が結びついて分裂を生みだす要因となることもしばしばあるが、ヌアーランド自体は文化的に均質であるため、地域諸分節の規模と分布を決定しているのは主として生態学的な諸関係である。

(6)　政治構造にみられるこうした傾向もしくは原理は、価値をとおして人々のあいだの実際の行動を支配する。これらの価値は一見矛盾しているように見える。しかし、個々の社会的状況に照らして規定された一連の関係として構造をみるとき、それらの価値は一貫性を示す。政治的価値とは、地域共同体の全成員が共有しているところの次のような感情と了解のことである。すなわち、彼らは、同次元にある他の共同体とは別の、そしてそれらとは対立する排他的集団をなしていること、また、ある状況では共に行動し、独自の習慣を守るべきこと等の感情と了解である。

こうした価値が存在するからといって、行動がつねに価値に合致しているというわけではなく、矛盾していることもしばしばあるが、それにもかかわらず行動はつねに価値に同調しようとする傾向を示す。

(7) 地域集団間の諸関係を政治体系と言い、リニィジ間の諸関係をリニィジ体系と言い、年齢組間の諸関係を年齢組体系と言うことができるのはもちろんだが、一社会の全体的構造の内部にはこれらの諸体系を結びつける何らかの関係がつねに存在している。ただし、その関係がいかなるものであるかを見極めることは難しい。ヌアーのリニィジ体系と政治体系とのあいだには一種の相互依存関係があることはすでに指摘したとおりである。しかし、これは、クラン諸集団と地域諸集団とのあいだにはある種の結びつきがあっても、両者のあいだに関数的な関係があるという意味ではない。というのは、クランは、あるいはそのリニィジでさえもが、生活共同体ではないからである。さらにまた、ある人が同じクランの仲間に対してはある行動様式をとり、部族の仲間に対してはそれとは異なった行動様式をとるとき、これら二通りの行動様式のあいだに関数的関係があることを意味するのでもない。もう一つ言えば、部族に住む優越クランの諸成員と彼らが一部をなしている部族とのあいだに関数的関係が存在するということでもない。そうではなくて、リニィジ体系と政治体系とのあいだには構造的一貫性——つまり抽象概念上の一貫性が存在するということである。年齢組体系と政治体系とのあいだにはこうした相互依存関係を指摘することはできない。

⑻　政治的行動は、社会的行動の明確な一タイプと言うことができるであろうか。ある種の行動、たとえば、戦いとか報復闘争は政治的行動と呼ぶことができるとわれわれは考えたが、そのように呼んだからといってたいした成果があったとは考えていない。政治的諸関係という特定の側面がくっきりと現われるのは、もっと抽象的な構造的関係の次元においてだけである。お互いに対する個人の行動は、家族、合同家族、リニィジ、クラン、年齢組等への一連の帰属や、親族関係、儀礼的絆その他によって決定される。こうした交錯した諸関係が各人に社会的接触の範囲を提供する。一人一人が実際に接触する範囲は限られているが、その潜在的な範囲は無限である。われわれは、この意味における各人の社会的接触の範囲を、構造的空間つまり一つの体系内の単位を構成する人々の集団である社会的諸分節間の距離、とは区別する。だから、われわれは個々人が政治的に行動しているか否かを述べているのではなく、地域諸集団間には政治的と呼びうる構造的次元の関係があると言っているのである。

⑼　われわれは、同一ディストリクトに住む人々のあいだに存在する種々の社会的紐帯を述べているのではない。全体として一つの共同体を作りあげている個人間の諸関係のネットワークと、地域分節間の関係である政治構造とのあいだの関係が、われわれの考えでは、非常に重要な問題を提供していると述べているのであり、これについて若干コメントをつけておく。(a)社会関係は政治構造による影響を受ける。だから、個人の社会的行動の範囲や、同じ村に住む人々が共有する社会的行動の範囲は、彼らが所属する政治集団の広がりによる制約を受ける傾向がつねにある。

(b)地域共同体——それらのあいだの諸関係が政治構造をつくりあげているのであるが——は、その構成員間に多種多様なつながりがあってはじめて集団たりうるのである。しかし本書のテーマは、一体系内にあって相互に一定の関係にたつ集団へとこれらの諸関係をまとめあげている組織であり、われわれはこれらの諸関係をこのような組織化された形でのみ検討しているのである。それはちょうど、目的によっては、人体の諸器官を構成する細胞の相互作用を研究しなくても、器官間の関係を研究することができるのに似ている。(c)われわれのみたところでは、ヌアーの地域体系は他の諸社会体系に対してつねに支配的な変数となっている。ヌアーのあいだでは、関係は一般に親族関係用語で表現され、これらの親族関係用語は多分に情緒的な響きをもっている。しかし、同じ地域に住んでいるということは親族関係以上に重要なことであり、すでにみてきたように、共同体的絆はつねに何らかの形で親族関係の絆へと変えられたり同化させられたりしている一方、リニィジ体系は、それが機能する場としての地域体系のパターンに合致するようねじ曲げられている。

(10) われわれは構造というものを、集団の分節化の存在とでも言えるものによって定義し、この観点からヌアーのいくつかの体系を論じてきた。ここで再度強調しておきたいのだが、われわれはこの定義に固執しないし、構造については他の定義の仕方があることも知っている。しかし構造をこのように定義した以上、構造のなかには矛盾の原理が存在することにしばしば言及せざるをえなかった。しかし誤解をさけるために言っておくが、われわれの指摘した矛盾は、構造的諸関係という抽象的な次元における矛盾であり、社会学的分析によって価値を体系化したことにより表出したものである。行動が矛盾しているとか、諸集団が相互に矛盾した関係にあるという意味ではないことを御理解いただきたい。この矛盾の原理を作り上げ、それを実証しているのは一体系内の集団間の諸関係である。個人の意識上でもときとして価値の葛藤はあるだろう。しかしわれわれがここでとり上げているのは構造的な緊張関係のことである。同様に構造の相対性と言うとき、集団とは空間と時間の流れのなかに配置され見ることも数えることもできる現実の人間の集まり以外の何かであるということを意味しているのでもない。われわれが言わんとしていることは、構造的諸関係の次元では、一体系内の集団の位置は、変化していく状況に対応して機能する体系と相対関係にあるということである。

(11)　本書は、ナイル系諸民族の民族学に貢献することを意図したが、さらに社会学理論の分野にも少し足を踏みこんだ。しかしわれわれの理論的分析はある点までに限られており、それ以上どのように分析を進めていくかについては、ぼんやりとした手がかりを得たという段階である。調査と本書執筆の経験を経て、もっと幅広い問題の扱いかたの方向があることを感じている。現在、社会人類学は部族、クラン、年齢組等社会的な集まりを指す粗雑な概念と、これら集まりのあいだにあると考えられる関係を扱っている。仮にそれらを抽象化された概念だと考えたとしても、抽象化のレベルがこれほど低くては社会人類学の進歩はほとんど望めないであろう。前進するためには、社会的状況によって規定された諸関係をさす概念、およびこれら諸関係間の関係性を示す諸概念を用いるべきである。新しい土地を調査する仕事は、これまでの蓄積が乏しく未知の分野ばかりの多い政治の分野では、とくに難しい。砂漠の真中で食糧が尽きてしまった探検家の気持を私は今、味わっている。眼前に広がる茫漠たる砂原を見ながら、自分ならそこをどうやって横断しようかという見通しはついている。しかしながら、私は引き返さねばならない。そして私は、自分の得たわずかばかりの知識でも、他の人にはもっと成功する旅行の踏み台になることを願って自分の慰めとしなければならない。

原注

＊1――私が利用した文献は次のとおりである。

Ferdinand Werne, *Expedition zur Entdeckung der Quellen des Weissen Nil* (1840-1), 1848; Hadji-Abdel-Hamid Bey (C. L. du Couret), *Voyage au Pays des Niam-Niams ou Hommes à Queue,* 1854; Brun-Rollet, *Le Nil Blanc et le Soudan,* 1855; G. Lejean, *Bulletin de la Société de Géographie,* Paris, 1860; Jules Poncet, *Le Fleuve Blanc (Extrait des Nouvelles Annales de Voyages,* 1863-4); Mr. and Mrs. J.Petherick, *Travels in Central Africa,* 1869; Ernst Marno, *Reisen im Gebiete des blauen und weissen Nil, im egyptischen Sudan und den angrenzenden Negerländern, in den Jahren 1869 bis 1873, 1874*. 他の文献については注27、および32を参照。

＊2――これらの報告書は、グライヘン海軍少佐の編纂した *The Anglo-Egyptian Sudan,* 2 vols 1905 に引用されている。

＊3――Major C. H. Stigand, 'Warrior Classes of the Nuers', *Sudan Notes and Records,* 1918, pp. 116-8, and 'The Story of Kir and the White Spear', ibid., 1919, pp. 224-6; Capt. V. H. Fergusson, 'The Nuong Nuer', ibid., 1921, pp. 146-55, and 'Nuer Beast Tales', ibid., 1924, pp. 105-12; H. C. Jackson, 'The Nuer of the Upper Nile Province', ibid., 1923, pp. 59-107 and 123-89（この論文は同じ題名で El Hadara Printing Press から単行本として出版されている。出版地はハルツーム、出版年月は記されていない。最後尾に P. Coriat の書いた 'The Gaweir Nuers' という二三ページばかりの論文が含まれている).

＊4——Ray Huffman, *Nuer Customs and Folk-lore,* 1931, p. 105; Father J. P. Crazzolara, 'Die Gar-Zeremonie bei den Nuer', *Africa,* 1932, pp. 28-39, and 'Die Bedeutung des Rindes bei den Nuer', ibid., 1934, pp. 300-20.

＊5——E.E. Evans-Pritchard, 'The Nuer, Tribe and Clan', *Sudan Notes and Records,* 1933, pp. 1-53, 1934, pp. 1-57, and 1935, pp. 37-87; 'The Nuer, Age-Sets', ibid., 1936, pp. 233-69; 'Economic Life of the Nuer', ibid., 1937, pp. 209-45, and 1938, pp. 31-77; 'Customs Relating to Twins among the Nilotic Nuer', *Uganda Journal,* 1936, pp. 230-8; 'Daily Life of the Nuer in Dry Season Camps', *Custom is King, A Collection of Essays in Honour of R. R. Marett,* 1936, pp. 291-9; 'Some Aspects of Marriage and the Family among the Nuer', *Zeitschrift für vergleichende Rechtswissenshaft,* 1938, pp. 306-92; 'Nuer Time-Reckoning', *Africa,* 1939, pp. 189-216. Prof. C. G. and Mrs. B. Z. Seligman の *Pagan Tribes of the Nilotic Sudan,* 1932 のヌアー族の章（第六章）は私のノートをもとにしている。

＊6——Brun-Rollet, 'Vokabularien der Dinka-, Nuehr- und Schilluk-Sprachen', *Petermann's Mittheilungen, Erg*. II. 1862-3, pp. 25-30; Marno, 'Kleine Vocabularien der Fungi-, Tabi-, Bertat-und Nuehr-Sprache', *Reisen im Gebiete des blauen und weissen Nil,* 1874, pp. 481-95; Professor Diedrich Westermann, 'The Nuer Language', *Mitteilungen des Seminars für Orientalische Sprachen,* 1912, pp. 84-141; Major C. H. Stigand, *A Nuer-English Vocabulary,* 1923, p. 33; Ray Huffman, *Nuer-English Dictionary,* 1929, p. 63, and *English-Nuer Dictionary,* 1931, p. 80; Father J. P. Crazzolara, *Outlines of a Nuer Grammar,* 1933, p. 218.

＊7——「ヌアー」という呼称は過去一世紀にわたって使用されてきた実績がある。これはディンカ起源の語だと思われる。私は、「ヌアー」を単複両方の意味で用い、「一人のヌアー人」の場合にも「ヌアー

族」の場合にもこれを使っている。

＊8——Poncet, op. cit., p. 54. 二二九ページの地図では Atot と記入されている。

＊9——最初の段階で断わっておきたいのであるが、私はヌアーの名前やその他の語を音声学的に何かの基準に基づいて綴っているわけではない。したがって、他の人々がちがった綴り方をしてもそれに文句をつけるつもりは毛頭ない。私は全般的に主格形を使っているが、テキストや図表・地図には属格形も混入している。

＊10——ヌアー人の牛への専心ぶりはこの土地にきた初期の旅行家たちも強調している。*Vide* Marno, op. cit., p. 343; Werne, op. cit., p. 439; du Couret, op. cit., p. 82.

＊11——軽視されてきたこのテーマについて、私はヌアーの近隣民族の場合をとりあげて小論文を書いている。'Imagery in Ngok Dinka Cattle-Names', *Bulletin of the School of Oriental Studies*, 1934.

＊12——'Nuer Cattle Terms', *Sudan Notes and Records* に発表の予定。

＊13——字義は「私の風」。歌い手は風に向って走っており、そうすることによって、風の強さを強調しているらしい。ここに歌われている風は、牧草が豊富にあり、したがって牛がたくさん乳を出す時期に吹く北風のことである。最初の三行とそれ以下の行との関連性はここにある。

＊14——雌牛は仔牛に乳を飲ませたりあるいは牧草地に行く前に搾乳されることを拒んだ。

＊15——ニャガークは作詞者の妹。誇り（gweth）は、ニャワルという少女のダンス・ネーム。ロルニャンは青年の雄牛名。

＊16——見知らぬ人々とは政府軍を意味している。川岸から水を引くということの意味はよくわからない。

＊17——黒髪は少女の名前。ヌアー族は外からの侵略に困惑しており、最後の行は、自分たちを苦境から救ってくれるようにという神への祈り。

＊18——最初の行と四行目に出てくる雄牛は作詞者の雄牛。クウェジョクは友人であり、その母はニャデアン。

＊19——ブスというのは友人の名前で、彼の雄牛名はグトジャーク。作詞者はブル・マロアの息子であり、彼は最後の行で友人として自分の牛に語りかけている。

＊20——これらの川については、H. E. Hurst and P. Phillips による著書 *The Nile Basin,* vol. i, 1931 に優れた記述があるのでそれを参照されたい。

＊21——Poncet, op. cit., p. 44.

＊22——Bimbashi H. Gordon, *Sudan Intelligence Report,* no. 107, 1903.

＊23——東ジカニィ諸部族にはうるう月を設けているらしい事実もあるが、断言はできない。他の諸地域ではうるう月の話は聞いていない。

＊24——Jackson, cp. cit., p. 62.

＊25——Poncet, op. cit., p. 39.

＊26——*Sudan Intelligence Report,* no. 152, 1907.

＊27——Werne, op. cit., p. 163; Abd-el-Hamid, op. cit., pp. 82-3; Philippe Terranuova D'Antonio, 'Relation d'un voyage au Fleuve Blanc', *Nouvelles annales des voyages,* Paris, 1859; Lejean, op. cit., p. 232; Poncet, op. cit., pp. 18, 26, 39, 41-2, and 44; Petherick, op. cit., vol. ii, p. 6; Heuglin, *Reise in das Gebiet des Weissen Nil und seiner westlichen Zuflüsse in den Jahren 1862-1864,* 1869, p. 104; Georg Schweinfurth, *The Heart of Africa*（英訳）, 1873, vol. i, pp. 118-9; Gaetano Casati, *Ten Years in Equatoria and the Return with Emin Pasha*（英訳）, 1891, vol. i, p. 39; Romolo Gessi Pasha, *Seven Years in the Soudan*（英訳）, 1892, p. 57. 旅行者たちによるこの地域の民族の分布を示す地図は曖昧で一致しないところがある。読者は次の諸文献にある地図を参照されたい。Marno, op. cit., Poncet, op. cit., Heuglin, op. cit. および Lejean がポンセ兄弟の情報をもとに編纂し *Bulletin de la Société de Géographie* (Paris), 1860 に収録されている地図、V. A. Malte-Brun, *Nouvelles annales des voyages*, 1855, 1863 に収められている地図、その他、この時代の他の文献。

＊28——Poncet, op. cit., p. 25.

＊29——この点については、私はカサティ氏の言述（op. cit., vol. i, p. 38）を受け容れることはできない。次の著者の意見の方に信憑性があるものと考える。一八八〇年に Romolo Gessi が「エスプロラトレ」の編集者に出した手紙（op. cit., p. xx）および一八六〇年の Lejean のハルツームからの報告（op. cit., p. 215）。

＊30——たとえば Casati op. cit., p. 221.

＊31——この時期の状況については、*Sudan Intelligence Report* を参照されたい。とくに次の諸論文は詳しい。Kaimakam F. Maxse (no. 61, 1899), Capt. H. H. Wilson (no. 128, 1905), O'Sullivan Bey (no. 187, 1910).

＊32——ヌアー族について、悪意のある描き方をしているものには次のようなものがある。Sir Samuel Baker, *The Albert N'Yanza*, 1913 (first published in 1866), pp. 39-42; Capt. H. H. Austin, *Among Swamps and Giants in Equatorial Africa*, 1902, p. 15; Count Gleichen, op. cit., 1905, vol. i, p. 133; C. W. L. Bulpett, *A Picnic Party in Wildest Africa*, 1907, pp. 22-3 and 35; Bimbashi Coningham, *Sudan Intelligence Report*, no. 192, 1910; H. Lincoln Tangye, *In the Torrid Sudan*, 1910, p. 222; E. S. Stevens, *My Sudan Year*, 1912, pp. 215 and 256-7; H. C. Jackson, op. cit., p. 60; *The Story of Fergie Bey. Told by himself and some of his Friends*, 1930, p. 113; and J. G. Millais, *Far away up the Nile*, 1924, pp. 174-5.

*33——ニャジャーニも含む。

*34——ティエクとかヤールと呼ばれることもある。

*35——ニャルニィとも呼ばれる。

*36——ギインとも呼ばれている。

*37——Werne, op. cit., p. 207; Poncet, op. cit., p. 40; Brun-Rollet, op. cit., p. 222. この点についてのブリュン＝ロレの記述は受け容れ難い。

*38——Kaimakam G. Hawks, *Sudan Intelligence Report*, no. 98, 1902; Bimbashi H. Gordon, *Sudan Intelligence Report*, no. 107, 1903.

*39——植民地政府は、予言者たちをいつも疑いの目で見ており、彼らの勢力が広がることを妨害した。予言者についての誹謗的な記述は次の諸文献に見られる。Jackson, op. cit., pp. 90-1; Fergusson, Appendix to Jackson, p. 107; C. A. Willis, 'The Cult of Deng', *Sudan Notes and Records*, vol. xi, 1928, p. 200.

*40——Poncet, op. cit., p. 40.

*41——Brun-Rollet, op. cit., p. 222.

*42——マジョクとも呼ばれる。

*43——マシアンとも呼ばれる。

*44——村の名前はふつう土地の名前であってリニィジの名前ではない。しかし、そこに住む主要リニィジの名前で村を呼ぶこともできる。これらリニィジはしばしば外来者のリニィジであったり、ディンカ起源のリニィジであったりして、それらの名前で呼ばれることもあるが、村の敷地はその部族の優越クランに属するリニィジのものだという認識がある。そのため、村は二つのリニィジと結びつけられる

ことがある。レーク部族の村々の名前となっている〈ジュアク〉、〈ングウォル〉等の諸リニィジは外来リニィジもしくはディンカ起源のリニィジであるが、村は〈ケウンヤン〉リニィジの土地であって、彼らのみがそこでディエルである。

＊45——ガージャク部族のシアン一次セクションに属する三つの下位分節の分散した分布形態は、ヌアーランドの他地域において、一次セクションの下位諸分節がまとまった地域に住んでいるのと対照的である。私はこの地域を訪れていないので、こうした例外的な分布状態を歴史的事実によって説明することも、その構造的な重要性を述べることもできない。

解説

長島信弘

本書はエヴァンズ=プリチャードによるヌアー三部作の第一作で、一九四〇年に出版された。同じ年に著者は、M・フォーティスと共編の *African Political Systems* を公刊し、本書の後半部を要約した論文を寄稿している。この二書により、リニィジ分節体系ということばと、ヌアーという民族名は社会人類学史上に確固たる地位を占めるに至った。民族名表記を「ヌエル」としなかったのは、著者の発音に従ったことと、ヌアー人の自称はそのどちらでもなく、「ナース（複）」だからである。本書の邦訳は一九七八年に岩波書店から出され、今回平凡社ライブラリーとして復刻されるもので、訳者向井氏と相談の上訳文の向上に努めた。岩波版の解説もその骨子をここに再録するとともに、一九八〇年以降のヌアーに関する研究・議論の中から重要なものを紹介する。

岩波版解説骨子

第一章「牛に生きる人々」（原題は「牛への関心」）は、ヌアー人と牛との関係を描いたもので、主なテーマとしては、(1)牛をいかに飼っているかという牧畜技術の次元、(2)いかに牛を物質として利用しているかという物質的、経済的次元、⑶結婚、相続、復讐、賠償、他部族への襲撃といった重要な活動や、クラン、リニィジといった集団のアイデンティティが牛を中心にしているという政治的、社会的次元、⑷牛をどのように分類し、牛に関連する語彙をどのように用いているかという、分類と範疇の問題を含んだ言語生活の次元、⑸牛に抱いている感情と価値観、牛という媒体を通じての神秘的世界との交流と、その過程で表明される宇宙観といった文化的次元、という五つに大別できる。

具体的内容に入る前に、本書における雄牛（ox＝去勢雄牛）と種牛（bull）という訳し分けについて私見を述べておく。雄の成獣のほとんどを去勢することは、大型家畜群を管理する上で不可欠な技術であるばかりでなく、ヌアーを含む東アフリカの諸社会では、去勢牛が豊かなメタファーの源泉となっている。去勢牛が供犠において重要な役割を果たしていることは、『ヌアー族の宗教』に描かれている。何故去勢牛かということについては、バイデルマンが興味深い考察をしている（Beidelman, 1966）。すなわち、去勢されない雄牛は力強く、男性の理想像である一方、欲望のままに行動する反社会的存在というイメージが強く付与されているのに対し、去勢された雄牛のイメージは、リニィジという社会の中心体制に従う社会的成人男性と重合しているというのである。また、雄であって雄でないという両義性が、神秘的世界との交流の場（両義的な場）である儀礼においてふさわしい媒体であるともいう。大型家畜の去勢が一般化していない日本社会において、去勢という語ははしたない感じを与えるので訳者が避けられたものである。しかし、oxは「去勢牛」、bullは「雄牛」とした方がわかりやすいと私は考える。このことにこだわるのは、「フィールドワークとは翻訳作業である」というエヴァンズ゠プリチャードの主張を民族誌の翻訳においても尊重したいからである。

第二章はヌアーの土地のもつ生態学的諸条件が生活様式や社会関係にどのような制約を与えているか、またそうした自然環境の中で彼らがいかに食糧を獲得し生計を営んでいるかについて述べたものである。

水の過剰と不足、雨季における村への集中と乾季におけるキャンプへの分散という、環境条件に規制された移牧の形態は政治体制に対する制約条件となっている。マルセル・モースが描いたエスキモー社会とヌアー社会を比較して、リーンハートは次のように述べている。

生態学的環境が政治的事実に影響を与えるという点では、ヌアー族はその隣の、近親関係にあるアヌアク族よりも、実はエスキモーに似ているのである（リーンハート、一九六七、五七―五八ページ）。

著者は「社会体系は生態系内の一体系であり、一方ではそれに依存しながら、また他方では独自に存在している」（本書一五三ページ）として、環境決定論とは一線を画している。

第三章を著者は「この本の二つの部分」すなわち生態学的諸関係が社会的諸関係にいかなる影響を与えているかについて述べた部分と、政治制度やリニィジ体系などの制度について述べた部分の「橋渡しの役割を果す」ものと位置づけ、自然環境に対する無数の反応の一つにすぎない、生態学的諸関係に付与されている価値を、時間と空間の概念を通じて明らかにし、こうした価値は「構造的原理に依存する」（同一五三ページ）と結論する。

本書を構成すると著者のいう二つの部分と、その移行について、デュモンは本書のフランス語訳の序文で次のように述べている。

この二つの接近法の間の対比はあまりにも著しいので、一見したところ本書は唯物論と観念論の二つの側面をもっていると言いたくなるほどである。……さらには、この異質性は著者の知的旅路における分岐点、改宗、を示しているのではないかと問いかけたくもなる。本書を書き始めたときと書き終えたときの著者の心の状態は明らかに同じものではない。

……………………………………………………………………………………

本書の見事な構成と、その内的運動に注目を向ける必要がある。確かに、その核心に二元性がある……一方には物理的環境が、他方には人間関係が、その純粋な状態でそれぞれ本書の最初と最後を支配している。本書は、第一の変数が、相互に依存しあう入りくんだ中間地帯において次第に消滅し、第二の変数が現われてくる、一種の連続体である。時間と空間に関する章がこの結節点となっている。そこでは、季節のリズムに支配される生態学的時間と……（純粋に）社会的な構造的時間とが並んでいる（Dumont, 1975, pp. 329-331）。

第三章において著者が力点をおいた「構造的時間」とは、「自然に依存する人間の反映ではなく、社会集団間の相互作用の反映したもの」（本書一六六ページ）で、その推移は「ある意味では幻覚にすぎず」（同一七〇ページ）、結局は「構造的距離」すなわち「社会体系上における人々の集団間の距離」（同一七四ページ）の反映であり、構造の次元においては、空間と時間は単一のモデルに還元されるとする。

第四章は本書の中心であり、第五章と共にその後の社会人類学の展開にもっとも大きな影響力を与えたものである。ヌアーのような、中央集権制をもたない「秩序ある無政府状態」あるいは「無頭制親族国家」の政治体系研究における理論的位置づけは、先に挙げた *African Political Systems* の編者序論に負うところが大きいものの、それに説得力を与える役割を果たしたのが本書である。

ヌアーの政治体系は空間的地域的集合体を単位とし、より規模の大きい単位が小さい単位を組みこんでいる分節体系として著者はとらえられる。これは著者が作ったモデルではなく、ヌアー人が自分たちの社会構造について抱いている観念体系を描いたものであることは、著者が晩年「ヌアーの政治体系の分析は自分が熟考を重ねた研究の成果というより、ヌアー人が教えてくれたことを忠実に報告したものである」と言い続けていた（Pocock, 1975, p. 328）ということからもうかがわれる。ヌアー語を十分使いこなしたばかりでなく、ヌアー人がいかに考えているか、自分たちの行動についていかなる意味を与えているかを限りなく追求した著者の民族誌学に対する基本姿勢が良く分かる言葉である。

「分節」（segment）という語は、デュルケムが環節動物の構造に似た、大きな単位集団が小さな単位集団と同じ構成をもつような社会を表現するのに用いた。著者によって明らかにされたヌアーの分節体系の特性は、一つの集団が二つに「分裂」しても、新たに形成された二集団は「対立」しながらも「融合」するという「補完性」「相対性」にある。相対性というのは、個々の単位がそれ自体閉鎖的集団ではなく、脈絡に応じて異なるレヴェルの政治単位が立ち現われることを指す。

本書の後半では、報復闘争を調停する一つの機能として「豹皮首長」について述べられている。予言者の出現と、予言者と豹皮首長の対比についてはその後ハウエルやルイスによる批判があり、またバイデルマンによる新しい視点の提示がある（Lewis, 1951; Howell, 1954 ; Beidelman, 1971）。

第五章はクランを頂点とするリニィジ分節体系と前章で述べた政治体系との対応関係、リニィジ体系と個人を中心として広がる親族関係との相違、リニィジ体系における構造的時間、ヌアー社会に編入されたディンカ族の処遇を通じての構造原理の考察、クラン神話を通じての政治的価値の親族関係価値への同化などが語られたあと、最終的には、部族の政治体系とクラン・リニィジ分節体系の形態学的一致を指摘する。

このように著者は政治体系とリニィジ体系をそれぞれ独立したものと考えたが、原理だけで考えれば、そこにあるのは二つの体系ではなく、地域的次元ぬきの単系出自集団という一つの体系だけであるという批判（Dumont, 1975, p. 340）は定着している。

第六章では年齢組体系を他の諸体系からほぼ独立した（相互依存関係にない）体系と認識し、それが政治的意味をもつ状況を重点的に記述している。

第六章の最終節は、著者自身による本書の要約と、本書を執筆した態度とが述べられている。この節に対するポコックの見解は、本書の研究史上の位置づけとして基本となるものと考えるので、要点を紹介する。

ポコックは、この最終節における理論的省察は著者の本領ではなく、また本書が影響力をもった原因でもないと説く（Pocock, 1975, p. 328）。彼は、エヴァンズ＝プリチャードによってはじめて、社会人類学における問題の設定が「機能から意味へ移行した」ということを重視し、その発端をエヴァンズ＝プリチャードの *Witchcraft, Oracles, and Magic among the Azande* (1937) に見出す。そこで論じられているのは、アザンデ族は何をし、自分たちの行為について何を考えているかであり、これらの思考や行為を関連づける論理体系である。「社会構造の機能的分析と対立するような、社会生活の構造分析がやっと語られ始めるようになるのである。」（ポコック、一九七〇、九二―九三ページ）本書において、意味への推移がさらに進展しているとポコックはいう。「用いられている言葉や言葉の指示している物や行動は、意味ある体系として、その関連において理解すべきものである。この点を認識して分析を行っているという事実こそ『ヌアー族』の独創性を示している。」（同九四ページ）

ポコックの言葉を借りれば、「エヴァンズ＝プリチャードはどんなささやかなことをも、いかなる文化項目をも無視しないという、イギリス民族誌学の伝統をもっとも忠実に実行した結果、人類諸文化の無限ともいえる複雑さを認識するにいたり、それを考慮に入れていない一般理論に対して懐疑的態度をとるようになった。」（Pocock, 1975, pp. 328-329）本書は、著者がもっとも社会学的であった時期の作品であることをポコックはつけ加える。その意味は、本書がヌアー人の観念に依ったものとしても、いささか整然としすぎているということである。

エヴァンズ＝プリチャード、レイモンド・ファース他著、吉田禎吾訳『人類学入門』弘文堂、一九七〇年。

G・リーンハート著、増田義郎・長島信弘訳『社会人類学』岩波書店、一九六七年。

D・ポコック著、末成道男訳『社会人類学入門』弘文堂、一九七〇年。

Beattie, J. H. M. & Lienhardt, R. G. (eds), 1975, *Studies in Social Anthropology : Essays in Memory of E. E. Evans-Pritchard By His Former Oxford Colleagues*, Oxford at the Clarendon Press.

Beidelman, T. O.,

1966, 'The Ox and Nuer Sacrifice', *Man* (n.s.), I.

1971, (ed.) *The Translation of Culture : Essays to E. E. Evans-Pritchard*, Tavistock Publications, London.

Cunnison, I. and James, W. (eds), 1972, *Essays in Sudan Ethnography : Presented to Sir Edward Evans-Pritchard*, C. Hurst & Co., London.

Dumont, L., 1975, 'Preface to the French Edition of the Nuer', in Beattie, J. H. M. & Lienhardt, R. G., translated by M. & J. Douglas (originally published in French, 1968, as *Les Nuer*, Editions Gallimard, Paris).

Evans-Pritchard, E. E., 'Bibliography of the Writings of E. E. Evans-Pritchard', amended and corrected by T. O. Beidelman, in Beidelman, 1971.

Howell, P. P., 1954, *A Mannual of Nuer Law*, London.
Lewis, B. A., 1951, 'Nuer Spokesmen', in *Sudan Notes and Records*, 32.
Middleton, J. and Tait, D. (eds), 1985, *Tribes Without Rulers*, Routledge & Kegan Paul, London.
Needham, R., 1972, *Belief, Language and Experience*, Basil Blackwell, Oxford.
Pocock, D., 1975, 'Sir Edward Evans-Pritchard 1902-1973: An Appreciation', *Africa*, vol. 45.

平凡社ライブラリー版への解説付記

岩波版が出版された一九七八年以後、本書と著者エヴァンズ＝プリチャードに対するさまざまな批判や、ヌアーのその後の状況、特にスーダン内戦におけるヌアーやディンカの関わりについての新しい研究が蓄積されている。ここではそれらの一部について簡単に紹介しておく。

批判には二つの異質な方向がある。一つは本書の批判的発展とも言える、ヌアー民族誌の進展である。この分野では D. Johnson と S. E. Hutchinson の業績が際だっている。この二人はまた、現代状況におけるヌアーの苦境と、その中でのさまざまな社会・価値観・行動様式の変化について、国家的かつ国際的コンテキストを視野に入れて記述・分析を行なっている。特に後者の *Nuer Dilemmas*（1996）は第一級のモノグラフであると私は評価している。

第二は、民族誌における書き手と書かれる人々との関係を問題視する一連の議論である。図式的にいえば、書き手は政治的に優位にある「北」出身で、その優越性を背景にフィールドワークを行ないながら、それを隠蔽して、幻想としての対等性や調査上の困難について語り、「南」に属する書かれる人々の身勝手さを嘆いたりしてみせるのは道徳的に許し難い、という論理である。それに加えて、民族誌を書く言語もまた「優越」言語であり、したがって、どんなに誤りがあってもそのテキストが「権威」を持つから、書かれる人々の権利が侵されるという議論がなされる。この種の議論は、それなりの反省作用と、書かれる人々の思考や感情への一層の緻密な理解を促す効果はある。しかし、それはまた民族誌の内容吟味を放棄して、政治的ヘゲモニーという罪状で他人を一方的に裁く凶器にもなりうる。不幸なことに、本書を直撃しているM. L. Pratt とR. Rosaldo の、同じ論集に収められた二つの論文は、私には後者に思える。二人とも主たる攻撃対象は本書の序章である。

Pratt は、序章におけるエヴァンズ＝プリチャードの態度は、自分の苦労を誇張するイギリス探検家そのものであり、しかもチュオルとの会話を誤解していると非難する。そして、序章で個人的体験を書きながら、本文では冷たい客観主義に走っているのもいけないという。

Rosaldo は、イギリス流の、控えめに言いながらも実は腕のいいところをきちんと他人に伝えるアンダーステイトメントが嫌いらしい。レトリックで騙す手法と決めつけて、不信感を煽りたてている。チュオルとの会話についても、政府軍がキャンプを包囲し、予言者を引き渡さないからと人質を取ったのだから、チュオルが著者の質問に抵抗したり、名を名乗らなかったのも当然だし、そうした政治的コンテクストで説明せずに、ヌアーの非協力的態度を非難していることに当惑すると書いている。しかし、包囲事件の起こる前は、著者はヌアーの青年たちと仲良く過ごしていたとあるし、事件後すぐにそこを引きはらっていて、チュオルの訪問は全く別の場所だったという事実については触れていない。私には、Rosaldo の批判は思いこみによる決めつけにすぎず、またその背後には、アメリカの道徳で全てを裁く自文化優越主義が見え隠れしているきわめてアンフェアなものだと考えている。

同じ論集の中で T. Asad は、彼の知る限りヌアー人で『ヌアー族の宗教』におけるエヴァンズ＝プリチャードの解釈に異を唱えた者はいないと述べている。このことは『ヌアー族』についてもあてはまるものと私は推測している。

参考文献

Asad, Talal,
1986, 'The Concept of Cultural Translation in British Social Anthropology' in Clifford and Marcus.

Clifford, James and George E. Marcus,
1986, (eds) *Writing Culture: the Poetics and Politics of Ethnography*, University of California Press.

Johnson, Douglas,
1981, 'The Fighting Nuer', *Africa*, 51: 508-527.
1982, 'Evans-Pritchard, the Nuer and the Sudan Political Service', *African Affairs*, 81:

231-246.

Hutchinson, Sharon,

1980, 'Relations between Sexes among the Nuer : 1930', *Africa*, 50 : 371-387.

1985, 'Changing Concepts of Incest among the Nuer', *American Ethnologist*, 12 : 624-641.

1996, *Nuer Dilemmas : Coping with Money, War, and the State*, University of California Press.

Pratt, Mary Louise,

1986, 'Fieldwork in Common Places' in Clifford and Marcus, 27-50.

Rosaldo, Renato,

1986, 'From the Door of His Tent' in Clifford and Marcus, 77-97.

（ながしま　のぶひろ／社会人類学）

訳者あとがき

翻訳にあたっては、訳者の判断で次のような一応の原則をつくった。

一、訳語について――クラン、リニィジ、キンドレッドなどの学術用語、あるいは本書で固有の意味をもつセクション、ディストリクトなどは、あえて訳さず、そのまま片仮名表記とした。また、本書で重要な位置を占める牛については、次のように訳し分けた。

cattle―牛　ox―雄牛　bull―種牛　cow―雌牛（ときとして牛）

オス牛はごく少数の生殖用を除いてすべて去勢される。これに「去勢牛」の訳語を用いてもよかったが、この語が日本語では日常的に用いられないこと、および本書においてあまりにも頻出して煩わしいため、われわれになじみ深い「雄牛」を用いた。

二、表記について――原地名は、エヴァンズ＝プリチャードの表記に基づき、ローマ字読みとした。なお、th は［s］、c は［tʃ］とした。但し、原著者も注で記しているように、原地名を英語で表わすことからくる無理があるためか、原書には不統一が散見される。たとえば、一つの部族について Gaagwan（ガーグワン）、Gaawan（ガーワン）という二つの表記法が見られるが、これは同一の部族である。本訳書では明らかに同じと思われる場合にはどちらかに統一した。原地名を英語で記し、それをまた日本語で表記するプロセスを経ているため、もともとの発音とはかなりちがったものになっているかもしれない。

三、訳注は〔　〕でくくって原文と区別し、必要最少限に付した。

本書の翻訳にあたっては、多くの方々の御助力をいただいた。わけても恩師の東京大学教授、増田義郎先生には、翻訳の全般にわたって懇切な御指導をいただいた。一橋大学の長島信弘先生は、快く解説をお引きうけ下さったうえに、校正刷にも目を通され、訳者の理解不足による誤りを正して下さった。また、京都大学霊長類研究所の田中二郎氏からも貴重な御教示をうけた。そして、岩波書店編集部の佐岡末雄氏、同校正部の高島竜哉氏には、訳者の不慣れのために大変な御迷惑をかけてしまった。以上の方々に、私の深い感謝の意を表したいと思う。

一九七八年五月

向井元子

平凡社ライブラリー版 訳者あとがき

はじめて岩波書店から本書が刊行されてよりすでに二〇年近い時間が流れた。今回、平凡社からライブラリーに入れて下さるというお話があり、改めて全文を読み返し、いく分かの訂正を入れた。そのとき気づいたのは、わずか二〇年という歳月が日本語をずいぶん柔らかなものにしたということであった。漢字の使用頻度が少なくなり、表現にも口語的傾向が強くなってきていると改めて思った。今回読み返してみると二〇年前に自分の書いた訳文が堅いと感じられる箇所がいくつもあり、自分の文章感覚もいつのまにか変化してきているのを知った。しかしもちろん全文を書き改めねばならないほど時間は経っておらず、基本的には岩波版を踏襲しつつ、長島先生の御指摘も受けながら、誤りその他気づいた点に手を入れた。

おそらく一番の問題はこの民族の名前を日本語でいかに表記するかであろう。二〇数年前に翻訳を始めるにあたって、それまでに日本語で出ていた文化人類学関係の本を目につく限りめくってみたのだが、英語表記だと簡単な Nuer というこの民族名が、日本語になると「ヌア」「ヌアー」「ヌーア」「ヌエル」「ヌエール」と考え得る限りの組み合わせで表記されていることがわかった。「ヌアー」を採用したのは、本書が英語話者の著作であることを尊重したことによる。その後、現地周辺の人々はこの民族を「ヌエル」と呼んでいるという貴重な御教示もいただいた。

また、ごく最近、アメリカの文化人類学者シャロン・ハッチンソンがエヴァンズ＝プリチャードの調査を下敷にしながらこの民族を再調査し、非常に興味深い *Nuer Dilemmas*（一九九六年）という民族誌を発表している。この本は発音表を付し、地名・部族名などは英語綴りのあとに音表記も併記しているのでとても参考になるのだが、それによると彼女はこの民族を［Nuär］（ä は英語の luck を発音するときの「ア」に近いとしている）、彼らの住む土地を［ro̲ol Nuäla̲］と音表記している。しかしいずれにしても Nuer という呼び名はディンカ語起源のものであり、歴史が長いとはいえ周辺民族がそう呼んでいるところからきているわけで（序章注七参照）、最近の表記の現地語主義でいくと自称を採用せねばならず、そうなると Nath（エヴァンズ＝プリチャードによる）もしくは Naadh（シャロン・ハッチンソンによる）ということになり、問題はさらにやっかいになる。近頃の文化人類学の出版物では「ヌアー」（「ヌエル」）などといずれかをカッコに入れて併記しているのをよく見るので気になるのだが、本書では「ヌアー」のままで保留した。それにしても民族名・地名・人名などのカタカナ表記は訳者泣かせである。

本書は長島信弘氏の新しい解説を得、平凡社ライブラリーという新しい衣をまとい、再び読者の前に出させていただくことになった。平凡社と長島先生に深く感謝の意を表したい。また、編集を担当された直井祐二氏は暑さの中忙しい思いをされたにちがいない。記して謝意を表したい。

一九九七年盛夏

向井元子

ん行

ま行

は行

な行

た行

か行

索引

あ行

[著者]

E. E. エヴァンズ＝プリチャード

(Edward Evan Evans-Pritchard 1902-1973)

イギリス、サセックス生まれ。社会人類学者。オックスフォード大学に入学し、近代史を専攻。1926年、スーダンのアザンデ族で最初のフィールドワークを行う。翌年、ロンドン大学において、C. G. セリグマンとB. マリノフスキーの指導の下にアザンデ族の調査をまとめ、Ph. D. を取得。その後、1930-36年に通算約１年間にわたってヌアー族の調査に携わる。1946年、オックスフォード大学社会人類学教授。以後25年間同職を務める。おもな著書に、『ヌアー族の宗教』『ヌアー族の親族と結婚』『人類学入門』『宗教人類学の基礎理論』などがある。

[訳者]

向井元子（むかい・もとこ　1941-2005）

香川県生まれ。東京大学大学院社会学研究科博士課程中退。文化人類学専攻。訳書に、E. E. エヴァンズ＝プリチャード『ヌアー族の宗教』（平凡社ライブラリー）、同『ヌアー族の親族と結婚』（共訳、岩波書店）、ネヴィル・ウィリアムズ『ドレイク』（原書房）などがある。

平凡社ライブラリー 942

新版（しんぱん） ヌアー族（ぞく）

ナイル系一民族（けいいちみんぞく）の生業形態（せいぎょうけいたい）と政治制度（せいじせいど）の調査記録（ちょうさきろく）

発行日…………2023年3月24日　初版第1刷

著者……………E. E. エヴァンズ＝プリチャード
訳者……………向井元子
発行者…………下中美都
発行所…………株式会社平凡社
〒101-0051　東京都千代田区神田神保町3-29
電話　(03)3230-6579［編集］
(03)3230-6573［営業］

印刷・製本……中央精版印刷株式会社
DTP…………平凡社制作
装幀……………中垣信夫

ISBN978-4-582-76942-5

平凡社ホームページ　https://www.heibonsha.co.jp/

落丁・乱丁本のお取り替えは小社読者サービス係まで
直接お送りください（送料は小社で負担いたします）。

ミシェル・レリス著／岡谷公二・田中淳一・高橋達明訳

幻のアフリカ

植民地主義の暴力とそれを告発する私的吐露。客観性を裏切る記述のあり方が、ポストコロニアリズム等の現代的文脈で、科学性の問題の突破口として絶対参照される奇跡の民族誌。改訳決定版。 **解説＝真島一郎**

グスタフ・ルネ・ホッケ著／種村季弘訳

マグナ・グラエキア
ギリシア的南部イタリア遍歴

ホッケの思想旅行小説。南部イタリア、ギリシア植民市の裔を遍歴し、異文化混淆の痕を地中に隠し、路傍に露頭させているこの地の精神史的相貌を浮き彫りにする。 **解説＝田中純**

ルース・ベネディクト著／越智敏之・越智道雄訳

菊と刀
日本文化の型

西洋との比較の枠組みを与え日本文化への反省と自負の言説を巻き起こしつづけた日本論の祖。事実誤認をも丁寧に注釈しながら、強固な説得力をもつこの書を精確かつ読みやすく新訳。 **【HLオリジナル版】**

イザベラ・バード著／金坂清則訳

中国奥地紀行 1・2

19世紀末、小柄な老女が揚子江を遡り、陸路、漢族の世界さえ超えた地域を踏破、「蛮子」の素晴らしい世界を描き出す。当時最高の旅行作家の最後の旅行記を、バード研究第一人者の翻訳で。（全2巻）

ロマン・ヤコブソン著／桑野隆・朝妻恵里子編訳

ヤコブソン・セレクション

言語学・詩学から芸術まで、汎分野における構造分析の発展に多大な貢献をなしたヤコブソン。未訳論考を中心に11本で編むオリジナル・アンソロジー。『一般言語学』理解に必携。

イザベラ・バード著／近藤純夫訳
イザベラ・バードのハワイ紀行
『日本奥地紀行』で知られるバードの出世作。鬱蒼とした密林を進んで火山や渓谷を探検したり、人との出会いに心を和ませたり——150年前のハワイを生き生きと描く。

渡辺公三著
増補 闘うレヴィ＝ストロース
レヴィ＝ストロースの壮大な思想は図式的理解を拒むが、闘う知識人としての姿を追うことで難題に挑む。100年の生涯で彼は何と闘ったのか。第一人者による最良の入門書。 解説＝森山工

マリーズ・コンデ著／菅啓次郎訳
生命の樹
あるカリブの家系の物語
二十世紀カリブの〈悪辣な生（ラ・ヴィ・セレラト）〉を生きたルイ家四代の物語。グアドループ島から、パナマ運河を越え、大西洋を渡る……惑星規模のピカレスク大作。

中川裕著
改訂版 アイヌの物語世界
アイヌ＝「人間」とカムイ＝「人間にない力を持つもののすべて」が織りなすさまざまな物語——『ゴールデンカムイ』の監修者がひもとく、豊かなアイヌの世界観と口承文芸の魅力。

ジョージ・サルマナザール著／原田範行訳
フォルモサ 台湾と日本の地理歴史
自称台湾人の詐欺師による詳細な台湾・日本紹介。すべて架空の創作ながら知識層に広く読まれ、18世紀欧州の極東認識やあの『ガリヴァー旅行記』にも影響を与えた世紀の奇書。 【HLオリジナル版】